指文图书®

钢铁抗战
中国野战炮兵史
1900-1937

霍安治 冯杰 著

中国长安出版社

图书在版编目（CIP）数据

钢铁抗战 . 中国野战炮兵史：1900 ~ 1937 / 霍安治，
冯杰著 . –– 北京：中国长安出版社，2015.7
ISBN 978-7-5107-0941-8

Ⅰ . ①钢… Ⅱ . ①霍… ②冯… Ⅲ . ①炮兵 − 军队史
− 中国 − 1900 ~ 1937 ②炮兵 − 军队史 − 日本 − 1900 ~
1937 Ⅳ . ① E296 ② E313.9

中国版本图书馆 CIP 数据核字 (2015) 第 170389 号

钢铁抗战：中国野战炮兵史 1900-1937

霍安治 冯杰 著

出版：中国长安出版社

社址：北京市东城区北池子大街 14 号（100006）

网址：http://www.ccapress.com

邮箱：capress@163.com

发行：中国长安出版社

电话：（010）85099947 85099948

印刷：重庆大正印务有限公司

开本：787mm×1092mm　16 开

印张：20.5

字数：250 千字

版本：2015 年 8 月第 1 版　2015 年 8 月第 1 次印刷

书号：ISBN 978-7-5107-0941-8

定价：69.80 元

谨以此书
献给所有曾经为中华民族的独立
付出鲜血与生命的先辈们!

CONTENTS 目录

前言：血肉模糊的驮鞍

1938年8月盛夏的一个傍晚，国民革命军炮兵第5团第1连在长途行军之后抵达平汉铁路上的繁华商埠——广水镇。炮5团是当时中华民国德式国军炮兵的骄傲，大名鼎鼎的"卜福斯"山炮团，堪称国军的瑰宝。在炮1连抵达广水之后，第2集团军总司令孙连仲上将亲自到驻地慰问。但是，炮1连在长途转进之后的惨状却让炮兵出身的孙上将大惊失色。

"卜福斯"炮兵的编制是非常庞大的，一个拥有四门"卜福斯"山炮的炮兵连编制骡马104匹、官兵203名。一个炮兵连往往有一百多匹骡马随同出动，人喊马嘶、尘土飞扬，火炮弹药加上行李纵列绵延长达半公里，是战场上最壮观的景象。然而，孙上将并没有见到军容雄壮的骡马纵列，大路上只有数以千计衣衫褴褛的士兵与民夫，精疲力竭地挑着扁担、拉着板车、步履蹒跚挣扎前行。炮1连的所有武器装备，甚至连德国进口的骡马驮鞍，都扛在民夫肩上！

骡马到哪里去了？

孙将军也许会记起三个月之前，炮1连在台儿庄配属给第2集团军时的雄壮军容。那时，炮1连刚下火车，兵强马壮，运力充足。然而，此时炮1连的行军纵队里却见不到几匹骡马。在孙将军的追问下，炮1连负责马匹管理的饲养中士含着泪水，让驭兵拉出连上几匹仅存的骡马。

孙将军震惊了，原本在徐州下火车时膘肥毛亮的大骡子已经瘦弱不堪，在烈日下摇晃地喘着粗气。驭兵们挥手赶开覆满马背的万千苍蝇，露出血肉模糊的背脊。化脓破溃的疮口散发着恶臭，这是最严重的鞍伤。

孙总司令勃然大怒。骡马是炮兵的伙伴，没有骡马，炮兵就打不了仗。老炮兵最见不得虐待骡马的暴行！他立即把连长叫来责问，然而连长悲愤的报告，则使孙总司令震惊不已。"卜福斯"拆解炮件的每件净重都在100公斤以上。然而，中国本地最壮实的驮骡，只能扛得了85公斤重的炮件。所以，中国军队的"卜福斯"山炮一旦只依靠自己本身的骡马机动作战，骡马必然沿途累死，因此大名鼎鼎的"卜福斯"山炮竟然根本不能离开铁路！

而在徐州会战中，数十万中国军队的突围基本都是依靠步行，炮1连从台儿庄经永城，信阳撤退到广水，前后三个月，700公里的漫漫征程，炮1连连长已经用尽了一切方法。骡马倒下，就命令士兵人力拖炮；士兵倒下，就派负责警卫的士兵沿途去抓保甲长，一站一站强征民夫，用扁担挑起器材，用独轮车推着炮件，用绳索拉起半驮载状态的炮架。在民夫的血泪中，1800斤的"卜福斯"

一步步在盛夏的泥泞路上挣扎前行……四门"卜福斯"山炮能完整无缺挺到广水，已经是奇迹了！

换言之，战前中国炮兵的骄傲，大名鼎鼎的"卜福斯"山炮，根本不能适应中国战场，是一种完全错误的火炮！

孙连仲是从士兵干起的老炮兵。他懂炮兵，更爱炮兵。在这天晚上，孙连仲总司令越过重重上级，直接向身在重庆的蒋介石委员长报告了炮1连的惨状，以上将之尊为一个小小的炮兵连队向最高统帅请命，恳求委员长开恩特准炮1连免除战备任务：

"配属本军炮兵指挥官李汝炯称，以所属第五团山炮第1连所用骡马，自经鲁南转进，长途驮载，十九鞍伤甚重，瘦弱不堪。即鞍具亦需人力搬运。虽军政部能设法补充，自非旦夕间事，恳请即准免予参加作战，俾该连整训，以厚战力等情。属实，拟恳准予另行拨配，或拨给汽车六辆，以利运动。"[1]

炮1连的遭遇，就是抗战年代中国野战炮兵的缩影。在中国抗战军兴之时，中国军队野战炮兵数量微小，新式火炮严重不足。即使是"卜福斯"山炮之类重金购买的新式火炮，也不能适应中国战场。于是，一部中国抗日战史，几乎成为没有野战炮兵的战史。

可是，当时的中国军队其实并不缺乏建立炮兵的途径。虽然在抗战爆发之前，国内尚未建立自制现代化火炮的工厂，但是对外采购火炮的来源却非常充足。在世界性经济大萧条的年代，来自中国的军火订单可是炙手可热的。从德国的克鲁伯、莱茵金属、法国的施耐德（Schneider）、英国的维克斯（Vickers）、意大利的安萨多（Ansaldo）到捷克的斯科达（Skoda），欧洲列强的火炮大厂争先恐后抢着要与国民政府做生意。他们不但出售火炮，也乐意出售火炮的设计资料与造炮设备。然而国民政府却始终没有干净利落地购买充足的火炮。

抗战前之所以没有筹购充足的火炮，财政便是一大原因。依照1936年南京国民政府陆军整理处的计算，采购外国火炮重新建立一个新式炮兵团的预算是法币450万元。陆军整理处的建军计划是每个师要编成一个师属炮兵团，以首批换装30个整理师的师属炮兵计算，总预算高达法币1亿3500万元。[2]

这笔经费是什么概念呢？在1935年，国民革命军全军的年度军费总预算是法币2亿9301万4600元。换言之，要一次购足30个师的师属炮兵新式火炮，经费高达全军年度总预算的一半。

所以，只靠对外采购火炮建立新炮兵并不现实。中国炮兵唯一的出路只能是通过自己设立工厂来生产火炮。然而国民政府自制火炮的设厂计划却是一拖再拖。兵工署早在1932年之《国防兵工五年建设计划》中，就已经提出建立新炮厂的详细方案与预算。到了德式炮兵建军达到高峰期的1933年，兵工署取得了德国原厂"卜福斯"山炮与三十二倍十五厘米重榴弹炮的仿造权与技术资料。在1934年的工作报告中，兵工署对设厂自产火炮的前景充满了自信："二十三年度为兵工技术进行最猛烈之一年，各项图样样板，

① 中国台北国史馆藏，蒋中正文物档案，第002-080200-00501-068号档案。
② 中国台北国史馆藏，陈诚文物档案，第008000000675A号档案。
③ 《技术司廿三年度工作报告摘要》，《中国近代兵器工业档案史料第三辑》。

既有准备，将来国家财政宽裕，随时随地均可建设新兵器厂，从事制造也。"③

但是，新炮厂的建设却一拖就是三年，一直拖到抗战全面爆发还没有定案。后人读史至此，不免要大惑不解。为什么中国军队在抗战前的炮兵整建如此缓慢无力？

原因其实很简单：因为军队找不到中国本土骡马拖得动驮得了的火炮。

数十年来，中国大陆与台湾两岸的学界之间谈论中国炮兵的书籍文章，不可谓不多。但是各方著作大多只能触及皮毛。作者们大多不懂炮兵，对炮兵也没有热爱之情。第二次世界大战结束至今已经七十年，二战时期的德、法、英、美、日各国炮兵都已经得到历史定位，也被众人所熟知，而对中国炮兵抗战历史的相关著作，大多只能枯燥地传抄档案资料，浅薄地品评火炮性能，甚至以激昂动人的热血词藻来取代其技术性能的费力研究，开口"弹如雨下"，闭口"尽成焦土"。于是中国炮兵的抗日战史，至今仍是一片空白。今日的军事迷只能依靠荒腔走板的错误信息抒发对炮兵的热爱。

就拿"卜福斯"山炮来说，今日海峡两岸的军事迷对"卜福斯"山炮等名炮耳熟能详，网上随手一搜，各式各样热血沸腾的卓见宏论头头是道。但很少有人知道"卜福斯"山炮的重量其实完全超过国内骡马的驮力，根本不能适应中国战场，成为八十年前中国炮兵心头之痛。

现今，存于海峡两岸的炮兵史料是很丰富的，中国大陆的文史资料浩如烟海，中国

台北的国史馆档案让老炮兵热血沸腾，还有大量的老炮兵回忆录与兵工史料，来自东瀛的日文书籍更是研究抗日炮兵最丰富的他山之石。有如此众多的资料，抗战期间浩壮的炮兵战史就有考察的基础。

笔者在资料上力求博观约取，但是博观约取只是个破题。因为炮兵是讲究技术的兵种，要谈炮兵，一定要进入炮兵的世界，要踏着一路马粪，扛起光学器材，从炮兵的基本战斗技能开始谈起！

本书将从技术角度出发，一探抗战之前中国军队以日本为假想敌整建德式炮兵的历程。要谈炮兵，首先要从二十世纪之初使中国火炮工厂一夕落伍的合金钢革命谈起。没有合金钢，就没有新式火炮，这是抗战之前中国火炮自制最大的阻碍。

了解了钢铁的局限之后，接下来要谈到骡马的机动力，这是中国新式炮兵建军时第二个难解的问题。唯有细致分析合金钢与骡马机动力这两大问题，我们才能切实理解为什么从袁世凯到蒋介石，三十年之间中国火炮工业建设几乎一片空白的原因。所以本书虽然是谈抗战中国炮兵的历史，却不能不把时间往前推到清末民初的袁世凯年代，从袁大总统的炮兵之梦开始谈起。

在了解火炮工业停滞不前的原因之后，我们要搁下国产自制新式火炮的追求，一探抗战之前中国德式炮兵建军的风貌。德式炮兵的成就并不是买了"卜福斯"山炮和150毫米 sFH18 重榴弹炮（即三十二倍十五厘米重榴弹炮）。买炮谁都会买，炮兵在作战中

如何打仗才是真功夫。所以，我们要谈抗战前的炮兵建设，就要深谈德国顾问如何教会中国炮兵打现代化的炮战。所以，我们会从炮兵的五大战术技能：射（射击指挥）、测（测地）、观（观测）、通（通信）、炮（炮操）深入谈起。

在读完本书之后，读者们也许会不无惊讶地发现，大家耳熟能详的"卜福斯"山炮与sFH18重炮，只是德式炮兵的噱头而已。中国德式炮兵真正的抗战利器，是名不见经传的德造"三十二年"式两用方向盘、是"蔡司"剪形炮队镜、是不起眼的100米钢卷尺与测角板。没有钢卷尺测出基线画三角形测量出来的坐标图，没有测角板在坐标图上取出来的方向角高低角，sFH18只能是摆在博物馆里的废铁而已，哪能用来打日本人呢？

笔者不敢说本书的立论是完全正确的。因为现有的相关书籍文章，几乎没有从方向盘钢卷尺开始谈炮兵的，所以写一本从方向盘钢卷尺开始谈炮兵的书，真是非常孤单。笔者援笔立论时最忠诚可靠的良伴，是八十年前老炮兵熟读的《最新德式炮兵讲授录》，是详解"卜福斯"山炮炮操的《野战炮兵操典实施法》，是细论德式炮兵测地战技的《野战炮兵观测实施法》。除了八十年前的德式教材，几乎没有现成的研究成果可供参照比对。

凡事总要有一个起头。拙作只是一块砖头，笔者恭敬地将这块砖头扔出去，希望其中的诚意，能引得一块块美玉回来。让更多有志之士能从钢卷尺测角板出发，重视中国炮兵抗战奋斗的壮史，甚至进而能由技术角度，将至今仍在探索中的抗日战史重新审视。那么，这块多达25万字的砖头，就会是一块有意义的砖头。这是笔者所深切盼望的！

|第一章|

钢铁革命
"特种钢"与火炮大跃进

在中华民国肇建的第一年，中国的炮兵建设也达到了辉煌的顶点。自清末洋务运动起经营四十年的国内各兵工厂已经完全有能力自制陆、海军所需要的各种火炮。而且，当时所谓的造炮工业，是由自行冶炼钢材源头开始的真正自制，不是向外国工厂购买钢材钢胚回国组装的来料加工。当年自制火炮的两大重镇是湖北枪炮厂（民国时改称汉阳兵工厂）与江南制造总局（民国时改称上海兵工厂）。湖北枪炮厂有年产钢材近七万吨的汉冶萍公司为后盾，江南制造总局的炼钢厂也是远近驰名。钢铁原料有了切实保障，清末的造炮工业就能发挥出让后人目瞪口呆的无限创意。

翻开江南制造总局在 1905 年呈报的自制火炮清单，三磅炮（47mm）、六磅炮（57mm）或十二磅炮（76mm）之类的小东西已经不值一提了。江南制造总局的真正骄傲，是单颗炮弹重达 800 磅（363.2 公斤）的 12 英寸（约 304.8mm）"三十生四七六口径"巨炮，这座庞然大物全重高达 50 吨，身管长 10.668

米，射程达 10000 码（约 9144 米），其尺寸与性能，恰恰与英国皇家海军的"威严"级（Majestic）与"老人星"级（Canopus）两种前无畏舰（predreadnought battleships）所使用的八型 12 英寸主炮（BL 12 inch naval gun Mk

▲ 英国皇家海军前无畏舰"光辉"号（Illustrious）的八型 12 英寸主炮（BL 12 inch naval gun Mk Ⅷ）。江南船坞虽然造不出前无畏舰，但是江南制造局却能自制与八型 12 英寸主炮同级别的三十生四七六口径巨炮。从钢材冶炼到组装完工一气呵成，从头到尾完全不需假手外人。这就是江南制造局的造炮实力！

Ⅷ）近似。

这两种前"无畏"舰是皇家海军当年最强大的战列舰，八型 12 英寸主炮是"八国联军"时代海上最威武巨大的主炮。在"超无畏"舰（super-dreadship）的 13.5 英寸（约342.9mm）巨炮于民国元年问世之前，12 英寸巨炮堪称三大洋的主宰！

所以，满口无畏舰的海军迷们不需气馁，甲午战争之后中国虽然没有能力造出 16000吨的"无畏"舰，江南制造局却能造出与前"无畏"舰主炮并驾齐驱的巨炮。即使没有艨艟巨舰作为平台威行三洋，但部署在陆地要塞，也是足以一炮锁港封江的要塞主炮！①

然而，清末耗费四十年建立起来的火炮兵工业，却在民国肇建之际骤然落伍，成为不能适应现代化战场的古董。在二十年之后，当"九一八"的隆隆炮声惊起抗日浪潮时，打了二十年内战的中国居然无炮可用！

要探清其中原因，我们必须从 20 世纪初的中国钢铁革命谈起……

---

① 见魏允恭编《江南制造局记》。

第一节 致命的合金钢

江南制造总局的炼钢厂是在 1890 年成立的，全厂的机器设备都是由地亚士、瑞记等德国洋行向德国兵工大厂所采购，炼钢炉使用也是西门子公司出品的 15 吨"马丁"平炉。因为整套炼钢设备由德国直接引进，由洋顾问指导操作，所以技术水平可与德国各大厂分庭抗礼。这个与德国大厂技术同级的西门子炼钢炉使江南制造总局一步跃进世界炼钢先进大厂之列，在质量上迎头赶上了如欧美卡内基、克鲁伯等钢铁大厂的水平。

事实上，江南局"马丁"平炉的唯一问题是过度彻底的欧洲化。江南局直接采用与德国钢厂一模一样的西门子"马丁"炉，但是西门子设计给德国钢厂用的"马丁"炉是酸性平炉，适合冶炼来自瑞典与英国海墨太（Hematite）的优质生铁，这些含磷量少的优质生铁是克鲁伯、西门子等德国炼钢大厂的主要原料。然而中国本地之大冶"湖北一号生铁"与湖南之紫口铁含磷量高，必须以咸性平炉冶炼。所以水土不服的江南局炼钢厂反而必须从英国、瑞典等国进口生铁与本地生铁混合冶炼，就连与生铁合一炉而冶之的废钢（含硅量高的废钢可以使炭之氧化平稳），都得选用来自西门子炼钢厂的废钢。

由于采用完全相同的原料与设备才确保了江南局炼钢厂的质量。因此，江南局虽然使用的是当时最严格的英国海军部验收标准作为品管标准，但验收起来，炉炉也都是上等枪炮钢。而只有使用如此高水平的钢料，

▲ 江南制造局钢厂的西门子 15 吨"马丁"平炉，钢材质量达到碳素钢年代的最高标准。

▲ 江南制造局钢厂的轧钢机。

江南局才可以成功自制与西方列强并驾齐驱的 12 英寸"无畏"舰巨炮。

炼出可以制造"无畏"舰巨炮的钢材，那是数十年多少人的血汗！

钢材的材质物性是变化多端的，从原料的选取、配料的成份、入炉冶炼的时间、热处理的工艺乃至工厂的环境条件，任何细微的变化，都会影响钢材的质量。而能够制造"无畏"舰巨炮的钢材物性表，当时可是各国的最高国防机密；具体冶炼的制造，也是世界各大钢铁厂秘而不宣的独门技艺。要自行炼出能制造 12 英寸巨炮的钢材，钢厂只能靠自

已去推敲制造程序，选配原料，这都是中华民族数代精英反复钻研的血汗结晶，和数十年的经验积累。

在袁世凯整顿新军时，江南制造局总办张士珩向总理练兵处呈报江南钢厂的成功之道，字字血泪，备述数代工匠反复研求之辛酸：

"炼钢一端，选料最难，配炼尤难，经营几二十年。枪炮胚料、镀镍钢盔、硬面轧辊，反复推研，认真考核，近始能有把握，而于洪炉炽熖之中，机轴刀剪之下，斟酌火候、试验成色、较量尺寸。在工人役，时有炙肌灼肤之痛，受煤毒跌打之伤。二十年来，因伤殒命者已有四五十名之多。其余轧伤跌损，折指断骸者，更不可以数计……"[①]

然而，就在江南局炼钢厂的钢料品质稳定下来之时，西方列强的兵器用钢材却出现天翻地覆的大跃进，使耗资白银两百万、潜心研究二十年的江南局炼钢厂一夕落伍！

这个天翻地覆的大跃进，就是合金钢的实用化。

江南局的"马丁"平炉所炼出来的钢铁是传统的碳素钢。在含碳量0.6%-2%的范围内，含碳量越高，热处理之后钢料的硬度、延展性与强度就越佳。江南局的高碳钢在焖火时加入可以脱氧脱硫的锰、铝与硅（清代称鈔），加锰加硅定氧化铝之后的高碳素钢质地坚硬光滑，是19世纪最佳的兵工钢料。然而，欧美列强的炼钢厂却在19世纪90年代逐渐开发出跨时代的铬、镍与钨等合金钢。而实用化的钨钢、镍钢与镍铬钢价格非常高昂，一般工业是不会用的，但是不惜成本的兵器工业却趋之若鹜。于是，随着各国兵器

材料的大幅度提升，江南局产的高碳钢也顿时落伍。

以检验钢材最基本的拉伸强度（tensile strength）为例：拉伸强度（民国初年时称"最大拉力"，清末称"韧力"）意为钢材这类有延展性的材料在承受外力时变形或破断的强度极限。江南局的上等枪炮钢，拉伸强度严格依照英国海军部标准，是38-44英吨/平方英寸，即每平方英寸要受力38至44吨重才会变形破裂。

但在"合金钢革命"之后，江南局的枪炮钢就成为废物了。依照20世纪20年代英军炮身材料验收标准，镍钢之拉伸强度高达45-55英吨/平方英寸！[②]

铬钢的主要功用在增加钢材的硬度与弹性；镍钢主要作用在抗腐蚀、增加降伏强度；而钨钢更是神物，不但能增加钢铁强度抗腐蚀，更能耐热耐磨。而这些特性正是兵器工业的福音！

以火炮来说，火炮设计首重炮身。因为火炮要增加射程、射速与破坏力，就要在发射药上下工夫，而使用更强的装药，在射击

▲ 江南制造局炮厂，生产在线应该是长身管型的八英寸巨炮。20年之后，因为没有进入合金时代，同样的兵工厂沦为靠进口钢材组装机枪的组装工厂。

---

① 见《江南制造局张道士珩禀炼钢成效已着情形文并批》及《北洋公牍类纂续编》。
② 艾哈德（Erhardt）兵工厂就是首先推出管退炮的莱茵金属公司。清末民初时国内习惯以其创办者艾哈德（Heinrich Ehrhardt）之名简称为艾哈德兵工厂，而莱茵金属公司也保有一个名为Ehrhardt的工厂。

时就会造成更高的炮管温度、更恐怖的炮身膛压、更剧烈的炮身磨损、以及更具破坏性的巨大后坐力。而钨钢、镍钢、镍铬钢等合金钢材的实用化，使欧洲的火炮设计师能造出碳素钢时代想象不出来的先进炮身。

在炮管之外的火炮各部件也大踏步迈入合金钢时代：火炮的撞针必须至坚至韧，才能承受反复高热的高速撞击，所以要用钨钢；随着后坐力越来越巨大，复进机的弹簧也必须达到更惊人的降服强度（yield strength）与伸长率（extension），在往复磨耗之中承受更大的交变应力（alternating stress），所以要用铬钒合金钢；炮闩要直接抵御炮身内火药气体的巨大压力，制退机也要承受高密度制退液体的液压，所以都要使用与身管相同的强大合金钢材；当然，炮架也不能再用铸铁了，只有以镍钢打造支撑火炮的主要结构，才能挺住新式火炮的巨大后坐力。

炮弹就比较轻松了。一般的炮弹壳的材料还是铜壳或碳钢。但若是讲究侵彻力的穿甲弹，弹头也必须是强韧锐利的合金钢。例如，用来贯穿敌方军舰钢甲的舰用穿甲弹，一般用镍铬钢；而在一次大战中新出现的战防炮彻甲弹，则普遍使用锐硬无比的钨钢弹头。在 20 世纪 90 年代出现泯灭人性的衰变铀炮弹之前，钨钢才是侵彻力的王道！

战争是兵器设计的无敌春药，尤其是第一次世界大战这种零和战争。合金钢材的革命性冲击力，在一次大战中激发起火炮设计难以想象的突飞猛进。于是，以合金钢打造的新式火炮迅速淘汰了传统的碳素钢火炮，镍钢成为各国基本的炮身材料。在普遍风行

▲ 江南制造局炮厂的身管钻床。

的镍钢之外，德国执火炮设计之牛耳的艾哈德兵工厂（莱茵金属公司）以其精湛技术使用昂贵的钨钢为炮身材料，[1]英国火炮大厂维克斯公司则使用镍铬钢。在一战之后，欧洲只有部分山炮、步兵炮与迫击炮之类炮口初速小的火炮仍然使用碳素钢为身管的原料。

我们不妨暂时偏离主题，由一则生动的海战故事去理解合金钢所造成的世代差异。

1935 年 6 月，"海圻"舰与"海琛"两艘老牌巡洋舰在香港鲤鱼门外海与 1931 年下水的"宁海"轻巡洋舰遭遇。排水量只有"海圻"舰一半的"宁海"舰只用了两个齐射，就把两艘威震东海三十年的老字号巡洋舰吓得缩回香港。理由无它，"宁海"轻巡洋舰的 140 毫米（5.5 英寸）舰炮虽然比"海圻"舰的 8 英寸巨炮小一号，但是经历合金钢革命的日造"三年"式 140 毫米舰炮射程达到两万码（约 18288 米）以上，是"海圻"舰的"阿姆斯特郎"8 英寸炮射程的一倍有余！

"海圻"舰的官兵习惯了在望远镜目视距离内直接射击。在骤然挨炮之时，紧急站上炮位的官兵们自觉地四方瞭望寻找敌踪，却发现开炮示威的"宁海"舰根本还没有进

---

① 见《江南制造局记》，《炼钢略》；李待琛《兵器材料之研究》，《军事杂志第八期》。另参考《钢铁之研究》与《军械制造》。

▲ 基隆港旁役政公园陈列的八英寸"阿姆斯托朗"重炮。这门今日已经非常罕见的重炮是台湾巡抚刘铭传于 1886 年向英商购买的原厂炮。在建立钢厂之后，江南制造局很快就能仿造出八英寸"阿姆斯托朗"重炮，性能较诸原厂炮毫无逊色。

入传统可以迎战的目视距离。一位见习生回忆了这次象征合金钢革命时代差距的炮战：

　　"当弹群在舰艇前方海面落水时，我们同学人人向四方瞭望，看得真切，海面各方并无船只，唯遥望地属广东之大亚湾山麓阴影下，隐约有军舰在焉……"①

　　如果"海圻"舰鼓浪迎战，十之八九会在"宁海"舰进入射程之前被击沉，于是，雄霸中国三十年的"海圻"巡洋舰不得不紧急返航香港避难。得意洋洋的"宁海"舰则一路尾随，跟着"海圻"舰与"海琛"舰驶入鲤鱼门，耀武扬威地通过维多利亚湾，让龟缩于筲箕湾泊地的两艘老牌巡洋舰尽失颜面。

　　这就是合金钢革命。

　　火炮的一夕落伍还不是最难堪的。革命性的合金钢迅速被使用到步、机枪上。在 20 世纪 30 年代，步、机枪也开始使用合金钢。率先进化的是枪管，钨钢成为枪管钢的基本材料；另如，受力最大的撞针，也是舍钨钢而无他选。就连保养枪支的通条，也得用钨钢。

　　因为，国内没有能炼合金钢的钢厂，上海兵工厂在 1930 年代生产的"卅节"重机枪，枪管钢用的是奥地利百禄（Böhler）厂外销的钨钢。外购的枪管钢必须先在国外轧成钢胚，上海兵工厂实际只是一个加工装配厂而已。

　　上海兵工厂？好熟悉的名字啊……不要怀疑，这个靠来料加工装配机枪的寒碜兵工厂，就是曾经自产 12 英寸"无畏"舰巨炮的江南制造局。

　　于是中国整建炮兵的第一步，就是要炼出合金钢！

---

① 见《四海同心话黄埔》；《刘定邦先生访问记录》，《海军人物访问纪录第一辑》。

第二节 迟迟其行的新式钢铁厂

在民国时代，合金钢被称为"特种钢"。顾名思义，特种钢就是国内炼不出来的钢材。要炼出特种钢，必须使用电炉炼钢法，建立崭新的炼钢厂，将国内原有的"马丁"平炉升级为电弧炉。然而，建立一个炼钢厂是极为昂贵的。以国民政府在1932年积极筹建的浦口钢铁厂为例，这个新式钢铁厂的初步投资金额预计为2000万美金，折合当时的8000万银元。[1]

8000万银元是什么概念呢？民国二十年度（即1931年）的国民政府总支出是7亿8488万余元，占总支出比例最大的军费也不过是2亿9607万余元。换言之，一个炼钢厂的建设成本，相当于当时全国总支出的10%，全年军费的27%。

如此惊人的资本，单靠政府是拿不出来的。所以，从北洋到国民政府，都知道新式炼钢厂是国防军事的命脉。但是，谈及具体的钢铁厂建设，却又各个裹足不前。于是，政府转而寻求商人合作的官商合办。然而，讲起商办，就得赚钱。商人投资钢铁厂是为了卖钢材赚钱，不是为了报效国家。于是，钢铁厂建设又遇到第二个难关 -- 洋货竞争。

由清末至北洋的三十年间教训证明，一个没有政府垄断保护的新钢铁厂，是没有办法与卡内基、克鲁伯、百禄等欧美钢铁大厂竞争的。欧美的钢铁大厂质量稳定，牌号齐全，而且生产量大，足以确保绝对的价格优势。即使远渡重洋的欧美钢材有价格不菲的海运费，但在上海交货的欧美钢材钢锭，价格还是比中国本地钢厂的低很多，质量也比中国钢厂的要好！于是，从清末官商合办的汉冶萍公司到北洋政府时官商合办的龙烟铁矿公司，所有自建钢厂争取本土国内市场的尝试，全都毁于欧美钢材的无情竞争。

官商合办的钢铁公司自然有国营企业的积习，价格质量竞争不过西方大厂，固然在意料之中。但即使是完全民营的钢铁厂，也没有办法把钢价降到足以与西方强国钢材一搏的理想价格。例如，由一群上海企业家在1918年成立的上海和兴钢铁厂钢材质量虽非常优秀，以建筑用的竹节钢为主打产品，包括上海外滩的江海关大楼、沙逊大厦、和平饭店、中国银行大楼与中山陵的建筑都选用了和兴的竹节钢，算是国内数一数二的民营钢铁厂了。但是，在与洋钢的削价竞争下，和兴钢铁厂居然也先后被迫停业了四次！[2]

除了高昂的成本和洋货的竞争这两大难题之外，北洋政府贪婪成性的官僚体制也是新式钢铁厂迟迟无法成立的原因。

论交期、论价格、论质量、论种类、论服务态度，外国洋行的钢铁，实在是太有竞

① 中国台北国史馆藏，蒋中正文物档案，第002-080200-00062-021号档案。
② 见《陆伯鸿创办和兴钢铁厂》，《上海文史资料选辑第四八辑》。

争力了！而且积极抢单的洋行非常乐意对经办采购案的官员提供优渥的回扣，于是在王纲解钮的北洋政府时期，各大兵工厂争先恐后地抛弃了官僚老大臭气熏人的官办钢厂，将钢材订单发给笑脸迎人、回扣大方的国外钢厂代理商。即使是普通的碳素钢，也宁可选用洋货！于是瑞记、怡和、百禄、禅臣、裕泰、礼和等承接钢材生意的洋行，各个都有接不完的订单。江南制造局钢厂的炉火愈来愈微弱，而在高官间流淌的黑钱却愈来愈惊人。

当时，北洋政府军方由钢铁外购引来的滚滚黑钱实在太惊人，让北洋官僚们眼红不已，于是贪心无脑的北洋官僚居然越过军人，由北京财政部出面直接与奥匈帝国的钢铁公司"维也纳坡尔第候德"（POLDI Hütte）订立了30万英磅借款的合同，以契税为抵押，用来在未来十年间购买Poldi厂的钢铁。但是，脑满肠肥的财政部官员却不懂军事，以为只要是钢就能造炮，既不问国内各兵工厂的需求，也不问钢材牌号与物性用途，一头雾水的陆军部甚至连"维也纳坡尔第候德"是哪家公司都闹不清楚，只好以公函向财政部询查，才知道这家钢铁厂是陆军惯称的"普达公司"。

最糟糕的是，"普达借款"居然把十年采购的价格白纸黑字给了下来，完全不考虑钢价的涨落与汇率的升降，也不考虑军方究竟需要那一种牌号的钢材。于是普达公司借款成为军火外购史上最浑的外购案！

促成"普达钢材采购案"的北洋官僚黑心到什么程度呢？回扣都是包括在报价里的，被强迫认购的武汉兵工厂把算盘一拨，算出普达的枪管钢材的报价居然比武汉兵工厂现用的瑞记洋行代购德国钢材的价格足足高出四倍以上！

然而，钢材的价格、质量问题尚在其次，各级官员能够分得的黑钱才是最重要的。财政部与陆军部在台面上是一阵强词夺理的公函论战，台面下自然是各方打点的利益均沾。于是，陆军部训令汉阳、上海、德县与广东四大兵工厂要尊重合约信用，一定要将普达钢材硬接下来。至于超出原用钢材之价格，则由财政部拨款承担。反正陆军部与财政部的经费都是国家的钱，只是换个渠道流入私囊而已。

于是，在北伐前夕，北洋政府已经完全抛弃了清末国防工业自主的理念，各个依靠洋行建军，期待洋行的肥美回扣。再者，由欧洲买料件组装的新锐武器，都附有说明书，指名某种零件用某厂某牌号的钢材，只要按照牌号向洋行下订单就行了，这是何等便利！因此，国内原本有悠久自制武器历史的各大兵工厂，纷纷沦为洋料洋件的组装工厂。且不说当时国内无法自行冶炼的特种钢，就算是步枪的木质枪托之类最基础的料件，兵工厂也乐得甩开质量不稳回扣有限的国内供货商，转而向洋行下单。

在1925年盛夏，国内制式步枪"汉阳"造的生产厂汉阳兵工厂居然向洋行协益公司订购了20万支"核桃木枪托胚料"。"汉阳"造步枪的年产量不超过两万支，换言之，汉阳厂一次订足了十年用的枪托，至少在1925年之后，所有的"汉阳"造步枪的枪托都使用来自美国与加拿大的核桃木！[1]

汉阳厂这样大厂尚且如此，各地的小兵

---

[1] 普达钢铁采购案与协益核桃木枪托胚料采购案均见《中国近代兵器工业档案史料第二辑》。

工厂就更依靠洋行供给钢材乃至一般料件了。例如，广州的石井兵工厂，就完全依赖外国来料，没有洋行供应的洋料，兵工厂就开不了工："石井兵工厂所用的钢材，只是按照洋行的说明书，某种零件用第几号钢材，照买就是。若是买不到，机器就只好停止转动。就连最后建成的手榴弹厂，手榴弹的导火索也是向英国买现成的，本厂造不出来。"①

连核桃木枪托与导火索都要靠洋行外购，北洋政府自然不会有从头建立钢铁厂的气魄。

于是，新式钢厂一拖就是二十年，一直到国民政府打完中原大战定都南京之后，新式钢铁厂的建设才重新回到政府施政方略之中。

在筹备抗战的20世纪30年代，钢铁厂建设是建军大业的重头戏。虽然南京国民政府的负责官员收敛许多，不再以回扣为主要考虑，但是政府财政依然困难，无法拨出巨款。于是，钢铁厂的设厂计划仍然陷入清末、北洋时代解不开的官商合办循环之中。

南京国民政府的第一个钢铁建厂计划是马鞍山中央钢铁厂。在1932年开始筹备的中央钢铁厂由实业部负责，网罗丁文江与胡庶华等工矿界名流主持筹备工作。但是实业部拿不出经费，只好找上天津与上海的银行财团，走官商合办的老路子。虽然建厂资本从8000万元减到1500万元，但是南、北银行财团仍然踌躇不前。于是，实业部转而找上英国商人在中国最大的矿业集团——开滦集团。但是，开滦在伦敦的母公司却不愿冒然投资……中央钢铁厂的建厂大业，就这么一拖又过了五年。②

要解破这个循环，只有复制江南制造局的经验。由政府自行筹措巨款建立钢铁厂。而且，要毅然排除任何商业考虑，不惜亏本，抱定钢材只专供兵器工业使用而不拿到市场上卖钱的心理，才能建立起能炼出合金钢的钢铁厂，才能建立起完全自主的国防工业。

所以，归根到底还是要政府自行筹措出巨大的资金，才能建立起钢铁工业。虽然，这笔巨大资本足以动摇国家财政。但是，正在筹备对日作战的中国一定要有自己的钢铁厂！

到了1936年，南京国民政府终于找到筹款建立钢铁厂的捷径。当时，中德合作的哈步楼（Hapro）公司以易货方式与信用贷款运作对华军售，中国不需由外汇储备中拨出德国马克的现金，只要在国内购齐德方指定购买的矿砂与农产品交到上海出货，德国就由德意志银行提供的1亿马克信用贷款中直接划出德国马克现金到哈步楼公司帐下，供中方采购之用。有了不必拿外汇现金出来的中德信用贷款，中央钢铁厂残局复活。新的中央钢铁厂案由蒋介石拿出军事预算开办的资源委员会负责，资源委员会迅速经由哈步楼公司与克鲁伯公司签约，订购一个完整的现代化钢铁厂的机器设备，全案总金额高达5800万德国马克（折合法币约7800万元），一举花掉德国信用贷款总金额的一大半。

这个于湘潭兴建的天价钢铁厂在1937年6月25日正式签约③，预计在1939年完成，因为总金额过大。所以，要分成六年慢慢以易货方式偿还。当然，冶炼特种钢的电弧炉便是中央钢铁厂的重头戏，更是中央钢

① 见邬继镛，梁伯彦《杂谈广州石井兵工厂》，《白云文史资料第三辑》。
② 中国台北国史馆藏，蒋中正文物档案，第002-080200-00183-020号档案；第002-080200-00456-018号档案。
③ 见《中德外交秘档》。

铁厂的钨铁厂主要的工作。然而，中国的全面抗战却在中钢厂合同签约的20天之后随即爆发。

在中国全面抗战爆发之后，南京国民政府于1937年8月火速拨付第一笔1500万马克货款，克鲁伯工厂也积极交货，钨钢厂的机械设备显然是优先交货的。但是在沿海大港相继沦陷之后，机器设备只能转道缅甸的仰光港。而沉重的钢铁厂炼炉设备必须依靠铁路运输，在1938年底匆促修成通车的滇缅公路却只是一线道的小路，两吨半卡车无法载运沉重的钢铁厂设备经滇缅公路运进中国内地，可就在这危急时刻，英国的丘吉尔政府还要屈从日本压力封锁了滇缅路。于是，千呼万唤的合金钢电炉，只好凄惨地堆在仰光港的仓库，默默地等待着它未知的命运。

在1939年6月，国民政府被迫放弃湘潭中央钢铁厂的设厂计划。德国政府同意在原本已由中德易货贷款中拨付的1500万马克货

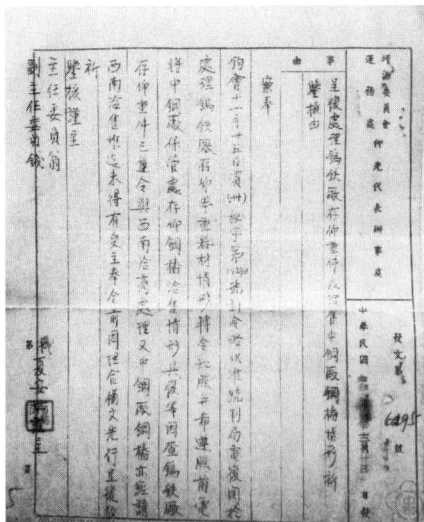

▲ 资源委员会出售钨钢厂文件。

款中拨出1000万马克给资源委员会购买其它器材。由此推断，当时克鲁伯公司已经交货到中国或仰光的器材之总价大约为500万马克。到了1941年，资源委员会不得不请负责滇缅路物资抢运的西南运输处帮忙，设法在仰光就地抛售钨钢厂的设备及原料，多少为国家换点外汇回来。[1]依据资源委员会主任秘书吴兆洪在1941年10月的清查报告中记述，当时已经运交的器材，总值大约为357万2418.2马克。这批优先交货的机器设备，大概就是在仰光抛售的钨钢厂机材。

于是，中国抗战便成为没有新式钢铁厂的战争！在第二次世界大战参战列强以年产钢铁数千万吨之实力捉对厮杀时，中国的大后方真正能冶炼特种合金钢材的电炉只有区区五座小炉：起源于上海钢铁厂（江南制造局钢铁厂）第三兵工厂的一座西门子1.5吨小型炼钢电炉，这座电炉原属江南造船所；云南省办的中国电力制钢厂公司有一座由美国抢购的0.5吨"匹兹堡"电炉，是经由滇越铁路运到昆明的，这个靠二手电炉与轧机成立的小钢厂虽然能炼镍钢与镍铬钢，但能力也限于制造工具而已；源于兵工署百水桥研究所材料试验处的第28兵工厂在抗战期间自制了一座小炉，搭配自制的坩埚，勉强可以小量生产各种合金钢。

真正有实用价值的合金钢厂是源于重庆电力炼钢厂的第24兵工厂。第24兵工厂有一座由美国采购的3吨"穆尔"式电弧炉，抗战期间又自行安装了一座战前购买的德国产3吨炉，这两个3吨电炉轮流开炉，年产各种钢材1000余吨。数量虽小，却确保了抗

① 中国台北国史馆藏，《资源委员会》，第003-010603-0141号档案。

战年代中国步枪与轻重机枪自制所需的特种钢料。然而，这五座小电炉只能勉强供应步、机枪的生产，根本无法兼顾火炮用的特种钢材制造。

于是，一部中国现代炮兵史，便成为了一部外国火炮采购史。要考察抗战时期的中国炮兵，反而要从西方列强的各种火炮考究开始了！

第三节 独领风骚的德国炮兵

在 1912 年民国初建之时，合金钢还停留在科技新知阶段，合金钢革命对火炮设计的冲击力尚未展现出来，这是因为欧美列强当时拥有大量碳素钢时代的旧型火炮，在没有战争鲜血刺激的和平年代，不可能投资巨款全面更换昂贵的合金钢火炮。而且，当时欧美列强的陆军炮兵战术依旧以旧式火炮的性能制定而成，有其固步自封的惰性。于是，使用高价合金钢材制成的新式火炮反而常被视为不必要的投资。

号称世界首强的法国陆军是故步自封的典型范例。法军在一战之前迷信机动攻势的作战理念，极度轻视火炮，于是对合金钢革命不屑一顾。法国军学界指出，火炮不是战场的制胜之道，步枪才是杀伤敌军的真正利

▲ 法军的宣传画："我们光荣的 75"

器。在日俄战争中，伤亡于炮弹之下的日军只有 8.5%，俄军略多，但也不过 14%。换言之，日俄两军 85% 以上的伤亡都是步枪造成的。所以，法国《野战炮兵操典》慷慨陈词，火炮的破坏力有限。所以，炮兵唯一发扬火力之胜场，是在步兵发扬攻击精神奋勇挺进时之直接射击，其目的只在杀伤敌方之人员马匹，而不是法军认为难以破坏的工事阵地。

再者，既然是直接射击，野战炮兵并不需要超过望远镜目视距离之外的远射程，也不必开发更具破坏力的榴弹和高爆弹。所以，既不需开发以破坏力取胜的榴弹炮，也不需开发以射程取胜的重加农炮。

既然不讲究射程与破坏力，就不需要合金钢时代的先进火炮了。于是在第一次世界大战爆发之时，法军炮兵的主要火炮是大名鼎鼎的法军之神，象征法兰西陆军攻击精神的 "1897 年"式 75 毫米野战炮（Canon de 75 modèle 1897）。大名鼎鼎的 "1897 年"式野炮昵称 "法国七五"（French 75），是碳素钢时代火炮的顶峰之作，使用 HE（高爆）榴弹时的有效射程可以达到 8550 米。但是，法军认为以破坏敌方工事为主要任务的高爆弹是没有用的，"法国七五"只要在望远镜能直接观测的目视距离之内，以内含铅丸的榴霰弹（shrapnel）进行直接射击，有效杀伤敌人足矣。因为，直接射击的距离大约是在 5000 米之内。所以，"法国七五"虽然拥有 8550 米的有效射程。但是，随炮所附的表尺

却只订到了 6500 米。[1]

法国人是真心信仰"法国七五"的，在第一次世界大战爆发时，法军的重炮少得可怜，由军属炮兵到师属炮兵，清一色的是"法国七五"。军属炮兵是 4 营制 48 门"法国七五"，师属炮兵是 3 营制 36 门"法国七五"。于是，在一次大战爆发时，法军炮兵被德军炮兵完全压制，攻击精神洋溢的法军步兵与"法国七五"还来不及上火线发挥刺刀冲锋的攻击精神，射程远的德军重炮兵就已经将他们消灭在后方集结区域内了。

法国人被德国炮兵的压倒性优势吓傻了！惊慌失措的法军把后方军火库里所有库存的

▲ 与 1888 年改良之 95 毫米 Lahitolle 野炮。

▲ 与 1888 年改良之 95 毫米 Lahitolle 野炮。

远射程火炮全部拿出来装备给军团炮兵。然而，法军实在太迷信"法国七五"了，他们军火库里最大射程较为象话的火炮，只有在普法战争之后的雪耻年代开发的古董级 90 毫米"Bange"M1877 式野战炮、1888 年改进的 95 毫米"Lahitolle"式野战炮与 120mm 毫米"Bange"M1878 式加农炮。虽然，都是有着 20 年以上历史的架退式老古董，但法军别无选择，只有火速将这些还在使用生铁榴霰弹的古董编成了 100 个战炮连，紧急开赴前线作战。且不问实际威力如何，先以射程顶住德国炮兵的压制射击再说！

法国人的固步自封实属惊人，而英国

人的保守僵化亦也不遑多让。英国人沉迷于 1904 年开发出来的 3.3 英寸 18 磅野炮（QF 18 pounder），这也是一种有效射程小于 6000 米，以直接射击作战的过时老货，但英国人居然一路用到了第二次世界大战。在榴弹炮的开发上，英军却比法军要高明一些。英国人开发了两、三代野战榴弹炮，在 1908 年开发出了 4.5 英寸榴弹炮（QF-4.5 inch howitzer），但是射程有限，火药与爆炸威力也赶不上德军。然而，直到在二战爆发前夕，英国步兵师中的炮兵旅仍编制由 54 门 18 磅野战炮与 18 门 4.5 英寸榴弹炮混编的三个炮兵营。[2]英军炮兵的故步自封也可想而知。

① 见《炮兵战术讲授录》。
② 见《英国桑德斯陆军学校概况》。

在欧洲列强之中，只有炮兵战术领先群英的德国认真地进入了合金钢时代。在袁世凯当民国大总统的时候，适值德国炮兵战术发展光彩灿烂的猛进岁月，来自德国的火炮新概念必然让身为"德粉"的袁世凯激动不已。

德军火炮发展之突飞猛进，最显著之处便是发展出功能完整的野战炮兵体系。究其深意，这就要从他们的榴弹炮讲起了。

在德军炮兵战术大发展之前，各国的传统野战炮兵并没有"榴弹炮"的观念。提起榴弹炮，炮兵专家的第一印象就是口径设在15厘米以上的大口径攻城炮兵（siege artillery）。专门用来攻打要塞的攻城炮是没有任何机动力可言的，机动必须依靠铁路运载，离开铁路就得拆解。同时，攻城炮也没有象样的炮架，为了抵消巨大的后坐力，一战之前的攻城炮既没有装轮炮架，也不装配制退复进机。巨大的炮身直接座在沉重的滑动炮架上，用一体成型的巨大敦实的铸钢炮架吸收火炮发射时产生的强大后坐力。

如此一组全重至少在5吨以上的笨重怪物机动起来，就是炮兵的梦魇！但是列强各国却满足于现状，法国炮兵操典上说了，火炮的功能原本就不在击破敌方的阵地工事，何需开发具有野战机动力的榴弹炮？

所以，欧洲列强传统的野战炮兵一味讲求弹道低伸的加农炮。野战炮兵使用的均是口径57–75毫米之间，在目视距离之内以直接射击杀伤敌军人马的"野战炮"，野战重炮兵则是口径在75毫米以上射程更远些的加农炮。然而，加农炮的射程超出了目视距离，又与法军的作战理念相左。于是，法军连加农炮的配置都要刻意忽略，而将注意力完全集中在"法国七五"上。

然而，德军却特意将弹道弯曲的大破坏力榴弹炮野战化。在一战之前，德军已经在传统的野战炮（Feldkanone）与加农炮（Kanone）之外，又加入了野战榴弹炮（Feldhaubitze）的概念，将破坏力巨大的榴弹炮套上了三骈六马拖曳的炮车，奔驰在道路上施行机动作战。一战时德军的野战炮为口径10.5厘米，战斗全重压缩到两吨以下的轻型野战榴弹炮（leichteFeldhaubitze），也有口径15厘米，战斗全重超过两吨的重型野战榴弹炮（schwereFeldhaubitze）。就连传统的21厘米大口径攻城炮，德军也要加装制退复进机，

▲ 图为105毫米 FH98/99 轻榴弹炮。

▲ 210 毫米 Mörser 10 臼炮，Mörser 10 臼炮是最有意义的一种火炮。为了将原本属于攻城炮的 210 厘米臼炮纳入野战炮兵，德军在原本优美的炮身上硬捆上制退复进机，硬加上钢轮，不协调的改装赋予 7 吨重炮在设计时并没有考虑的机动力，才能让炮兵群的打击力量趋于完美。

▲ 150 毫米 sFH02 重榴弹炮。

▲ 100 毫米 K14 加农炮。在一次大战爆发时德军不单拥有与法国七五功能类似的 77 毫米野炮 FK 96 n.A.，炮兵群所需的各种火炮也已经蔚然成军。。

设计出能够承载攻城炮超过六吨重量的带轮炮架，使得新一代的攻城臼炮（Mörser）能够可以以汽车进行牵引机动。

这还不是最惊人的！

最惊人的是德国人制造的一种以带轮炮架部署的攻城臼炮，战斗全重达到了 43 吨的骇人重量的 16.5 英寸口径（41.9 厘米）"大贝莎"（Big Bertha）超重攻城炮。

只有合金钢，才能实现德军所需的更远射程、更巨大的爆炸威力、以及能够承重

43 吨的超级炮架！

另外，炮弹也要同步发展。德军在 20 世纪的新世纪破晓之时，就已经以 TNT 取代苦味酸火药（lyddite）作为制式的炮弹装药。苦味酸（Picric acid）制造的火药虽然威力巨大，但容易与弹壳金属发生反应产生爆炸，很不稳定。TNT 威力虽然比苦味酸火药小一些，但是稳定性高，反而可以填装更大量的火药。于是，德军新式野战榴弹炮所使用的高爆榴弹性能得以飞跃发展。

高爆榴弹讲究侵彻力，弹壳强度必须更大。于是，德国又率先淘汰了传统的生铁铸铁弹壳，改用钢质弹壳。但随着炮弹威力越来越大，弹壳钢材要求也越来越高。于是，镍钢合金也逐渐成为新式高爆榴弹的弹壳新选。[1]

在第一次世界大战爆发之时，德军的步兵师已经有功能齐全的炮兵旅，炮兵旅有三个野战炮兵营，[1]另有以高爆榴弹之破坏力取胜，破坏敌方工事专用的 105 毫米轻榴弹炮营（操作 105 毫米 FH98/99 榴弹炮）。而军

---

① 见李待琛《兵器材料之研究》、《军事杂志 第八期》。

（Corp）炮兵与军团（Army）炮兵就更精彩了。军属炮兵的任务在以远射程为主的加农炮射击敌方后方集结地域，制压敌方炮兵火力，破坏敌方阵地，所以军团炮兵与军属炮兵既有以破坏力见长的150毫米 sFH 02 重榴弹炮与210毫米 Mörser 10 臼炮，也有以远射程取胜的105毫米 Kanone 14 加农炮（有效射程12085米）与135毫米 Kanone 09 加农炮（最大射程15100米）……

合金钢革命实现了炮兵的梦想。有了以弹道低伸的加农炮与弹道弯曲榴弹炮搭配的现代化野战炮兵，德军就能开创出现代化的"炮兵群"战术了。

德军炮兵按照任务类型编组区分为四种井然有序的炮兵群：一是扫荡步兵、马匹及薄弱掩蔽部等软性目标的 Ika（Infanterie-Kampf-Artillerie）步兵支援战斗群；二是制压敌方炮兵的 Aka（Artillerie-Kampf-Artillerie）反炮兵战斗群；三是制压敌后方目标、交通线与集结区的 Feka（Fern-Kampf-Artillerie）远程目标袭扰战斗群；以及第四种"伽玛"炮与"大贝莎"炮等远射程超重炮组成的 SCHWEFLA（Schwerste-Flachfeuer-Artillerie）雄壮威武不可一世的远程目标轰炸群。这四种炮兵战斗群搭配起来，就能含盖当时炮兵火力所能涉及的所有射击目标。[2]

有了多功能的炮兵群，德军炮兵就能遂行各种射击任务：对敌步兵进行毁灭性打击的"歼灭射击"，摧毁敌军炮兵与重武器的"破坏射击"，远程炮兵袭扰敌军后方宿营地或集结地的"扰乱射击"，把握良机不经试射骤然发起的"急袭射击"，己方进攻时以压倒性炮击构成掩护火力网随步兵逐步推进的"弹幕射击"，己方处于守势时阻绝来敌的"阻止射击"……[3]

于是，德军炮兵的作战计划，就是一曲以 Ika、Aka、Feka 与 SCHWEFLA 交织而成的"震憾奏鸣曲"！

我们可以想象，在一个晨雾初开的拂晓，德军的数百门火炮毫无预兆地骤然怒吼起来。炮兵射击的第一阶段是不进行试射、毫无预兆的10分钟急袭射击。Ika 的野炮与轻榴弹炮推进到距离法军阵地6000米之内的射击阵地，以最粗放的猛烈火力，迅速制压依据情报与直接观测标定出来的法军战壕、掩蔽部、机枪掩体与步兵炮阵地；以野炮、加农炮与重榴弹炮组成的 Aka 发挥8000米以上的远射程优势，以间接射击方式毁灭被情报官标定出来的法军野炮阵地，切实压制敌方炮兵战力。在此同时，炮兵观测侦察机与观测气球升空，以无线电导引以重型加农炮组成的 Feka 越过法军的阵地纵身，直接打击阵地后方的预备部队集结地、指挥司令部与兵站。而 SCHWEFLA 的首要目标，想必是预备区域与前线阵地带之间的交通线。体型惊人的210毫米巨型臼炮以114公斤的巨大高爆榴弹破坏敌方的公路与铁路，而射程15公里的重型加农炮则以绵密的火网，阻断法军任何向前线火海增援部队的紧急部署。于是，被 Ika 及 Aka 炸成一片火海的敌方阵地，在炮火中被切断成为孤立的据点，达成最终包围聚歼的效果。

---

① 操作与"法国七五"相当的77毫米 FK 96 n.A.。
② 见 Command or Control?: Command, Training and Tactics in the British and German Armies, 1888-1918。
③ 见《炮兵战术》。

在 10 分钟的急袭射击结束之后，紧接而来的是第二阶段长达 110 分钟的破坏性射击。破坏射击的目标是对敌方的炮兵与重武器作细腻的打击，而不再是第一阶段的粗放狂射。因为情报总有疏漏，骤然发起的奇袭不可能完全摧毁法军的炮兵。在首轮急袭猛烈射击之后，残余的法国炮兵必然要奋勇还击。而德军的声测连、光测连或配备方向盘与测距机的各炮兵营观测所则会迅速利用法军火炮还击时的火光与声音，判定法军炮兵配置阵地的位置与距离。于是，Ika 与 Aka 的野炮与轻榴弹炮再次发威，摧毁任何胆敢鼓勇还击的法军野炮或步兵炮。而 Feka 与 SCHWEFLA 也要继续破坏敌方交通线，继续孤立法军的前方阵地。长达两个小时左右的缜密扫荡，才是步兵挺进的安全保障。

第三阶段则是多达四波的歼灭性射击，每个波次约 20 分钟。歼灭射击以歼灭敌方步兵部队为目的。Ika 按照敌步兵单位阵地，分区分块逐个进行毁灭性的射击，务必使德国步兵遭遇的抵抗减至最小。Aka 则开始施放毒气，进一步瓦解法军的反击能力。而 Feka 与 SCHWEFLA 则继续阻截法军的后方增援部队。而在四波歼灭射击之间，还要加入一次 Aka 的炮兵制压射击，再一次切实消灭任何在反击中曝露位置的敌残余炮兵。

到了第四阶段，就是德军跃出战壕攻击前进的高潮，各种火炮集中到 Ika，执行掩护步兵的爬行弹幕射击（creeping barrage）掩护，

Aka 要盯住任何胆敢反击的残余敌炮兵与重武器，而 Feka 与 SCHWEFLA 则要完全阻止敌军的增援，让步兵毫无顾忌地在已经成为孤岛的法军第一线阵地中逐寸歼灭蜷缩在战壕中的残余法国兵。[①]

在先进的炮兵战术引导下，合金钢革命在德国火炮设计上开花结果。即使是最基本的野炮，德国的军火公司也要充分利用先进的合金钢，尽情挥洒火炮设计的创意风采。

以德军最基本的 77 毫米野炮为例：德军的制式野炮是克鲁伯兵工厂在 1904 年改进 FK96 而推出的 FK 96 n.A. 型（neuer Art，意指"改造九六"式野炮），有效射程 5500 米，最大射程 8400 米。而在一战爆发之后推出的 FK16 野战炮则一举跃进到有效射程 9100 米，最大射程 10700 米！

如果在第一次世界大战之前把必须使用方向盘进行间接射击的 FK16 卖给法国人，法国人一定会嗤之以鼻。

射程较远的 FK16 是 Ika 弹幕射击的完美武器，也是德军的暴风突击兵（Sturmtruppen）攻击前进时无远弗届的守护神；在 Aka 全面制压法军炮兵之时，FK16 的优异射程足以全面压制法国表尺只订到 6000 米的"法国七五"；FK16 的远射程甚至可以在 Feka 破坏法军阵线后方集结区时派上用场。所以，在法国人眼中百无一用的合金钢革命，在德国人手里就是跨时代的炮兵飞跃。

---

① 参考The German 1918 Offensives: A Case Study in The Operational Level of War附表HAGEN作战第6军团炮兵作战计划，并有笔者之铺陈。

第四节 以德为师——袁世凯的好眼力

世界上工业技术落后的国家，往往最容易在兵器工业上故步自封。而在民国初建之际，炼钢能力骤然落后世界列强一个时代的中国，无力升级自身的钢铁工业，但要是向法英等国一样采取保守顽固的态度走下去，那可真是自寻死路。然而，在民国初年领导炮兵整建的大总统袁世凯却有着非凡的好眼力。所以，工业实力远落人后的中国反而以德为师，锐意仿效世界最先进的炮兵体制。

清末的火炮建设原本是以英国为师的。炮兵讲起火炮就是三"磅子"六"磅子"十二"磅子"的英国腔，炮操也是英国操。炮兵专家们谈起外国大厂，小炮专讲"麦克信"（Vickers, Sons & Maxim），大炮推崇"阿姆斯特朗"（Armstrong-Whitworth）。兵工厂的技术人员也是满口英伦腔的英国派，工程师测尺寸用的是英寸英尺、检查火炮用的也是英国海军部标准的英吨/平方英寸、编射表以英制的码单位计算射程、英制的磅单位计算发射药量……

英制单位不是十进制，用起来是很麻烦。于是，江南制造局造火炮的技术工匠们，都要把英制换算口诀背得滚瓜烂熟，各个都是乘除法心算高手："每码合三英尺，每磅合中砝十二两，每吨二千二百四十磅合中砝一千六百八十勒……"

清末兵界的英国风持续了三十多年，原本已经是根深蒂固。然而，行事雷厉风行的袁世凯却一举扭转了兵界的英国作派。

1903年，袁世凯出任总理练兵处会办，负责全国新军的整建。袁世凯是当时最狂热的"德粉"，谈起火炮开口"克鹿卜"，闭口"格鲁森"，袁世凯一上任，兵工厂以英为师的风尚骤然为之一变。江南制造局造炮厂的技术工匠都是从小勤学英制的，但是在短短两年之内，各大兵工厂居然将用了半辈子的英制全改成德国人用的公制。工匠技师们紧急改变思想，满口"每密达合工部营造尺三尺一寸五分，一密达分十代西密达、一百生的密达、一千密里密达，用时谓代西、谓生的、谓密里……"

"密达"是米（公尺），"生的密达"是厘米（公分），"密里密达"是毫米（公厘），浅显易懂。而"代西密达"（decimeter）就稀罕了。这个简写为dm的单位是当时在德国也很少人用的"公寸"。1公寸折0.1米，所以又称"分米"。连冷门的分米也列入口诀，足见当时公制化的彻底。

但是，用惯英制的工匠技师们难免旧习难改，在心算时脑中下意识立即反应出来的数据便是英尺英寸。然而，袁世凯的严厉是远近闻名的，部属无人胆敢轻拂其意，于是在算尺寸时，工匠们只好再多费一层心思，把英制数字在心中换算成公制再出口。于是，艺徒工匠们测量尺寸的新口诀，还得要加一道"每密达合三十九英寸又百分寸之三十七"。

量个基本尺寸还要加作一道小数点后两位的奇数除法题，当年的各大兵工厂也不知要打坏多少次算盘！

当然，江南制造局自制的各种火炮也得改名字了。以江南局的骄傲、开发出长、中、短三种身管的 8 英寸炮为例，为了讨袁世凯欢心，江南局在光绪三十一年（即 1905 年）提出的报告，已经严谨地按照公制，将 8 英寸炮的品名改成别扭拗口的"二十生三一七口径大炮"。

在英国之外，日本与法国的火炮大厂对中国市场也非常热衷，尤其是编制在师属炮兵的野炮与山炮。正在全面换装"三八"式野炮与"四一"式山炮的日本人很乐意把使用落伍的"三一年"式炮架的"有坂"速射山野炮贱卖给中国，对访问三岛的中国采购大员们也不吝展示大阪炮兵工厂的最新成品。实事求是而言，论价格与实战性能，日本火炮工艺虽然落后于世界潮流，却也堪称中国

曾与克鲁伯野炮在卢沟桥试射竞争施耐德公司"克鲁苏"1907 年式 75 厘米野炮。图为 31.4 倍径身管。

图为编成于光绪三十一年的《江南制造局记》中的八英寸炮炮表《二十生三一七中式后膛大炮表》。火炮名称已经按公制由八英寸改为拗口的二十生三一七，但是原本按照英制定好的弹药重量与射击距离不能乱改成有小数点的公制新数值，所以同一个炮表既有公制，也有英制，成为由英制转型到公制时期的风趣插曲。

的最佳选择。

但是，日本走错了一步。日本的大隈内阁在 1914 年提出的《二十一条》，这个愚蠢的全面不平等条约粗暴地强迫中国全面采用日本军火。曾在朝鲜与日本人血战的袁世凯一生最恨日本，是最坚定的抗日派。他把《二十一条》大部分内容给硬顶了回去，日本要求中国采购日本军火与中日合办兵工厂的条文被断然拒绝，日本军火因此也成为历届北洋政府不敢轻沾的腥臭交易。

另外，法国火炮也很难得到袁世凯的青睐。代销法国火炮的洋行并没有推销法军的主力野炮"法国七五"，而是以"克鲁苏"75 毫米山炮与 75 毫米野战炮为主打产品。"克鲁苏"就是大名鼎鼎的施耐德公司（Schneider-Creusot）。施耐德是法国的民营军火大厂，质量精良。但是，法国政府偏爱国营兵工厂，民营军火公司没有国营兵工厂的"法国七五"订单，只能拼命开发外销生意，于是克鲁苏成为克鲁伯的最强劲对手。

大约在袁世凯编练新军之时，曾经在卢沟桥一带举行"克鲁苏"野炮与"克鲁伯"野炮的大对决。两个大厂各提供身管倍径分别为 28 倍、29 倍、30 倍与 31 倍的四种野炮，在卢沟桥试射较量，检验人员并且以实样全

▲ 卢沟桥试射的优胜者，"克鲁伯1903年"式75厘米野炮。"1903年"式为30倍径身管，但是在卢沟桥试射中，克鲁伯与克鲁苏都使用了4种倍径之身管全面较量，堪称炮兵史上盛事。

面考核两厂野炮的钢质、炮弹、火药、机件拆卸与性能诸元。[1]对决结果，克鲁伯全面占了上风。且不说性能诸元。光是实弹试射，"克鲁伯"野战炮就要抢尽风头。

当时北洋军称传统生铁或铸铁榴弹为"开花弹"，薄铁外壳内装小铅球的榴霰弹为"子母弹"。法国"克鲁苏"野炮与德国"克鲁伯"野炮都配有新式榴弹。只是"克鲁苏"野炮的新式榴弹是不稳定的苦味酸"利代弹"，而"克鲁伯"野炮则是潜能无限的TNT榴弹！"利代弹"的爆炸威力显然比不过德国的新式TNT榴弹。为了表示对克鲁伯新式榴弹威力的赞赏，清朝的官文书非常形象地为此种新式榴弹命名为"德式大炸力开花弹"。

再者，施耐德公司的工艺以精巧著称，但是太精巧的工艺反而会成为战争的累赘。而克鲁伯的火炮则偏向简单实用，反而有最佳的战场适应力。

对北洋军而言，"克鲁伯"野炮与"克鲁苏"野炮的优劣判断，最刻骨铭心之处应该是闭锁机（炮管底部的炮闩），克鲁伯的闭锁机是粗放平常的横式炮闩，而克鲁苏的闭锁机则是精美的偏心式炮闩。偏心式炮闩是一个大螺丝，打开炮门的炮管内缘是精美的螺纹，炮闩关闭就等于旋上一个大螺丝，以达到最大的闭锁抗压能力。法国人偏爱大螺丝，"法国七五"是偏心式炮闩的忠实拥护者，日本的"四一"式山炮也尾随其风。但是，锃亮精密的螺纹容不得沙粒污垢，而中国战场恰恰没有如此高档的卫生条件。在华北打仗是风卷狂砂，在华中、华南的水田丘陵打仗则是满地泥泞。所以精美的法式炮闩经常打不开。

反之，"克鲁伯"野炮一拉曲柄就能整个打开的横式炮闩，绝对没有水土不服的问

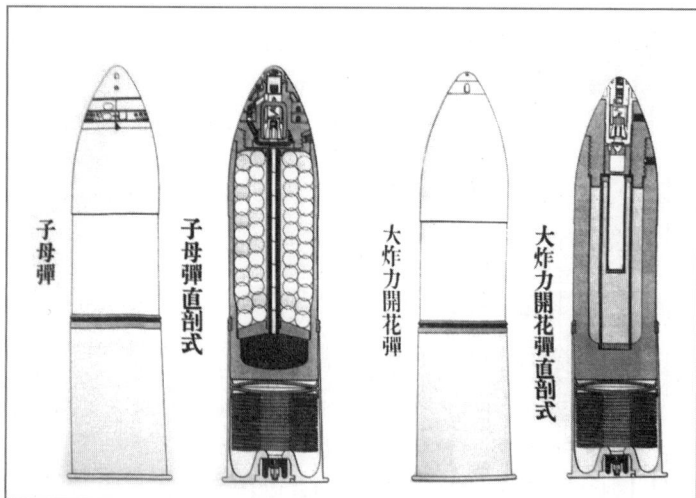

子母弹　　子母弹直剖式　　大炸力开花弹　　大炸力开花弹直剖式

▲ 使用TNT的"大炸力弹"是"克鲁伯"山野炮全面压过"克鲁苏"山野炮的主因。附图为宣统年间克鲁伯的代理商信义洋行与礼和洋行推销"1910年"式山炮的简介《克鲁伯七生的半十四倍口径长过山管退快炮一千九百十年式说略》中所附的炮弹图样，并特别骄傲地标示出"大炸力"三字。

---

[1] 见《德国克鲁伯与中国的近代化》。此次比对结果曾编成《试验德法陆路快炮纲要》一书。

题。在宣统年间，德国洋行向清军大力推销"克
鲁伯 1910 年"式山炮，"克鲁伯"山炮与"克
鲁伯"野炮使用同样型式的炮闩，洋行的推
销说帖就以清军的实际操作经验狠狠奚落了
其法国对手：

"闩式系横推曲拐之炮闩，确与中国陆
军部所订购之新式七生的半二十九倍口径长
陆路管退快炮相同。其形式既极简易，而于
运动之处，其表面又颇平正光滑，用时极其
便捷。遇尘埃蔽天之时，仍能照常启闭击放。
至于法炮所制螺丝闩，一遇大风扬尘之日，
每易为灰沙沾滞，以致难于启闭，固不及其
项炮闩远甚也。"[1]

当然，德国炮兵战术更是完全压倒只有
"法国七五"的法军。因此，袁世凯对法国
炮非常冷漠。而在法国之外，如意大利、俄
国等可以自己造火炮的欧洲强国，袁世凯更
是不屑一顾，眼中明摆着只有德国大炮。

袁世凯的北洋新军聘请德国教习、使用
德国操法，大获成功，是
他改写了中国近代史的根
本力量。而在采用德国操
的北洋新军中，炮兵是德
国化最彻底的单位。早在
"小站练兵"年代的新建
陆军炮队，就已经网罗到
当时国内凤毛麟角的留德
炮兵军官段祺瑞与商德全，
火炮则是清一色克鲁伯。
小站练兵所使用的火炮包
括"克鲁伯"75 过山轻
炮、"格鲁森"57 过山快
炮与"格鲁森"57 陆路快

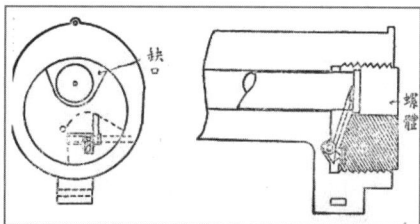

▲ 《军械制造》中偏心式螺式炮闩的线图。螺式炮闩的精
美螺纹虽然能达到完美的紧塞效果，但是在风砂泥泞环境恶
劣的战场却会大幅增加故障率。法系山野炮是螺式炮闩的忠
实拥护者，自然难敌忠实可靠的克鲁伯横楔式炮闩。

▲ "四一"式山炮使用标准螺式炮闩。图为《四一式山炮（步
兵用）取扱上之参考》的插图。看镗亮的螺纹，就能想象螺
式炮闩对环境条件的高标准要求，显然不如楔式炮闩实际。

▲ 克鲁伯原厂的"1910 年"式 75 野炮。这张照片拍摄于辛亥革命年代，当时汉造"克"
式与日造"三八"式都还没出产，可以确定为原厂之经典名炮。

---

[1] 见《克鲁伯七生的半十四倍口径长过山管退快炮一千九百十年式说略》。

▲ 让袁世凯心醉的 420 厘米 "伽玛" 攻城炮。袁大总统曾通令全军炮科军官，依照公布于报端之照片细心研求攻城巨炮的原理。

炮。格鲁森公司其实也是克鲁伯。格鲁森公司（Gruson）是 19 世纪末的德国大厂，以制造小口径火炮闻名，但是在 1893 年就被克鲁伯并购，成为克鲁伯公司格鲁森炮厂（Krupp AG Grusonwerk），只是国内仍习惯称作格鲁森。有效射程 5000 米的 "格鲁森" 57 陆路快炮是一种类似步兵平射炮的轻便架退小炮，虽然没有被采用为制式火炮，但是这种可以使用人力轻松拖曳的火炮在北洋军中非常盛行，直到抗战前夕还是炮兵的常见装备。

买德国炮只是第一步。袁世凯本人是一位非常有企图心的炮兵迷，他不仅喜欢用商人推销的现成德国炮，还要兴致勃勃地考察各国火炮发展的最新潮流，就算是中国显然用不上的最尖端火炮，袁世凯也要热心地详加调查。即使在贵为大总统之后，日理万机的袁世凯仍然不改对火炮设计的兴趣。

话说在一战爆发之初，德军推出惊世骇俗的 420 毫米 "伽玛" 攻城臼炮（42 cm Gamma Mörser），

立即成为全球报纸的头条。记者都是捕风捉影的门外汉。所以，"伽玛" 炮的各种报导玄乎其玄，甚至有最大射程可以打到 40 公里的神奇传说！袁世凯读报至此，颇感好奇。于是，他下令北洋各师的炮科军官一起研究德造的 42 生大炮，并急切督促炮科军官们报告研究心得。迫使全军的炮科军官不得不拿起放大镜，详细审视报上模糊不清的 "伽玛" 炮宣传照，绞尽脑汁想象这门怪物的设计原理。

在各方报告之中，第 4 师炮 4 团第 2 营营长周荫人提出的研究报告是最用心的，虽然只是依靠报纸照片摸索猜测，但是周营长的分析堪称精辟。这份直呈袁大总统的报告显然得到高度评价，于是周营长官星大灿，平步青云，在十年之内由少校营长不断晋升，直至升到陆军上将福建督军之职。[1]

袁世凯重视炮兵，麾下炮兵人才济济，他最器重的部将段祺瑞就是清末一流的炮兵

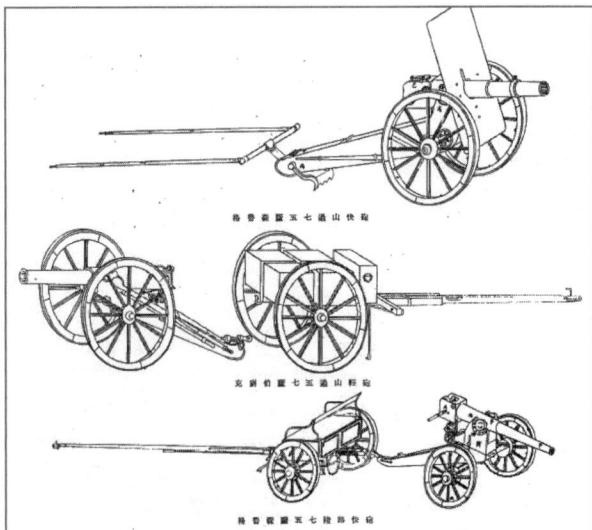

▲ 小站练兵时野战炮兵的三种架退式山野炮，都是克鲁伯/格鲁森的产品。图为《新建陆军》的插图。

---

[1] 周荫人报告见《中国近代兵器工业档案史料 第二辑》。

专家。段祺瑞是天津武备学堂保送德国军校进修的高材生，曾在克鲁伯工厂实习造炮，对炮兵战术运用与火炮制造工艺非常熟悉。清末至北洋政府时期购自外国的火炮，大多找段祺瑞参加验收。但是，段祺瑞缺乏奥援，官运不佳，返国之后在军官学堂足足教了五年书，直到袁世凯小站练兵时才把他选到新建陆军当炮兵随营学堂总办，自此得到袁世凯的提携，飞黄腾达。段祺瑞之所以能得到袁世凯的赏识，他的炮兵专业大概也是一大原因。

第五节 钢铁的界限
原地踏步的沪造"克"式山炮

袁世凯既有浓厚的兴趣，又有优秀的炮兵专才辅佐，他的炮兵建设自然是身手不凡的。新一代的制式山炮与野战炮选用克鲁伯厂的火炮为仿造对象。确定了以德为师的路线，中国火炮制式的下一步，就是要决定买哪家德国公司的炮。其实答案是呼之欲出的。要买德国炮，克鲁伯公司（Krupp）绝对是公认的不二之选。

克鲁伯公司是德国第一大军火公司，号称"德意志帝国兵工厂"。而且，克鲁伯与中国炮兵的渊源非常深厚。且不说李鸿章、张之洞年代的陈年旧事，在袁世凯当政之时，陆军所选定的制式火炮，清一色是"克鲁伯"！

在袁世凯于1903年编练新军之时，炮兵的重头戏是确定了下一代的制式火炮，尤其是配属在步兵师属炮兵的山炮与野炮。制式火炮的第一步并不是一步跃进到当时还属于最高科技的合金钢，而是迎头赶上新世纪火炮加装制退复进机的设计变革，进入"管退时代"。

袁世凯办事雷厉风行，总理练兵处一声令下，湖北枪炮厂的57mm"格鲁森"过山炮、金陵制造局的"格鲁森"37mm的两磅熟铁炮、江南制造局的"三磅子"过山快炮与"十二磅子"过山快炮等小口径过时架退火炮一律停产，转而依照外国最新火炮样式，研究管退工艺。

当时首先定为制式的火炮是大名鼎鼎的

▲ 纵横40年无法替代的沪造"克"式山炮。图为1929年第9师炮兵营的沪造山炮在海州演习时放列。见《军事杂志》第八期。读者可以由这张照片，感受沪造山炮的轻盈体态。

▲ 正在打高角度的沪造山炮。来自《良友画报》的老照片。

▲ 网上流传的沪造山炮放列照片，连后炮架的瞄准棍都清晰可见。

▲ 这张来自《良友画报》的照片显示出人力推动山炮的辛苦。按照尺寸与重量判断，应为沪造山炮。

▲ 北京军博陈列的沪造"克"式山炮。尘埃满布。

▲ 土耳其使用的原厂 1904 年"克鲁伯"75 毫米山炮，有一个别致的防盾。

沪造"克"式山炮。仿造自"克鲁伯 1904年"式 14 倍口径 75 毫米山炮的"沪"造山炮轻

巧可人，有效射程可以达到 4250 米。而"沪"造山炮最大的优点，则是可以完全自制。

江南制造局原本量产的制式山炮是仿造英国 19 世纪 90 年代主力的 BL 12 pounder 6 cwt（12 磅 6 英担后膛炮）12 磅炮，这是一款古色古香的单层炮身架退式老炮，最大射程只有 4300 码（3932 米），技术落后"1904 年"式一大截。然而江南制造局毕竟功底深厚，"克鲁伯 1904 年"式山炮的制退复进机的新工艺不难掌握，复合炮身的热套法也被轻松攻克，于是江南制造局迅速仿造出大名鼎鼎的"沪"造山炮，一跃迈入管退炮时代。

然而，就钢铁材料而言，停留在普通碳钢阶段的"克鲁伯"山炮不但没有进步，反而不如江南制造局使用多年的"阿姆斯脱郎"炮的英国钢料：

"英国阿姆斯脱郎德国克鲁伯两厂铸造大炮，先后驰名。其炮身均有纯钢精制……陆路过山等炮，从前均以钢绳束制坐力，以免倒退。近则改用管退，较前益加稳固。其配装管退钢铁，德炮在下，英炮在上。沪局两种式样，现均齐备。上年仿造德炮，按照新式管退之法，铸成一尊，是仿制改良已有把握，拟承造祖模，可期一律。目前所造一百磅子、四十磅子快炮及十二磅子陆路快炮三种，俟成料完工即可停造，节费专造新式七生六口径以下快炮，按照常年经费酌定每年造数，以期利用，而免耗费。[1]"

"1904 年"式是克鲁伯最后一种碳钢炮。轻巧的"1904 年"式虽然没有获得德军的青睐，却得到土耳其与保加利亚等山地国家的大笔订单。于是，克鲁伯再接再励，在 1910 年推出经典的升级版。

---

[1] 见《江南制造局整顿枪炮弹药炼钢上练兵处南北洋大臣禀》、《北洋公牍类纂续编》。

"1910年"式（清代称"十年"式过山炮）的炮身可以直接达到30度的仰角，有效射程直接打到5000米。而"1904年"式的仰角只能靠炮架之下加垫撑的解决方式勉强达到23度，才能达到最大的4250米有效射程。"1910年"式的实地测试赢得一片喝彩，通用驮鞍设计合理、薄钢弹箱轻便耐久、曲拐炮闩能耐风砂、车轴装油套润滑不需经常上油、骡马驮载也颇为省力……

在改进部分之外，"1910年"式的结构与"1904年"式大致相同，显然也是中国炮兵的良好选择。于是，克鲁伯在华两大代理商信义洋行与礼和洋行联手合作，向陆军部提出精妙的说辞，大力推销"1910年"式山炮。这份说辞大约是在宣统三年（即1911年）提出来的，此时"1910年"式还是最新推出的新式山炮，克鲁伯真是迫不及待！

但是"1910年"式山炮却注定无法取得中国的订单。因为，"1910年"式炮管，采用"料质既坚而工作又精，经久耐用而有极大抵制力"的"聂格尔钢"。[1]聂格尔就是Nickel（镍）。还没有升级到合金钢水平的江南钢厂炼不出

镍钢，只好继续生产"1904年"式。

于是，"沪"造克式山炮成为中国兵工厂的技术顶峰。而且，其颠峰地位居然持续了四十余年。这门不起眼的小小山炮由清末一路用到解放战争，四十年之内竟然没有任何山炮可以完全取代其崇高的地位！

至于不能拆解的野炮，克鲁伯也是进入管退时代的制式不二之选。上海兵工厂与汉阳兵工厂在1913年先后成功仿造"克鲁伯1903年"式野炮，最后由汉阳厂负责量产，这便是大名鼎鼎的汉造"克"式29倍口径75野炮。汉造"克"式野炮也是碳钢材料的

▲ 礼和洋行与信义洋行向陆军部推销的说帖《克鲁伯七生的半十四倍口径长过山管退快炮一千九百十年式说略》。克鲁伯公司的三圈标志依然显目。克鲁伯的三圈标志来自克鲁伯的骄傲专利发明无缝火车路轮Radreifen，然而渊源自火车路轮的标志却成为战争的印记。克鲁伯于二战结束之后专务于钢铁本业，克鲁伯钢铁公司于1999年被帝森（Thyssen）化工集团并购，百年之三圈传奇终告落幕。

▲ 如今作为文物进行露天展示1904年"克鲁伯"75毫米山炮。

---

① 见《克鲁伯七生的半十四倍口径长过山管退快炮一千九百十年式说略》。清代称镍为聂格尔或镍格尔。

▲ 进步到镍钢的 "1910 年" 式山炮。因为中国炼不出合金钢，所以中国炮兵的历史停滞在老沪造的沧桑征程间。

极致，这又是一种近四十年无法替代的制式火炮神话。

若要跨越沪造"克"式山炮与汉造"克"式野炮的局限，自制更新式的火炮，只有以最大决心克服财政困难，升级国内的钢铁厂，迎头赶上合金钢革命。于是，要不要建立新钢铁厂，就成为炮兵的大问题。

要不要升级？袁大总统摇摇头，再说吧。

袁世凯是一位现实主义者，他无法解决建造新式钢铁厂的资金问题。索性放手不管钢铁工业了。在 1915 年，陆军部军械司提出整顿国内兵工厂计划，军械司计划指出火炮钢材日新月异，而国内炼钢技术难以提升。要整顿造炮工业，最好的方法就是干脆停掉现有兵工厂火炮的生产材料需要，提升到合金钢的部分，搞不定材料的部件一律外购成品或胚材，尤其是炮管：

"无论钢炮铁炮，炮身工程皆极浩大，技术亦较高深。加之我国制钢无把握，即现有机件，大概属旧式，且极简单。造炮艺术日新月异，非此等机件所能为力，若仍行接造，不啻经靡巨款以求增加废品也。自不如全行停造，以其经费径向国外订购一定制式（野战炮之制式即宜切实审订）之炮身……"①

在袁世凯施政的清末民初，炮兵作战战术的发展也渐趋成熟。所以，沪造"克"式山炮与汉造"克"式野炮只能视为火炮升级的起步，炮兵必须进一步取得合金钢的新型火炮，才能与欧、美、日等列强媲美。既然袁世凯的政策已经由清末的完全自制改为对外采购，中国市场立即引起欧洲火炮大厂的注意力。各国大厂在中国的洋行代理商趋之若鹜，使出浑身解数，争食中国火炮市场这块大饼。而袁世凯则以其卓越的眼光，在洒银子买洋炮的同时，为中国制定出发展火炮的新道路。而他所制定的道路，将影响日后三十余年的中国炮兵建设。

---

① 见《筹拟收管各省制造军械局办法及收管后整顿计划》、《中国近代兵器工业档案史料第二辑》。

第六节　洋行建军

在进入"管退时代"之后，火炮制式的下一个目标，就是克服钢材的局限，迎头赶上德国最新的各种合金钢火炮。既然袁世凯已经决定不自办新式炼钢厂，在民国元年积极发起的第二波火炮制式必须依赖外国供货商。而外国供货商之选，自然非克鲁伯莫属。而克鲁伯公司对于亚洲的外销订单也是非常积极的。

在袁世凯整建炮兵之时，克鲁伯不但是中国最主要的火炮供货商，也是日本的制式火炮供货商。日本订单为克鲁伯创造了惊人的营业额。在1914年，辛亥革命元勋孙武到克鲁伯工厂作长达五天的细致考察时，对克鲁伯厂的巨大日本订单印象非常深刻：

"各国在此厂购制者，英、美、俄、法、日本皆有之，且皆有将校一二人、技师一二人、匠人三四或五六人，以备监督试验之任。日本定造管退炮八百尊，有将校二人、技师四人、工匠十二人。所造者为炮身、炮轮、挺簧等类。口径在十五生的以上，并镌有大日本帝国明治或大正若干年大阪兵工厂制造字样。其铸造专在一厂，该厂厂房甚多，日人其一处，由日人自为监守，除厂中必需工役外，无论何人不准闯入。今年已扫数完成，运回本国。现又在此定三十五生的口径长管海岸要塞炮两尊。武等欲参观既不可得，其厂主又以商业信用之故，代守秘密，仅由该厂技师隐为

武言如此……"[1]

孙武所见到的日本订单应该是当时日军制式的"三八"式75毫米野战炮与"三八"式150毫米榴弹炮。这两种仿造克鲁伯产品的火炮虽然在日俄战争时就已经定型量产。但是，大正年代的日本造炮技术不佳，八幡制铁所也没赶上合金钢革命的列车。所以，最难制作的炮身与制退器弹簧部件必须由克鲁伯原厂提供，日本人也只能在克鲁伯原装进口的重炮上敲上 Made in Japan 聊以自慰。在清末民初时，日本人正在用"三八"式野战炮全面替换老式架退的"有坂三一年"式速射炮。800门"三八"式野炮的订单已足以一次性淘汰日本全军的"有坂"野炮，这笔生意想必是克鲁伯当年最巨大的外销订单。

袁世凯从民国元年开始筹备选购新世代合金钢火炮，克鲁伯是众望所归的不二之选，而克鲁伯也是志在必得，急盼在中国再创销售800门火炮的辉煌佳绩。当时，克鲁伯在中国的总代理由老牌的军火商信义洋行（H. Handle & Co.）换成野心勃勃的天津礼和洋行（Carlowitz& Co.）。为了一举夺得中国制式火炮的大生意，礼和洋行不惜赌上家底。

可是，当时北洋政府的国库空虚，不得不向五国银行签订善后大借款。礼和洋行看准北洋政府的心病，慷慨提出代北洋政府向外国银行贷款买军火的贴心高招。这笔在民

---

[1] 见《孙武关于参观德国克鲁伯兵工厂情形致陈宦函》，《中国近代兵器工业档案史料第二辑》。

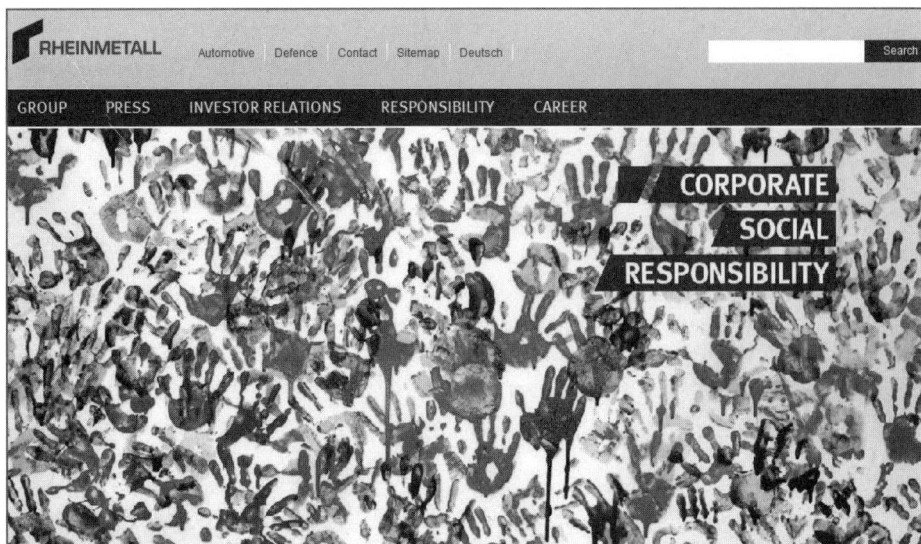

▲ 莱茵金属公司今日仍为世界一流的军火公司, 图为 Rheinmetall 的首页。曾经杀气腾腾的军火公司在其首页大谈互助合作与社会责任, 充满讽刺意味。

国元年盛夏谈成的贷款总金额高达 420 万马克（折算银元约为 252 万大洋）, 而且是信用贷款! 北洋政府既不需提出抵押, 也不用付礼和洋行任何佣金, 付款以债券面额全额支付不打折, 年息以北洋政府当时一般借款的七厘计算, 一年结清本息。礼和洋行条件只有一个: "北洋政府要在一年之内于礼和洋行承销的德国军火与商品上花完这笔钱。"

礼和洋行只是一个靠佣金谋利的贸易公司, 本钱不大。一个贸易公司居然放手一搏, 出面为北洋政府作保向银行申贷巨款, 足见礼和洋行对中国市场的信心。420 万马克是非常巨大的数目, 当时一门中日两国同时采为制式的"克鲁伯 1903 年"式 75mm 野炮, 单价 31000 马克。420 万马克足以购买 100 多门"克鲁伯"野炮。一个贸易公司居然能向银行贷出如此巨款, 想必也有克鲁伯公司的大力支持吧。

然而, 克鲁伯却没有收到梦想中的大订单。就在礼和洋行为北洋政府热情争取信用贷款的时候, 袁世凯出人意料地将目光投向当时远较克鲁伯逊色的艾哈德兵工厂（莱茵金属公司）。

袁世凯之所以偏向艾哈德兵工厂, 表面上的原因是黑钱滚滚的贿赂与回扣交易。艾哈德的中国总代理商是天津捷成洋行(A.Narte Co.）, 捷成洋行老板纳尔德为了与礼和洋行竞争, 就把礼和洋行的买办（业务经理）雍剑秋挖到捷成。雍剑秋精通中国官场的人情世故。他做军火生意, 专靠在高层的丰沛人脉, 能打通如此众多的人脉, 捷成的新任买办自然深知花钱打点的重要性。于是, 雍剑秋向捷成老板提出三个在中国打开商机的铁律:

"要打进中国市场, 首要之务不是拼技术, 而是花大钱收买大官; 其次, 捷成的价格要压到比礼和的克鲁伯略低, 好让被收买的大官有文章可做; 其三, 要有放长线钓大鱼的耐力, 即使收买来的大官没有马上给捷成生意, 但也要长期投资继续砸钱, 结下人情, 以待成功于来日。"

▲ 雍剑秋，如果没有一次大战扰局，他会让莱茵金属垄断全中国的兵工业。堪称中国现代史上最著名的军火商人。雍氏晚年专情于慈善事业，这条路似乎是军火商人的热门归宿，而他留传于世的照片也因此而慈眉善目。

　　急于夺下中国市场的艾哈德兵工厂与捷成洋行完全遵照新任买办的指示，不惜血本疯狂打点。于是，雍剑秋以惊人贿款全面打开北洋政府的高层人脉，甚至直通天庭，将艾哈德的礼单直接呈送到袁大总统手里。

　　当然，以袁世凯之至尊地位，收礼是见不得现金支票的，捷成的见面礼必须别出心裁。于是艾哈德送出让人目瞪口呆的重礼：6000 支步枪，10 门"二十四生的德式大炮"！①

　　捷成洋行无偿奉赠的"二十四生的德式大炮"应该是艾哈德在一战之前开发的 24 厘米重型攻城臼炮（schwererLadungswerfer）。攻城臼炮一向是莱茵金属的强项。但是，德军在一战时采用"克鲁伯"的 21 厘米 Mörser 10 为制式攻城臼炮。因此，艾哈德送来中国的 10 门臼炮大概是没有中选的样炮。这 10 门重型臼炮很快就在二次革命进攻浦口时发挥威力。但是，样炮没有零附件与耗材的供应，无法维修。所以，在浦口战役之后成为废铁，被放到长江沿江炮台上当摆设。

　　至于艾哈德厂经由捷成洋行赠送的 6000 支步枪，则是著名的"老套筒"M1888 式步枪。②当时，德国已经采用"毛瑟"98K 作为制式步枪，M1888 式步枪全面淘汰，但库存惊人。于是，"老套筒"成为二手军火市场的热门商品，在华的德商洋行莫不倾全力推销。依据 1911 年信义洋行与礼和洋行提呈的一份报价单，原售价在约为 25 银元左右的 M1888 式步枪，单价已经被压到 28.5 马克（约为 15-17 银元）。6000 支步枪虽然是二手货，但总价也大约在 10 万银元左右。而且，已经被德国淘汰的 M1888 式步枪是北洋军的新宠，6000 支步枪足以一举装备一个步兵师，如此重礼，怎能不让袁大总统心花怒放！

　　艾哈德的大手笔成功赢得袁世凯的好感，连德国政府也注意到艾哈德在中国的突破。当时的德国皇帝威廉二世正有意越过五国银行向中国政府单独放贷赚利息，为示善意，德国政府在中国二次革命时免费赠送给北洋政府 10000 支步枪、20 门 75 毫米火炮与自来得手枪。因为，捷成洋行有现成的政界关系，所以，德国政府就经由捷成洋行致赠步枪与火炮。火炮是艾哈德产品，而步枪仍是 M1888 式。库存 M1888 式步枪是威廉二世广结善缘的法宝，当时正在以半卖半送的优惠价大量赠予土耳其与奥匈帝国等盟国，而艾哈德的 75 毫米山炮与野炮都不是德军的制式火炮，自来得也不是德军的制式手枪，送之不足惜，但却能让饱受日本人闲气的袁世凯眉开眼笑。德国政府这招果然达到奇效，袁世凯开始与德国洽谈单独借款大单，中德关系一时亲密无比。

---

① 见雍鼎臣《军火买办雍剑秋的一生》，《文史资料选辑第五三辑》。
② 捷成洋行在1912年3月16日向北洋陆军部提案大力推销1888式步枪，并自称为1888式的在华总代理。见《捷成洋行关于出售毛瑟枪致陆军函》，《中国近代兵器工业档案史料第二辑》。

有了两次免费大礼，艾哈德一炮而红。捷成洋行与艾哈德公司抢下了礼和洋行与克鲁伯公司的火炮生意，甚至连北洋军现役"克鲁伯"野炮所用的炮弹订单，都被艾哈德横刀夺爱。不料克鲁伯的75毫米榴霰弹规格埋有伏笔，其弹筒与弹头接合部比国际标准短了一截，因此艾哈德按照国际标准制造的75毫米榴霰弹在验收时上不了膛。幸亏实际主持陆军部采购的次长徐树铮是捷成洋行用钱打点的重点对象，有钱好说话，捷成洋行便把这则丑闻轻轻压了下来，再暗中将整批炮弹按克鲁伯规格上车床返工磨短一圈，朦混交货了事。

抢"克鲁伯"野炮的炮弹订单只是小生意，在1914年，德国政府向袁世凯提出了中德合办兵工厂的宏大计划。这个兵工厂将生产所有中国制式所需的枪炮，资金由德国公司投资，机床由德国公司出售，而中国必须承诺在二十年间不得向其它国家购买军火。在二十年之后，这家兵工厂无偿交给中国接收。

如此一个政策性的投资，对中德两国都有巨大利益。中国能够借此迅速提升制式兵器的水平，军事实力将一举赶上正拿着《二十一条》张牙舞爪的日本，还能在二十年之后无偿接收整个兵工厂；而对德国而言，中德合办的兵工厂足以确保二十年之内德国在华的优越地位（但条件要比《二十一条》合理许多）。而对承接此案投资设厂的德国公司而言，中德合办兵工厂是中国军火市场获利最巨大的生意。

当时中国国内兵工厂的军火产品不是无偿供应军用的，陆军部对部内依生产计划生产的兵器会拨发价款，是为"额造"；而于陆军部之外各省各军也有直接出钱下给兵工厂的订单，是为"代造"。在袁世凯当政时期，军中一直有呼声要另择新址建立一个新兵工厂，以取代满清留下的各处老兵工厂。如果这家中国国内唯一的兵工厂是德资企业，这家德资企业将在未来二十年里垄断中国所有额造代造的军火生意！

再者，按照袁世凯暂不新建钢铁厂的政策，计划中的德资兵工厂是没有钢厂的。所需钢材势必得由这家德国公司供应，这又是一笔惊人的垄断生意！

当然，这家幸运的德国公司便是艾哈德，而克鲁伯只能在一旁干瞪眼。

德国政府提议的德资兵工厂获得袁世凯首肯，并选址于北京西郊的京汉铁路重镇长辛店。1914年9月，陆军部提出长辛店兵工厂的经费预算。预算的附注栏特别标明其成本估算参考"德国蜀赫厂最新机器厂内价值"。计划中的新兵工厂没有钢铁厂，只有枪厂、枪弹厂、炮厂、炮弹厂与火药厂。虽然，只是来料加工的组装工厂。但是，长辛店兵工厂的初步建设经费预算已经达到1951万8815银元，每年的运营成本也高达2045万6000银元。[①]

2045万6000银元是什么概念呢？

袁世凯时代震惊朝野的善后大借款总金额是2500万英镑。而且，善后大借款债券是按面额九折出售的，再扣除利息，实收只有八四折的2100万英镑。这笔巨款若折成银元，大约相当于2亿4150万元。所以，长辛店兵

① 见《陆军部军械司编造建设枪炮等厂预算经费表》，《中国近代兵器工业档案史料第二辑》。

工厂的建设经费再加上第一年的运营成本，已经相当于善后大借款总金额的 8.5%。如果没有艾哈德之类愿意大举投资的国外军火企业，长辛店兵工厂根本办不起来。

在军械司提出长辛店兵工厂预算的两个月之前，第一次世界大战爆发，全力扩厂生产军火的莱茵金属公司（艾哈德）无力兼顾中国生意。于是，长辛店兵工厂只存在于纸面上。依据雍剑秋之子的回忆，兵工厂合约原本毁于抗战时期。于是，后人也无从得知长辛店兵工厂提案对中国火炮改良的意义，也很难想象袁大总统心中的制式火炮究竟是何样式。只剩下黑钱滚滚的贿款丑闻载诸史册。

然而，就在捷成洋行与礼和洋行龙争虎斗的同时，袁世凯与另一家德国洋行的火炮生意，却间接折射出袁世凯年代火炮发展的另一个局限，而这个局限正是此后四十年间中国火炮发展的无解难题！

第二章

笨蛋，问题是机动！

袁世凯是个火炮迷。在他坐稳大总统位置之后，立即命令陆军部采买欧洲列强的各种新式火炮回国实验。而袁世凯考验新式火炮的试验场，就是负责保卫大总统的"大内侍卫"司令部设在中南海总统府旁边的拱卫军。

关于拱卫军的火炮测试记载，现今遗留下来的资料非常稀少。但在现存档案的蛛丝马迹中，我们可以发现当时火炮存在着无法解决的最大问题！

那就是——机动力！

马政带来的差距

晓畅日语的名作家章骞先生热心为笔者翻译了原图诘聱难懂的说明："炮兵进入阵地的刹那，敌方的就弹如雨下，而我方则勇气百倍，又是这是作为炮兵最为辉煌的时刻。"

老炮兵是最爱马的。日本人把骡马在炮弹下的哀嘶惨景当成华丽场面，不免让老炮兵义愤填膺。然而这张油画也展现了抗战爆发之前日本人对马政的重视。与日本相比，清末民初的马政一片空白。当中国军队急起直追时，为时已晚，于是军马成为炮兵无法破解的罩门。

▲ 一幅讲述一次大战时骡马火炮纵列遭敌炮击惨状的日本油画。

第一节 拱卫军的山炮大比试

拱卫军在1913年成立了自己的炮队，编成三个炮兵营。这三个炮兵营的相关史料虽然现在已经很难考察，但是残存在档案间的蛛丝马迹，却能间接说明拱卫军炮队在袁世凯时代火炮制式评估所起到的重要作用。

袁世凯时期北洋军的火炮一律编在师（旅）属炮兵中。北洋军各师炮兵团的火炮种类虽纷繁复杂，但却也乱中有序。当时，北洋军基本以"沪"造75毫米山炮和"克鲁伯"75毫米野炮两种火炮作为各师属炮兵的制式装备，原本计划是要全面换装给各师的。但是，由于"沪"造山炮年产量不大，一年只能生产20至30门左右，扣除补充损耗，每年只能更换给一个山炮营。而被选定为制式的"克鲁伯"野炮则到1921年才成功自制。所以北洋军只好继续利用清末由日本与法国购入的其它新式管退山野炮。而如各省省军与巡防营等较次等的部队，则不得不继续利用已经被淘汰的架退炮来充门面。

然而，北洋军第7师、第8师与第13师炮兵团的山野炮却异乎寻常。第7师有德造"七生五爱赫特山炮"与英造"七生五费克斯山炮"，第8师有"爱赫特"山炮，第13师更有意思，居然有奥造的"七生五史高德管退陆炮"，这种"陆炮"实际上也是山炮。①

奥造七生五史高德管退陆炮

《北洋陆军史料》引用《陆军统计简明报告书》，将第13师装备之斯科达火炮称作"奥国造七生五史高德管退陆炮》。当时"陆炮"一词专指野战炮。但是斯科达卖给北洋军的火炮是山炮。1913年11月1日，斯科达的中国代理商瑞记洋行呈函陆军部，提出更为优惠的新报价，希望吸引陆军部继续订购。报价说明这款由陆军部"购用试验"的火炮是"陆路过山管退快炮及子弹"。见《瑞记洋行关于购买奥国快炮致陆军部函》，《中国近代兵器工业档案史料第二辑》。

这三个有"怪炮"的师与拱卫军都有血缘关系。在1913年8月成立的第7师合编了拱卫军的两个步兵营与一部分炮兵，在1914年9月成军的第8师则由原拱卫军的步队前路改编而成。拱卫军原本编制步队四路与炮队一标，在1916年6月，袁世凯去逝之后，拱卫军剩下的步队三路与炮队改编为第13师。所以这三个师的炮兵团，都有来自原拱卫军的火炮。因此诸如"爱赫特"，"费克斯"与"史高德"等与北洋军主流装备截然不同的奇特山炮，想必都是来自拱卫军的炮队。

爱赫特是德国莱茵金属的子公司、而费克新是英国大厂维克斯（Vickers, Sons & Maxim）的、史高德则是奥匈帝国的主要兵工

---

① 见《北洋陆军史料》。

厂，一战后归属于捷克的斯科达（Skoda）兵工厂。这三家军火公司有一个共同的特点，就是擅长制造山炮。

维克斯公司生产的 116 毫米 QF 2.95 山炮很受当时美军的欢迎，美军在多山的菲律宾沿用此炮长达四十年之久，堪称传奇；斯科达公司的 75 毫米山炮系列则是奥匈帝国阿尔卑斯山地部队的主力装备，是山炮中的经典，其中最精美的 M.15 式可以拆解成六件，总重量被压缩到 613 公斤。因为，性能实在是太好了，所以，在第一次世界大战之后被境内多山的敌对国意大利采用成为制式山炮，沿用到第二次世界大战；而莱茵金属公司的山炮则是以老板 Erhardt 之名所命名，在一战时装备给德国非洲殖民军（Schutztruppe）的"艾哈德"山炮，不但将全重进一步减到 600 公斤以下。而且，率先开发出可以随海拔气压调节的可变式复进制退机，以适应德国在非洲高原殖民地的高海拔区域作战，也是山炮中的大师级作品。

山炮是用于山地作战的火炮，最大的特色就是可以拆解。分解之后的各部件固定在特制的驮鞍上，就能以驮马运输于山区的羊

2. "斯科达" M.15 型 75 山炮堪称传奇之作，一次大战结束之后，自叹弗如的意大利山地兵居然全面换装缴获自奥匈帝国的 M.15。图为《良友画报》中侵略阿比西尼亚战争（即埃塞俄比亚）中使用 M.15 的意大利炮兵

3. 莱茵金属公司的"艾哈德"山炮

▲ 民国二年拱卫军在长辛店大比试的山炮，来自维克斯，斯科达与莱茵金属三家公司，分别是"维克斯"QF 2.95 山炮，"斯科达"M.15 型 75 山炮与莱茵金属公司的"艾哈德"山炮。在长辛店比试的山炮可能是早期型号，也可能是量产版本。

1. "维克斯" QF 2.95 山炮。

肠小道之间。一门山炮拆解起来，至少要分成四个部件：炮管一驮、前架一驮、后架车轮一驮、护盾一驮。在火炮布设时，这些部件一般是以插销固定组合的。因为，体积最重的炮架部分必须拆解成至少两个部件。所以，山炮的结构强度远远比不上一体成型炮

架的野战炮或榴弹炮。结构强度的降低使山炮不能承受一般野战炮或榴弹炮的后坐力。所以，炮口初速必然偏低，发射药只能使用弱装药，而炮弹装药与爆炸威力也随之减少。

在结构强度的限制下，山炮的射程远远不及一般的野炮，但山炮并不需要较远射程。在山区作战的山炮，视野也必然受到地形地物的限制，而且敌方的人员马匹与阵地也必然利用天然的森林或崎岖地貌隐蔽。所以，山炮并不讲求射程。再者，山炮必须有如榴弹炮一般的弯曲弹道，才能切实歼灭隐蔽在山林丘壑间的敌人。所以，山炮的身管必然偏短。

因为，山炮的功能远比一般的野炮与榴弹炮低。所以，山炮的设计也不需跟上合金钢革命的潮流，发挥出新式火炮的杰出射程、初速与爆炸威力。而欧洲列强也因此一直不重视山炮。只有奥匈帝国、意大利、法国与瑞士等必须在阿尔卑斯山区作战的国家，才会专心开发山炮。

在英国与德国等没有大量山区作战考虑的国家，山炮几乎都用在海外的殖民地部队。在第一次世界大战中的德军，欧洲本土部队的炮兵根本就没有山炮（Gebirgsgeschütz）这个概念。德军在一战时曾向奥匈帝国购买过一批"斯科达"M.15山炮，但是德军并没拿M.15当山炮用，而是归类为步兵的伴随火炮（Infanteriegeschütz），利用"斯科达"山炮能克服崎岖地形的强大机动力，作为"鲁登道夫"攻势中与暴风突击兵一同跨越敌人战壕与无人区的步兵支援武器使用。

然而，落后且不讨好的山炮却是中国炮兵的救赎之道。

在当时工业水平落后的中国，山炮在材料上的缺点反而成了它先天的优势。山炮的制造可以避免使用合金钢。所以，中国国内兵工厂可以轻松仿造。在清末率先仿造出新式"克鲁伯"管退山炮的江南制造局编有《仿造克鹿卜炮说》。由此文推断，江南制造局并没有克鲁伯原厂的技术资料与设计分解图，其自制的起步纯靠工匠们将样炮拆开，详细测量各部件的尺寸信息，研究各部件操作原理而开发出来的。因此，《仿造克鹿卜炮说》几乎全篇都在详述各部件的功能与尺寸。通过这篇详细的介绍说明可以看出，当时"克鲁伯"山炮的制作工艺是根本难不倒江南制造局的。

对于制造工艺问题，《仿造克鹿卜炮说》只提到"克鲁伯"山炮的身管采用热套工艺（利用热涨冷缩原理将内钢管与外钢套拼合成为复层炮身以增加其炮管强度），这种工艺在小口径火炮上较为罕见。[①]当然，热套工艺是难不倒有造舰炮能力的江南制造局。于是，完全国产的沪造"克"式山炮在1905年闪亮登场，并且在1913年被正式定型。沪造山炮的钢材是江南制造局自行冶炼的传统碳钢，完全不需要依赖外国厂商供应的料件。

拱卫军的山炮试验成果也进一步激荡出沪造山炮的设计创意。在拱卫军的山炮试验中，"艾哈德"山炮显然成绩最佳。陆军部军械司详细考察"艾哈德"山炮后，发现艾哈德著名的复进制退机设计果然是出类拔萃的精品。在1913年5月，军械司向陆军部呈报沪造山炮的改进意见中，建议采用"艾哈德"

---

① 见魏允恭编《江南制造局记》。

式山炮制退筒与制退簧的设计，将沪造山炮的射角增加到30度，以提升沪造山炮的射程。军械司并且热心地提议将一门"艾哈德"山炮直接运到上海作实样研究。①

然而，国内兵工厂能够完全自制只是沪造山炮的次要特点。沪造山炮之所以能名扬青史，纵横沙场四十余年，从北洋混战一路打到解放战争，主要原因是老沪造无可取代的杰出机动力！

要了解其中原因，我们必须从一本《马经》谈起。

---

① 见《军械司关于改良山炮各点致陆军部呈稿》，《中国近代兵器工业档案史料第二辑》。

第二节
萧萧马鸣——中国炮兵无解难题

中国炮兵真正无法解决的难关，不在火炮工业，而在合适的军用马匹，尤其是驮炮的驮马与拉炮车的挽马。这个难题使民国元年以来四十年间的中国炮兵寸步难行，直到20世纪50年代才被解决，而此时炮兵部队已然全面步入摩托化，也不再需要骡马了。

中国的土产军马一向多以口外（即今日河北省张家口市以北）塞北的蒙古马为主。蒙古马耐力强，曾驮着成吉思汗的蒙古大军横扫欧亚大陆。但是，蒙古马的高度只有12掌（120厘米），体形比高度超过16掌（160厘米）的欧洲马匹小了一号。所以，蒙古马驮不了二十世纪的西方山炮，更拉不了同时期的西方炮车！

在二十世纪初，汽车（时称"自动车"）与加油站还是稀罕之物，火炮的机动完全依赖马匹牵引或驮载。牵引使用挽具与炮车，驮载使用驮鞍。而欧洲火炮的重量、挽具、炮车与驮鞍，自然是按照欧洲马匹的体形与力量设计的。克鲁伯的设计师在设计火炮机动力时的参考马种，是马高17掌、体重2000磅的德国本土产莱茵马（Rhineland heavy draft horse）；是马高16掌、结实粗壮的波兰重挽马（Zimnokrwiste）；是蛮力惊人、曾创下两

马双骈将7.7吨货物拖动2.18米惊人记录的比利时重挽马（Brabançon）；是马高18掌、雄壮高大的重挽马冠军——法国佩尔什马（Percheron）！

中国本土的骡马比起欧洲的重挽马要差一大截。以套驾拖炮的挽曳而言，德军一个以40辆二马曳车编成的大车辎重连，标准载重总量是30吨，即每辆马车的载重量为650公斤。[1]而中国本地二马曳车的标准载重力却只有320公斤；以驮载而言，驮运山炮分解件的欧洲驮马标准负载重量（含驮鞍）为160公斤，[2]而中国本地蒙古马的标准负载重量只有75公斤。

换言之，无论是驮载之驮力或挽曳之牵引力，中国土产蒙古马的力量只有欧洲马的一半！

骡马问题在北洋军的新一代制式野炮上首先发难。在民国伊始的1912年，北洋陆军部已经选定"元年式75公厘野炮"为制式野炮，这就是大名鼎鼎的汉造75毫米29倍口径"克"式野炮。汉造"克"式野炮发源于克鲁伯的"1903年"式75毫米30倍口径野炮。"1903年"式野炮是克鲁伯的外销主打产品，战斗全重不到两吨，堪称当时军火市场上最

---

① 《将校袖珍》。
② 见李待琛《世界枪炮概观》，《军事杂志 第卅五期》。

▲ 北京军博陈列的汉造"克"式野炮，不要被放在栈板上的轻便假象迷惑了。博物馆陈列的火炮几乎都没有炮车与挽具，观众很难体会这样一门可以放在栈板上用叉车举起来的火炮，行列全重达到 1.7 吨，机动起来会让六匹骡子精疲力竭。

轻盈的一款野炮。"1903 年"式的最大客户是罗马尼亚。罗马尼亚的国土有一半是喀尔巴阡山脉绵延的山地，国内也缺乏重挽马，炮兵同样以重量为主要考虑。于是，罗马尼亚一口气就订购了 636 门。"1903 年"式野炮的下一个大买家是同样有骡马不给力问题的日本。日本在日俄战争中深受俄国 76.2 毫米野炮的刺激，紧急向克鲁伯大量采购了 400 门"1903 年"式成品炮与 400 套组装件。即，对中国炮兵影响深远的"三八"式 75 毫米野炮。

有了罗马尼亚与日本这两大客户的口碑，重量最轻的"1903 年"式野炮就成为中国制式野炮的最佳选择。在 1912 年定型的汉造"克"式 29 倍口径野炮（时称"元年"式野炮）

仿造自"1903 年"式的最新改进型"1910 年"式。克鲁伯原厂的"1910 年"式战斗全重被缩减到 942 公斤，重量之轻，堪称 75 毫米口径野炮的极致经典。而中国国内仿造的民国"元年"式野炮则略加重到 967.5 公斤。[1]然而，在 1921 年具体定型开始量产的汉造"克"式野炮却又加重到 1243 公斤。

战斗全重（旧称放列全重）是火炮本身的重量。在火炮机动行进时，还要加算包含挽具与炮车的行列全重。战斗全重 1243 公斤的汉造"克"式野炮，在行进机动时的行列全重达到 1775 公斤。在罗马尼亚虽然能运动自如。但是，对中国本地的骡马而言，1.7 吨的行列全重实在是太重了！

那中国本地的蒙古马能拉得了多重的马车呢？依照后勤专家的计算，以一匹土产蒙古马牵引的一马曳车，重量标准为 150 公斤。二马曳车是 320 公斤，三马曳车是 500 公斤。[2]以此推算，以蒙古马牵引的六马三骈炮车组，

▲ 刊登于《良友画报》的艺术照《西北行旅》。这张照片展现了本地骡马的力量问题。

---

① 放列全重变化见《军械司关于自制野山炮与德制克鲁伯野山炮重量比较呈》，《中国近代兵器工业档案史料第二辑》。
② 见《后方勤务之研究》。

▲ 奔驰中的苏军野炮纵列，见《良友画报》。中国的骡马机动，是缓慢而痛苦的，这个景象不可能发生在中国。

牵引力不会超过 1000 公斤。

没有合适的马，炮兵只能靠昂贵的骡子驮炮。在当时周家口的马市，一头肘高尾顺的壮骡子价格几乎是马的一倍。然而，即使是力量惊人的骡子，在驮运状况中的理想载重量也只有 85 公斤，驮起山炮件来也是很吃力的。不过骡子若用来拖炮，挽曳时的爆发力却是非常惊人。实例证明以六头壮骡子编成的三骈系驾编组（双马并列为骈），可以牵引行列全重将近两吨的火炮机动组。

当然，这只是爆发力。所以，如此沉重的壮骡火炮组只适合操场校阅，进行一、两天野外拉练也许还能勉强应付，若真正上战场进行一日以行进 32 公里为标准的长途机动，再壮的骡子恐怕也得中途累死。

那六骡三骈的理想拖曳能力能达到什么程度呢？兵工署在 1934 年开会审查野炮与榴弹炮的制式方案时指出，"我国马匹质素太弱，火炮不宜过重，射程不妨稍为减少，俾增加其运动性能。"与会专家讨论的结果，六马（骡）挽曳的重量，最重不可超过 1600 公斤。[1]

这个结论无疑参考了行列全重 1.7 吨的汉造"克"式野炮的操作经验。既然六头骡子拖不了 1.7 吨的"克"式野炮组，兵工专家急中生智的改进方法，就是再加几头骡子。当然，这是一个行不通的馊主意。

欧洲各国使用的三骈六马系驾是骡马牵引力的最大编组。因为，马在行进的时候是会互相干扰的，三骈六马编组控制起来已经很吃力了。一个三骈系驾的骡马组在运动时，要以三名驭手骑在左侧的挽马上控制马匹，再加上前车大辕掌缰的一名驭手指挥全组六匹挽马，整个编组才能运动自如。

三骈六马的沉重负担

"格鲁森" 57 毫米野炮放列全重约半吨，行列全重不超过 1 吨。不超过 1 吨的野炮用三骈六马，本地骡马尚能勉力应付。但是行

---

[1] 见《兵工署对75毫米野炮及105毫米榴弹炮制式审查意见书》，《中国近代兵器工业档案史料第三辑》。

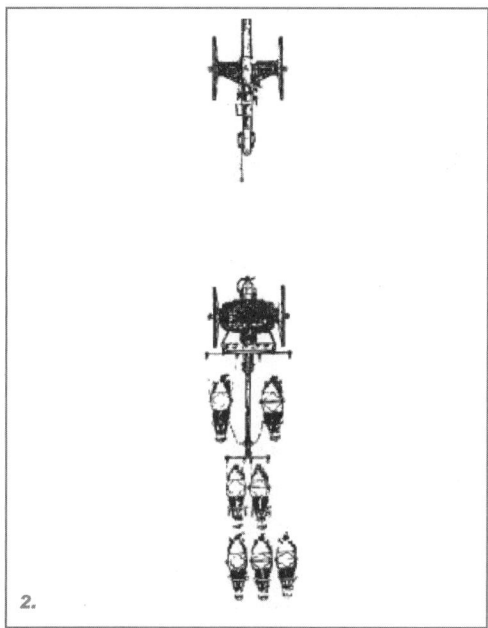

▲ 《训练操法详晰图说》说明 "格鲁森" 57 毫米野炮套驾机动编组的附图。袁世凯时代资金充足, 所以在三骈六马之外另加一匹让炮目 (炮班班长) 骑乘引导整个纵列的引马。事实上用上七匹马的机动纵列仍是三骈六马。

列全重 1.7 吨的 "克" 式野炮也使用同样的三骈六马, 六匹骡马负担就过于沉重了。然而三骈六马的编组没有修改的空间, 于是火炮的机动力陷入无解的困境。

同样, 困扰于骡马不给力问题的日本人曾经很热心地研究如何在三骈六马编组中再加一对马, 去拖曳重量在两吨以上的重加农炮与重榴弹炮, 但日本人的四骈八马系驾却

遭到惨败。事实证明如果再加一对马, 行进时各马匹的步伐会互相干扰, 反而无法发挥牵引力。

于是, 日军的野战重炮兵初试成为大灾难。日本人在 1911 年风风火火地同时推出三种行列全重在两吨以上的 "三八" 式制式重炮 ("三八" 式 10 糎加农炮、"三八" 式 12 糎榴弹炮与 "三八" 式 15 糎榴弹炮, 此处 "糎" 为日式汉字, 代表厘米), 一举建立起日军的野战重炮兵部队。然而, 这些风光重炮的牵引方式却是还在实验中的四骈八马系驾! 日本人在四骈八马上挣扎了许多年, 最终仍然不得不承认失败。三种雄壮威武的 "三八" 式重炮反而成为日军心头鸡肋之痛!

既然欧洲原厂设计的三骈六马之骡马系驾编制不能改, 本土兵工专家最后的希望, 就是改进机动时用来拖炮与装运炮弹人员的炮车了。然而, 欧洲火炮的三骈六马炮车组同样也是经验的结晶, 有深厚的理论基础, 与 75 毫米野炮融为一体, 不能随意变动!

在克鲁伯设计 "1903 年" 式野炮时, 设计师的依据是三骈系驾的六匹重挽马在野战机动时可以牵引 1800 公斤的火炮纵列 (含火炮与炮车组), 在平坦道路上可以牵引 2000-2500 公斤的纵列。[1] 这是依据欧洲重挽马的惊人力量推算的。欧洲重挽马的单马挽力在一般道路上是 600 公斤, 在战斗状态野外行动时则要保守估计为 400 公斤。除此之外, 还要考虑到六匹马互相牵绊影响的牵引力。在三骈六马的系驾编组中, 六匹马彼此间因步伐等因素影响的牵引力, 在野战机动的炮车约为 1/7 (时称抗力系数), 在辎重车约为 1/10。[2]

① 见《兵器制式议》。
② 见《兵器学教程》。

▲《良友画报》刊载的骡马机动纵列，牵引的火炮应该是"三八"式野炮。

如果以野战状态的单马挽力 400 公斤、六马抗力系数 1/7 保守估计，一门三骈六马挽曳的野炮，行列全重以 2000 公斤上下为宜。马力参差不齐。所以，重量必须再保守一些。于是，野战状态行列全重的上限订在 1800 公斤。

这就是为什么克鲁伯等欧洲军火公司会采用 75 毫米至 77 毫米为野炮的标准口径的原因。因为，这种口径的野炮所使用的炮弹，恰能使火炮组的总重量控制在 1800 公斤的限度之内。

我们可以假设 2000 公斤为火炮组的重量上限，进行逆向推算。一门 75 毫米野炮本身的战斗全重（卸驾战斗时不含炮车挽具的战斗全重）大约在 1000-1200 公斤左右（"1903 年克"式野炮的战斗全重为 1079 公斤，法

国"七五"是 1140 公斤）。炮车前车重量大约为 200-300 公斤，两者相加，总重约为 1400-1500 公斤。

所以，弹药的重量必须控制在 500 公斤以内。口径在 75 毫米左右的野炮，炮弹重量一般是在 6 公斤左右。但是，加上包装用木箱与装药引信等配件，重量会增加一倍。"克"式野炮弹必须以木箱包装，两发装成一箱，每箱毛重 27 公斤。[1]德式的野炮弹药基数是 200 发，在战斗中还有部队的小行李和师辎重携行的两个基数弹药为 400 发，其中炮班前车携行 30 发。[2]30 发炮弹的总重量是 405 公斤。再加上引信，发射装药包与必要的随炮工具（调整火炮方位的瞄准棍，指示方向的标杆……）。推算起来，总重量在 500 公斤以内。所以火炮组加上制式基数炮弹之后的

---

[1] 见《后方勤务之研究》。
[2] 德式野炮之弹药基数与携行量见《将校袖珍》。两个基数400发炮弹分配方式如下：炮兵连之两辆弹药马车（第1补给段列与第2补给段列）各携行每炮60发，营之弹药连（弹药车54辆）携行每炮90发，师辎重营携行每炮160发。

全重,恰好能控制在 1800–2000 公斤以内。

在 1800–2000 公斤的火炮组之外,还有炮班士兵的重量。一个炮班有士兵 8 名。假设炮兵兼顾驭手之职,就能安排成 3 名炮兵骑在挽马上,5 名坐炮车或火炮架上。骑在挽马上的炮兵重量是包含在抗力系数里头的。单算炮车炮架上的 5 名士兵,又是 500–600 公斤的重量。所以,总重会达到 2500 公斤左右。

当然,2500 公斤是野炮组在平坦道路上机动抗力系数较低时的理想重量,而战场上自然很少有平坦道路。如果遇到三骈系驾只能牵引 1800 公斤的崎岖地形时,就只好让搭便车的炮兵下车步行了。所以,现今我们能看到的老照片,只要是驰骋于道路外野地的火炮组,几乎都只能见到正在苦苦控马的四名驭手。

欧洲原厂设计的挽具有如此深刻的理论,自然不能轻易更改。所以,向外国进口火炮,必须要同时进口驮鞍挽具。正因如此,原厂精心配套的挽具炮车本身报价极为昂贵,几乎能赶上火炮本身的价格。在 1912 年 6 月,浙江省与礼和洋行签约购买的 36 门“克鲁伯 1910 年”式 75 野战炮。火炮本身单价为 18100 马克(分成炮身与炮车架),而一组炮车(分成炮前车与弹药车)的单价则高达 12000 马克。[1]炮车挽具的昂贵报价,说明其难以取代的地位。

因此,欧洲设计的火炮全重减不下来,三骈系驾的运动方式与火炮组的设计也不能修改减轻。所以,自北洋建军到解放战争,四十年来的中国炮兵只能含泪将巨大沉重的原厂欧式挽具驮鞍硬套在矮小的本地骡马上。

以惊人的骡马死亡率,遂行火炮的机动任务。所以,西方火炮的机动作战,就是让中国老炮兵夜不能寐的深沉梦魇!

今天到博物馆看火炮,大多只能看到光秃秃的一门火炮,很少见到能同时展览挽具炮车与山炮驮鞍的展品。然而,挽具驮鞍才是老炮兵回味最深切的装备!一套欧洲火炮的原厂挽具驮鞍,不知浸透了多少无声战士的血泪辛酸!一次激烈大战的炮兵机动战场,更是力量不济的中国骡马沿途毙亡的凄惨地狱!

骡马也是有感情的。写到此处,笔者彷佛见到当年不堪重负的中国骡马,眼中那滢滢悲怆的泪水,彷佛听到驮鞍套上马背的一刻,那绝望无助的悲嘶!

不能改炮,不能改挽具增加骡马,也不能修改炮车组,那么中国炮兵的唯一选择,就是改马了。

与中国同步改革炮兵的日本同样也困扰于骡马不给力的问题。日本人在开发“三八”式野炮的年代,对欧洲火炮的惊人重量也有切身之痛。所以,日本人在 1906 年时制定《马政第一次计划》,置种马所与种马牧场,决意改良马种。然而,马种改良需要三四代的杂交繁殖,最少也要二十年。而日本首先改良的马种是以澳洲进口的盎格鲁诺曼马(Anglo-Norman horse)改良的轻乘系乘马,是为抗战时期国人津津乐道的战利品“东洋大洋马”。而挽马与驮马的改良则起步略迟,直到 1932 年才成功繁殖出以佩尔什马与日本北海道土产母马配种的新式挽马“钏路种”。然而,改良成功的钏路种来不及在抗战爆发时普遍培育。所以,侵华日军也饱受缺乏驮

---

[1] 见《浙督代陆军部向礼和洋行订购炮位炮弹等合同》,《中国近代兵器工业档案史料第二辑》。

▲ 北京军博收藏的"三八"式十五糎重榴弹炮。日军原计划以四骈八马拖曳这门重炮，而四骈八马的失败则使一系列"三八"式重炮成为日军拖不动的梦魇。日军重炮的机动力问题直到进入摩托化才得以解决。

▲ 图为1915年日本陆军省编定《马事提要》所附的法国冠军重挽马佩尔什马的手绘线图。精美的线图说明日本人对马种改良的认真。而在此同时的北洋政府，却连清朝末年的小规模马种改良计划都无法维持，导致需时数十年的马种改良出现无可挽救的断层。

马与挽马之苦。[1]

清朝曾在宣统皇帝退位的前一年于察哈尔两翼牧场设置模范马群，尝试以德俄两国

▲ 日本的钏路种重挽马是耗时20年的日本马政计划之杰出成品。重视马政的日本人在原产地钏路市为钏路种塑像纪念。

的种马与伊犁马配种。但是，清末的马种繁殖计划完全毁于北洋时代的连年内战。到了北洋时代，不但没有任何马种改良计划，就连清朝在察哈尔的牧场都没保住。北洋时代中国唯一的种马育种，是上海跑马场中富豪们用于奔驰夺冠的私人赛马。

于是，骡马成为抗战最痛苦的无解难题。因为，培育马种需要三、四代的杂交繁育，至少二十年的时间。北洋政府没有育种，国民政府就不可能有合适的马匹与日本人打仗！[2]

当时的中国军队是从南方打出来的，南方人不懂马，直到"一二八淞沪"战役真正见识到日本军马的战斗力之后，中国军队才急起直追。1932年5月5日，即签定屈辱的《淞沪停战协议》之当日，军政部部长何应钦便训令各有关单位通力建设种马牧场。当时，原本已有计划的种马牧场是由实业部兴办的首都第一种马牧场。但是，在抗日呼声不断高涨之时，种马繁育已经成为军事建设的一部分。所以，军政迅速接管首都第一种马牧场，选址于句容小九华山麓，是为大名鼎鼎的军

① 见《后方勤务之研究》。
② 见《陆军行政纪要》；《中国养马史》。

▲ 于日寇汹汹进逼之 1932 年，国府全力推动德式建军，深感无合适骡马之痛。在 1932 年 12 月，军政部通令全军重视马政。然而马种培育与马群繁育都是需要数十年长期经营的事业。这份迟来的第 8807 号训令已经无法扭转炮兵无马可用的窘境。图为《军政公报第一四六号》的原令。

政部句容种马牧场。

为了急起直追，句容种马牧场的建场费用非常惊人。军政部急切地将原订 2000 亩的牧场面积一举扩大到 5000 亩，而且"放牧山地不计"，实际面积还要更大。①

紧急建成的句容种马牧场首先以伊拉克进口的阿拉伯马与蒙古马配种改良轻乘系乘马。但是，句容牧场只来得及开发到第二代的"阿蒙二杂"，抗战已然爆发。艰难地内迁到贵州清镇的种马场继续培育阿蒙种马。但当清镇种马场终于培育成功适合中国军队使用的"阿蒙五杂"种马时，抗战已经进入尾声。而且，阿蒙五杂是乘马，原本预定以法国佩尔什马育种的重系挽马与驮马根本就来不及在抗战前开始育种。

在马种之外，道路也是一大问题。在"一二八淞沪"战役爆发之时，国内绝大部分的道路都是传统的泥土碎石路面，绝大多数的桥梁仍是古老的木造或石造拱桥，根本没有足够的承重能力让 1.7 吨的火炮纵列通过。国民政府在"黄金建国"时期大修公路。但是，当时的公路最好的路面还是煤渣路面，而且路幅太窄，即使是国民政府门面的京（南京）杭（杭州）国道，也只是双向线道而已。

至于柏油马路，那还是青岛、天津与上海租界的新鲜洋玩意儿。国民政府在首都南京铺了一条柏油路面的中山路，虽然只有中间宽十米车道是柏油路面，两侧各六米宽的慢车道仍是碎石路面，真正的柏油路面只能做成双向线道，但这条近 13 公里长的马路已经是全国最富丽堂皇的"大"马路了！

在路面材质与承载力之外，路幅（路面宽度）也是让老炮兵胆颤心惊的一大难题。一般单线道的路幅能达到三米，已经是大路了。但是，西方炮车的轮宽，经常在 1.6 米至 1.7 米之间。以 20 世纪 30 年代野炮经典之作的"施耐德"39.9 倍口径 75 野炮为例，其火炮本身的辙宽（两轮之间的宽度）与轮厚（铁轮厚度）是 1.7 米，宽度较窄的前车也有 15.84 米。

如果是一般的汽车，宽 1.7 米的车身开车上路时自然能轻松居中，在后照镜中稳稳保持两边各 0.65 米的空间。但是，火炮纵列

———

① 见《军政公报 第一三二期》。

是靠六匹马协同机动的，要让六匹马在行进时将1.7米宽1.7吨重的火炮纵列不偏不倚地准确保持在仅仅三米宽路幅之内，那就是玩特技了。所以，三驮六马的沉重火炮纵列在中国的小道路上机动时，经常有翻车的风险。如果，是一般没有马路的田间小径或山道，那更是寸步难行了。

火炮纵列既然寸步难行，炮兵的最佳选择就是能够拆解驮运的山炮。但是，西方设计的山炮分解件重量却普遍高于中国骡马的驮力。就以最轻盈的沪造山炮来说，沪造山炮的最初驮运设计是分解为四组部件，用四匹骡马分驮。第一驮是炮身连闩，全重225磅（102.15公斤）、第2驮是炮床连高低左右摇器，全重245.5磅（111.46公斤）、第3驮是炮架前节与车轴，全重157磅（71.28公斤）、第4驮是炮架后节与车轮，全重221磅（100.33公斤）。①

才四个分解件而已，就有三个分解件远远超过了中国本地骡马的驮力。

所以，军学司编出来的沪造山炮操典实施法，会让基层炮兵笑掉大牙。沪造山炮的制式运动方式是"一马挽曳或四马驮载"，但本地的骡马显然拖不动行列全重405公斤的沪造山炮，更驮不起动辄超过100公斤的分解件！

然而，中国没有合适的骡马，军学司也没法制定出真正合理的规范，只能照克鲁伯原厂规范抢搬硬套。反正上下都心知肚明，"一马挽曳或四马驮载"只是参考，基层自然会找到让沪造山炮动起来的办法。富一点的炮兵也许会不惜马力，以累死骡马为代价拖炮；穷一点的炮兵也许骡马都办不齐，只好用枪逼迫民夫拖炮；聪明一点的炮兵会寻找土法炼钢来自制两匹马拖炮的挽具，用两匹马拖沪造山炮，勉强也能拖得动……

无为而无不为，上级不给明确的指导，下级才有各显神通的空间。于是，北洋时代的炮兵建设就在上蒙下骗之中，插科打诨十七年。单看当时的文献，如果对"一马挽曳或四马驮载"的准则不做深刻调查，还真要以为中国已经有了能与莱茵马相提并论的神马呢！

中国当然没有神马！于是，中国的炮兵建设成为薛西弗斯（Sisyphus）式的荒诞悲剧。希腊神话中的薛西弗斯必须不断地滚石头上山，但抵达山顶时石头却又滚回原点。而在100年前的中国炮兵则不断寻找欧洲最优良的火炮，希望建设出足以与日本一战的炮兵，但却始终没能克服骡马的障碍。于是，四十年间的反复尝试成为荒诞的悲剧，直到炮兵在20世纪50年代进入摩托化才得以解脱。

---

① 见《江南制造局记》。

第三节
斯科达"好为则"炮的警讯

在袁世凯于拱卫军实验新式火炮之时, 骡马问题虽然早已显露, 但却没有引起陆军部官僚的重视。然而, 在1914年时的"斯科达"榴弹炮订单, 就向北洋官僚暴露了中国炮兵没有与列强并驾齐驱条件的无情现实。

德国野战炮兵现代化的最耀眼之处是野战榴弹炮的实用化。袁世凯早在德军的榴弹炮于欧战大显神威之前就注意到了榴弹炮。于是, 陆军部在1914年向斯科达公司大量订购了105毫米榴弹炮18门与150毫米榴弹炮12门。只是, 当时中国还没有榴弹炮这个分类。所以, 北洋陆军部只好照英文的howitzer, 将榴弹炮直接音译为"好为则炮"。

斯科达公司在中国的总代理商是瑞记洋行(Arnhold & Karburg Co.), 瑞记洋行也是一家德商贸易公司, 但是手腕财力比不上礼和与捷成两家对手, 只能靠斯科达的质量与细致周到的服务取胜。所以, 瑞记洋行的生意做得格外贴心。袁世凯订购榴弹炮的目的在于选择新一代的制式火炮。于是, 斯科达铆足全力, 以最大的诚意打造出最先进的榴弹炮。

斯科达的诚意是非常惊人的。话说在承造中国订单的时候, 斯科达刚好有新的改良方案, 为了确保中国订购的榴弹炮处于技术

领先地位, 斯科达不惜自行负担改进的额外经费, 为制造中的中国榴弹炮订单升级。但是, 改进需要时间, 中国订购的30门榴弹炮势必无法赶上合约所订的交货时间。为了改良方案, 瑞记洋行不得不以长篇的说明报告, 请陆军部允许延期交货。瑞记洋行的报告, 展现了斯科达公司一定要做到最好的诚意:

"兹据外洋司厂来函, 据称近以研究所及, 尤能于该炮精益求精, 更有特别改良者。意欲将此次所心得之处, 按法从事精制, 以臻完美。惟造费较巨, 需时又多, 不得不呈请大部稍展时日, 俾得加工制造, 聊献新奇。至于应需额外工料等费, 愿甘牺牲一切, 以图报答隆恩之万一⋯⋯"①

在呈请延期的同时, 斯科达公司发现粗心的北洋陆军部居然没有人员来厂"监造"。所谓的监造, 就是派专业的兵工军官到厂监督。这种在厂监造的兵工军官可以接触每一个生产流程, 参与每一个检验项目, 探究每个零件的功能原理与材料特性, 详细阅读各种技术资料与开发资料。所以, 监造军官经常等同于商业间谍。颟顸的北洋陆军部在合同中订有派员监造一条, 却没有实际派人来抄技术, 真是太离谱了。

斯科达原本应该深感庆幸。然而, 诚

---

① 见《瑞记洋行为陆军部订购重炮请延期交货函》,《北洋陆军史料》。

意十足的斯科达公司不作此想，反而认为没有监造军官来厂，就不能直接教授火炮的使用与保管方法。斯科达非常担心没用过榴弹炮的中国的炮兵无法发挥斯科达精心打造的威力。于是，主动提醒中方速派懂德语的军官来厂监造。斯科达甚至热心的指出，加上往返路程的时间，监造军官只要耗费四个月足以。如果，北洋陆军部嫌派人来奥地利费用太高，斯科达情愿负担监造人员在奥地利期间的食宿费，陆军部只要出船票钱就行了。[1]

热心到自掏食宿费提醒客户派"商业间谍"来厂，斯科达堪称中国现代外购火炮史上最有诚意的厂商了！

斯科达公司与瑞记洋行既然有如此出奇的诚意，对中国的骡马状况自然不能视而不见。于是，热心过头的瑞记洋行悄悄地捅开了这无人愿意深究的骡马问题。在瑞记洋行呈请延期交货的报告中，详细列明两款"斯科达"榴弹炮在改进之后的性能诸元。而在性能诸元之中，瑞记洋行非常突兀地另外特别标明重量与骡马的关系。在"十生半陆路好为则炮"一栏中，瑞记洋行的详细说明必然让陆军部的官员们头皮发麻：

"全炮装备齐全，计重一千二百启罗。炮前车随装子弹十六枚，重七百启罗，合计重一千九百启罗。六匹牲口，每驮约三百启罗，即五百斤有奇。"

"启罗"就是公斤。"斯科达"105毫米榴弹炮的战斗全重是1200公斤，加上炮车的行列全重是1900公斤。为了防止陆军部承办官僚看到此处还看不懂，瑞记洋行特地强调出骡马的平均负担。这组三驮六马的105毫米榴弹炮，将使每匹骡马分担300公斤的重量，折合中国的500市斤！

显然，这远远超过了中国本地骡马的能力。

"十五生的陆路好为则炮"重量自然更为惊人。"全炮装备齐全，计重二千二百启罗，炮前车不带子弹，重三百五十启罗，合计重二千五百五十启罗。六匹牲口，每驮约四十三担，即七百斤有奇。"

瑞记洋行的报告特别说明，炮前车不载炮弹的原因，是因为150毫米榴弹重量惊人，"新式弹头，分量较重，不便同时装入，宜需分而入之。"

其实，早在袁世凯于小站编练新军之时，骡马问题已经非常严重了。新军装备的"格鲁森"山炮与野炮全重不到180公斤，轻巧灵便。架退的"克鲁伯"过山轻炮重量也不到400公斤。但是，新建陆军一向用口外的蒙古马，而三种轻巧小炮却都超出了蒙古马的驮力。所以，袁世凯在小站练兵时，就明令驮炮一律用骡子。[2]骡子是很贵的，新建陆军买骡子的官价是白银50两，买马的官价是白银30两。但即使是壮硕昂贵的华北大骡子，这三种小炮的驮载或牵引也达都到了力量的极限！所以，新军骡马的死亡率非常惊人。但是，袁世凯却一味地将骡马死亡的原因归咎于官兵的疏于照料。在小站练兵时期一份严令官兵重视骡马养护的公文，暴露了新建陆军骡马状况的不良：

"照得近年口外买马，甚难选择。本军炮马各队所用马匹，每有病残倒毙，皆由于长夫喂养，兵丁骑用，不知爱惜。平时且多

---

[1] 见《瑞记洋行请派员赴德监造重炮致陆军部公函》，《中国近代兵器工业档案史料第二辑》。
[2] 见《训练操法详晰图说》。

病损，临阵时长夫步随不及，兵丁不谙喂养各法，尤易有上项情弊……"①

为了避免不争气的官兵总是"喂养失法，驰用过劳"，袁世凯使出了扣饷的抽薪损招，这便是明令骡马如果被判定是因为喂养失法而死亡，就要扣掉使用骡马的正兵与喂养骡马的长夫一个月的薪饷。但即使在如此重罚之下，骡马的死亡率依然居高不下。于是，袁世凯将罚款翻了十倍。他下令承领骡马的士兵每个月都要从薪饷中扣出一两白银作为"马价"，扣满十两为止。这十两白银就是押金，平时送到银行存款生利息，如果这名士兵到"请假革退"之时（当时没有退伍之说，只有自动请辞不干或因体力等因素"革退"才能离开部队），所照顾的骡马依然幸存，十两白银连同利息就归于这位幸运的士兵。但若骡马死亡，不但十两白银充公。而且，这个士兵还得再继续扣饷作为下一头骡马的押金。

当时一名正兵的月饷是四两八钱，扣掉伙食等杂费实领三两三钱。一扣就是三分之一的月薪。所有配上骡马的正兵必然将骡马当成"祖宗"供奉！但是，骡马的死亡率却依旧居高不下。在北洋新军各镇，每年例准报销拨款添补的"倒补价"高达编制骡马的三成。也就是说，一个师每年居然以报销百分之三十骡马为常态。

新军的骡马都是严格筛选的成马壮骡，而且新军在清末很少有打仗的机会，如果不是火炮过重使骡马不堪重负，哪来的百分之三十死亡率呢？在平时机动机会有限的驻地训练，尚且每年要损失近三分之一的骡马，

真要是打起仗来，炮兵天天都得依靠骡马长途机动作战，一两个月的仗打下来，骡马的损耗那还得了！

所以，在北洋军当兵，切记别去当使用骡马的骑兵或炮兵哟！

在民国元年，北洋政府引进的"克鲁伯"75毫米野炮，1.7公吨的行列全重必然迫使北洋军正视火炮的重量问题。但是官员的醒悟永远是慢半拍的。当时的陆军部还沉溺在北洋新军以"格鲁森"57毫米山野炮与"克鲁伯"75毫米"过山轻炮"为制式火炮的美好印象中。于是，官员们几乎完全忽略了新炮的重量问题。而卖炮的外国厂商唯利是图，自然也不会主动提出骡马力量的差距，以免影响欧洲火炮的在华销量。

官员们的颟顸还不是最离谱的，更难堪的是当时在兵工厂第一线负责设计新式火炮的技师们也同样脱离现实，对中国本土骡马的力量问题视而不见。

大约在宣统年间，已经成功试制"克鲁伯"山炮的江南制造局竟然呈文陆军部，认真考虑大幅度提高沪造山炮的重量。脱离现实的技师们以增加驮鞍铁架层次的方式制造出一种类似"1910年"式山炮所使用的通用驮鞍，以取代原厂"1904年"式分别驮载炮身、炮床、前炮架与后炮架四大部件的四种驮鞍，这种通用驮鞍无疑会比原厂驮鞍更重！

但是，把驮鞍增重还是小意思。技师们真正奇葩的创意，是决定为沪造山炮装上一副全重290.5公斤的护盾。②这个超越现实的设计异想，证明江南制造局的技师们根本没有考虑到中国土产骡马的驮载力！

①见《新建陆军兵略录存》。
②见《制造局关于筹议改进德式过山快炮意见书》，《中国近代兵器工业档案史料第二辑》。

商人的悟性永远比官员要快一步。依照笔者所见到的资料，首先正视中国骡马力量问题的单位不是官气十足的陆军部或兵工厂，而是克鲁伯的代理商。大约在宣统三年，信义洋行与礼和洋行联手代理"克鲁伯"火炮的在华销售，两大洋行提出精美且详细的说辞，大力推销"1904年"式的改良版"1910年"式山炮。说辞中指出"1910年"式的分解件重量远较"1904年"式要轻，每匹马的驮载件限定在100公斤上下，必然会受到中国骡马的欢迎："每尊炮用五马驼负，每匹马所驼分量重一百启罗，即间有稍逾一百启罗者，亦相差无几。"[1]

信义洋行与礼和洋行固然是热情可感，但是实际战例无情地证明，100公斤对中国骡马的实际驮力而言还是太重了！

其实，袁世凯对中国本地骡马的机动力问题，也不是一无所知。他放着克鲁伯现成热销的105毫米榴弹炮 Feldhaubitze 98 不买，选择斯科达的105毫米榴弹炮，就代表北洋军已经意识到了中国的骡马问题。

斯科达卖的榴弹炮，应该是名为 vz.14 的早期型。vz.14 与其后继的 vz.16 都是非常特殊的榴弹炮，为了适应多山的地形，"斯科达"榴弹炮是可以大部拆解、分件驮运的。vz.14

▲ "斯科达" vz.14 重榴弹炮。即使在欧洲，沉重的榴弹炮也要尽量改用汽车牵引。

可以拆成七件，vz.16 可以拆成三件，在第一次世界大战期间是欧洲山地机动力最强的榴弹炮。二战时，德军索性将奥地利的 vz.16 直接定位为山地榴弹炮（GebH）。"斯科达"榴弹炮不但能拆解，而且全重也刻意降低，到 vz.16 时，行列全重已经减到 1417 公斤，机动力非常突出。因为，"斯科达"榴弹炮的山地机动性能实在太好了，就连奥匈帝国的主要敌人意大利在一战结束之后也干脆将从奥军手中收缴的 vz.14 与 vz.16 作为自己炮兵的新一代制式榴弹炮。[2]

北洋军舍克鲁伯的榴弹炮不买，把订单下给斯科达，必然注意到"斯科达"榴弹炮独具一格的机动力。然而，即使是轻便能拆的"斯科达"榴弹炮，也无法解决骡马的机动力问题。

瑞记洋行对中国本土骡马的力量问题看得非常清楚，负责且热心的商人甚至贴心地

---

① 见《克鲁伯七生的半十四倍口径长过山管退快炮一千九百十年式说略》。
② 见朱茂榛《意大利炮兵现状》，《炮兵杂志 第三辑》。

提出了解决办法。瑞记洋行的解决方法比礼和与信义两家同行更加务实。瑞记洋行的报告暗示，既然西方的新式火炮重量不可能降到中国骡马的理想标准，解决骡马问题的唯一出路，就是采购体形大、力量强的骡马来拖炮。换言之，就是洋炮还得靠骡马来拖!

奥地利本国多山，重挽马比不上西欧平原各国的品种。奥地利的挽马有马高不到 15 掌的 Haflinger，也有马高 16 掌的 Norico-Pinzgauer。斯科达似乎原本有意采用如 Haflinger 的小型挽马用挽具，以配合中国马高才 12 掌的小型骡马。但是，瑞记洋行却特别关照斯科达公司在配挽具时切勿考虑小型挽具，直接按马高 16 掌以上的重型挽马设计的挽具才是正道:

"此二炮重量分配牲口，每驮约有五百余斤至七百余斤之多，未可纯用普通小种马匹驮行，因其力难胜任也。兹商行已函商该厂将鞍缰皮件尽按大种骡马身量制造，以适于用而便驮运。"

其实，袁世凯时代是经常进口洋马的，在 1913 年组建的骑兵第 1 旅就以进口大洋马为骑兵的坐骑。但是，进口洋马是非常贵的，而且洋马食量大，又有水土问题，养起来也是一大问题。所以，靠洋马拉炮并不现实。然而，单靠骡子绝对不可能拉得了行列全重高达两吨的榴弹炮。所以，"斯科达"榴弹炮在战乱频繁的北洋时代只是昙花一现，几乎找不到任何投入实战的记录。

在"斯科达"榴弹炮昙花一现的五年之后，段祺瑞于 1917 年利用西原借款的 2000 万日元参战借款建立"参战军"。当时，执意对

段祺瑞示好的日本寺内内阁不但愿意提供现役日军新式火炮，而且价格还打了九五折。于是，炮兵出身的段祺瑞借机以最大的魄力，利用日本军火建立起了一支强大的炮兵部队。总金额 2000 万日元的参战借款中有 1301 万 9072.84 元被用于向日本的军火贸易商泰平公司采购火炮（这笔巨款折合现洋约 1500 万元），这批火炮包括"四一"式 75 毫米山炮与"三八"式 75 毫米野炮各 156 门，一举改变了中国炮兵的贫瘠面貌。1917 年是日本的大正六年，在此后二十年间，炮兵提起山炮，就是"大正六年式山炮"，提起野炮，就是"三八"式野炮了。[①]

段祺瑞当然也没有漏了重炮。西原借款火炮大采购包括 8 门"三八"式 150 毫米重榴弹炮与 12 门"三八"式 120 毫米重榴弹炮。这 20 门重炮被编成一个重炮营。"三八"式 120 重炮的行列全重高达 2166 公斤，显然难以驰骋在中国战场上。所以，整个炮兵营一炮未发就在直皖战争中被奉军俘虏，再次证明了机动力仍是无法解决的难题。

又过了五年，到了直系军阀呼风唤雨的时代，已成直系头目的吴佩孚又动起了榴弹炮的脑筋。在 1923 年底，直军成立近畿陆军重炮队，再次装备日造"三八"式 120 毫米榴弹炮。然而，吴佩孚的重炮队也很少在实战中露面。于是，在此后十年之间的中国炮兵，对榴弹炮这种火炮就完全陌生了。直到 20 世纪 30 年代初，在德国军事顾问的引导下，刚开始接触榴弹炮的南京国民政府中央军炮兵，还称榴弹炮为"曲射炮"。

另外，当时中国各大兵工厂的生产记录

① 见《陆军部向泰平公司购买械弹器具等合同》，《中国近代兵器工业档案史料第二辑》。

▲ 北京军博陈列的"大正六年"式山炮（即日军装备的"四一"式山炮）。

▲ 北京军博陈列的带防盾的"大正六年"式山炮，由于代销军火的日本洋行习惯用厂内编号，因此本名"四一"式山炮的"大正六年"式山炮就成为了中国炮兵史上的历史印记。

也折射出新式火炮无法解决机动力限制的问题。造炮工艺一流的汉阳兵工厂在1918年奇迹似地成功仿造出了"克鲁伯"14倍口径120毫米榴弹炮（汉厂称为"攻城炮"）。但是，只造了两门样炮就停了下来，究其原因显然是没有得到当时陆军部的青睐。

汉阳兵工厂重榴弹炮开发案的难以为继是意料之中的事情。因为，早在民国元年就被定为制式的"克鲁伯"29倍口径75毫米野战炮，量产也被先后喊停。在"克"式野炮被定为制式之后，上海兵工厂与汉阳兵工厂都掌握了制造技术并开始量产，其中以汉阳兵工厂量产最为稳定。汉阳兵工厂由国外进口炮管，自行制造其余不需合金钢的部件，每月可以制造一门。然而，行列全重1.7吨的汉造"克"式野炮显然不符合实战需求。于是，在1921年，汉阳兵工厂停掉了"克"式野炮的生产线，改生产仿造日本"四一"式山炮的汉造"十年"式山炮。直到20世纪30年代，南京国民政府开始以仿效德国样式改革军队的时期（又称德式建军时期）才再次小规模量产了一段时间。

▲ 汉阳兵工厂的骄傲，仿造"四一"式山炮的汉造"十年"式75山炮。

上海兵工厂动作更快！沪造"克"式野炮的量产只是惊鸿一撇，制造不久上海兵工厂就停掉了生产线改为专造沪造山炮了，最终只保留了"克"式野炮榴弹的生产线继续开工而已。

但汉阳兵工厂也并不是蒙着头盲目生产汉造"克"式野炮。汉厂也曾经下过工夫，研究如何让"克"式野炮克服中国本土骡马的局限问题，而汉厂的解决之道则是采用汽车牵引。于是，厂方斥资向国外购买了一组火炮牵引车，交给机器厂进行研究开发。

在今天看来，这组牵引车并不算大，只是一辆长3米、宽2米的汽车，大约是一般家用小轿车的尺寸。另外，再加上一辆长度加倍的人员弹药拖车，堪称轻巧。然而，即使是如此轻巧的牵引车组，在中国传统的砂土碎石路面的道路上依然是寸步难行的庞然大物。1918年，陆军部军械司派两位技士考察汉阳兵工厂时，两位技士的报告就将这辆停在机器厂内的火炮牵引车狠狠地酸了一顿：

"查机器厂中存有摩托汽车一辆，其本身已有三密达多长，二密达宽，再加以六密达长拖车，共计十密达长，弯转多不灵便，拖运炮辆行军，用之于我国境内，现时除马路之外，似无此康庄之路能容以驱驰者。以有用大宗款项置此不急不适用之物，未免稍欠斟酌。"[1]

于是，能造野炮的沪、汉两厂最后全都放弃了"克"式野炮生产，专心制造轻便可拆的山炮了。在1921年汉厂停造之前，

① 见《王旭荣等关于考查汉厂生产等情形致军械司呈》，《中国近代兵器工业档案史料第二辑》。
② 见《中国兵工制造业发展史》。

大名鼎鼎的汉造"克"式野炮只生产了73门，[①]仅能装备两个炮兵营而已。所以，骡马对中国炮兵的牵制力量的影响由此可见一斑！

　　然而，"洋行成军"的特色，却促进了中国炮兵在二十年里不断地创造出超越机动力现实的奇迹！仍然弃而不舍地去购买和制造在中国难以机动的新式火炮。而这其中最惊人的奇迹，那莫过于奉系军阀东北军的炮兵狂想曲了。

---

① 见《中国兵工制造业发展史》。

第四节 扭曲的 "国产" 火炮
——奉军的炮兵狂想曲

1919 年, 奉系军阀统帅张作霖斥巨资在沈阳建立东北三省兵工厂, 谱写出北洋火炮建设史上最疯狂的一段狂想曲。

张作霖可谓是北洋军阀中最有钱的一位 "土豪", 独掌东北关外的大权。当时的中国东北可谓是一片未经开启的处女地, 在东北有开不完的肥沃荒地、招不完的刻苦移民、取不完的天然资源! 于是东北农产富庶、商业旺盛、铁路海运交通便利, 东北大豆与面粉外销全球, 光是当时的统税收起来就不得了, 奉天省 (今辽宁省) 的公债一度曾是国内债市上最炙手可热的抢手货, 向日本银行借款也是有求必应。财源如此充沛, 也就使当时的奉军能够创造建军的奇迹了! 而土匪出身的大帅张作霖征起税来也绝不手软, 他不但截留了东三省所有的税收、横征暴敛, 还滥发奉票奉洋, 以漫无节制的通货膨涨疯狂透支。于是, 奉军的建设完全没有财政顾虑, 与关内捉襟见肘的军事建设截然不同。光是一个东三省兵工厂, 在 1925 年一年的经费居然就高达大洋 2300 万元。[1]

2300 万大洋是个什么概念呢?

在袁世凯当政时期, 国家财政勉强维持稳定的 1916 年, 全中国中央与地方军费预算合计为 1 亿 4225 万 2713 元。如果单算北京陆军部直接拨款的北洋军来说, 不算由各省自己由省税掏出的地方军费, 则中央的军费大约为 5300 余万元。换言之, 一个东三省兵工厂的经费, 就能养活半个北洋军。

2300 万元也相当于 1925 年东北三省的全部岁入。在此之外, 还有维持庞大奉军的 1800 万元沉重军费, 以及张大帅个人私用的 "机密杂费" 1000 万元。真正的行政经费不到 500 万元。于是, 富庶的东北三省在军费压力下陷入严重的入不敷出困境, 而远超出岁入的开支, 只能以滥发奉票的通货膨涨来解决。这种花钱法, 才真的是叫做穷兵黩武!

东北三省老百姓的水深火热, 换来张家父子两代奉军以及后来的东北军疯狂发展的军事奇迹。既然不缺钱, 东三省兵工厂的造炮机器就能够以最浪费、最疯狂的排场盛大开工, 尽情发挥起 "洋行建军" 的创意。当时中国没有合格的钢铁厂, 炼不出合金钢, 沈阳兵工厂就向洋行购买钻好内膛的炮管钢胚与合金炮件, 运回奉天 (今沈阳) 自行加工组装。虽然只是加工组装, 但是规模之浩大, 足以使当时全球军火商傻眼。

在第一次直奉战争失败之后, 张作霖委派韩麟春出任东三省兵工厂总办, 投入巨资全面挖掘奉天兵工厂的生产实力。日本士官

---

[1] 见陈裕光《王永江整顿奉省财政之前前后后》,《吉林文史资料选辑第四辑》。

学校毕业的韩麟春虽然没有造兵技术的显赫学历，却是可以自己设计步枪的兵工专家，气概非凡，创意十足。在上任之际，韩总办雄心勃勃地与日本人合作，大手笔地购买日本机器设备，按照日本制式火炮的规格，购买日本的火炮配件，揭开了民国炮兵史上最惊天动地的一幕。

奉军一向缺乏火炮。于是，韩麟春从头做起，他大量向日本人订购"三八"式75毫米野炮与"四一"式75毫米山炮的配件，一口气组装出108门"奉造十三年式75公厘31倍野炮"与72门"奉造十四年式75公厘18倍山炮"。奉军当时正在改变军制，废师改旅，近两百门山野炮足以一举装备五个新制步兵旅的旅属炮兵营，[①]堪称毕其功于一役的炮兵建军壮举。

能一举装备五个步兵旅的山野炮，还不是韩麟春给日本人最大的组装件订单。由少帅张学良主持的东北陆军整理处决定在每个步兵团装备一个平射炮连，使奉军成为中国第一支全面装备步兵炮的劲旅。于是，韩麟春的下一个订单，就是370门日本刚在1922年推出的"十一年"式平射步兵炮，即为"奉造十四年式37毫米29倍平射炮"。这批平射炮足以一口气装备60个步兵团，即20个步兵旅！

虽然，只是来料加工与组合装配。但是，能一口气组装起数百门火炮的组装工厂，规模必然是非常吓人的。沈阳兵工厂的炮厂是完全电动的现代化工厂，"都是最大型最新的装备。如钢材纵断、切削、车光旋膛、装配零件等操作过程，完全机械化、自动化。"[②]

所以沈阳兵工厂才能一口气组装起500多门各式火炮。

与沈阳兵工厂相比，关内同样靠来料加工组装生产"克"式野炮的汉阳兵工厂的理想月产量是两门，实际月产量为一门。

大帅张作霖大量采购"三八"式野炮与"四一"式山炮之时，正值日本的大正民主时代，大正时代外交政策是广结善缘，对华政略以和为贵。所以，日本人对沈阳兵工厂的订单颇有诚意，不惜将国内火炮的最尖端科技倾囊相授。刚开发出来的"十一年"式平射炮只是小意思，仿造日本"三八"式野炮的奉造"十三年"式野炮才是日本人最慷慨的技术分享。与日本的"三八"式野炮几乎同步开始仿造"克"式野炮的汉阳、上海两厂已经有十年的生产历史，但是沪、汉两厂所仿造的"克"式野炮是有效射程只有6000米的老版本。日本人当时正竭力提升"三八"式的性能，推出了"改造三八式75毫米野炮"，这就是奉造"十三年"式野炮的范本。"改造三八"式75毫米野炮修改了"三八"式野炮的炮架与复进制退机，使"三八"式的仰角达到43度，大幅提升了"三八"式野炮的有效射程。所以同样仿造"三八"式的奉造"十三年"式野炮，有效射程增加到8250米。

野炮最重视射程，如果奉军炮兵再与操作"克"式野炮和旧型"三八"式野炮的直军炮兵对阵切磋时，必然能全面压制直军！

然而，奉造"十三年"式野炮的重量仍然没有考虑到国内骡马的力量问题。奉造"十三年"式的战斗全重被缩减到875公斤，

---

① 见《中国兵工制造业发展史》。
② 见沈振荣《东三省兵工厂》，《辽宁文史资料选辑第八辑》。

比"改造三八"式野炮的 1135.7 公斤轻了足足 260 公斤，堪称奇迹。当时"改造三八"式野炮在机动时的行列全重高达 1910 公斤，以此类推，即使奉造"十三年"式减去 260 公斤，仍然超过了中国大骡子的最高挽力。①

在快速"自制"火炮的同时，也要同步建立炮弹产能。当时的榴弹已经普遍改用钢质弹壳。但是，刚起步的沈阳兵工厂炼钢技术尚属青涩。沈阳兵工厂虽然在铸造厂下设置炼钢部，但是炼不好普通的碳钢，所以炮弹也要寻找舍难就易之道。于是，东北兵工厂的炮弹，普遍采用只比生铁略纯而质地坚硬的铣铁来制造弹壳，称为"钢性铣榴弹"。

钢性铣榴弹的硬度比钢壳的榴弹差一截，不能装上延时引信破坏工事，但是装上瞬发引信或两用引信以破片杀伤敌方人马等软目标还是很给力的。②日本的原厂"三八"式野炮也有"九七式钢性铣榴弹"，奉军只要照葫芦画瓢即可。但即使是铣铁弹壳，身为初学者的炼钢部也还是炼不出来。所以，早期的铣铁弹壳，都是由日本的大连机械会社代铸的，直到铸造厂能掌握铣铁的炼铸技术后，才改为了自制。③

然而，20 世纪 20 年代的日本火炮技术也是非常落后的。当时，全球公认先进的野炮射程必须达到 14000 米，射程只有 8250 米的奉造"十三年"式野炮仍然远远落后于欧洲的火炮水平。资金充裕的韩麟春不甘心只造出射程比关内的汉造"克"式野炮多 2000 米的野炮，于是他踢开日本人，改与奥地利的老牌炮厂百禄（Böhler）合作，其成品是为民国火炮史上的经典之作，奉造"十四年"

式 77 毫米 30 倍口径野炮。

奉造"十四年"式 77 毫米野炮是仿造自百禄的著名野炮，奥匈帝国的最后一种制式野炮 Feldkanone M.18。这款优秀的野炮在一战结束前只有 6 门来得及交货，此后即消失在奥匈帝国分崩离析的烟尘之中。但是 M.18 设计的优秀是众所公认的。百禄公司在中国的总代理是上海的德商禅臣洋行（Siemssen & Co.），禅臣洋行对东北的军火市场一向非常热衷，于是 M.18 雀屏中选，成为奉军新一代的制式野炮。

沈阳兵工厂聘请奥国技术顾问哈德曼，对 M.18 进行性能升级。M.18 的口径原本是 83.5 毫米，也许是为了节省重量，在东北的浴火重生版采用了 M.18 早期被淘汰的 77 毫米口径版本。只是哈德曼乱改炮口初速与膛压，使奉造"十四年"式野炮的性能逊色于 M.18。原厂的 M.18 全重 1478 公斤，射程达到 12000 米，而奉造"十四年"式野炮的全重虽然降到 1350 公斤，但射程却降到了 10000 米。

然而，能打一万米的奉造"十四年"式野炮，依然是 20 世纪 20 年代中国射程最远的野炮！

于是，禅臣洋行接到了足可以憾动全球军火市场的超大订单。沈阳兵工厂一口气订购了 320 门百禄原厂的组装部件。运到沈阳之后只要加工组装，就是威震全国的奉造"十四年"式野炮。禅臣洋行可真是赚翻了，这家黑心的贸易商看准了奉军只求速度不惜钱的特色，交货速度飞快。但是，佣金也下狠手抽到了一倍！当时，在禅臣洋行进口部

---

① 见《将校袖珍》。
② 见《炮兵射击教范》。
③ 见陈修和《奉张时期和日伪时期的东北兵工厂》，《文史资料选辑第廿五辑》。

▲ 沈阳兵工厂的巨作：由百禄原厂进料组装的仿 M.18 型奉造 "十四年" 式 77 毫米野炮。北京军博陈列一门原炮，十分珍贵。

工作的蒋文伟回忆道："禅臣过去与张作霖做过不少军火生意，为此特地在奉天（今沈阳）设立支行，主要经理德国容克斯和克鲁伯两厂产品，派一个姓吴的为代表，此人与张作霖关系密切，先后卖给张作霖各种枪炮飞机，供应沈阳兵工厂各种钢材。内战爆发时，军火生意大得惊人，其利润高达百分之五十至百分之一百，买办佣金也超出一般货物的佣金。"[1]

禅臣的军火生意只交给洋行的德籍经理（大班）亲自办理，如蒋文伟这类华籍员工是不能接触的，所以蒋文伟只能从小道消息中听说容克斯与克鲁伯两个厂名。事实上克鲁伯是经由礼和洋行与沈阳兵工厂做生意的。沈阳兵工厂曾经仿造过一门"克鲁伯"野炮（型号不明），但没有继续跟进，克鲁伯只从沈阳兵工厂接到了钢材生意。但仅钢材一项，营业额已然达到了让人瞠目结舌的5000万马克![2]

对百禄与禅臣而言，获利丰厚的奉造"十四年"式 77 毫米野炮只是在东北巨大生意的开始。当时，负责整建奉军的少帅张学

①见蒋文伟《我在德商禅臣洋行的见闻》，《上海文史资料选辑第五六辑》。
②见丁福成《德商礼和洋行在华经营军火活动情况》，《文史资料选辑第一一〇辑》。

良也是个"德粉"，所以奉军的炮兵大跃进也要模仿德军的，一举建立起国内迟迟不敢成军的榴弹炮兵。于是，禅臣洋行的下一个订单，是 300 套 100 毫米榴弹炮的全套配件，即为奉造"十四年"式 100 毫米 21 倍口径榴弹炮。

M.18 在中国声名大噪的原因之一，是因为在调高仰角求取最远射程时无需在驻锄下挖坑。所以，M.18 能轻松调到 45 度最大仰角，而国内惯用的老式"三八"式野炮在仰起 17 度时就必须挖坑将炮架后尾往下倾斜。如此优秀的炮架，自然也适合要求弯曲弹道的榴弹炮，所以奉造"十四年"式 100 毫米榴弹炮直接采用 M.18 的炮架，只是换用 100 毫米炮管。这个巧妙的方式日后催生出了第一种中国军队的制式野炮。

奉造"十四年"式 77 毫米野炮与"十四年"式 100 毫米榴弹炮虽然表面风光，但是已经进入重量的魔圈。本应力求轻巧的 77 毫米野炮却与 100 毫米榴弹炮的重量相同，战斗全重达到了 1350 公斤，远远超过了汉造 75 毫米"克"式野炮的重量，而"克"式野炮已然是中国骡子力量的极限了！

所以，两种"百禄"火炮都没有办法编成步兵师的师属炮兵，而必须编成可以由总司令部直接控置的独立炮兵团，才具有实战的价值。

在投机取巧的日本与奥地利来料加工组装案大获成功之后，沈阳兵工厂走火入魔，出现了一种超日赶德的跃进狂热。既然在关内一拖十余年无法建立制式的野炮（Feldkanone）与轻型野战榴弹炮（leichte Feldhaubitze），都能靠着大把的现洋轻松砸出来，为什么不更进一步，把炮兵群战术所需的重型野战榴弹炮（schwere

▲ 沈阳兵工厂直接由日本进料组装的和风狂想曲：仿造"改造三八"式野炮的奉造"十三年"式 75 毫米野炮。

▲ 仿造"四一"式山炮（步兵用）的奉造"十四年"式 75 山炮。

▲ 仿造"三八"式十五糎重榴弹炮。

Feldhaubitze）、重型野战加农炮（schwere Feldkanone）乃至超大口径的攻城炮（Mörser）全部做出来呢！

于是，沈阳兵工厂不顾骡马的悲嘶，狂热地造起重炮来。在 1925 年，沈阳兵工厂成功组装出日本"三八式 10 糎加农炮"，即"奉造十四年式 105 毫米 29 倍加农炮"，一共组

▲ 这张刊登于《良友画报》的照片，堪称沈阳狂想曲的高峰。张作霖的三个孙子身着全套礼服，站在奉军重炮前合影。这门重炮应该是渊源于"三八"式十糎加农炮的奉造"十四年"式105毫米加农炮，沈阳厂只组装了12门，全中国没有骡马能拉得动，就连日本骡马也要见之腿软。然而重炮却是宣传战的利器。将这张照片交给上海的良友发布，全中国就无人敢小觑东北军的实力。

装了12门；继之又再接再励组装出仿造"三八式15糎榴弹炮"的"奉造十四年式150毫米12倍重榴弹炮"，一共组装了21门。在中原大战烽火连天的1930年，沈阳兵工厂又组装出更进步的"四年式15糎榴弹炮"，即"奉造十九年式150毫米15倍重榴弹炮"。

仿造自日造"三八式10糎加农炮"的"十四年"式105毫米加农炮仅仅是战斗全重就高达2594公斤，[①]如果以骡马挽曳牵引，行列全重至少在3吨以上！连日本人自己的

骡马都拖不动，沈阳兵工厂的重炮狂想曲，实在是太离谱了。

军阀的世袭罔替

在精美镀亮的螺式炮闩前，黑白照片里三位张家孙子的大礼服帽箍颜色没有变化，应该是三道红箍的将官大礼服。虽然砸下惊人民脂民膏怪异成军的奉造"十四年"式加农炮不能上战场打日本人，但是在内战中，却足以保障三位"帅三代"小将军的尊荣显贵。

---

① 见Japanese Field Artillery。

"三八式 10 糎加农炮" 在 1911 年开发成功, 原本设计以骡马挽曳。然而 "三八式 10 糎加农炮" 实在太重了, 日本人原本想在三骈六马的传统骡马编组上硬加了两匹马, 编成四骈八马的火炮组, 但是这个违反经验法则的方式被证明行不通。在与骡马搏斗十年之后, 日本人妥协了。于是, 日本开发出了一系列的牵引车, 包括 "九二" 式 5 吨牵引车与 "九八" 式 6 吨牵引车。在 1922 年, 日本人改用 5 吨牵引车牵引行列全重在 3 吨以上的 "三八式 10 糎加农炮", 才驯服了这门自己制造的笨重火炮。

奉造 "十四年" 式 150 毫米重榴弹炮的原型日造 "三八式 15 糎榴弹炮" 也是日军的尴尬重炮。这种重榴弹炮仅战斗全重就高达 2095 公斤, 日本人在设计之初原本也打算用不实际的四骈八马挽曳, 但在实验多年之后还是再次屈服, 不得不寻求变通之道。

于是, 冠冕堂皇的 150 重炮成为尴尬的山炮。日军炮兵在机动作战时, 会把 "三八式 15 糎榴弹炮" 拆解分别装车。然而 "三八式 15 糎重炮" 在设计时并没有预想到会成为山炮, 所以拆解与组合的速度是非常缓慢的, 因此 "三八式 15 糎榴弹炮" 成为日军欲弃还留的鸡肋。日本在 1935 年就以 "四年式 15 糎榴弹炮" 取代 "三八式 15 糎榴弹炮", 让数量庞大的 "三八式 15 糎榴弹炮" 成为 "预备保管兵器", 一直到二战之后仍然继续使用着。最后, 日本人索性把这款鸡肋般的重炮装上牵引车, 成为 "四式自走炮"。

而奉造的 "十九年" 式 150 毫米重榴弹炮就更离谱了。这款重炮的原型日造 "四年式 15 糎榴弹炮" 的战斗全重高达 2794 公斤, 行列全重高达荒唐离谱的 4340 公斤! "四年" 式重炮之所以能够动起来, 是因为吸取了 "三八" 式的经验。"四年" 式重炮在机动时必须分解为炮身车与炮架车两组各约 2.1 吨 –2.2 吨的火炮组, 才能用六马挽曳的骡马纵列牵引机动。"四年" 式重炮的分解结合也正式列入炮操规范, 由战斗状态到分解上车限定 12 分钟内完成, 由行列状态到结合放列限定为 10 分钟。然而, 两个 2 吨重火炮组之所以能动得起来, 主要还是靠日本人已经略见成效的新种重挽马。可还在用华北大骡子拉炮的奉军炮兵, 该如何能拖起这两个 2 吨重的火炮组作战呀?

再者, 火炮加重, 炮弹也要加重! 同样是 30 吨积载量的弹药辎重组, 75 毫米野炮弹可以积载 3000 发, 105 毫米榴弹炮弹只能装 1600 发, 100 毫米加农炮弹 1000 发, 而 150 毫米重榴弹炮弹只能积载 600 发! 于是, 重炮的弹药组又要继续大幅增加机动的重量。

在三种狂想重炮之中, 唯一略有实战价值的重炮是奉造 "十四年" 式 150 毫米重榴弹炮。沈阳兵工厂的仿造版将战斗全重压缩到了 1850 公斤。至于行列全重则没有明确的记载。

没有明确记载的原因是可以想象的, 为了拖动这门 1.85 吨的巨炮, 炮兵必然得打破框架, 克服困难, 以各式各样的奇思异想去

▲ 在中东路战争中一门套着炮衣的野炮, 这张良友的老照片应该是奉造 "十四年" 式 77 毫米野炮。

拖动这门重炮。也许奉军的解决方法是以两组骡马轮班拖炮，也许是硬加两匹骡马之四骈编组，也许是不顾骡马血泪踩着死去骡马的尸体前进的无情行军……

战史证明，奉军炮兵最常用的解决方案就是不让150重炮离开铁路线。一个距离铁路线只有几里地的射击阵地，两吨火炮组在卸下火车套驾之后，就以喂饱喝足充满精力的大骡子竭力拖行，一鼓作气拖几里地进入阵地，才是最有可能的机动方式。

然而，张学良时代的沈阳兵工厂完全没有考虑现实的意愿。沈阳兵工厂的下一个杰作是仿造日本"四五式24糎榴弹炮"的240毫米巨型攻城臼炮、全重超过33吨的奉造"十九年"式240毫米16倍重榴弹炮！

在"十九年"式240毫米重炮横空出世之后，张学良完成了超日赶德的不朽神话。除了巴黎炮之类连日本人都搞不出来的铁道炮之外，沈阳兵工厂居然在短短六年之内，从零开始造齐了德军四种炮兵群所需的所有种类火炮。

即使是全重被压缩到1.85吨的奉造"十四年"式150毫米重榴弹炮，中国的土产骡马

▲ 将狂想进行到底：在沈阳兵工厂组装在线的奉造"十九年"式240毫米重榴弹炮炮管。

也是绝对不给力的。幸而东北是个很容易取得洋马的宝地，西伯利亚有马高16掌、源自欧洲种重挽马的阿尔登马（Ardennes horse），日本商人也很想把当时正在与法国佩尔什马育种杂交的北海道马卖给张作霖。其实，张作霖也曾注意马种问题，只是他的动作太慢，直到1926年才在洮安成立东北陆军军牧场，以法国种马改良马种。然而，花花公子张学良只热衷于表面风光的重炮，无心于耗时数十年的马种建设。于是，他在1931年东北沦陷前夕借口日方压力把东北军牧场停办了。[1]

所以，后来的东北军只能依靠外购的洋马拖炮。而当时的东北军是采购的哪种洋马，今日已很难考证了，但十有八九是就近从原苏联进口的挽马。然而，当时原苏联的阿尔登马属于中间系的重乘轻挽马，距离牵引重炮所需的重系重挽驮马还有一段差距。六马三骈只能勉强胜任两吨左右重炮的机动，但是对于总重在两吨以上的"三八式15糎榴弹炮"与"三八式10糎加农炮"，就连日军的野战重炮兵联队在机动时也要叫苦连天。所以，沈阳兵工厂出品的重加农炮与重榴弹炮，注定只能成为雄壮威武的军营展览品。至少在中国战场上，这些重炮并没有实战价值。

虽然，张家父子的重炮狂想曲只有奉造"十四年"式150毫米重榴弹炮能勉强动起来。但是，这种有效射程5900米的150重榴弹炮已经足以使奉军炮兵称霸中国。奉军以21门"十四年"式150毫米重榴弹炮搭配几门日本原厂的"三八"式150毫米榴弹炮编成两个重炮团，成为当时中国军界热议的焦点。

在1924年盛夏爆发的第二次直奉战争

---

① 见耿畲阜《东北陆军军牧场始末》，《浑河文史资料第二辑》。

1. 学生参观奉造 "十四年" 式野炮。

2. 图为《良友画报》所刊载的奉造 "十四年" 式野炮放列阵地与剪形镜。

▲ 中原大战时, 东北军举行陆空联合作战演习以振军威, 并让学生到场参观, 东北新闻影片社遍发照片, 东北军炮兵自然是宣传首选。

中，"十四年"式150毫米榴弹炮首先发威。"十四年"式射程与直军射程最远的汉造"克"式野炮相当。所以，奉军重炮团的榴弹炮可以使用爆破力巨大的高爆榴弹切实压制了直军的炮兵阵地，进而压制住整个直军战线。到了1926年盛夏打西北军的南口战役，奉军的炮兵战术更为纯熟，100毫米与150毫米榴弹炮搭配起75毫米与77毫米野战炮，首开中国炮兵史之炮兵群战例。奉军炮兵的炮兵群对西北军部署在南口的著名坚固阵地进行威力强大的破坏性射击。曾亲历其役的前炮兵学校少将研究员梁国藩回忆了奉军炮兵群的历史性炮战：

"1926年东北军对据守南口一带的冯玉祥国民军作战，炮兵部队实施的战斗方式，采用当时最先进的'炮兵群'战术，编组成左右中央各炮兵群，每一群不单纯是山野炮，依情况配有榴弹炮，也不是一个连一个营的使用，炮兵群是集结许多各类炮兵营成为火力集团而运用的。东北军的炮兵群对国民军在南口一带构筑的最坚固阵地锁要部，称为'红工事'的主阵地，予以毁灭性的炮击。东北军挫败国民军，主要是炮兵的成群使用所致。"[1]

然而，"十四年"式150毫米重榴弹炮在第二次直奉战争与南口战役的赫赫战绩，并不代表奉军解决了骡马机动问题。因为，奉军重炮发挥战斗力的两个战场，都是沿着铁路线开打的。重炮的机动主要依赖火车，卸下火车之后只要以骡马勉强机动几公里就能进入射击阵地，而不是依靠本身骡马运力的长途机动作战。

事实上，奉军从来没有解决骡马机动的难题。在第二次直奉战争结束之后，奉军编成了庞大的十个独立炮兵团。理论上，独立炮兵团的火炮自然要比步兵旅的旅属炮兵营体面。然而，在十个独立炮兵团中，只有两个团真正编制了150榴弹炮，而且两个重炮团都采用两营四连16门的缺额编制，显然是受困于机动能力。至于其余八个炮兵团的火炮，都是75毫米"克"式野炮、"三八"式75毫米野炮以及仿造"百禄"M.18的奉造"十四年"式77毫米野炮，甚至有一个团还装备了最不起眼的75毫米山炮。

这就是狂想与现实的差异！

然而，张学良却完全不顾东北炮兵的血泪教训，继续大作巨炮迷梦。在1930年，沈阳兵工厂甩掉克服不了射程问题的日本顾问，再次向百禄兵工厂取经，着手开发新式的105毫米加农炮，即为奉造"十九年"式105毫米加农炮。新式加农炮射程长达18000米，战斗全重却也高达3300公斤。而张学良这次可是玩真的了，他虽然已经收掉了种马场，却计划以"十九年"式重加农炮成立两个炮兵团！[2]

"九一八"事变打破了"十九年"式加农炮的美梦，即将出厂的新式加农炮随着沈阳兵工厂沦入日寇之手。所以，我们也无从得知少帅张学良打算用什么神马拖动这重达3.3吨的加农炮。在八十年后的今日，只剩下流传于残编剩简的惊人记录，低声吟唱着张家父子的重炮狂想曲。

---

① 见梁任宏《东北炮兵概述及邹作华轶闻》，《辽宁文史资料选辑第廿五辑》。
② 见高存信《东北军炮兵点滴》，《沈阳文史资料第十五辑》。

第三章

中央军的幻想曲

依据沈阳兵工厂材料处处长沈振荣的回忆，在"九一八"事变之前，用银元堆出来的沈阳兵工厂已不甘委身于装配厂的被动地位。沈厂买了3吨电炉，开始试炼合金钢，并且在"九一八"事变前已经能冶炼出合格的枪管钢。按照沈振荣所列举的进口原料判断，沈阳兵工厂成功冶炼的合金钢应该是镍钢。掌握了镍钢技术，沈阳兵工厂再接再励，准备试炼105毫米炮管的钢材。但是沈阳兵工厂的狂想曲却被"九一八"事变无情地打断，成为了历史陈迹。

沈阳兵工厂自开办至"九一八"事变时，前后耗费高达2亿大洋，每月单是经营费就有200万元，显然不是财务紧张的国民政府所能承受的投资。然而，沈阳兵工厂在火炮上的惊人成就却激发起了国府中央军炮兵的熊熊斗志。

东北能，我们为什么不能！

第一节　甩不掉的"有坂"炮

国民革命军的炮兵是靠缴获起家的万国牌炮兵，总体而言是非常艰难的。1930年的中原大战是中国炮兵建设成果的总验收，此时正是奉军的150毫米重榴弹炮威震全国的时候。但是，中央军的主力火炮却仍然是民国元年定为制式的沪造75毫米山炮、汉造75毫米"克"式野炮、段祺瑞时代的"大正六年"式75毫米山炮与"三八"式野炮。最难堪的是，北洋军在十余年前已经不屑一顾的古董——架退式"三一"式野炮，此时居然还是中央军的主力装备！

"三一"式75毫米野炮就是在日本火炮自制史上大名鼎鼎的"有坂"速射炮，是日本在八国联军侵华时的老炮。"有坂"速射炮分为野炮与山炮两种，这款当时已经有三十年历史的古董野炮设计于管退炮时代之前，是没有制退复进机的架退炮，只依靠驻退索与炮架上的发条伸缩机关抵消后坐力并将炮身复回原位。这样的架退炮战斗起来是非常麻烦的。如果不在后炮架之下挖坑加固驻锄，大炮一响，沉重的铸钢炮架就会到处乱甩。日本人在日俄战争时见识到俄军有制退复进机的管退3吋野炮，非常羡慕，于是向克鲁伯下了管退野炮的紧急订单，是为"三八"式75毫米野战炮。在"三八"式成为日军主力野炮之后，退役的二手"三一"式速射炮便被大力推销给了中国。仗着二手炮低档货的价格优势，"有坂"速射炮吸引了许多野心勃勃的地方军阀，甚至连北洋正

规军也拥有不少"三一"式野炮，作为过渡时期的兵器。然而"三一"式野炮的战斗全重就达到了908公斤，加上炮车之后的行列全重直逼"克"式野炮。所以，中国客户偏向射程只有4000米出头的山炮版"有坂"速射炮。

山炮版的"有坂"炮全重才327公斤，非常适合中国战场的交通状况，再加上二手炮的便宜价格，对北洋军非常有吸引力。例如冯玉祥起家的第16混成旅，就是"日造七生五速射山炮"的忠实用户。然而架退的"有

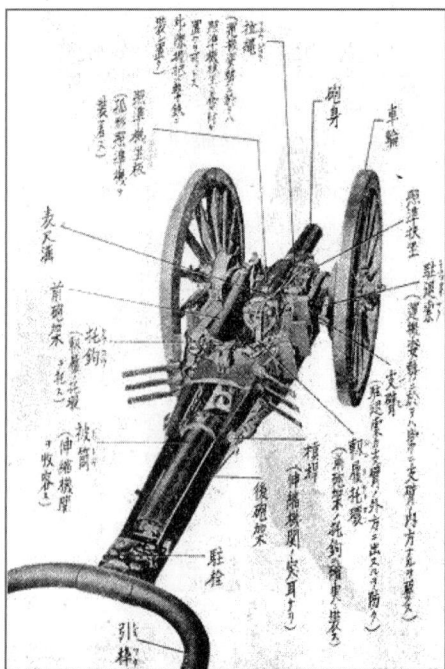

▲　"有坂"炮的山炮版。这门炮差点打断孙连仲的腿，也成为孙上将飞黄腾达之始，与老炮兵渊源深远。图为日军《三一式山炮取扱上之参考》的附图。

▲ 没有制退复进机的架退"有坂"炮从清末一路用到抗战。图为《良友画报》在1939年的西康驻军专辑。

"坂"炮实在太不稳定了，西北军名将孙连仲就差点被"有坂"炮打断了腿。

孙连仲上将是从士兵干起的老炮兵，"有坂"炮便是他在一次激战中飞黄腾达的起步。当时，冯玉祥急需在山头上架设火炮打击敌手。由于"三一"式山炮是可以分解成轫履（29公斤），车轮（80公斤），炮身（107公斤），前炮架（68公斤）与后炮架（59公斤）五大件的，其中107公斤的炮身是中国本地驮骡的最大极限。[①]但人高马大的孙连仲仗着自己惊人的体力，居然率先扛起炮身登山架炮，勇挫敌锋，大得冯玉祥的赏识。于是，由准尉司务长直接升任上尉连长。但是，同样是"三一"式速射炮，也差点要了孙上将的小命。在另一次战斗中，由于"三一"式速射炮没有架稳，炮弹一出膛就让327公斤重的

整门火炮来了个180度大甩尾。幸亏西北军官兵都是勤练单双杠的"体操高手"，孙连仲以惊人的腰力两次大空翻，闪过甩尾的铸钢炮架。士兵们见到连长的矫健身手，顾不得静肃的战时军律，齐声喝起采来："孙老爷，真漂亮"！[②]逃过一劫的孙连仲将星显赫，在15年之后的中原大战时已经是上将总指挥了，而"有坂"炮也早已淡出了西北军的炮兵舞台。然而，孙上将在中原大战的敌手，却仍然以"有坂"炮作为主力。

在中原大战时，"三一"式野炮是蒋介石亲自调动部署的决胜武器。在1930年7月，蒋介石南京政府的中央军在"陇海"路遭遇西北军的坚固工事，光靠士兵们顽强的冲锋是难以取胜的，急需炮兵的支援。于是，蒋介石亲自命令武汉行营主任何成浚，要他速拨20门野炮装车由"津浦"铁路赶运"陇海"前线。这20门野炮是被寄予重望的杀手铜，其中一半是"三八"式75毫米野炮，另一半则是孙连仲的老朋友，10门"三一"式75毫米野炮。[③]中央军与"有坂"炮的缘分，可以追溯到黄埔建军的始创年代。在1924年蒋介石兴办黄埔军校的时候，广东国民政府向苏联买了一船军火，直接运到广州黄埔交货，其中包括8000支步枪、18门山炮与4门野炮。[④]然而，这船军火并不是苏联红军的先进装备，

---

① 见《三一式山炮取扱上之参考》。
② 见《孙连仲先生年谱长编》。
③ 中国台北国史馆藏，蒋中正文物档案，第002-010200-00036-027号档案。
④ 见蔡忠笏《我的坎坷一生》，《东阳文史资料选辑第十一辑》；郭一予《我对黄埔军校的片断回忆》，《广东文史资料第卅七辑》。

而是沙皇时期的库存老货。步枪是一战时日本支援俄国的"三八"式步枪，野炮是四门日俄战争时俘获的"三一"式野炮。这四门"有坂"炮虽然是二十年高龄的二手战利品，却是黄埔炮兵起家创业的开端，同时也见证了当时中国战场机动力尴尬的现实。

　　炮兵的基本战斗单位是由四门火炮组成的战炮连，四门"有坂"野炮只能编成一个连。兵力虽然如此微小，然而在靠小山炮打仗的广东，野炮实在太稀罕了。于是，黄埔军校将四门野炮编成了两个独立排，派少校教官当排长。其中一位少校教官杨焕新率领的野炮排在稍微训练之后立即投入了第一次东征，但是由于广东缺骡马，更没有华北的大骡子。所以，行列全重超过1吨的"有坂"炮在珠江三角洲寸步难行。杨教官不得不改用水面机动，以一艘小汽船拖曳木船，充当"三一"式野炮的机动方式。[①]

　　当时苏联运到黄埔港的18门山炮则是俄造3英寸（76.2毫米）山炮。这批山炮编成

▲ 黄埔校军的山炮，事实上是当时苏联正在淘汰的"1904年"式3英寸山炮。

▲ 广州国民政府斥资购买的苏俄大炮，其实是日俄战争时俄军的战利品。擦净黄油，装船直接运到黄埔卸货的"三一"式野炮居然成为国民革命军的野战炮兵主力。

了黄埔第一个炮兵营，而校军炮兵营的机动方式更加艰辛。因为，南方缺乏骡马。所以，黄埔的第一个炮兵营干脆直接雇用民夫，靠人力来拖炮机动。

　　以重量判断，苏联送来的3英寸山炮应该是日俄战争时代的库存军火"1904年"式76.2毫米山炮。这种初速极低的古董山炮是俄国人自力开发出来的，射程只有4500米，远逊于俄国人与法国施耐德公司合作生产的"1909年"式3英寸山炮，在黄埔建军之时，这款古董已经是淘汰的库存品。

　　"1904年"式75毫米山炮在中国的最大成就是造就了陈诚的一世功业。话说在第一次东征最激烈的棉湖战役，陈诚的炮1连负责支援教导第1团，但是俄国的库存老炮保养状况不佳，炮1连的山炮打了一阵子，就因为"撞针过热变软"成了哑炮。但就在

---

① 见孙志平《黄埔军校炮兵队击毙滇军师长赵成梁》，《文史资料存稿选编》。

这个危机关头，敌军全力冲锋，教1团阵线被突破，敌人距离团部不到了300米！亲自在前线督战的蒋校长急了，要陈诚亲自再试一下，陈连长于是亲自上阵，瞄准拉火，碰巧老撞针已经冷却恢复正常了，一弹命中正以密集队形涌向团指挥所的敌军，使敌军仓惶溃退。黄埔校军士气大振，在炮兵连的延伸射击下，第2营营长刘峙亲自率兵迅猛反击，大破来敌，造就定鼎黄埔地位之棉湖大捷，真可谓是一炮定乾坤。[1]

陈诚的运气很好，他完成任务的能力与决心也是出类拔萃的。第一次东征时适逢大雨，靠人力拖炮的俄造山炮深陷泥泞之中，无法准时达成指定区域。但是，陈诚却从来不误点。陈诚的老对头何应钦后来回忆起陈诚当年干连长时的表现，仍然情不自禁地竖起大姆指："那时炮兵不像现在，有马匹或车辆拉，那时的炮要由人力扛抬。在那种艰难的情况下，身为连长的陈辞修，不论步兵行军多快，他总是使他的炮兵跟得上。每次都能完成任务……"[2]

虽然有坚忍不拔的连长，但是人力拖曳的老山炮还是在棉湖大捷的追击阶段误了大事，当时教2团第2营发现对面山头布满旗帜，显然是敌军的司令部。发现好机会的教2团立即请求炮兵射击这个山头。但是，陈诚所指挥的山炮连是靠人力搬运的，行动缓慢，还来不及进入射击阵地，天已经黑了。当时负责传令的见习官是曾任陆军副总司令的袁朴。袁上将在50年后回忆其事，笔端仍有憾意："十六时许，战场清扫完毕，我于送俘之后回营。此时遥见和顺附近一山头满布旗帜，刘营长判定此系逆军司令部所在，便命我向团长请求多派炮兵射击。惟因当时火炮需赖人力分解搬运，故当炮身尚未结合，而天已入暮。乃改以多个独立班夜袭和顺逆军司令部……"[3]

在黄埔建军之初海运到黄埔的22门山野炮是黄埔校军唯一的"新"炮。在出师北伐之时，北伐军编成炮兵团，但炮兵团的装备仍然是18门俄造老山炮。至于4门"三一"式野炮，则被光荣地编成国民革命军总司令部的直属野炮连。[4]在北伐战争期间，北伐军炮兵的所有补充都是靠战场缴获的战利品。在北伐完成之时，国民革命军手握数百门由北洋军缴来的各式火炮，然而大部分的火炮注定只能造册存库。因为有了火炮，还要有炮弹。所以国民革命军只能按照兵工厂的炮弹生产线来选择留用的火炮。

当时上海、汉阳与巩县三个生产炮弹的兵工厂，只生产六种火炮的炮弹：沪造75毫米山炮、"大正六年"式75毫米山炮（汉造"十年"式山炮兼用）、汉造"克"式75毫米野炮、日造"三八"式75毫米野炮与奉造"十四年"式150毫米榴弹炮……当然，还有有坂"三一"式野炮。

即使是德国克鲁伯原厂的"1910年克"式75毫米野炮，也得缴回入库。身管30倍的"克鲁伯1910年"式75毫米野炮虽然与身管29倍的汉造"克"式野炮及身管31倍的"三八"式75野炮是近亲，但是"克鲁伯"75榴弹的弹头规格与一般75毫米榴弹的标准稍

---

[1] 见李奇中《黄埔精神永存——一九二四至一九二七年回忆片断》，《广东文史资料第卅七辑》。
[2] 见宋瑞珂《忆陈辞修先生》，《浙江文史资料选辑第四五辑》。
[3] 见《棉湖大捷五十周年纪念特刊》。
[4] 见《革命文献 第十二辑》。

▲ 在东北军骄傲地在《良友画报》上展示张作霖的小将官孙子们于奉造"十四年"式加农炮前的照片时，中央军唯一能放到《良友画报》的照片，只有"克"式野炮。这张题为"中央军之炮兵"的著名宣传照虽然刻意由低角度拍摄，貌似雄壮巨炮，但炮兵则会付之一哂：不就是"三八"式吗？

有出入。当时国民政府各大兵工厂正缺资金，无法另外准备冲压机与刀具为原厂"克鲁伯"野炮特制铜壳弹头，所以30倍的克鲁伯原厂野炮淡出了中国战场。

连克鲁伯原厂的75毫米野炮弹都无力供应，其它万国牌火炮的各式规格炮弹就更没有指望了。于是打光炮弹的俄造76.2毫米山炮挥挥衣袖，就消失在中国的历史尘埃之中，连个确定的型号都没有留下来。而北洋年代各式各样的万国牌火炮，也就被涂满黄油，塞进军械库了，挥别了烽火连年的硝烟岁月。当时军政部军械司的各地军械库里，千奇百怪各种火炮都有。在1930年10月，海军部库存械弹药几乎见底，于是派员到军政部各军械库里看看有没有合适的火炮，一看真是吓一跳。在北伐军存库的陆军战利品中，居然还有海军舰用的"三生七轻快炮七尊，短式船炮三尊，马克西姆船炮榴弹四百三十七颗，群子弹三百三十四颗，三生七船炮榴弹一百颗。"军政部也不觉可惜，一纸咨文就让海军部派人来领。[1]

只可惜当时的国民革命军不重视史料工作，若能把这些存库的万国火炮记录成册，那可真算是琳琅满目的一部世界火炮发展史了！

----

[1] 见《军政公报 第八一期》。

第二节 新式炮兵第一炮
——宋子文的糊涂采购案

国民革命军在中原大战前夕的炮兵组建，并没有跳出袁世凯与段祺瑞的制式火炮怪圈。且不说日本等列强的炮兵，就是东北军乃至晋军的炮兵，都远比中央军炮兵风光的多。

在 1930 年时，各式山野炮大多编制在各师的师属炮兵中。杂牌部队继续使用其原本的万国炮，而中央军各师则以沪造山炮为主要兵器。有效射程只有 4000 米的沪造"克"式山炮，虽然性能落后，但是中国的骡马能轻松驮运，必要时也能用人力拖炮，而且在北伐完成之后重新开炉的上海炼钢厂能充分供应"克"式山炮的所有钢料，所以 25 岁高龄的沪造"克"式山炮仍然是中央军的最佳选择。

于是，在国民政府定鼎南京之新气象中，上海兵工厂的沪造山炮生产线反而开足马力将产量翻了一番，以每月八门的速度量产。[①]而部队中年代久远的沪造山炮自然也是更换无期。第 74 军"三五部队"之一的第 58 师炮兵营就是一个尴尬的例子。第 58 师是第三期整理的调整师，但是炮兵营在抗战爆发时只有区区六门沪造山炮。而且这六门老山炮的炮身上还刻有满清的团龙徽！[②]

与沪造山炮相比，有效射程 6000 米的"大正六年"式山炮（日造"四一"式山炮）虽然已经落伍，但性能仍远优于沪式山炮。然而"大正六年"式山炮的国内仿造版汉造"十年"式山炮一个月只能生产两门，缓不济急。当时部队里能有一门"大正六年"式山炮，还是挺神气的。例如在中央军的门面——第 1 师，炮兵营的先进装备就是晋造"十三年"式山炮（"四一"式山炮的山西仿造版）；而在号称真正黄埔正宗，起源于黄埔教 1 团的第 2 师，炮兵营是八门段祺瑞买的"大正六年"式。这些精心挑选出来的"四一"式山炮，足以让第 1 师与第 2 师的炮兵营傲视群雄，马蹄生风！

至于沉重的"三一"式、"三八"式与汉造"克"式等野炮，则尽量集中编成直属于军政部的独立炮兵团。在 1930 年时，国民革命军共有独炮 1 团、独炮 2 团与独炮 3 团等三个独立炮兵团，都由武汉北区要塞督训。把野炮编成独立炮兵团的主要原因自然还是机动力问题。行列全重 1.7 吨的"克"式野炮组不能单靠骡马牵引，所以在机动时势必要另想方法。把这些笨重的野炮编成直接对军政部负责的独立炮兵团，在机动时就能动用最大的资源，得到最大的方便。例如走水路

---

① 见陈修和《有关上海兵工厂的回忆》，《文史资料选第一九辑》。
② 见《八十虚度回忆》。

▲ 锦州辽沈战役纪念馆收藏的四年式重榴弹炮。

时，必然能找到最快的小火轮；上火车铁路运输时，载运野炮的军列必然是沿途过站不停旁车让道的特快列车。即使在火车上带炮的只是一位中尉排长，只要他手中是军政部的公函，封船封车就能威风无比。如果把野炮摆在步兵师里，由一个中校炮兵营长指挥，机动起来绝对不能这么威风便利。

就以蒋介石手谕调动的20门野炮为例。总司令的手谕不但调炮，还多写了几行字，规定由"津浦"路转运"陇海"路前线。带炮的营长手里握着如此一份手谕，就能搜到长江上最快的火轮顺江而下直抵南京，装上"津浦"铁路最优先的军列急驰徐州转运归德前线。独立炮兵的份量，就是这么不同凡响！

然而，不同凡响的中央军独立炮兵，却是老炮兵的笑话。如果有晋军或东北军的间谍在徐州站窥探中央军的特快军列，见到拿蒋介石手谕紧急抢运前线的独立炮兵居然是"三一"式野炮，一定会忍不住大笑起来。且不说高大上的东北军炮兵，当时正与中央军放手大打的晋军炮兵，有可以打10500米的晋造"十八"式88毫米野炮，有榴弹重达12公斤的晋造"十六"式105毫米重山炮。至于仿造"四一"式山炮的晋造"十三"式75毫米山炮，更是数以百计的制式装备，而且全部自制！与山西相比，中央军居然还拿老掉牙的架退"三一"式野炮当致胜武器，阎锡山想不造反都难。

1929年10月，蒋介石迈出提升炮兵战斗力的第一步。当时国民政府财力支绌，不可能从钢铁厂、兵工厂从头做起，再加上中原大战一触即发，新式火炮的交货自然是越快越好，所以蒋介石提升炮兵战力的方法是购买国际军火市场上有现成新式火炮。

要买现货，日本炮自然是最佳选择。从欧洲买炮，高昂的海运费用有时比火炮还贵，日本炮的运费低廉，而且日本当时正值换装新式火炮的高峰期，日军淘汰的旧炮很多，急待倾销。如果看不上二手炮，一定要新式火炮，大阪炮兵工厂的生产线也正在如火如荼的量产之中，物料齐备，技工娴熟，要插个小订单进去也是很容易的，所以在上海的日本洋行都很热衷拉火炮生意。

蒋介石本人是个炮兵迷。所以，他买炮的目的并不仅是为了震慑国内蠢蠢欲动的各路军阀，他的真正目的是要迈出编练新式炮兵的第一步。当时德国军事顾问已经着手在中央军校推动德式教练，炮兵也是重头戏。所以，蒋介石得买点称心的火炮，好让德国顾问一展长才。于是，蒋介石对日军当时正在大量汰换的二手廉价旧炮不屑一顾，只盯着日本最新式的火炮。

在1929年，日本国内侵华呼声渐起，"济南惨案"血迹方殷，中日两国的外交十分冷淡，没有军事合作的可能。要买日本武器，一般通过在上海兜揽生意的日本洋行。而洋行喊起价来都是很贪婪的。但是贪婪的商人还不是最大困难，真正让蒋介石头疼的大问题是他的采购代表宋子文。宋子文虽然是个最精明的商人，但是他对军事是完全不懂行的大外行。在1929年6月，蒋介石请宋子文买一批日造"三八"式野炮的炮弹，宋子文居然把"三一"式野炮与"三八"式野炮混为一谈，差点买错了炮弹！宋子文在1929年6月5日的急电，必然让蒋介石啼笑皆非：

"六年式山炮榴霰弹五千发，榴弹二千发，三一式野炮榴霰弹五千发，均已与三井订定，月终到半数，七月十日到半数。惟三一式榴弹日本无存…江电嘱买三八式，是否三一式之误，乞示。"①

蒋介石的原电文中写明了"三八"式，而宋子文居然能误解成"三一"式，实在是太离谱了！蒋介石不得不立即急电告诉他的糊涂连襟，"日本炮弹皆需购买三八式而非三一式也。"

蒋介石在上台之初文职干部有限，有本事与贪婪的贸易商对坐谈买卖的生意人更少。所以，他只能继续依重宋子文买炮。有趣的是，当时在上海兜售火炮生意的日本洋行也都是不懂火炮的商人，报价单上净是一些莫明其妙的名称。因此，蒋介石听说的日本最新式野炮，名为"大正八年式"。1929 年 10 月 25 日，蒋介石指示实际负责购炮的财政部部长宋子文正式下单，购买 18 门"大正八年"式 75 毫米野炮：

"宋部长勋鉴，昨电请购日本大正八年式七生的五野炮十八门，每门附弹贰千发，但需注明其弹式榴弹与榴霰弹各半数，即每门炮附榴弹与榴霰弹各壹千颗，并另购大正八年式十五生的榴弹炮八门，每门各附弹贰仟颗。为能于半月内交货，则必购定可也。蒋中正有辰。"②

宋子文在 10 月 30 日的复电，说明所谓的"大正八年"式野炮，其实就是大名鼎鼎的"改造三八"式野炮：

"日本野炮确实大正六年式。最新式乃卅八年式之改良野炮。兹有该种炮十二门，弹药车廿四辆，预备车三辆，观测车四辆，及种种分件，并榴霰弹一万二千发，榴弹一万二千发，共价日金九十二万元，一月内在沪交货。"③

▲ 中央军的第一种新式火炮，日造"改造三八"式野炮，宋子文采购案中称为"大正八年式"。

"大正八年"式大概是"改造三八"式野炮在大阪炮兵工厂的厂内编号。工厂会为产品定一个在工厂内部使用的厂内编号。厂内编号在开发制样阶段就编好了，在工厂的内部文书作业中从生产制令单到产品出货单一路沿用下去。有时旧有机种重新生产时，也会另定一个新的厂内编号，所以厂内编号经常使用年份，例如在 2014 年开发制样或重新生产，就编成 2014×××。当时日本的兵工厂会在生产时按照生产年份定一个新的厂内编号。所以段祺瑞用西原借款买的"四一"式山炮，虽然是明治四一年（即 1908 年）的旧炮。但是，在段祺瑞于 1917 年以西原借款下单买炮时，会有一个"大正六年"式的厂内编号。

厂内编号虽然是兵工厂自己内部的编号，但是代销军火的日本洋行却习惯用厂内编号，于是在段祺瑞的超大订单之后，"大正六年"式山炮就成为了中国炮兵史上的历史印记，

---

① 中国台北国史馆藏，蒋中正文物档案，第002-070100-00006-005号档案。
② 中国台北国史馆藏，蒋中正文物档案，第002-090102-00001-010号档案。
③ 中国台北国史馆藏，蒋中正文物档案，第002-070100-00003-072号档案。

▲ "九一八"事变时在营口渡过冰封辽河的关东军"改造三八"式野炮机动纵列。也许是冰面摩擦力太小，所以只使用双骈四马牵引。

"四一"式山炮的正式名称反而不太为人所知。

92万日元的单价其实是偏贵的。当时日元还没有脱离金本位大贬值，"日金"对银洋的汇率大约保持在1：1.65左右。92万日元就是151万大洋，三井洋行抽的佣金显然非常惊人。但是三井洋行代销的"改造三八"式野炮却是日本货真价实的最新制式火炮。在1932年日本推出"九〇"式野炮之前，"改造三八"式野炮是日军野战炮兵联队的主力。能买到假想敌最新式的野炮，投资多一些也值得。于是，蒋介石不但批示照价购买，还要宋子文进一步去买日本商人同时推荐的"大正八年"式重榴弹炮："野炮可照购……此间缺者十五生的榴弹重炮，请一并购入八门，每门附炮弹贰千发。"

所谓的"大正八年"式榴弹重炮，正是当时日军重炮兵的主力"四年"式150毫米重榴弹炮。而宋子文也不辱使命。按照两年之后由这批订单装备起来的独炮4团与独炮8团的火炮数量推算，宋子文成功买到36门"改造三八"式75毫米野炮和至少8门"四年"式150毫米重榴弹炮。

买到日本炮只是第一步。日本人做起军火生意，是非常狡猾的。日本人会交齐火炮装备与炮弹。但是，他们就是有本领让交货齐全的火炮成为废铁。例如，段祺瑞在1917年靠西原借款买来的"三八"式120毫米重榴弹炮与150毫米重榴弹炮，就是出了名的废铁。日本人虽然交齐了重炮，却没有附射表！

没有射表，重炮就是废物。在直皖战争中缴获120毫米重炮的直军成立近畿陆军重炮队，决定自己编射表。但是，国内并没有120毫米炮弹的生产线，炮弹不足，无法把八

▲ "九一八"事变时在鞍山汤岗子放列射击中的"改造三八"式野炮。

于是，这批在20世纪30年初期陆续交货的日本炮，为中国军队打开了德式教育的大门。在六年之后以"卜福斯"山炮痛击日寇的德式炮兵，正是德国顾问拿日造"改造三八"式野炮教出来的好学生。历史讽刺之趣味，莫过于此。

门重炮拉到射击场细细试射一遍。近畿陆军重炮队不得不自己翻日文参考书，摸索出一本《日本三八式十二珊口径十二倍身长榴弹炮射表草案》，聊以交差。①宋子文采购案也遭到同样的戏耍。例如，随同"改造三八"式野炮一起交货的观通车（即搭载火炮用的观测与通讯器材的车辆），没有使用说明，无人会用会教。直到组建一年之后，一个新到任的观通排长才自己摸索着编出一册操典草案，才建立了观通车的制式教学方式。②

然而，蒋介石之所以买日本的最新式野炮与重炮，并不是要靠日本炮建立炮兵，他只是想买一批多快好省的新式火炮，作为德国军事顾问在中央军校推动德式炮兵教练的教具。所以，日本人的小手段不足为虑，只要配齐新式火炮，让德国军事顾问有炮可教，军队的新式炮兵就有希望了。

▲ 德式教学时期在中央军校与炮兵学校的德国顾问用"改造三八"式野炮训练中国炮兵军官，这些用日造"改造三八"式教出来的炮兵干部将在抗日战场上一展长才，痛击日寇。历史的讽刺往往如此。图为德式教练年代的笔记型教材《野战炮兵炮操典实施法》的目录。德国顾问用"改造三八"式教野炮炮操，用卜福斯教山炮炮操。所以老一辈的中国炮兵军官，对这两种火炮都有特别的感情。

---

① 见《直隶陆军野战重炮教导团关于研究十二生的重炮射击表致直鲁豫巡阅使署军务处函》，《中国近代兵器工业档案史料第二辑》。
② 见廖传枢《戎马倥偬前半生》，《淮南文史资料选辑第八辑》。

第三节 德式新炮兵的起步

在1930年初春，"改造三八"式野炮与"四年"式重榴弹炮顺利交货，并立即被拨到中央军校，编组成两个影响深远的炮兵团，即教导第1师炮兵队与中央军校炮兵教导团。

教1师是最早的德械教导示范部队，由德国军事顾问监督训练，使用最新式编制，装备最先进武器，但炮兵队除外，火炮是清一色的二手战利品。教1师炮兵队在中原大战时按德式编制扩编成了"炮兵旅"，编制有野炮团、山炮营、学兵营与重炮营。虽然编制庞大，但野炮团只有六门老掉牙的"有坂"野炮，山炮营是八门古色古香的沪造山炮，火炮规模还赶不上北洋时期的炮兵营，无情地印证了中央军炮兵拣破烂成军的窘境。

但教1师炮兵队的重炮营则是威风凛凛的新军。重炮营装备4门"四年"式重榴弹炮与两门北伐时缴获的奉造"十四年"式重榴弹炮。当时中央军只有12门150毫米重榴弹炮，炮兵队的重炮营就占了一半。时任教1师德文翻译官的王化兴将军在45年后回忆起教1师的太平门大演习，首先勾起的记忆，就是这六门重炮：

"教导师成立之后不久，就在南京太平门外的紫金山和玄武湖的附近，举行了一次为时两天的一个加强团范围的战斗演习。元帅蒋公特行亲临校阅。当演习的官兵听见了十五厘米榴弹炮发射练习弹的声音，并看到联合兵种协同动作的时候，真是感觉到了一种莫大的兴奋和鼓舞。演习的高潮是攀登城墙的突击。当演习结束的号音尚未吹奏以前，大家都可以很清楚地看到元帅也在亲自攀登城墙，而高高地站在上面！"[1]

为了保持这六门重榴弹炮的战斗力，巩县兵工厂特别开了一条150毫米榴弹生产线，教1师也准备了最雄壮的华北大骡子，这些壮骡必须以最高规格喂养。1930年12月军政部发给铁道部的一份咨文《实丙字第1063号》

▲ 中央军最早的野战重炮是宋子文采购的日造"四年"式150毫米重榴弹炮，同样也是炮兵学校德国顾问的教具。附图来自美军的识别手册。

① 见王洽南《德国顾问在南京时期工作的回忆》，《传记文学》。

中显示，驻地在南京的教 1 师居然放着南京本地的马料不买，从华北采购马料：

"为咨行事，案据教导第一师师长冯轶裴呈，为该师炮兵团购办马匹饲料，自蚌埠运京，恳予发给运输护照，并恳转请拨车挂运等情，到部查核，所请尚属实情。除已由敝部函请国府文官处转呈填发运输护照，限期运毕外，相应咨请贵部查明，即希转饬津浦路局准予随时拨车挂运……"①

教 1 师编组炮兵队的目的不是作战，而是用来实验新式炮兵战略战术。当时中央军炮兵只会在目视距离内直接射击，对间接射击一窍不通，对炮兵群战术更是茫然无知，而教材更是把榴弹炮写成"曲射炮"。

所以，教 1 师斥资编成一个重炮营，是为了让没见过榴弹炮的炮兵军官们能在野外演习中认识到榴弹炮的威力。而且重炮营只是个开始，"四年"式重炮的射程将近 9000 米，足以作为远距离射击的教具。为了让重炮营里的学员学兵见识到国外最新式的空中弹着观测法，教 1 师大手笔地编成了一个由三架炮兵观测机组成的航空连。虽然教 1 师还没有陆空电台，但是以原始信号法修正间接射击诸元的观测实操，就是炮兵队学员们印象最深刻的空中弹着观测教育了。

空中观测只是噱头。要使中国炮兵现代化，基础还是教会"间接射击"的战斗技能。于是宋子文买来的"改造三八"式野炮，就成了中央军校最重要的炮兵教具。

日本在 1930 年开发出"九〇"式尖锐弹，使"改造三八"式野炮的射程提升到 11600 米。

于是，国民政府采购了 36 门"改造三八"式野炮，在中央军校编成三个炮兵教导营，中央军校则在军官教育团的学员里抽调下级干部，由德国军事顾问教练，学习间接射击，训练三个月之后选出优秀的学员编成教导营的下级干部。当时，被选派为炮兵教 2 营第 4 连第 1 排排长的黄通回忆道：

"那时候我们每天上课和出操，出操就是操作日本新发明的方向盘，盘上有四、五层，用来测定方向，是一种瞄准器，相当进步。以前的瞄准器都是根据度数划剧线测量距离的，一个圆周有三百六十度，精细一点的话加十倍，共有三千六百个刻度。而这种方向盘每一刻线则有六千四百分之一，比较更精密。每一刻线的夹差为二十五米，比冯玉祥部队的迫击炮夹差五十米乃至百米好很多。这种方向盘我们买了两个，买来之后，会用的人没几个。每天出操时，就搞这个东西，在操场上轮班操练，拨来拨去，算是比较实际的学科，此又就都是术科（当时国内用的望远镜是最好的德国蔡司镜）。上课方面由两名德国顾问负责……"②

中央军校的德式教学只推行了几个月，中原大战就爆发了。中央军校的新式日造火炮迅速编入野战部队参战。"改造三八"式 75 毫米野炮的行列全重高达 1.9 吨，无法在中国战场自如驰骋。于是，刚开始学方向盘的新炮兵军官们提前领教了骡马机动力不足的无解难题。在中央军新炮兵迈着雄壮的步伐出征时，前面等候的不是震撼战场的炮战，而是深陷于泥沼中无法自拔的恶梦。

---

① 见《军政公报 第八七期》。
② 见《黄通先生访问记录》。

第四节 泥泞中的炮兵集团

1930年4月，中原大战爆发。中央军虽然没有几门像样的火炮，但也是毫不客气地精锐尽出，组成"炮兵群"参战。中央军的炮兵群划分为两个"炮兵集团"。其中，以炮兵学术权威杨杰率领的第2炮兵集团为主力。由第2炮兵集团指挥的火炮集中央军炮兵之精华，包括教导第2师炮兵教导团（原中央军校炮兵教导团）的"改造三八"式野炮，武汉北区要塞调来的旧型"三八"式野炮与"有坂"炮，以及由各师师属炮兵集中的"大正六年"式山炮等……

当然，教1师重炮营也要重装上阵！刚从日本买到的"四年"式重榴弹炮是中央军声名远播的强大火器，对各地方杂牌部队的震慑力非常巨大。在中原大战时，蒋介石的嫡系部队不多，急需凝聚杂牌部队的军心。于是，蒋介石充分运用重榴弹炮的声名，这一招的确奏效。在1930年7月4日，蒋介石给云南部队领袖王均的电谕，堪称150重榴弹炮宣传战的经典之一：

"王军长勋鉴：对柘城鹿邑方面，务需多派探员侦查，有否由太康来援之逆军，并望对该方扼要迅集坚强之防御工事。刻由日本最新式十五生之重炮四门，令其来攻毫城，请兄派兵到宿州往接为要。中正支辰。"[1]

为了让众人仰望的炮兵集团有充足的炮弹打仗，蒋介石紧急向张学良的沈阳兵工厂采购了150重炮弹的底火与引信。另外，还订购了"克"式野炮弹5000颗。由于沈阳兵工厂的产量很大。所以，价格要远比关内的兵工厂成本便宜很多。当时，巩县兵工厂的"克"式野炮弹单价就高达大洋42元，而沈阳兵工厂只要26元。[2]有了廉价的沈阳造炮弹，中央军炮兵的胜算似乎更大了。

然而，机动问题却把炮兵集团拖入泥潭，1930年7月底的济南攻势就是机动力不足的典型战例之一。

1930年7月，中央军将正与西北军在豫东战线对决的第11师和教1师等精锐部队抽调到津浦路重镇兖州，向进占曲阜、济南的晋军反攻。当时的山西炮兵可是全国驰名的，于是第2炮兵集团的主力便被抽调到了津浦路来迎战"阎老西"（山西军阀阎锡山的绰号）的山西炮兵。这个强大的炮兵群，包括教1师重炮营的6门150毫米重榴弹炮（四门日造"四年"式与2门奉造"十四年"式）、教2师炮兵教导团的第5连与第7连（"改造三八"式野炮6门）、以及远从汉口调来的独立3团第3营（旧"三八"式野炮6门）。此外，还有12门"有坂"野炮正从汉口赶运津浦路前线，可能因为铁路军运过于拥挤，这批"三一"式野炮并没能赶到参战。

---

① 中国台北国史馆藏，蒋中正文物档案，第002–080200–00407–018号档案。
② 见《张学良进关秘录》。

虽然火炮不多，但是炮兵第2集团的实力已经远高于当面的晋军，单靠"改造三八"式野炮的射程与150毫米榴弹炮的破坏力，必能压制住晋造的"十三年"式山炮（"大正六年"式山炮的山西仿造版）了。于是，炮兵第2集团干脆把原本集中运用的山炮解编，分拨到各师作步兵随伴炮使用。

炮兵固然是自信满满。但是，负责指挥津浦路反攻的刘峙却对炮兵的战斗力持谨慎态度。所以，刘峙并没有把炮兵第2集团使用在主攻方面，而是让炮兵第2集团东开曲阜，负责支援佯攻的第13师。而战史也有力地证明了刘上将的明智。

7月29日下午，集结在兖州的炮兵第2集团向曲阜之董大城、红庙及林家洼开进，占领射击阵地。由于曲阜没有火车站，第2集团只能靠自身的骡马机动，走兖州至曲阜的大道，再由曲阜渡过沂河转到红庙。这条行军路线并不长，只有25公里左右，一路是平原与刚收成的麦田，途中虽然会渡过泗河与沂水。但是，炮兵是各渡口优先抢渡的"娇客"（古代对女婿的爱称，此处是形容炮兵是蒋介石的嫡系部队），不至于耽搁太久。炮兵一天的理想行进速度为32公里。因此，炮兵集团预定在一天之内完成这次骡马行军。然而，这次行军却成为了一场灾难，全集团居然没有一门炮能准时在24小时之内走完25公里的！[①]

"连日大雨，曲阜附近及铁道以东地区，均系浮土，雨后道路泥泞，陷轮及轴。加以挽马缺乏，体质又不壮健，炮兵运动，十分困难。行程因之迟滞，而重炮尤然，士兵困

▲ 1929年第9师于海州演习时，一支困陷于泥泞中的炮兵机动纵列，图见《军事杂志第八期》。士兵们正奋力推动的火炮应该是"三八"式或汉造"克"式野炮。原图称第9师炮兵，可能是某个独立炮兵团临时配属给第9师的野炮。即使是风靡一时的"三八"式或汉造"克"式野炮，对本地骡马而言都是过于沉重的负荷。所以汉阳兵工厂的"克"式野炮生产线很快就草草停工。

疲，挽马倒毙，故自二十九日出发，每日仅行十余里，或二三十里不等。迟至三十一日，方全部到达指定地点……"

好不容易抵达射击阵地的炮兵集团终于在31日的傍晚开始试射，继之以猛烈炮击，全面制压了晋军的山炮与装甲列车。但也因此引来了晋军主力的反击。炮2集团的规模太小，无法对敌军步兵的攻击进行有效的阻止射击（即拦阻射击，通过利用己方炮火以最大射速组成密集的火力网，以阻止敌步兵进攻），只好放弃射击阵地仓惶撤退。而当刘总指挥要发动进攻时，笨拙的炮兵又成了攻击部队的累赘。刘峙无奈之下，只好让炮2集团主力去支援第13师的佯攻，只以轻便的山炮来掩护攻击部队的强攻。作战中中央军虽很快突破了当面之敌的防御阵地，但到了追击败兵时，炮2团却又再次掉队。

另外，即使炮兵能追上大部队，但炮弹

[①] 见《蒋介石第二炮兵集团在山东曲阜一带对晋军丰玉玺等部作战详报》，《中华民国史档案资料汇编第五辑：第二编》。

的补给也是一个大问题。炮2集团的战报中指出，在曲阜攻势中各炮的弹药奇缺，"弹药因骡马缺乏，每门炮只能携带数十发"。一个按照德国编制组成的炮兵连，各炮的炮车携行炮弹为30发，战炮连弹药排的两个弹药段列（两辆弹药卡车）各装每炮60发，所以每门炮的炮弹携行量为150发。而炮2集团的战报却无情地指出了基层连队缺乏运输力送炮弹的窘状。

没有炮弹，千辛万苦进入射击阵地的重炮有什么用处呢？

炮2集团在战报中沉痛指出，骡马机动才是炮兵无法发挥威力的关键。仅仅是离开铁路的25公里短途机动，重炮营就有两匹骡马累死在泥泞的行进途中。所以，炮兵建军的关键不在于买什么最好的炮，而是在于繁育合适的挽马与驮马。如果马种繁育用时太长，那就要学习日本人，迅速装备火炮牵引车与载重汽车，以摩托化方式来解决炮兵的机动性问题！

"我国炮兵挽马，驮马过少，体质薄弱，调教不良，每遇天雨及道路不良运动，因之迟滞，影响作战，实非浅鲜。国家马政机关，似宜从速设立改良马种，以备军用……我炮兵应备牵引车及载重汽车队，以便炮之转运及弹药之补充迅速。"

在徒劳少功的曲阜攻势之后，炮2集团的下一个战场是围攻泰安城的攻坚战。泰安城有高10米，宽5米厚的坚固城墙，没有炮兵，攻城部队只靠扛云梯爬城，必然会蒙受重大牺牲。所以，刘峙想到了炮2集团。炮2集团的150毫米重榴弹炮，机动作战虽然没有什么实效，但总能用来攻城吧？

为了一雪曲阜之耻，炮2集团这次颁布严令："注意：各营能如期到达指定地点者，每连奖洋一百元，误期不到者，定呈报惩处。"

然而，无法解决的机动问题却再次绊住了炮兵的脚步。"各炮兵因雨后道路不良，除一部能如期到达指定地点外，多数为天候及地形所迟滞。"

攻城的主角重炮营首先向机动问题屈服了。"四年"式150重榴弹炮战斗全重近2.8吨，机动时要拆解成炮身与炮架两部分，各以一个三驸六马的机动组牵引。加上炮车与炮弹，两个火炮组的行列全重都逼近了两吨，中国的骡马根本吃不消。于是，在35个小时的艰苦行军之后，重炮营在泥泞中彻底崩溃。董慎营长不得不从剩下的骡马中抽出还算精壮的，派第1连连长宋兆赓继续押炮前进，重炮营的其余四门重炮与弹药器材车组只能原地宿营，静待惩处：

"接教导第一师炮兵队重炮营营长董慎，本十日午后三时，由南驿发报告内称：职营本十日午后二时四十分到南驿，因雨道路泥深，各炮无法运动，不得已在南驿附近宿。

▲ "四年"式150毫米重炮在机动时需拆解成两部份，炮管与后架单独组成一组，以两个三驸六马的骡马纵列牵引机动，每个机动纵列的行列全重都达到两吨。如此惊人的重量，完全超出了本国骡马的力量，于是中央大战时炮兵集团的牛刀初试成为陷入泥泞之中的灾难行军。（图来自美军的识别手册）

第一连（炮二门）由各连排精壮挽马，协同前进，于午后七时到达大汶口宿营……"

抵达泰安城的两门重炮并没有发挥应有的威力，想必是从泥泞间挺进到泰安城前的两门重炮并没有携带充足的弹药。在10天之后，炮2集团调来了汽车，好不容易又拖了两门重炮到泰安参加攻城作战，重炮营才发挥了应有的威力。然而，这四门重炮数量太少，携带炮弹显然也非常有限。所以，重炮营虽然在泰安城墙上轰开了一道五米宽的缺口，但却无以为继，缺口也迅速被擅长守城的晋军堵上。负责攻城的第64师最后只能依靠坑道爆破的方法来摧毁城墙，才得以最终攻克泰安城。[①]

在攻克泰安之后，中国军队战报中就再也看不见炮2集团的踪影了。因为，整个炮2集团都已经在悲壮地机动行军中彻底崩溃瓦解了！当时负责驮运两门"改造三八"式野炮的黄通回忆道，他的1.9吨火炮组，一天只能行军一百米！

"我们在山东境内却遇到了难题。我们一天只能行军一百米，那一段路是沙土，下过雨后，路面泡在水里。步行勉强还可以，但是炮车重，铁轮在软泥路上很容易陷下去。刚开始时还用两匹马拖，拖不动时加两匹马，之后连四匹马也拖不动了。推来推去，轮子陷进泥泞里。北方的大马路都是当中鼓起，两边凹下，这是大车造成的槽。我们的炮重，两边的槽愈深，马拖不出来，最后用八匹马拖一门炮。马儿很灵，由一个人指挥，一马鞭打下去，全体马一起动，却还是拖不起来。推来推去，眼看快要天黑。后来垫了干草和木板，搞了一天，总算通过了。所以说打仗辛苦，行军也辛苦。"

中原大战的全面胜利冲淡了炮兵实战的血泪教训。在中原大战结束之后，筹备建立新一代中国军队的军事专家们再次走上"薛西弗斯"的循环。专家们眼中只有更好的炮，却对骡马的窘境视而不见。炮2集团攻克泰安的战后总结不再谈骡马问题，而是开始畅谈起了"新时代"训练新式重炮兵的美好愿景：

"我军攻城材料不全，攻守城炮亦甚缺乏。中央军炮兵仅有十五生的野战重炮十二门及少数七生五野战炮与其它之山炮，迫击炮而已。一旦有事，疆场与邻国兵戎相见，以最劣势炮兵与最优势敌炮相角逐，何能收战胜之功？国军似宜添练各种野战炮兵及十五生的口径以上之攻守城炮，无事则集中训练，以收统一之功，有事分属各军或分置各要地，并设炮兵专门学校，造就专门人材，以为改良炮兵之基础。"

▲ 图为良友画报描写华北骡马大车陷入泥泞的写实照。

---

① 见《蒋介石军第二炮兵集团在泰安界首与晋军傅作义等部作战详报》，《中华民国史档案资料汇编第五辑：第二编》。

第五节
改造“三八”式野炮的抗日警讯

中原大战结束后，中国国内一度被“和平”的假象所蒙蔽，中央军中弥漫着安逸之风，士气骄惰，逃兵成风，不再有中原大战之前的锐意整军之气。于是炮兵的整建停滞了下来。教1师炮兵旅被并入独立炮兵第1团，150毫米重炮编成独立炮兵第8团，曾经肩负新炮兵整建重任的教2师炮兵教导团被改编为独立炮兵第4团，开到杭州过冬。

独炮4团的“改造三八”式野炮是当时中国军队中最先进的火炮。但在“西线无战事”的和平年代，独炮4团的孔庆桂团长不再率领官兵苦练方向盘（是炮兵部队侦察分队所使用的一种专用器材），而是忙着喂马。独炮4团的马匹原本是各连自己负责喂的，而孔团长却下令把马匹集中到团部一起喂，好让他方便苛扣草料费。“原来马匹在各连都喂得很好，长的肥肥胖胖的，自从集中喂了之后，每天都有马匹倒下来。因为每匹马都有固定的草料费，团长花比较少的钱来喂马，剩下来的钱就中饱……”①

然而，1931年突然爆发的“九一八”事变，又激起了炮兵建设的士气。独炮4团也放下了喂马的争议，在“九一八”的怒潮中勤学苦练起来。独炮4团的仓库里有几箱日本新推出的“九〇”式照明弹，但没人会用。可是，对日抗战必有夜战。所以，从未开箱的照明弹，也要拿出来研究研究。时任独炮4团第1连连长的廖传枢回忆了独炮4团在抗日呼声高涨中苦练作战技能的场景：

“天气渐冷，我们抓紧时机进行训练，实弹射击，我团用的三八式野炮配有照明弹，过去从未使用过，这次要进行演习，任务派给第一连。当地老百姓看见照明弹，惊呼“一炮打出一个月亮来。”照明弹的弹体重量与其它杀伤弹不同，射击诸元需加以换算。因缺乏现成的参考资料，经过查书和找人请教，终于完成任务。”②

廖连长是个训练高手。他接下来的一个职务是独炮4团第1营营附兼学兵连连长。学兵连一次性培训各连的一半军士（士官），苦练射击，这真是要准备马上打仗的架势了。为了一举提升全团士官们的战术技能，学员兵一天连出操带上课，要足足苦练12个小时。

然而，当时中国军队中全军只有这么一个像话的炮兵团。蒋介石每次打仗，虽然都想用独炮4团，却总是下不了决心。独炮4团在“九一八”事变前调防到开封整训。在1932年初，“一二八淞沪”战役爆发时紧急

---

① 见《黄通先生访问记录》。
② 见廖传枢《戎马倥偬前半生》，《淮南文史资料选辑第八辑》。

▲ 在 20 世纪 30 年代之初，克鲁伯与莱茵金属等公司都被禁止从事火炮工业，所以当年全球仰望的造炮至尊是法国的施耐德公司。图为炮兵学校校刊《炮兵杂志》在 1935 年第二期于首页刊登的 "施耐德" 重炮图影。在德式建军如火如荼之时，德式炮兵大本营的炮兵学校虽然热情拥抱来自瑞典的克鲁伯女武神 "卜福斯" 山炮，但暗中却依然垂涎于无法得手之施耐德。寤寐求之，甚至将美炮俪影悄悄登载于校刊，无声诉说着中国炮兵对施耐德秘而不宣的暗恋。

开往南京待命。为了担心停靠浦口时给日寇通情报的法国军舰发现这个王牌炮兵团的行踪，炮4团特地提前在滁州下车，由陆路到达全椒，绕道采石矶渡江开赴南京，但最后还是没有赶上实战。

蒋介石的迟疑是情有可原的，当时全军只有独炮4团的36门"改造三八"式野炮能拿的出手，是整建新炮兵的唯一希望，要是把炮给丢了，中国的新炮兵还怎么练呢！

到了1932年年底华北告急，驻防郑州的独炮4团又在大雪中紧急装车赶赴磁州，作为长城保卫战的后盾。此时德国的"卜福斯"山炮已经开始交货，独炮4团的"改造三八"式野炮已经确定不做中国军队未来的制式火炮了。所以，蒋介石下定决心使用独炮4团好好和日本人干一下！在东北军的长城防线垮下来之后，蒋介石紧急调动中央军精锐部队乘火车北上，抢占长城防线各要地，北上的部队包括当时中国军队能拿得出手的三个野炮团。这三个野炮团的调动部署与作战报告都要直接电报最高统帅，1933年3月6日，主持北上部队铁路运输的铁道部政务次长钱宗泽直接向蒋介石报告运输进度：

"急，武昌总司令蒋钧鉴，干密。运输情形（一）第二师用车十五列，于昨日全部过郑北上。（二）邯郸炮四团庚日起运，（三）新乡炮五团庚日起运，（四）开封炮七团佳日起运，均于当日运毕……谨闻。职钱宗泽叩"[①]

然而，通过铁路紧急运送到长城防线参战的独炮4团，并没有发挥战斗力，这次的问题是出在炮弹上。4月25日，坐镇北平（今北京）指挥长城抗战的何应钦急电南昌行营，直接向蒋介石报告炮4团快要打光炮弹了！

"急，南昌委员长蒋……查现在前方作战之炮第四团所用完全三八式野炮，此种炮弹现中央库无颗存，仅恃巩县兵工厂月出千余颗补充，实难应急。又查炮第三团所用系克式野炮，此种炮弹中央库储现有四万。除电军委会令调炮第七团来平以便与炮第四团换防外，谨闻。何应钦申。"[②]

蒋介石显然大为吃惊。此时在华北负责兵站的将领是交通部政务次长俞飞鹏，蒋介石立即急电俞次长查询炮4团的炮弹存量。蒋介石的语气显然很重。所以，俞飞鹏在4月28日的回电是"停止其它一切官军各电。限一小时到"的超级急电：

"停止其它一切官军各电。限一小时到。南昌委员长蒋钧鉴，河密。（一）现在南天门参战之炮四团系三八式七五野炮，此项炮弹库存无多，除前曾补给二千发，今日又追送二千发外，京平保库所存不过一千余发，迭准军政部电告，一时无法接济，除已电告徐军长注意外，并经呈请何部长转电钧座迅调驻汴之炮三团星夜前来换防。因该团系克式二十九倍七五野炮，其炮弹各库尚有二万八千发。以上日来敌军连攻南天门，损失甚大，闻已调某一师团生力军前来换防，日内想有大战，敬祈迅饬该团兼程北来为祷……职俞飞鹏叩俭申印。"[③]

按照当时德式炮兵的标准，一门野炮作战一天需要一个基数的炮弹。一个基数是

① 中国台北国史馆藏，蒋中正文物档案，第002-080200-00071-058号档案。
② 中国台北国史馆藏，蒋中正文物档案，第002-080200-00079-133号档案。
③ 中国台北国史馆藏，蒋中正文物档案，第002-080200-00080-097号档案。

200 发，36 门野炮作战一天就需要 7200 发。其实，中国炮兵从来没有达到如此理想的炮弹存量，由于在 1933 年时接受德式教练的炮兵军官都是抗日战场的新手。所以，就照着德国军事顾问的理想基数报告了炮弹存量不足。

其实，就对日实战的经验而言，一门炮有 100 余发炮弹已经算不错了。然而，独炮 4 团的新手们想必也是按照德国顾问的战斗训练打仗的，光是一个射击目标求取夹差的精密试射，从试射，到检验射，再到顺射，这一系列步骤最顺利的话就要打 12 炮。如果有误差，一个目标光是单炮试射就可能消耗 20 发以上的炮弹。而在试射之后的效力射，打起炮来更是浪费。假设射击目标是暴露的人员，耗弹量是最少的。德制杀伤人员射击是以平方"百米"（hectometer）计算的，对暴露人员的杀伤射击，每 hm2（平方百米）就要射击 170 发。换言之，单炮的 200 发基数，一个耗弹量只针对最少的目标打击后就基本耗光了。

打光炮弹的"改造三八式"野炮也就毫无实战价值的，还不如其上一代前辈的汉造"克"式野炮。于是，独炮 4 团的"改造三八"式野炮就此也含恨退出了战场，改由操作老前辈汉造"克"式野炮的独炮 3 团与独炮 7 团接替上阵，与日军的最新式"九〇"野炮对决。

"改造三八"式野炮的炮弹存量为什么远比"克"式野炮少呢？这是因为"改造

三八"式野炮并没有被择定为制式野炮，而且"改造三八"式野炮与老版"三八"式野炮是 31 倍径，汉造"克"式野炮是 29 倍径，炮弹不能通用。东北军之所以为奉造"十三式"野炮（仿造"改造三八"式野炮）量产钢性铣榴弹，是因为财大气粗的东北军采用奉造"十三式"野炮为制式火炮，而且一口气组装了 108 门。而对中央军而言，全军才只有 36 门"改造三八"式野炮，以后也不会再增加，因此制造炮弹的巩县兵工厂不会分散资源开生产线来量产"改造三八"式野炮所用的各种炮弹，也不可能为了 36 门，去开发量产"改造三八"式野炮的长射程利器"九〇"式尖锐弹。即使是沈阳兵工厂早就能制造钢性铣榴弹，但巩县兵工厂却没有过生产记录。

独炮 4 团的 30 倍 75 榴弹的来源，是巩县兵工厂由现成的 29 倍野炮弹小批量改造的"改良克式野炮弹"。在 1938 年 8 月 22 日，巩县兵工厂厂长毛毅可向兵工署呈报了一批改良"克"式野炮弹的生产情况。巩县兵工厂奉命在 6 月份的制造"克"式 29 倍野炮"开花弹"计划中抽出 1000 颗榴弹改成 31 倍的

▲ "改造三八"式野炮是非常有用的教具，但却不是制式野炮之选。因为日本不可能提供技术数据，而且在 20 世纪 30 年代日军本身也急于开发新式野炮，"改造三八"式野炮已显老态。于是，巩县兵工厂迟迟没有投资建立"改造三八"式野炮的炮弹生产线，只以汉造"克"式野炮弹修改凑数。于是在对日抗战的乌云下，兵工署不得不正视一个 20 余年无解的问题："中国军队究竟要选择哪一种野炮，作为炮兵的制式武器？"

①见《毛毅可就改造改良克式野炮弹经过给俞大维报告》，《中国近代兵器工业档案史料第三辑》。

改良"克"式野炮弹，但是这批改良"克"式野炮弹出了点问题：

"遵经提前改造，已有相当成数，惟质量稍轻，恐系公差寸度有欠精确之处，应请钧署饬司再加研究。此项轻质弹，现拟装成练习弹数百颗，以作试射弹道之用。查该式野炮弹构造，与卜福斯工料大抵相同，估计每颗价值约需三十元之谱……"①

独炮4团的实战经验有力警示了中国军队高层，要建立能够与日军一战的新式炮兵，必须要即早定下火炮的制式。只有切实确定了下一代的制式火炮，训练总监部才能制定制式的操典，炮兵部队才能统一其混乱的装备，兵工厂才敢放胆大量生产火炮与炮弹。

于是，中国新式炮兵建设的下一步，仍然是二十年前袁世凯迟迟无法决定的无解难题：究竟要采取何种火炮，作为新一代的制式兵器？

第六节　陈仪之野望
——1932 年兵器制式会议

在 1932 年春"一二八淞沪"战役停战之后，兵工署迫不及待地召开制式兵器会议。这次集合当时中国军事学家与兵工界高层将校共同研究审议的盛会，一口气定下了中国炮兵的所有制式规范。然而，这场会议所决定的制式兵器方案却成了一场笑话。

1932 年制式兵器会议由当时的兵工署署长陈仪主持。炮兵出身的陈仪是位梦想家，他家境殷实，资质聪颖，是日本陆军大学的毕业生，堪称当时军事界最骄人的学历，而他也因此眼高手低，谈理论头头是道，做实事一蹋糊涂。所以，他的制式会议完全脱离现实，其结论让当时的军人就地傻眼。他居然纯粹以性能诸元为考虑，一意选取全球最优秀的火炮，却完全不考虑机动力与炼钢厂之类二十年间中国始终无法解决的难题。

1931 年，老牌的德国火炮厂克鲁伯与莱

▲ 黄国书与陈仪合影。右为黄国书，左为陈仪。

▲ 中国军队首次推动兵器制式化时的主持者陈仪，他的好高骛远使中国军队浪费了一年的珍贵建军时间，只留下胡闹般的幻想制式方案。

茵金属都是借壳躲避《凡尔赛条约》，不敢大张旗鼓进军国际军火市场的兵工企业。于是，当时全球火炮公司的冠军宝座就落入了法国施耐德公司（Schneider et Cie）之手。与中国同步开发新一代火炮的日本人非常仰慕施耐德。1924 年，日本人以在日俄战争时向克鲁伯一口气下 800 门"三八"式野炮订单的同样热情，也一口气向施耐德下了 300 门"九一"式 105 毫米榴弹炮的巨额订单，作为日本新一代的制式轻榴弹炮。在《华盛顿公约》全球裁军的年代，这个订单简直就是惊天动地。日本人精明地利用这个惊天大单与施耐德紧密了合作关系，于 1930 年推出了新一代有新颖炮口退器的 75 毫米野炮"九〇"式，但"九〇"式只买了施耐德的技术，不再给施耐德生产的订单了。在抄袭了施耐德的技术后，日本人的下一个"施耐德"炮

▲ 黄国书返国之后成为炮校名教官，于军中发展甚佳。

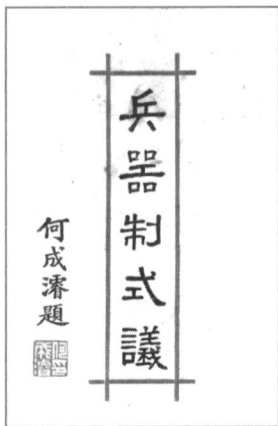

▲ 在"九一八"事变爆发前三个月出版的《兵器制式议》。

就成为向施耐德"致敬"的山寨之作，在抗日战争初期推出了"九九"式105毫米山炮。

中国炮兵对国外新技术的热情

在1935年，德式炮兵的大本营炮兵学校决定派黄国书到法国考察枫丹白露炮兵学校，为期一年。但是军政部迟迟未拨经费，急不可待的炮校居然自行垫出一万大洋让黄国书顺利成行，经费以后再向军政部请款。这说明当年炮兵对法国炮兵的仰慕。

▲ 日本人对"斯社"也是五体投地的。与中国不同的是，日本有八幡制铁厂与大板炮兵工厂，其仰慕之情就能剑及履及化为实际进步。在20世纪20年代日本积极向施耐德购买火炮与技术，制炮工艺出现一个世代的提升。于是日本在20世纪30年代开发出来的一系列制式山野榴弹炮，清一色是施耐德的标志型开脚炮架。原图来自日本《国民兵器参考大观》。

20世纪30年代的中国军事学术界也是满口的"施耐德"。翻阅当时《炮兵杂志》等军事著作，真是通篇的"施耐德"。然而，日本之所以玩得起施耐德的山寨版，是因为日本有八幡制铁所与钏路重挽马，而当时的中国既没有炼钢厂，也没有重挽马，何以仰慕"施耐德"呀？

然而，陈仪却完全不管现实情况，陈仪是个娶了日本老婆的日本迷。所以，他的兵器制式方案几乎是照抄当时日本的舶来品。1932年的《制式兵器一览表》，野炮是战斗全重1375公斤的"施耐德"75毫米野炮，轻榴弹炮是战斗全重1500公斤的"施耐德"105毫米轻榴弹炮，重榴弹炮是战斗全重3910公斤的"施耐德"155毫米重榴弹炮，高射炮是战斗全重 2150 公斤的"施耐德"75 毫米高射炮，山地榴弹炮是战斗全重 775 公斤的"施耐德"105 毫米山地榴弹炮……

《制式兵器之商榷书》

陈仪主长兵工署之后，于 1929 年公布《制式兵器之商榷书》，呼吁海内外专家集思广益，共襄其幻想盛业，一时之间刺激起空高虚浮之风。《兵器制式议》的作者周绍金毕业于陆军大学正则班第七期，时任军政部陆军署

▲ 台湾雾社抗暴时射击起义原住民的日军"四一"式步兵用山炮，原图来自《良友画报》。

▲ "九一八"事变时在东北作战的日军改造"三八"式野炮。就在陈仪空想之际，日军炮兵正肆其毒焰。从电影《赛德克·巴莱》所描述的雾社抗暴，到关外东北的冰原雪地，日军炮兵毫无保留地展现强大实力，而陈仪却仍在空高玄想。

军衡司铨叙科科长，他见到《制式兵器之商榷书》之后非常激动，援笔成书，并请到陈仪作序。这本书印证了陈仪年代兵器制式讨论的热烈风气。

在 105 毫米山炮之外，这些未来野战炮兵的制式火炮，行列状态各个是 2 吨至 4 吨的笨重角色，连日本人都搞不定这些大家伙的骡马挽曳。一个国之大政的制式方案如此脱离现实，真是太过胡闹了！

在《制式兵器一览表》中，只有两种野战炮兵的装备没有采用"施耐德"。山炮当时已经采购了"卜福斯"山炮。重野炮则把张学良的妄想给搭上了，沈阳兵工厂战斗全重 3910 公斤的钢铁巨怪——奉造"十九年"式 105 毫米加农炮还没来得及装备张学良的"梦想加农炮兵团"，就被日本人抢走了。但是，技术资料还在。于是，陈仪决定继续张学良的妄想，把"辽拟造十九式加农炮"也列为了中央军的制式兵器！[1]

有了惊天动地的制式兵器方案，下

---

[1] 见《制式兵器会议规定的制式兵器一览表》，《中国近代兵器工业档案史料第三辑》。

一步就是抛出更惊人的兵工厂建设计划了。1932年8月，陈仪提出《国防兵工五年建设计划预算书》，陈仪的"梦幻兵工厂"建设计划经费是以美金计算，总预算高达1600万美金，折合银洋8000余万元。这个预算还不包含生产的成本。有鉴于当时一年军费预算总额也不过2亿9000余万元，还算识相的陈仪指出，不妨分为五年逐步建设实施，"则每年不过华币二千万元，加上制造费三千万元，亦不过五千万元，此尚易筹，故新厂建设经费，可列入明年预算之内。"①

分成五年，每年5000万，预算总额却又追加了2000万，哪有如此沉重的利息呢？这真是一笔莫明其妙的烂帐。虽然很多人都知道陈仪时代的兵工署是收回扣的，但这回扣也太离谱了吧！

虽然，蒋介石非常器重陈仪。但是，在闹出如此巨大的笑话之后，陈仪也不能再留在兵工署了。于是，陈仪被免去兵工署署长一职，专任军政部政务次长兼代军委会第二厅厅长之职，兵工署署长一职由副署长洪中升任。德文翻译出身的洪署长是在兵工界服务三十余年的老军工，对陈仪的惊天狂想自然是嗤之以鼻。于是，荒唐的1932年制式计划被塞进档案柜，束之高阁不了了之了。

南京国民政府高层的颟顸。虽然，一时重挫了炮兵的发展建设。但是，当时中国军队新一代的中、下层炮兵官兵的努力却又使新式炮兵的建设前景乐观了起来。中原大战等实际战例证明，由德国军事顾问训练出来的中国炮兵中、下级军官具备了现代化炮兵的专业能力，已经有能力接收、使用那些世界上最现代化的火炮装备了！

---

① 见《兵工署报送国防兵工五年建设计划预算书给军政部呈文稿》，《中国近代兵器工业档案史料第三辑》。

第四章

间接射击

在中原大战之时，在中央军校与教导师积极练兵的德国军事顾问还是少数派，中国炮兵的建军高层清一色是留日派，而这些引领炮兵的留日派高级将领又清一色是眼高手低的学院派。这些耽误炮兵建设的书呆子学院派包括兵工署署长陈仪、陆军大学校长杨杰、炮兵学校校长周斌与训练总监部炮兵监张修敬。这四位中将都是拥有日本陆军大学傲人学历的高材生。但是，高材生加在一块，却差点毁灭了当时中国炮兵的建军大业。

在"九一八"之前，留日是军中登峰造极的学历，国内的军事学术几乎完全以日本为榜样，主导各兵种新式教学与编写八大训练教程的总监部基本都是日本留学的士官生与日文翻译教材的天下，步、骑、炮、工、辎五位兵监与军学编译处处长清一色是留日士官生。中国的高级将领每年要组团去日本参加学习秋季操练，优秀的中下级军官都要斥资并被保送到日本的士官学校与各

兵种的专业院校进行深造。而这些留日军官返国之后，优先调到各兵监司与兵种专校任职，又强化了留日派在军事学与训练机构的领导地位……

然而，战争的血泪教训却无情地证明了，至少是在炮兵，留日派根本就是眼高手低的绣花枕头，丝毫经不起战争的考验，尤其是与其日本老师对阵的抗日战争中。

在这"眼高手低"的黑暗时期，由德国军事顾问训练出来的新一代炮兵军官，却又让中国炮兵有了一丝希望。中原大战的实战经验有力证明了，中国新一代朝气蓬勃的炮兵下级军官已经具备了现代化炮战的能力。只要给他们合适的火炮，他们就能战胜日寇！

要了解当时德式训练炮兵军官的杰出水平，我们就要从炮兵战斗的技术层面出发，探究一下中国炮兵由"直接射击"走向"间接射击"的漫漫征途。

第一节
从"三点一线"到"遮蔽阵地"

在陈仪还在上军校的时候，野战炮兵的主要战斗方式是"直接射击"的。直接射击是在目视距离内直接瞄准目标的射击方法，如果没有地形地物的障碍，目视距离一般是2500米左右。因为，直接射击是看准目标才打的。所以，野炮山炮不需要太精密的瞄准机。而在陈仪由日本陆军大学毕业返国分配之时，中国军队中的制式"格鲁森"57野炮或"克鲁伯"75山炮，都是靠"三点一线"来打仗的。

"三点一线"是步枪的瞄准方式，按照距离设定表尺之后经由觇孔观察目标，在觇孔、准星与目标三点连成一条线时，瞄准即告完成。同理，陈仪时代的山野炮也是靠缺口与准星瞄准的。所以，当时的火炮会在炮管上加装准星。袁世凯训练新军时的通用操典《训练操法详晰图说》文雅地描述了炮兵

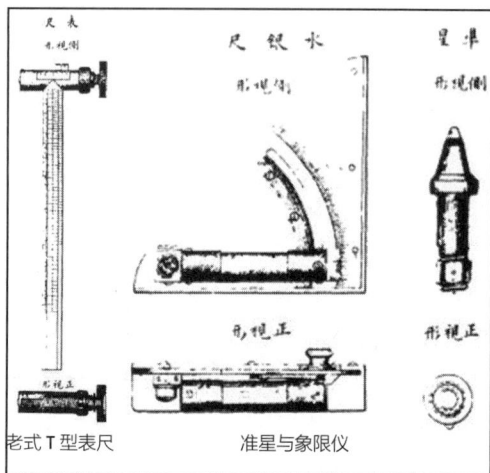

▲《训练操法详晰图说》介绍的老式T型表尺，准星与象限仪。

三点一线的原理：

"炮之致远命中，视乎表尺准星。准星居前，表尺在后，由尺缺口对直星尖，其相连之虚线名为准线，以准线直对所击之物，则为瞄准。"

当时的火炮瞄准具与步枪瞄准原理大同小异，只有"横表尺"差异较大。有膛线的火炮在射击时会有定偏问题，膛线右旋的火炮炮弹出口就往右偏，左旋就往左偏。所以，火炮在定距离的竖表尺之外，必须加一个校准定偏的横表尺，整套表尺呈现一个T字型。相较之下，同样有右旋或左旋膛线的步枪定偏就小多了，步枪弹的定偏能够以照门的左右微调解决，只有狙击手才会深究定偏的问题。

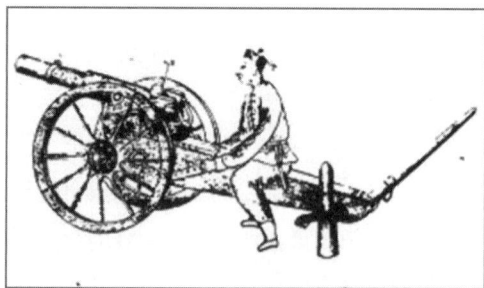

▲《训练操法详晰图说》说明"格鲁森"57毫米野炮以三点一线直接瞄准方式的精美线图。炮管上的圈型物并不是炮箍，而是在射击时加装的准星。瞄准手由竖起的T型表尺之缺口对准准星通视所击目标，形成三点一线，就是典型的直接射击，与步枪的射击原理相同。

▲ 辛亥革命时新军使用的老式"克鲁伯"76.2 毫米山炮。这张在网络上流传甚广的照片说明在直接射击年代的炮兵完全没有遮蔽阵地的观念，栅栏后方就是隐蔽的放列阵地。图中瞄准手的动作也非常传神，他正透过竖起的 T 型表尺求取三点一线，后方的方向手则提起调大架的瞄准棍，待命调整射向。可以想象屏气凝神的瞄准手能够在目视距离内清晰观察射击目标与弹着，一如步枪之射击。

或成三角……"[1]

时间一晃二十年，到了"九一八"爆发之时，中国炮兵仍然靠三点一线打仗。大约在 1932 年，第 18 军干部补习所编了一册师属炮兵各种山野炮炮操通用的《炮兵教练实纪》，这本教材清楚地说明了当时的炮兵与二十年前袁世凯时期的北洋炮兵并没有什么差别。

第 18 军是陈诚

既然，炮兵射击与步枪射击同样是三点一线，炮班新兵练习瞄准的教练方式，也与步枪兵最基础的箱上三角瞄准一模一样。步枪练瞄准时，第一枪动枪不动靶，让射手瞄准目标，而后步枪固定架在木箱上不动。第二枪、第三枪动靶不动枪，教官将靶由已经瞄准的三点一线移开，再由射手指挥移动靶纸的教官将靶纸移动回已经瞄准的三点一线，三次练习结果画成一个三角形，三角形越小，瞄准越成功，这是每个新兵的第一堂射击课。直接射击时的炮兵瞄准教练也是三角瞄准。即以一个白底黑心的木牌举于火炮前方为靶，第一炮动炮不动靶，炮兵先定表尺调后炮架对正射角，利用三点一线瞄准黑心。第二炮、第三炮则动靶不动炮，"持铅笔之兵由手靶中孔点之，移去手靶，则书一以记之。再瞄则令手靶挪移，以就炮之准线。好，则记点书二．至三瞄亦如之。三次瞄毕，或成直线，

麾下中央军精锐"土木系"的基础部队，土木系的两位大家长陈诚与罗卓英，都是保定

▲ 在袁世凯小站建军的二十年之后，中国各地炮兵仍然使用直接瞄准打仗。另一张在网上流传甚广的沪造"克"式山炮照片精确地说明沪造山炮的直接瞄准法。沪造山炮的 T 型表尺不再装置于炮身后方，而是以托杆座装置于火炮左侧，所以在 T 型表尺正前方要另设托杆座装置准星，让坐于火炮左侧的瞄准手能以三点一线直接射击目标。这张照片也展现沪造山炮的炮班。左为发射手，中为装填手，右侧是正以信管规进行信管测合的信管手，最右为取出炮弹的弹药手。真是一张完美的老照片。

[1] 见《训练操法详晰图说》。

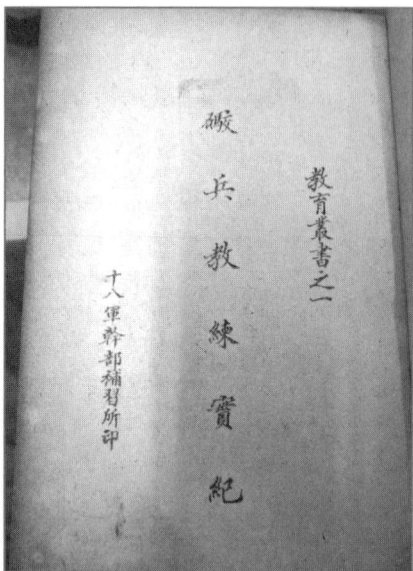

▲ 第18军干部补习所编印的通用炮操《炮兵教练实纪》。这本罕见的无价珍品说明1932年时中央军精锐部队的师属炮兵还是用直接瞄准打仗。

军校八期炮科出身的老炮兵，对炮兵十分重视。第18军在1932年设置了一位相当于炮兵指挥官的"炮兵指挥"，由保定一期炮科出身的老炮兵李泮奎少将担任，当时是全军独一无二的创举，第18军各师的师属炮兵的山野炮必有可观者也。

第18军干部补习所主任也是一位老炮兵，保定九期炮科毕业的第59师第175旅旅长杨德良少将。杨德良在黄埔建军时就是少校炮兵教官，北伐时带过俄造山炮营，是黄埔系的炮兵元老。然而，杨主任用来教育第18军新一代炮兵下级干部的《炮兵教练实纪》却明文指出，当射击距离在6000米以上时，射角之调整改用象限仪。

象限仪用起来很不方便。所以，象限仪一般被当成校准水平气泡的辅助器材。但《炮兵教练实纪》却明文说明超出目视最大极限距离6000米之远距离间接射击一律以象限仪代劳。换言之，第18军的火炮，表尺都没有超过6000米的。

早期的炮兵射击诸元的数据以报距离为主（直接报仰角，要等到测地技术非常成熟之后才能实现），而象限仪只能调整仰角，距离数据必须先查射表换算成仰角。例如，连附下达口令"象限仪2300"，这里的2300是2300米。要装定射角的时候，就必须翻书查射表，查出2300米对应的射角为315密位，才能以象限仪直接调整射角。更麻烦的是，早期的象限仪刻度不是6400密位制，有些甚至不是360度圆周制的，而是公制的400度圆周率！所以，用起象限仪，少尉排长、上士炮长就必须是精通心算的数学高手。所以，炮兵对象限仪就自然是敬而远之了。

为什么《炮兵教练实纪》会以不方便的象限仪为目视距离以外间接射击的指定器材呢？

象限仪在普法战争的1870年代就已经是炮兵的制式装备。在普法战争时代的老式架退炮兵，有时也必须在看不见目标的远距离状态下开炮。例如，目标不在平地，而是在高地或低谷时，与己方炮兵的战斗阵地高低不同，是为"见物遥击"。又如目标隔着一

▲ 象限仪是炮兵最老的射角赋与设备，至今仍为火炮必备之附属器材，然而使用需查射表换算。所以早期炮兵在表尺损毁时才使用象限仪。图为美造 M2A1 式 105 毫米榴弹炮的象限仪。

座城墙或山丘，是为"越隔遥击"。这些"遥击"之法，都要依靠象限仪赋予射角。[①]推而广之，普法战争之后出现射程超过6000米的远射程加农炮，也是就地取材，依靠象限仪赋予射角了。

所以，北洋炮兵只知道象限仪，炮兵一混就是二十年，如陈诚与罗卓英等保定军校出身的老一辈炮兵军官，都学过象限仪的用途，即"曲射炮附与射角，及平射炮掷射炮附与大射角时，主用象限仪以为较正。"只有在表尺损坏的时候，发射手才会盯着象限仪的水平气泡，以象限仪充当"紧急瞄准机"。

以此类推，遇到射击距离超过6000米，没有现成表尺可用的远距离射击时，保定老教官第一个想法就是用象限仪。[②]

在袁世凯小站练兵的三十余年之后，中央军的精锐部队仍然只知道象限仪，就说明这三十余年间的炮兵根本毫无进步，仍然以袁世凯时的三点一线打仗！一位历经三十余年沧桑的炮兵老教官全敬存讲得好，在"辛亥革命"之后连年内战的炮兵发展，真是不堪回首：

"武昌首义，民国告成，又不幸军阀专横，内乱频起，几乎无年不战，无地不争，

▲ 一门在高地放列的沪造山炮，表尺与准星已经昂起。炮兵们也许出于安全顾虑，掩蔽在棱线后的反斜面。这是直接射击时代炮兵决斗的典型部署。在一次大战爆发时，参战各方很快领略如此决斗式的部署等同自寻毁灭，所以遮蔽阵地迅速成为炮兵作战的主流，但是在中国，炮兵却仍然会把阵地摆在高地，直到德式教练改造之后，直接射击才彻底被扬弃。

破坏摧残以至今日。所谓一知半解之学术，要皆大战废弃之唾余。所谓破碎零乱之兵器，徒可供陈列参考之资料。以言乎现代炮兵，则蓬山万里，徒兴瞻望弗及之叹矣。"[③]

全敬存

全敬存是陈仪在日本士官学校的炮科同学，撰文时已是资历近卅年的老炮兵，时任炮兵学校研究委员兼《炮兵杂志》编辑主任。

《炮兵教练实纪》的通用规定是当时师属炮兵的真实体现，虽然第18军是陈诚土木系的精锐。但是，各师炮兵营的火炮十有八九是"大正六年"式山炮与沪造山炮，最大射程不会超过6000米。干部补习所是训练实战军官的军校，在干部补习所玩象限仪的学员，都是各师炮兵营里有丰富实战经验的

---

① 见金楷理口述，李凤苞笔记《克鲁伯炮操法》。
② 见《兵器学之参考》。
③ 见全敬存《陆军炮兵学校四周年纪念刊弁言》，《炮兵杂志 第三期》。

老兵。但是，这些老兵只见过直接射击，根本不知道什么是间接射击。

然而，就在第18军干部补习所以《炮兵教练实纪》教育炮兵下级干部时，直接射击已经完全落伍，新式炮兵只有依靠间接射击，才能在战场上生存！

间接射击是看不到目标时的炮兵射击法。典型的间接射击是射程超过6000米目视极限时的视距外射击。但是，远距离射击并不是间接射击在一战之后大行其道的主要原因。间接射击之所以成为炮兵战斗的主要射击法，是因为一战时出现的"遮蔽阵地"。

要谈"遮蔽阵地"，还得从传统炮兵决斗式的"曝露阵地"谈起。

靠三点一线打仗的传统炮兵，作战阵地称为"曝露阵地"。直接射击时代炮兵的作战阵地是很难隐蔽的。因为，火炮体积大，仰角高，后炮架还要经常调动以调整射向。所以，野战中的火炮阵地一般是完全暴露的，不可能在战斗中迅速构筑出如同步兵阵地一般有遮盖的掩体。再者，炮兵射击讲求视野射界。所以，传统的炮兵作战阵地，都是在平原或低矮丘陵之类视野广阔的制高点直接布置的。

▲ 直接射击年代中直接在视野广阔的平地放列的"克鲁伯"75野炮，这是一种自寻毁灭的炮兵决斗放列法。

中国炮兵会占据讲究广阔视野的高地，能够用望远镜直接望见敌军炮兵，敌军炮兵同样也会占领合适的高地，以求直接望见对方的炮兵。所以，在直接射击时代的炮兵战术的铁律就是先下手为强，以敌军炮兵为第一优先打击目标，打起仗来如同托尔斯泰笔下的贵族手枪决斗。在决斗者走完十步回头之时，要抢先射出致命的一枪。但若第一枪脱靶没打中对手，就只能呆站原地挨对手回敬的枪子儿了。

然而，炮兵的对决远比贵族的决斗简单多了。袁世凯在训练新军时，以生动的对话，教育新进炮兵的对决律律。炮兵在打仗时固然要以敌方炮兵为首要目标，抢着射出致命的第一排炮。但如果遇到敌军炮兵已经先行占领作战阵地，取得先下手为强的良机之时，己方炮兵的阵地就是挨打。此时炮兵就只能抛弃脸面，宁可躲起来不出战，任由步兵在敌军炮火下挨打。即使敌军炮兵的作战阵地就在视线能清晰观察到的2500米之外，也不能掉以轻心。脸面居次，保命才是第一，切勿逞一时之愤冒失上阵：

问：敌之何队亟宜击毁无遗？

答：炮队。因炮击最远最猛，我不伤彼，彼必伤我，势不两立，故宜击毁无遗。

问：敌炮先我成阵，若何办法？

答：我炮暂缓进攻，俟步队势均力敌，整队前进，庶保无虞。

问：（敌炮队于）平坦地势三千密达何以亦需慎重？

答：地虽平坦，敌已预先成阵，恐其远设标识。我军一入敌界，排炮轰击，我必伤残殆尽，悔何可追？是以宜慎。

在一战前夕，火炮的射程火力突飞猛进，传统炮兵的对决战术等同自杀。于是，炮兵战术出现了"遮蔽阵地"的概念。所谓的遮蔽阵地，意指使敌人看不到己方的炮兵阵地。例如，把火炮放置在山谷里，隔个小山丘射击，敌人不但看不见己方的火炮，就连炮口火焰与烟尘都无法观测，这就是一个非常完美的遮蔽阵地。

把火炮放在山谷里，遮蔽阵地看不见目标，只能采用间接射击法。然而，战术发展总是慢半拍的。虽然，德军早在1912年就已经开发出间接射击的致胜武器，第一代方向盘"巴拉马间接瞄准具"。但是，欧洲列强的炮兵仍然迟迟不肯放弃能够直接看到目标的曝露阵地，把火炮大胆放列到完全看不到敌军的反斜面或山谷里。所以，在第一次世界大战前，各国大都采取折中的"半遮蔽阵地"。比如把原本放列在棱线前的火炮摆到棱线后方，利用棱线遮住大半个炮身，而火炮上三点一线的觇孔准星依然能直接瞄准敌军，就是一个犹抱琵琶半遮面的"半遮蔽阵地"。即使是战术思想最为前卫的德军，也是半遮蔽阵地的拥护者。

半遮蔽阵地的折中方案在一战爆发时造成了不小的灾难。因为，火炮射击有炮口焰与烟雾，半遮蔽阵地完全无法遮掩这些敌人能够轻易看见的特征。在一战爆发之后，半遮蔽阵地立即被证明完全无用，德军炮兵伤亡惨重。在战争鲜血的刺激下，战术思想飞快演化，一战爆发才四周，德军就彻底放弃了半遮蔽阵地，紧急通令全军炮兵改用全遮蔽阵地，老老实实地把炮兵阵地深深放置到反斜面与山谷里。[1]

---

① 见《最新德式炮兵讲授录》。

直接射击年代的曝露阵地

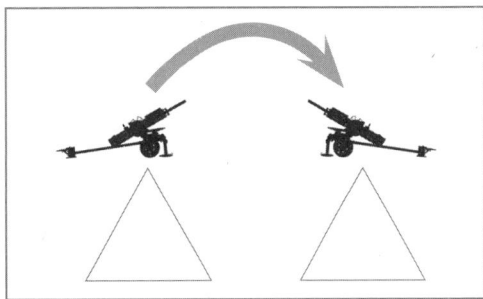

火炮直接放列在视野最佳的高地上，在目视距离内面对面进行炮兵决斗。

一次大战前的半遮蔽阵地

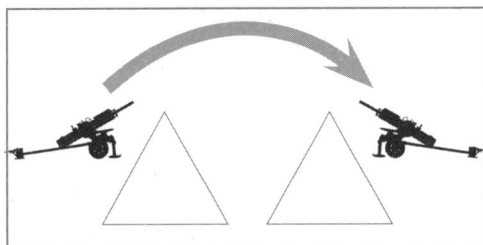

炮兵放列阵地掩蔽在棱线或遮蔽物后方，半露炮身以保持目视射击目标。

一次大战爆发后的遮蔽阵地

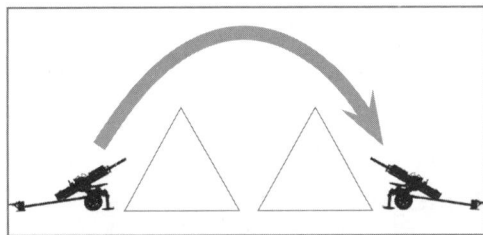

放列阵地隐藏在山地反斜面等敌军完全无法直接观测之处，而我军也必需在无法直接目视射击目标的状况下作战，是为间接射击。

▲ 直接射击之曝露阵地、半遮蔽阵地与间接射击遮蔽阵地示意图。

在第一次世界大战后，日本也积极研究遮蔽阵地的新战术。北洋军第7师参谋长童焕文于1919年奉派赴日参观兵工厂。童焕文是日本士官学校中华队第三期炮科的高材生，

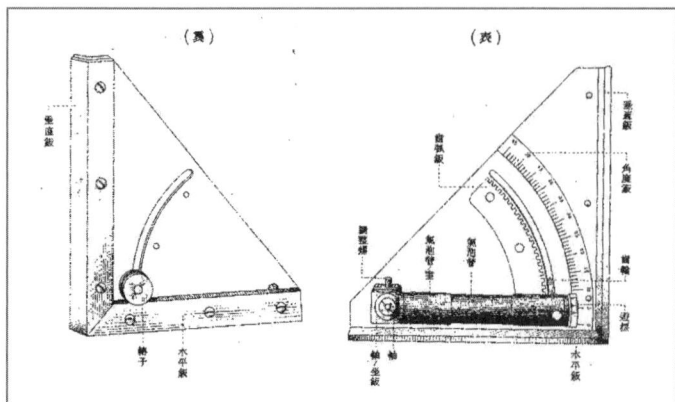

▲ 日造"三八"式150毫米重榴弹炮所附的象限仪。原图为日军《重炮兵照准教范草案》附图。

曾在袁世凯的地下参谋总部"统率办事处"担任管军械的总务厅第三所所长，堪称炮兵专家。然而，日本人正在急起直追的遮蔽阵地新概念却让这位留日炮兵专家大吃一惊。童参谋长在考查报告中惊叹道："战术……昔用棱线，今利后坡；昔炮贵居高，今炮尚居凹。"①

所谓的"后坡"，就是在山丘棱线后方侧面的反斜面；所谓的"居凹"，则是山谷凹地。在童焕文亲自操炮的直接射击年代，炮兵的作战阵地一般都要挑视野广阔的高地。若是在山丘上放列，也要选择视野最远的棱线上。但是，遮蔽阵地的炮兵新战术却反其道而行，炮不摆在高地了，反而要藏进山谷。拉上山头的山炮也不摆棱线了，却摆在棱线后方什么都看不到的反斜面上。

所以，第18军干训所编写《炮兵教练实记》的教官们也得谈间接射击。只是用惯曝露阵地的教官们不懂使用方向盘赋予射向的间接射击，教官们只能弄来一个"克鲁伯"野炮用象限仪作为教材，作为远距离射击时赋予射角的标准瞄准具。然而，第18军的炮兵教官们并没有想象到遮蔽阵地。所以，把象限仪的用途定义为"在六千八百至七千三百距离之射击用以赋予射角"。

至于遮蔽阵地，第18军干训所只会三点一线直接射击的教官根本谈不出个道理。因为，火炮要从山谷凹地的遮蔽阵地把炮弹打出去，必然要有比较弯曲的弹道。所以，要讲求高低角。然而，能在瞄准镜中直接看到目标的直接射击几乎没有高低角问题。所以，早期山野炮的仰角以15度为限制。要舍弃直接射击改用间接射击的遮蔽阵地，光是高低角调整，就是一套全然不同的崭新学问。

由《炮兵教练实记》的记述，我们可以得知遮蔽阵地与间接射击对中国军队而言完全是新玩意儿。既然是新玩意儿，就容易出错。而炮兵射击是不容错误的，稍有误差，就会造成巨大灾难。然而，在中国炮兵建军之初，负责炮兵建设的高级将领都是象牙塔里的留日学术派。学术派只会在学校里吹牛，投入实战必然要出大问题！

---

① 见《军务司关于童焕文参观日本兵工厂对各种兵器研究意见致军械司移付》，《中国近代兵器工业档案史料第二辑》。

第二节　眼高手低的留日派

在"九一八"前，中国军队的训练机关由留日派垄断，教材是日文原书的译本。所以，日本是当时军官干部梦寐以求的留学圣地，只要镀上留日派这层金，返国至少以少校起用。无论是日本士官学校还是各兵种专校，返国的军官都被视为训练权威，是各方争抢的珍贵资源。为了防止学到最新日式军事的"珍贵资源"被抢光，军政部还要颁下严令，凡留日返国的军官，须先到南京训练总监部与各军校担任教官或军事研究人员。于是，中国军队的教育训练机构就成为了留日派世代相传的禁脔。

以编写炮兵准则的训练总监部炮兵监为例，在中原大战时期的炮兵监，自兵监张修敬以下，几乎清一色是留日士官生：上校监员叶秉甲，日本士官学校中华队第五期炮科；上校监员丁绪余，士官六期炮科；上校监员童序鹏，士官四期炮科；中校监员万保邦，士官十五期炮科；中校监员李汝烔，士官十五期炮科；中校监员曾广荣，士官十九期炮科；少校监员黄斌裳，士官十九期炮科……

三位老上校都是清末留日的士官生，在日本时学架退"有坂"炮，虽然跟不上时代，却是留日的老前辈，摆出来就是炮兵的门面；四位十五期与十九期毕业的中校、少校监员则是在1923年与1929年学成返国的，学过日本最新式的炮兵战斗战术，是编纂操典与各种课程教案的真正主力。

在中原大战之后，中国军队虽然已经确定由德国顾问与德式教练担任炮兵建设，但是，炮兵监却仍是留日士官的天下：中校监员林日藩，士官二十二期野战重炮科；少校监员廖汝承，士官二十一期野炮科；少校监员吴鹤予，士官二十四期野炮科……在留日士官派之外，只有极个别的保定黄埔学生曾出任监员。整个炮兵监基本是日本士官学校世代传承的禁地。

编写准则的炮兵监是炮兵教育训练的发源之地。教育训练发源之地既然由士官生垄断，其下属的各级训练单位乃至野战部队自然也是留日派的一家独大。就拿战术学来说，训练总监部在1936年颁发的《炮兵战术讲授录》，是由日本陆军大学两位著名教官畑勇三郎与宝藏寺久雄在1932年合著的日文原本直接翻译成中文的，满篇日文风格的语气，没有在日本念过书的本土派教官，这门炮兵战术课还真是难教。

所以，留日的学历是非常吃香的。即使本事有限。但是，士官学校出身的教官，与训练总监部的士官学校学长都有共通语言，能完全读懂训练总监部颁发的各种教材，就足以在教学中独领风骚。所以，留日派也各个自命不凡。话说有一位士官二十一期野炮科毕业的朱文伯学成返国就混到一个少校缺额，虽然，他的学历在日本只能从少尉干起。但是，朱文伯却对少校军衔大感不满，居然义正词严地打报告要求以中校之职起用，而他也在士官老学长陈仪的大力帮助下，如愿在兵工署谋到一个中校技术员的实缺！①

没有经过基层实际磨练的过程，又没有连、排长少尉观测员、中尉测量员的经历，留日派注定眼高手低。再者留日派在日本所学，也不足以担负中国新炮兵的整建重任。因为日本的炮兵学术与火炮装备落后于欧洲列强，而且日本人喜欢"留一手"，一位在"九一八"前留学日本士官学校的军官回忆道：

"士官学校有许多课程保守秘密，不教给中国人。过去中国学生与日本学生同一个课室，但每讲秘密课目，便把中国人调离课室。中国学生对此，颇感不满，后来学校为掩饰这事，另外建筑一个中华学生队的课室……从此中日两国学生便分开授课，不再叫中国学生离席了。又因野外演习还是与日本学生联合演习的，就有人认为没有什么秘密了。但……炮兵科（学生）亦说：'学校里的炮兵教材全是旧的，山炮，野战炮，迫击炮，步兵炮都是旧式的，加农炮，榴弹炮都未学过，观测器材，射击方法，都是旧一套。'……"②

一个连加农炮与榴弹炮都没有摸过的教官，教起书来只能照本宣科，岂能教出优秀的炮兵干部？所以，留日派教官只是啃书本的书呆子。虽然他们各个是数学高手，上炮兵射击课可以用精美的数学公式从气象影响讲到炮车转动误差，但要让他们实地拿起方向盘做野训，来一次实地间接射击必然是一踏糊涂。曾亲自见识过留日派教官"真本事"的黄埔七期炮科学生蓝守青回忆道，留日教官居然不会操作"改造三八"式野炮！

"我记得1929年南京中央军校向日本新购改造三八式野炮一营12门，是全装备的，里面很多器材。不仅学校没有教官会教，留日归来的教官在教学生时，还将好好的间接赋予射向的方向钣弄坏了。同一时期在南京浦口试炮时，也是由于操作错误，致炮弹一出口就炸裂。虽未伤人，但把火炮的护板打坏了。"③蓝守青的回忆有力证实了当年留日士官生之间的传闻。他们的炮科同学连日本的新炮都没有摸过！

所以留日派教官只能讲理论，由留日派教官教出来的学生，也只能在理论上争奇斗艳，无法真正上战场打仗。20世纪30年代炮兵学校出版的《炮兵杂志》里，就有不少这类产学脱节的理论"杰作"。如在1935年时有两位在炮校受训的下级干部陈复东与陈昌鸿，大概是留日教官的测地课听到走火入魔，居然以深奥的数学公式，写出一篇《方向交会法线应用于解析几何公式之探讨》，通篇以精美的公式呈现，真是太壮观了！

然而解析几何不能打仗，两位学员虽然能在课堂上得高分，但上不了战场。可惜这两位学员，一位是黄埔五期，一位是黄埔八期，就这么默默无闻埋没在战火的考验之中。

留日派教官教起书来是产学脱节，不切实际。用之实战，表现自然一塌糊涂，没有能力担负起由直接射击进化到间接射击的炮兵全面升级重任。中原大战时规模宏大的野鸡岗炮战，就是一次血流成河的惨痛战例。

1930年8月，中央军决心以中央突破的大胆战术，在商丘一举击破西北军阵线，打开陇海路方面的对峙僵局。中央突破要使用最大量的兵力集于一点。于是中央军以七个步兵师重叠配备，集结了各式火炮208门于

① 见朱文伯《七十回忆》。
② 见陈啸波《"九一八"后在日本陆军士官学校留学回忆》，《广州文史资料第十五辑》。
③ 见蓝守青《我所知道的炮兵学校》，《文史资料存稿选编》。

野鸡岗占领阵地，由中央军炮兵学术权威杨杰亲自指挥，意图仿效书本上的战例，以间接射击的最密集火力，一举为步兵打破西北军的战壕防御体系，开辟进攻的突破口。

　　1930年的野鸡岗炮战是国内战场有史以来最宏大的一次炮战，然而杨杰却把野鸡岗炮战指挥成灾难。因为集结在野鸡岗的远程炮兵群不熟悉间接射击，居然把距离射向全算错了！于是在208门火炮在黑夜发起的宏大破坏射击后，西北军阵地竟然完整无缺，拂晓出击的步兵因此伤亡惨重。当时参与归德攻击的第9师第49团团附杨显与第10师第60团第1营营长李德生悲愤地回忆道：

　　"进攻前一天，杨显在去师部的路上看见了蒋军的山野炮被着伪装网放列在前沿阵地，有的还在运动之中，炮兵确实不少。当天晚上，炮兵试射。第二天拂晓，攻击开始，当步兵进攻到敌前沿时，才发现冯军的前沿战壕又深又宽，作为营长的李德生既已带兵冲上来，就不好随便撤退，只好在壕边趴下，就地弄个沙堆挡住头部，全线进攻的部队均处于被动挨打的局面……部队无法冲过壕去，一直等到天黑，才撤退回来。"[1]李德生与杨显不懂炮兵。所以，他们把第2炮兵集团的效力射写成"试射"。事实上杨杰根本没有试射，他采用的是炮兵最困难的奇袭射击。名将石觉在中原大战时是教2师第3团第3营营长，也参加了这场归德攻势。石上将的回忆深入剖析了野鸡岗炮战失败的原因：

　　"晨四时开始以密集炮火轰击，直至六时为止，整整两小时，弹如暴雨，呼啸夜空之中，但炮弹均落于敌阵后方五、六百米之远。

拂晓时，步兵开始攻击，敌阵高胸墙，宽外壕，鹿砦等完整无缺，致招重大伤亡，而攻击中止……运用大集团炮兵，需有绵密计划及周到准备。实施中央突破时，所要求于炮兵者，为对敌工事及障碍物之破坏（对敌部队之制压犹在其次）。欲达此目的，需要精密之测地，试射及目标之区分，与充足之弹药。惟在中射程以上，仍难期准确。因平原地观测困难，弹着离目标数百米，常误为命中。最经济有效的用法为将一部火炮秘密挺进接近目标（八百米以内），直接瞄准射击。少数弹药，短少时间，即发生决定性作用。本战役中，炮兵未经测地，试射，仅凭图上射击，在夜间及三至五千米射距，选用奇袭射击，显难达成破坏目的。故形式上虽属炮兵集中使用，实际未将炮弹集中在所指目标之上。宜其热闹两小时之后，全无效用可言。此炮兵集团之指挥官实非及格人选。"[2]

　　按照石觉的回忆，杨杰炮兵集团的射击方式是不使用试射的奇袭射击。而杨指挥官求取射击诸元的方式更为夸张，他居然舍方向盘之正道不走，以间接射击法之中，风险最大的地图测角板瞄准法求取射击诸元！

地图测角板

　　地图测角板是一片透明胶板。中国军队使用的地图测角板分为上下半圆。上半圆有九个直径相交的同心半圆，放在五万分之一地图上用来测量距离。下半圆是风向盘刻度，刻度包各种风向及数位，数值如图12-2（见《野战炮兵观测实施法》）。所以只要把这片透明胶板放在地图上，就能在图上判读出

① 见杨集贤等《陇海线的几场战斗》，《中原大战内幕》。
② 见《石觉先生访问记录》。

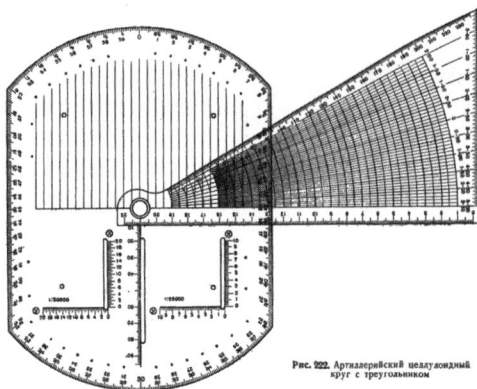

Рис. 222. Артиллерийский целлулоидный круг с треугольником

风向数字	32	02	04	06	08	10	12	14
风向	北	東北北	東北	東北東	東	東南東	東南	東南南
	N	NNO	NO	ONO	O	OSO	SO	SSO

风向数字	16	18	20	22	24	26	28	30
风向	南	西南南	西南	西南西	西	西北西	西北	西北北
	S	SSW	SW	WSW	W	WNW	NW	NNW

▲ 地图测角板（又称"透明分划板"）图为国外论坛上抓下来的俄式地图测角板，其外观与20世纪30年代中国军队使用的地图测角板相似，但中国军队的地图测角板为640密位分划。

水平角、磁针方位角与距离。

地图测角板瞄准法的特色是可不作试射，直接以图上作业之成果发起效力射，但须具备精密的地图。即使有精密地图，地图测角板瞄准法的精度也很差，单凭图上作业成果发起的效力射出错风险非常大，只能当成替代方案。中国军队于内战时期使用的《野战炮兵操典草案》，就于第292条明白训示不得滥用图上作业："图上射击时，需依测地成果，或极精密之图上求出的基础诸元，施以弹道上各种偏差的修正，以求效力射基准诸元。此法虽有不行试射即能实施效力射之利，然决定效力射的基准诸元，需要较多时间，且精度不良，故如状况尤其射击诸准备许可，于不能试射或试射不利时用之。"

这实在是一场离谱至极，荒唐到极点的战斗。西北军处于守势，阵地是固定的。而且也没有足以反制中央军"改造三八"式野炮与奉造"十四年"式150毫米榴弹炮的远程火炮。杨杰大可以进行炮火试射，求取准确的射击诸元。即使认为试射会暴露主力攻击方向，也可派出多个观测所，用方向盘测远机实地精密测量，求取射向距离。但自恃炮兵权威的杨杰非要卖弄技术，采用奇袭射击，还要选在拂晓天亮之前的夜间开炮。更可恶的是他根本不派观测所，居然直接用地图与测角板计算射向距离。

中国军队当时的测地技术非常原始，地图测角板瞄准法是因气候地形无法观测射击目标或者没有方向盘时最无奈的替代方案，可杨指挥官明明有一大堆日本进口的"巴拉马"方向盘，却卖弄什么地图测角板呢？

杨杰自称炮兵权威，有艺高人胆大的傲气。所以，野鸡岗炮战使用了风险最高的方式，彷佛是战术教科书上最大胆前卫的案例。但石觉说得好，负责任的炮兵指挥官不应以步兵性命为赌注，去实现自己的象牙塔异想。既然炮兵指挥官还没有间接射击的本事，就应该拿出胆量，化野战炮兵为步兵炮，让炮兵去发挥革命军人的牺牲精神，大胆拉炮挺进到距离敌军800米以内去浴血奋战！

当然，杨杰不会亲自拿起地图测角板卖弄间接射击，真正拿地图测角板的测量官是杨杰的学弟。在实际策划野鸡岗炮战的新一代留日派"精英"中，以日本士官学校二十期炮科毕业的苏绍文少校最为突出。

苏少校当年也是一位成绩优异的好学生。他轻松考入北京大学预科，又自费东渡日本攻读士官学校，入学中华队二十期炮科。士官学校念到一半时，家中变故无法继续供其

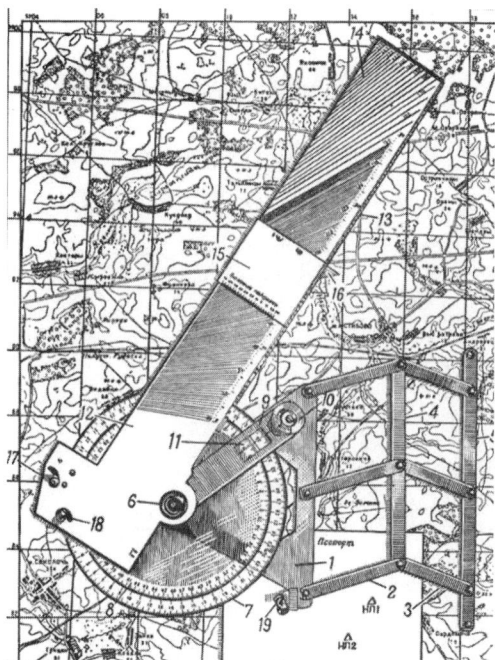

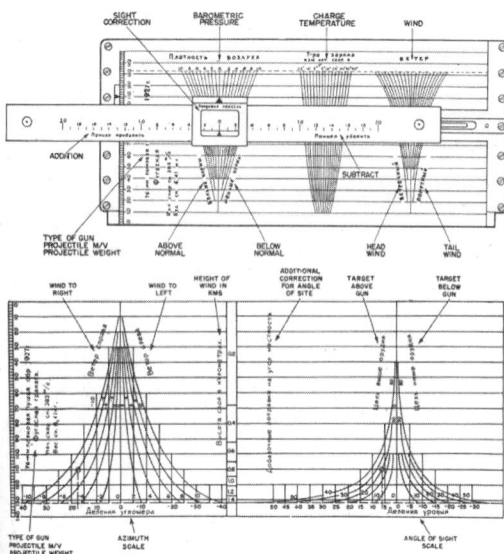

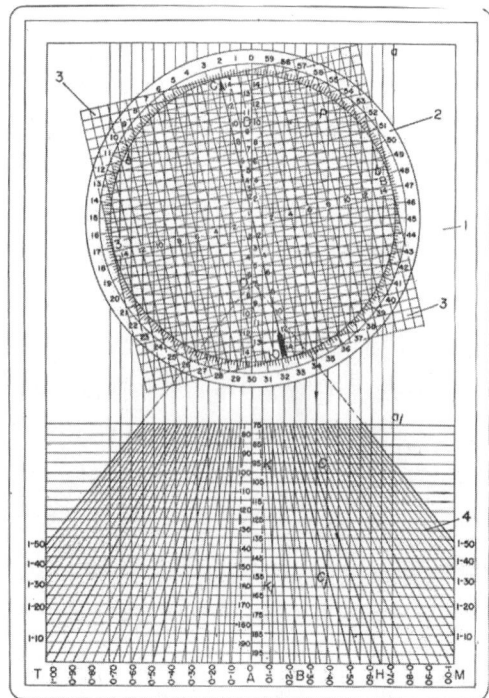

Figure 49. Autocorrector M1932.

▲ 美军准则上的地图测角板图上作业插图。乍看之下，真是让人目瞪口呆，允为炮兵学术权威最能卖弄的亮点。于是杨杰与苏绍文就卖弄起让人望之生畏的地图测角板。而留日派学术权威卖弄的后果，却是成千上万无辜官兵的热血牺牲！

完成学习，无奈之下只能写报告请政府进行救助，居然得到了蒋介石亲批的补助学费，足见士官学生在蒋心中的不凡地位。士官学校毕业之后，苏绍文通过训练总监部的考试，被选送到日本陆军炮工学校普通科炮兵学班，后又升入高等科学习。

陆军炮工学校是日军专门培养炮兵与兵器制造技术的特种军校，门坎极高，而炮工学校高等科则堪称是炮兵登峰造极的学历，赴日留学军官中只有少数天才能到高等科一窥堂奥。有了这个骄人的学历就是权威。例

▲ 野鸡岗炮战玩图上作业的留日派权威杨杰。

▲ 在野鸡岗炮战玩地图测角板的另一位留日学术权威苏绍文，图为他在日本留学时的照片，但照片却透露出玄机。他会选择合影的火炮自然是朝夕相处的老朋友，而他的老友却是老式的"三八"式野炮。在苏绍文留学日本的年代，日军正在全面换装"改造三八"式野炮，这张照片间接印证中国留日学生只能以旧炮上课的传闻。于是苏绍文的满腹学问，只是纸上文章。用诸实战，就是野鸡岗的惨烈教训。

如苏绍文的高等科学长，在 1921 年学成回国的方鼎英，在东渡赴日念炮工学校的时候只是个名不见经传的中校科员，念完高等科就已经名震军界。方鼎英本想到东京帝国大学继续念兵器制造学，但才念了一年，就被湖南省长赵恒惕恳切地电邀返国。一到湖南，就出任湖南陆军第 1 师的参谋长，挂上少将军衔，两年后"建国湘军"第 1 军军长宋鹤庚把部队让给他。于是他便位列上将之衔。1926 年春，蒋介石把方鼎英聘请到黄埔军校，为了安排他的地位，特委任他为入伍生部的中将部长，比教育长邓演达还要高一级。[①]

飞速晋升的例子就在眼前，苏绍文的前途自然也不错。一回国就以中央军校少校兵器教官之职得以任用。当时中央军校已经买了日造"改造三八"式 75 野炮，正在训练炮兵下级干部，苏绍文被调到军官教育团炮兵连，担任远隔观测法教学。拿方向盘打仗的远隔观测法是间接射击的精华，而苏绍文是中央军校第一位讲远隔观测的教官，他在自传中不无得意地回忆道："是时在中央军炮兵中，讲授远隔观测法，尚以余为嚆矢。"[②]

然而，正是这位士官派的新起之秀，留日炮兵的学术精英，中央军校第一位讲远隔观测法的教官，造就了野鸡岗炮战的惨败！

在"改造三八"式 75 野炮组团参战时，

---

① 见方鼎英《我的一生》，《湖南文史资料选辑第廿二辑》。
② 见《苏绍文自传》。

苏绍文任炮兵教导团少校团附。他的自传语焉不详地将血流成河的野鸡岗炮战轻轻带过："时炮兵兵力无多，余团火炮恒被分割配属于各军师，然归德府城之攻围，暨野鸡岗之突破战，则系集团使用。余因得指挥数连火力，形成重点，而予防御军以极大之威胁焉。"

虽然苏绍文对此轻描淡写，但也透露了他在野鸡岗炮战中的责任。团附不是指挥官，苏绍文的责任是观测而非指挥，再加上他是留日派远隔观测的学术权威。所以，杨杰的地图测角板瞄准作业，十有八九就是苏少校的"杰作"。只是学术权威却没有实地操作的经验，杨杰与苏绍文的地图测角板观测法用诸讲堂授课或写学术论文，固然是花团锦簇，威风八面，足以满足其虚荣。但用诸实战，却要以成千上万将士的血肉为代价！

不仅石觉等参战官兵回忆起来，心有余悸，就连笔者读到此处，也是火冒三丈，恨不得把这些留日派"权威"抓来痛打一顿。

即便如此，杨杰却乐此不疲，继续拿残酷的战场当作秀的舞台。一周之后津浦线的济南攻势中，杨杰的第2炮兵集团破天荒地使用飞机观测弹着点。并且，规定了无线电通知夹差修正量的简易方式："一长声代表偏远，两长声代表偏近，三长声代表偏左，四长声代表偏右，五长声代表命中"。[1]

空中观测首重通讯联络。但第2炮兵集团居然没有作陆空联络的准备！于是中国军队第一次以空中观测的实战被彻底玩砸了，成为一次炮兵与空军相互推诿的烂仗：

"七月三十一日，我炮兵占领阵地后，将我炮兵阵地射击开始时刻及射击目标等，先电知兖州飞行队。同日，并向第13师商拨无线电机一架，在红庙装设。但飞行队未将飞机名称，出发时刻，驾驶员姓名，机上携带无线电之呼号等，预先通知。及天雨关系，故连络不确。非我炮兵已射击而飞机不至，即飞机已翱翔空际，而炮兵未准备完毕，不能射击。此次空军与炮兵连络，完全失败。"

没有空军观测机的呼号，责任自然在炮兵。这两架飞机是航空侦察队7月底调到兖州的"摩斯"式侦察机（DH.60 Moth），主要任务是侦察，[2]帮助炮兵观测只是临时任务。空军侦察队没有受过陆空联络的训练，空军没有提供呼号，炮兵自然要主动询问。但眼高手低的第2炮兵集团只记得借了一部电台，却没记起要呼号，这真是荒唐至极！

中原大战的战例证明了留日学术派只能放言高论，没有资格领导新式炮兵建设！要筹备对日抗战，势必要另寻他人来负责新式炮兵的组建。于是，留日派便淡出了中国炮兵建设的舞台，德国军事顾问团便闪亮登场，担负起中国新式炮兵的建军重任。这就要从身为"德迷"的蒋介石谈起了……

▲ 痛斥留日学术派炮兵无能误事的石觉。见证归德攻势中炮兵无能的石上将虽然侥幸生还，但成千上万的将士却为留日派学术权威的胡乱卖弄付出血的代价。

---

[1] 见《蒋介石第二炮兵集团在山东曲阜一带对晋军丰玉玺等部作战详报》，《中华民国史档案资料汇编第五辑：第二编》。
[2] 见《中央陆军军官学校航空班杨鸿鼎将军口述历史》。

第三节 蒋介石的德国顾问

蒋介石本人对炮兵有浓厚的兴趣。他在日本留学时就一心想学炮兵，还力邀张辇一起学炮兵。张辇原本想学步兵。但在蒋介石的热情游说下，最终弃步兵而改学炮兵。[①] 蒋介石对炮兵的兴趣事实上是自讨苦吃的。因为，他本人被旧式的科举教育所误，读了二十年的经史子集，数学底子极差，而炮兵战斗却是一篇精密复杂不容错误的数学考卷。虽然，打仗时的计算有现成的《密位对数表》可查，但是《密位对数表》是给测量军士看的，正规的炮兵军官要从三角函数，勾股定理与解析几何之类的数学原理扎实学起。以蒋介石的学历背景推断，他进振武学校之时可能连鸡兔同笼都没学过，学炮兵真是太难了。

鸡兔同笼

（"鸡兔同笼"是中国古代著名趣题之一，记载于《孙子算经》之中。鸡兔同笼问题是当今小学奥数的常见题型，许多小学算数应用题都可以转化为这类问题，可用它的典型解法——"假设法"来求解。）

辛亥革命打断了蒋介石的学业。所以他并没有进入日本士官学校，去接受炮兵教育。但蒋介石却自学成材，成为一位优秀的炮兵军官。蒋介石对炮兵作战的造诣是他个人飞黄腾达的起步。1918年5月，陈炯明的"援闽粤军"进军闽南时，蒋介石是在参谋处写作战计划的作战科主任，当差刚满三个月。陈炯明并非帅才，用兵一向急躁。所以被北洋军抄了后路，他在慌忙之下紧急撤退。在这全军即将溃败的千钧时刻，蒋介石以陈总司令的名义号令各军就地转移，并亲自到火线上的狮子山，指挥炮兵射击，奇迹般地击退了李厚基的迂回奇兵，援闽粤军反败为胜，顺利攻取闽南，作为国民党养兵待机的补给基地。蒋介石就此声名大噪，总与他不对付的陈炯明自此也对蒋介石另眼相看，甚至到处对人说，他陈炯明"宁死十万兵，不愿失一介石。"[②]蒋介石不但是炮兵迷，也是最标准的"德粉"。他在辛亥革命之后不回日本士官学校念书，是因为一心只想到德国进修。为了留学之梦，他还学了一阵子德语。但当时安排辛亥有功将士公费留学的稽勋局原则是不送军事留学生的，而只选送宋子文一类的文理科生。所以，蒋介石的学业就被耽误下来，但蒋介石在内心里仍是个最狂热的德国迷。在北伐期间，蒋介石经由中山大学副校长朱家骅介绍，任用曾荣获蓝马克斯勋章（Pour le Mérite）的德国一战英雄包艾尔上校（Max Bauer）为军事顾问。蒋介石与包艾尔一见如故是可想而知的。因为包艾尔是炮

---

① 见《张岳公闲话往事》。
② 见杨志春《关于蒋介石家世及其早期政治生涯琐记》，《江苏文史资料选辑第五辑》。

兵上校，不但是优秀的参谋军官，也是一位炮兵战术专家。包艾尔曾参加著名的列日要塞（Liège fort）之战，熟悉最高司令部的参谋业务，在一战时担任德国参谋总部第1处处长要职。而蒋介石本人也是个优秀的参谋与炮兵军官，他们两人有聊不完的话题。而包艾尔的小小顾问团，也就成为蒋介石建立国防工业秘而不宣的一招暗棋。

蒋介石的知遇之恩，显然深深感动了在一战之后屡经挫折的包艾尔。他回到德国后积极奔走军火售华。而且包艾尔对军火交易非常严谨，对当时在华各德国洋行向中国倾销破烂军火的奸商行为非常不满，仗义直言。这大概也是蒋介石欣赏他的原因之一。士为知己者死，感激知遇的包艾尔不辞劳苦，亲自奔走于各个战场，由于水土不服而不幸染上天花，1929年5月病逝于上海。

虽然包艾尔的建军大计只完成到教导师与自动步枪阶段，但他已打响德国军事顾问的招牌。于是蒋介石又请朱家骅寻找德国高级将领来接替包艾尔。朱家骅在德国的人脉很广，差点把鲁登道夫请到中国。[①]但德国政府怕触犯《凡尔赛条约》，鲁登道夫转而推荐另一位蓝马克斯勋章得主，前国防军部队

1. 佛采尔步兵上将　　2. 佛采尔奉颁蓝马克斯勋章时的照片，时为中校。

▲ 对德式炮兵建军影响深远的德国军事顾问佛采尔步兵上将。

署署长（Chef des Truppenamtes）佛采尔步兵上将（Georg Wetzell）。

佛采尔是非常优秀的参谋军官，曾在德国参谋（本）部参与策划几乎一举击垮意大利的卡波雷托（Caporetto）会战。因此获得蓝马克斯勋章。他在中国服务之初将精力花在中央军校的德式教练与德式模范师（Lehr division）的编练上，这就是大名鼎鼎的国民革命军陆军第87师与第88师。但在大获成功后，佛采尔却成了军火掮客，军事顾问团有不少成员也在军火中介生意中大抽好处，其酬金甚至惊动了柏林的新闻记者。1930年1月，柏林一家报纸深入报导了德国军事顾问团的"副业"，真是难堪至极。[②]

佛采尔时期的德国军事顾问团并没有得到广泛认同。即使是训练单位，也只有中央军校全面采用，《德译联合兵种之指挥与战斗》与《二五操典》一直出不了中央军校的大门。在德国派与留日派的较量中，新式炮兵的整建计划迟迟无法确定，但陈仪却搞砸了留日派的领导地位。在陈仪的荒谬制式会议之后，

▲ 包艾尔炮兵上校，后来与蒋介石成为了好友。

① 见《朱家骅先生年谱》。
② 见周惠民《魏泽尔与中德军事合作》，《政治大学历史学报第15期》。

蒋介石不再倚重主导中国建军大计近三十年的留日派，而新式野战炮兵的建军契机，也就在德式建军的呼声中勃然萌发。

蒋介石对德国顾问的捎客副业是非常厌恶的。他的采购代表宋子文总是想绕过捎客与洋行，希望能直接与欧洲本厂做生意。但蒋介石并没有因此否定德国军事顾问的专业能力。再者，在"九一八"之后，蒋介石与任何国家接洽军火出售或邀请顾问时，都要遭到日本最蛮横的强硬抵制，英、法、美各国因此都对中国的建军大业敬而远之。在这困难时代，理应受《凡尔赛条约》的限制不敢出头的德国，居然能让优秀的高级将领来华服务，已是难能可贵了。而且德国军事顾问所中介的武器，也并非完全出自商业考虑。在英、美、法、日各国洋行都在抛售一战二手旧货的年代，德国顾问能介绍最新式的优秀武器，虽价格偏高，但却为中国的军力建设另辟蹊径。于是，蒋介石任由佛采尔尽情中介推销，并未因此质疑德国顾问团的操守，但他对佛采尔大力推销的军火也只愿择优选用，并没有照单全收，这个心结大约也是蒋介石与佛采尔逐渐交恶的原因之一！

佛采尔与礼和洋行关系很深，而礼和洋行是克鲁伯公司在中国的总代理。当时，克鲁伯囿于《凡尔赛条约》不能公开卖炮。所以，投资瑞典的老牌火炮公司卜福斯（Bofors AB），以间接路线在瑞典继续生产火炮。隐身幕后的克鲁伯风光不再，急需开辟新客源。于是，佛采尔大力推销的产品就是各种"卜福斯"火炮。总顾问的推销清单从步兵炮、高射炮到重炮一应俱全。但多半不符合中国

的需求。例如180毫米与210毫米海岸要塞炮，显然不是中国所急需；[1]而150毫米的加农炮与榴弹炮，更是超越了现实。[2]

一个满脑子想抽好处的总顾问，显然不是领导中国炮兵建设的上选。幸而德国顾问并不全是军火捎客，而炮兵又特别幸运。当年来华的德国炮兵顾问，都是热诚忠于本份的优秀职业军人。在中央军校与炮兵学校服务达六年的德国炮兵顾问胡诺斯坦少校（Fh. V. Hunolstein）就是最认真负责的顾问之一。

胡诺斯坦少校堪称新式炮兵建设的灵魂人物，他在1931年来华服务，是个经历过一战，非常务实的老兵。有什么资源，打什么仗，中央军校买不起德国炮，见过真正大场面的胡诺斯坦也不摆谱耍派，就地取材，使用"改造三八"式野炮教导学生间接射击。在诚心教学的胡诺斯坦于1937年离华之前，已经训练出数以千计的炮兵新人才！时任中央军校八期第二总队总队长的谢膺白对胡诺斯坦的认真负责有着深刻的印象：

"炮兵顾问胡诺斯坦因少校，学术修养相当扎实，教授也相当认真。他在高级班和第二总队指导炮兵学生练习时，要求非常严格，事前与炮兵科长唐仲勋和炮兵队长洪士奇，傅正理等充份研究之后，才到场实地教练。对于方向盘的使用（操作）尤为详尽。有一个学生不懂，都要反复教练，弄到全懂为止。"[3]有一位黄埔八期炮科学生柏园将胡诺斯坦顾问的课程讲义笔记汇集成册并出版，是为中国炮兵史上的著名文献《最新德式炮兵讲授录》。胡诺斯坦不但毫无保留地细心传授炮兵战斗新法。而且他的授课内容由实战出发，

---

① 中国台北国史馆藏，蒋中正文物档案，第002-080200-00413-080号档案。
② 中国台北国史馆藏，蒋中正文物档案，第002-080200-00411-136号档案。
③ 见谢膺白《1929年至1933年的南京中央军校》，《文史资料存稿选编》。

绝无废话。同样的原理，一般著作满纸公式，他两句话加一张图就能说清楚，深入浅出，是实战中历练出来的优秀炮兵军官。

胡诺斯坦的目标是要教出能立即上战场担任炮兵连、排长观测员的下级军官。读完这本讲义之后，笔者深信任何用心听完胡诺斯坦顾问课程的军官，都已经具备炮兵干部的基础学识。

中国炮兵是非常幸运的，胡诺斯坦少校并不是特例。从包艾尔上校来华开始，历年来为负责中国军队训练新式炮兵的德国顾问，都有优秀负责的良好名声。包括早期中央军校教导队的德国炮兵顾问哈赛上尉（Heise），中央军校与炮兵学校的著名测地教官毕利慈少校（Beelitz），协助兴建汤山炮校的基尔柏上尉（Gilbert），编训"卜福斯"炮兵团时直接协训的哈德曼少校（Hartmann）与贝格尔中尉（Bögel），都是既有学识，又有一战经验的优秀职业军官。[1]而且，德国顾问不留后手，他们的倾心奉献，使中国炮兵在短短六年之间脱胎换骨，打下了坚定的基础。

写到此处，我们以上文谈到的"遮蔽阵地"为例，探讨德式与日式教学的优劣区分。

第一次世界大战时，传统的遮蔽阵地已经落伍。将一连山炮放置在山谷中，敌人的地面部队虽然看不到，但空中的侦察机却能一目了然。所以更新式的火炮阵地，不但要利用地形地物伪装，还要把各炮分散放置，作不规则纵深部署。如此空中观测的目标能有效缩小。而敌方借由炮声定位的声测连也会被迷惑，定位不出己方炮兵阵地的位置。这就是"有纵深的梯级配备之全遮蔽阵地"。

"有纵深的梯级配备之全遮蔽阵地"说

▲ 胡诺斯坦少校在中央军校与炮兵学校的学员中声望非常高。一位军校生把上课笔记编成《最新德式炮兵讲授录》，书中留下胡诺斯坦的照片，也留下他对学生的教诲："予对诸生有一追切之希望，即在一年半期间吾等共同工作以来，诸生所表现勤勉努力之精神，尤当保持于将来，以求日后所在部队之进益，而谋祖国之福利……一国之前途在乎青年，而以适当之教育为前提。故予希望诸君常完全自觉所负责任之重大，而为祖国启一光明之前途。是为序。中央军校炮兵顾问胡诺斯坦，民国二十二年十月十四日于南京军校。"

来容易，但实际部署起来，就是对炮兵射、测、观、通、炮五大技能的严格考验！要指挥距离不同的山炮作水平瞄准，炮兵指挥必须精确，计算非常繁杂；地形起伏不定，各个阵地不可能位于同样的海拔高度。所以作战阵地与目标的测绘必须精确，各炮才能调整出能够一弹命中的同样高低角；观测所的压力更大，既要求取各炮的射击诸元，又要注意各炮的弹着点；纵深配备也意味着架设电话线的工作量要增加好几倍，线路将非常复杂，也许还得用上总机；实际战斗的各炮也要有能独当一面的士官干部，一个连只有两名战炮排长，不可能各炮都分到一位军官。所以，带炮的班长就要有排长的本事……

日军也讲遮蔽阵地，而且对遮蔽阵地的认识也很先进，已经开始谈"有纵深的梯级配备之全遮蔽阵地"。日本《炮兵操典》第339条规定："在放列阵地各炮车为了对敌搜索，特别是对空搜索不至于困难，而且为

---

① 见王洽南《德国顾问在南京时期工作的回忆》，《传记文学》。

了减轻敌方火力可能造成的损害，应利用地形不规则地加以配置。同时为了各自的火力发挥不至于相互造成影响，或者为了避免因为过度分散而使得射击指挥造成困难，一个中队的正面不应超过一百米……为了进行对战车射击，除了配置于友军步兵的前线附近，而且还要在战车前进位置下可以充分发挥威力之处。与此同时，直到射击开始为止，应该完全对敌方视线以及敌方火力造成掩蔽。为此，通常应该以每个小队乃至每个分队为单位分置。"①

日军《炮兵操典》的规定是很实际的。"有纵深的梯级配备之全遮蔽阵地"最困难之处在于射击指挥。所以，战炮连虽然要"利用地形不规则地加以配置"。但是，负担的正面不能超过一百米，以符合射击指挥的实际能力。至于对战车（坦克）射击，则是日本人自己的发明。日本的战车装甲薄弱，初速低的山炮也能击毁。所以，日式的遮蔽阵地会加上山野炮"根据情况还要要求准备进行至近射击，或者对战车进行表尺瞄准而射击"的衍伸创意。而当时的德军会直接使用战防炮，所以不会另有山炮打战车的特殊规定。

日军虽然有遮蔽阵地的概念。但是日本士官学校的中华学生队还是使用"旧一套"的"观测器材"与"射击方法"，这就说明中国留日士官生不可能实地见过"有纵深的梯级配备之全遮蔽阵地"的实际部署。所以，这些留日高材生在返国任教时，只能把日军炮兵操典的条文在讲堂上念一遍，知其然而不知其所以然，实地训练时就会不着边际。真要留日教官实兵操演，教授遮蔽阵地部署方法的话，只会照猫画虎，全然走样！

所以留日派只能耍花枪，要教授出合格的炮兵军官，还得靠德国顾问。德国军事顾问都是经历过欧战的老兵，教起遮蔽阵地感觉就完全不一样。德国顾问虽强调"有纵深的梯级配备之全遮蔽阵地"。但中国炮兵还没摸熟经纬仪与方眼图，测地功力尚未练成，遮蔽阵地只能由基础学起，不能冒冒失失地直奔纵深梯次配备。所以德国军事顾问务实地让军校生专注于熟练普通的遮蔽阵地。

1932 年 6 月 11 日，中央军校第八期炮科学生一大早就到南京太平门外白马群山野外拉练，拉练的课目是"炮兵阵地侦察"，每个学生都要当连长，练习如何选择一个遮蔽阵地。此时中央军校的德国炮兵顾问大都身兼炮兵学校的教育要职，分身乏术。所以，阵地侦察这种简单的课目，就交给中央军校第八期第 1 总队炮兵队的队职干部去施教。

当时，带队的炮兵队队长张新斋上校是保定六期炮科毕业的老炮兵，队附周保华中校是张队长的保定同学，在三位区队长之中，吕登甲上尉是 1931 年夏才从日本士官学校野战炮兵科毕业的高材生，萧康南上尉与吴韬上尉则是中央军校第六期炮科毕业，两位上尉助教何坚与王澄清也是军校六期炮科生。这些军官虽然出身不同，但都经过德国顾问的加强训练。即使是资深的张新斋队长，也会在旁听德国顾问授课时心有所悟。所以，素质不一、资历各异的七位炮兵军官，讲起课来都是标准的德式风格。

在带到白马群山前时，张新斋队长下达敌我情况与作战任务的部署，随后全队学生席地而坐，静听张队长讲遮蔽阵地的历史与原理。张队长的讲解与《最新德式炮兵讲授录》

---

① 见《炮兵战斗原则の研究 战斗纲要炮兵操典》。

中胡诺斯坦顾问的解说大致相同，从曝露阵地一路谈到纵深梯次配备的遮蔽阵地，再讲火炮阵地的要点与要求，而后各区队由学生们自行发挥，侦察阵地、选定观测所、炮车阵地，进入路线与弹药补给队的位置，绘成草图限时交卷，交卷后由张新斋队长讲评。张队长的讲评切合实际，适合实战要求：

"观测所为炮兵眼目，故观测所之侦察，为侦察阵地中最重要者。集大家侦察观测所位置，分下列五处……白马群山，遮蔽良好，视野亦广。惟监视右方，则被天堡城山麓遮蔽，故不适宜。白马群山右侧高地，视界广阔，遮蔽良好，但距阵地稍远，微有缺欠。富贵庙前方后方及徐坟等高地，视界甚广，但遮蔽稍逊，亦欠妥善。若以此数处相较，则白马群山右侧高地，较为适宜，然需于徐坟设置补助观测所，以俾补其不足。炮车阵地……首需注意进入路……"①

如果让一位喝东洋墨水的留日派教官上这堂课，他只能照本宣科，大谈自己也不知所以的纵深梯次配备。当野外训练时，这个教官自己没有实地操作的经验，必然不知道如何解决高低角、遮蔽角、分火构成等梯次纵深配备阵地常见的问题，野外训练就会成为教官与学生都不知所云的迷云。老师学生都好高骛远，上起战场那可就是血的教训了。后人若分析，必然骂当时的炮兵教育超出现实，徒尚空想。

与此相比，德国军事顾问的教学虽只教到一般的遮蔽阵地。但上战场就能救人性命！

上过张新斋队长这堂野外实训课的学生，必然能对炮兵遮蔽阵地的选择得到领悟。即使是日本士官学校毕业的吕区队长，他在日本所学的，恐怕也远不及这堂野训课。

至于最先进的"有纵深的梯级配备之全遮蔽阵地"，虽然没有出现在张队长这堂野外训练的课目中。但张队长的德式教学，已经为学生们日后的进步打下了基础。只要坚定地继续扩大德式教学的规模，循序渐进，中国炮兵就能揭开遮蔽阵地的新篇章。

在德国军事顾问的细心教育下，间接射击与遮蔽阵地成为常识。中国军队新编成的《野战炮兵操典草案》关于遮蔽角的规定显示：即使是小小的炮班上士班长，也已经熟知间接射击的战斗方式。

在山谷树林里放置的火炮阵地间接射击视野有限，炮兵抬头是山坡或树梢。所以炮口要调高，否则装有瞬发引信的炮弹打到山坡或树枝，那整班炮兵就要"光荣"了。这个在遮蔽物高度内的仰角，就叫"遮蔽角"。依据炮兵操典第144条规定，炮班班长在布置火炮时的首要任务，就是不待军官下令，自行求出火炮向各个方向射击时的遮蔽角：

"班长应先对首要方向，测出遮蔽角或遮蔽距离及炮遮距离，报告于排长。嗣后可利用时间，再对次要方向（至少三方向）之最高遮蔽顶，亦需测出报告之。但射击开始之时，不得因此项处置而延误为要。在超越树林射击时，应注意射弹与细枝相撞亦能引起爆炸。"

将求取遮蔽角列入班长的炮兵班战斗注意事项，足见间接射击与遮蔽阵地在抗战时已经成为炮兵的作战常识。所以每个经过德式训练的炮班在火炮布置完成后，上等兵发射手（第二炮手）打开炮闩旋转高低机，由炮管往外观察，目视求取使炮膛高于遮蔽物

---

① 见《最新炮兵野外实施笔记》。

顶端的遮蔽角，是为"最低表尺"。下士瞄准手（第一炮手）则在最低表尺处使表尺指针对准炮身指针，确定最低表尺的密位。整个动作不需军官命令，由班长指挥进行。换言之，间接射击遮蔽阵地已经烙入每个官兵的脑海里，这就是德式教学的成果。

有了认真教学的德国顾问，蒋介石就能放手改造留日派垄断的炮兵教育。然而，德式教学是非常不方便的。因为中国已经十多年没有向德国派军事留学生了，没有受过德国军事教育的教官，而德国也限制中国军官的留德人数，一年只接受五位军官。所以中国根本没有合适的留德军官能担任教官。

然而蒋介石的固执是出了名的。没有留德的中国军官能当教官，就让德国顾问亲自上阵，带着翻译教学！德国顾问不懂中文，讲起课来有语言问题，靠翻译转述也不太着调，但却能一举打破军校教育留日派垄断的怪圈，这一步堪称中国新式炮兵建设的关键。

德国军事顾问直接上讲堂，开始时闹出不少笑话，尤其是不懂军事的德文翻译，几乎都是军校学生的笑料。因为中国没有几个留德军官。所以早期的翻译人员都是直接由大学招考的。于是不懂军事的翻译们在课堂上会把"放列阵地"译成"搁炮的地方"……

然而蒋介石毫不动摇，他办德文译述班，急训能以军事术语翻译的德文翻译；又大力收罗国内的留德军官，到顾问事务处翻译德文教材。只是当时国内的留德军官实在太少，当时在译述科翻译德文"二五操典"与《德译联合兵种之指挥与战斗》的三位翻译专家刘家佺、高孔时与吴光杰，都是清末奉派留德的老上校。刘家佺与高孔时两位最资深的上校还是湖广总督张之洞选派留德的！

有了德国军事顾问，误人子弟的留日派就不再吃香。留日士官或日本炮校的军官底子好，如果肯虚心接受德国顾问的教学，仍然是中国炮兵的优秀骨干，但若不肯加入德式建军的大改造，继续抱着日本学历嚣张狂妄的书本学术派，就会被无情地淘汰了。

野鸡岗炮战的罪魁祸首苏绍文就是一个例子。苏绍文打仗虽然不行，但却相当的心高气傲。在中原大战之后，苏绍文重拾教鞭，先到航空学校，再到炮兵学校当中校观测教官，因为"与射击组其它教官为学术上之争执"，被明令撤职，到军械司当小小的少校股长。但苏绍文仍不改留日书本派的狂妄自大，对德国军事顾问的指导不屑一顾。他平生最得意的壮举，就是酸味十足的无聊论战：

"于江阴要塞大威力重炮阵地之选定，极力纠正电雷学校当局，及德籍鹰屋总顾问，有意或无意之谬误主张。为学术，为真理，尤其为国家百年大计，不顾利害得失，坚决主张，毫不退让，故一般人讥为不善作官，而署中当轴则视为危险人物。"

英国谚语有云，有能力之人做事，无能力之人到课堂教书。"Those who can, do; those who can't teach。"今日海峡两岸的教育界也大都不免陷入同样的怪圈，但军事学术绝对不能陷入这个怪圈！因为，军人出了校门，就是要打仗的，军校教官没有教好，出来要以鲜血做为代价！如果不把苏绍文这种只会讲酸话、空话的留日派轰出军校，那中国炮兵怎能与日军拼死一战呢？

写到这里，笔者感激胡诺斯坦少校等德国军事顾问的尽职尽责。虽然有翻译问题。但德国顾问的授课却取得惊人的成功，轻松打破了留日派垄断的僵局。于是，中国当时的炮兵教育才得以更上一层楼，一窥现代化炮兵作战的精髓：射、测、观、通、炮。

第四节 射、测、观、通、炮

炮兵都知道，炮兵训练的炮科全程分为五大战术技能，即射（射击指挥）、测（测地）、观（观测）、通（通讯）、炮（炮操）。

一般文章谈及炮兵，最多只会谈到"炮"，技术数据洋洋洒洒，性能对比讲起来口若悬河，头头是道。但老炮兵都知道，没有射、测、观、通，再好的炮也是废物。所以，谈起炮兵，就一定要谈到这五大技能。

同样的，要练炮兵，也要练出五大技能，不是买到"改造三八"式75毫米野炮，中国炮兵就有能力与日军的炮兵联队对阵了。但在德国军事顾问来华之前，中国军队的射、测、观、通、炮可谓是一片空白，直到中央军校首创德国顾问直接教学时，射、测、观、通、炮才成为系统的炮兵战术大学问。

在五大战术技能中，"炮"是五大战技的基础，下文另做深谈。"射"是五大战技的总成，谈射击指挥之前，首先要谈德国军事顾问对"测"、"观"、"通"的贡献。

"通"是一门最基础的技术，炮兵的作战阵地与观测所之间，要有全面的通讯网，炮兵才有战斗力。依据《最新德式炮兵讲授录》，开头第一课就在黑板上画出了通讯网，详细说明通讯网的构建。德国顾问之所以在教导第1师编制出炮兵旅的框架，目的也是要让中国未来的炮兵干部能掌握通讯作业。

中国早期德式炮兵的通讯部队编制是巨大的，在胡诺斯坦的炮兵军制课程中，中国德式炮兵营的理想通信编制包括两个单位。一个是编制庞大的通信排，包括总机（总机班）、两个重电话班、一个轻电话班、两个中型闪光器班、一个小型无线电班与一个无线电班，负责联络通讯网。其次，与团部之间的通讯还另编一个"炮兵联络队"，有无线电和传令骑兵，甚至还有通信犬。

炮兵营是通讯网的中枢。在炮兵营之下各炮兵连在连部设有"通信梯队"，编制轻电话、重电话、闪光与无线电各一班，用以架设连部、各排及观测所之间的联络通讯网。而在炮兵营之上的炮兵团，通信排的编制就更可观了：4个双骈四马系驾的轻电话班、1个乘马轻电话班、1个乘马大闪光器班，1个乘马小无线电班以及1个无线电班。

通信器材训练简单，购买装备起来也较容易。德国军事顾问带来西门子的通讯器材，迅速充实起炮兵的通讯力量。

"测"（测地）是法军在第一次世界大战中发明的一门全新学问。[1]法军在惨烈的索姆河大会战，动辄部署火炮上千门，消耗炮弹上百万发，进行长达一周的猛烈炮击。但成效却非常有限。因为，原本迷信"法国七五"的法国炮兵，并不擅长间接射击，也不大会用方向盘。所以法国虽然迅速推出一系列性能优异的远射程加农炮与榴弹炮。但

---

[1] 见石廷宣《测地发生之由来及与我国炮兵之关系》，《炮兵杂志 第三期》；《野战炮兵观测实施法》。

炮兵训练的五大战斗技能：射测观通炮

1. 射（射击指挥）：连部要向各炮下达射击诸元的口令，是测、观、通的结合，指击指挥并不是连长用剪形镜看一下目标就能完成的。

3. 观（观测）：观测目标求取射击诸元，射击后观测弹着求取修正量。

2. 测（测地）：不起眼的钢卷尺是炮兵战斗的基本。如果没有使用钢卷尺辛苦测地的成果，大威力的155加农炮也只能乱打一气。

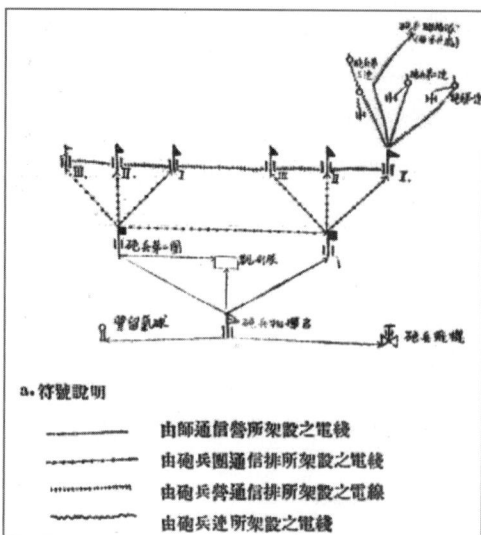

a. 符號説明

—————— 由師通信營所架設之電綫

‐‐‐‐‐‐ 由砲兵團通信排所架設之電綫

······· 由砲兵營通信排所架設之電綫

～～～～ 由砲兵連所架設之電綫

5. 炮（炮操）：有了射测观通的完美结合，炮兵班才能以纯熟的战技开炮。

4. 通（通信）：胡诺斯坦顾问在第一堂课里会画出来的师炮兵通信网。见《最新德式炮兵讲授录》。

法军炮兵却只会仗着地图乱打一气，于是索姆河就成为了屠宰场。高达六十万人的惨烈伤亡让法军大彻大悟，扔下直接射击的迷信观念，在亚眠等地设立了重炮兵研究所，潜心研究间接射击，为各种火炮制定最详细的射表。而且，法国人还精益求精，发展出能靠地图打仗的测地绝技。

要靠地图打仗，就要制作最精准的地图。炮兵测角板一算，就能算出精确的炮目距离（火炮与目标间的距离）与射向。等高线公式一推，就能算出高低角。最好地图还要绘制成附有坐标的方眼图。打起仗来就像电影一样，报个坐标，炮弹就呼啸而至……

靠地图打仗乍一看好像很高端，能省略惊动敌人的试射，使敌人措手不及。但要想真正靠地图来打仗，前题是要投入大量人力物力精心准备，绘制出最准确的地图才行。

这就是测地，用钢卷尺或精密昂贵的测角器经纬仪把射击目标给画出来。但打仗时只能在己方阵地精密测量一道基线，再利用观测所遥望敌军的目标推算。能够看清目标时，是由前方、侧方、后方交会的三角交会法；不能通视目标时，是由两侧原点辗转推算的导线法。所以，测地是繁琐的数学运算题。

有了精密的坐标地图，还要精益求精，进一步考虑到能影响弹道的气象因素，调查战场的风向、风速、气压、温度乃至磁针偏差……测地其中有无穷的学问。

在一战中，法国紧急开发出经典的155加农炮1917式GPF"大威力菲罗"，射程长达19.5公里，是现代加农炮的经典之一。然而，只有GPF是无法打仗的。必须开发出精密的测地技能，GPF才能发挥其射程优势。而德军也奋起直追，成为测地的专家。在中国德式建军时的德式《野战炮兵观测实施法》就有一大半篇幅在讲述测地的内容。

再说"观"。观测就是观测所依照远隔观测求取射击诸元，再依照弹丸的弹着点修正射击诸元。德式典型的观测法是靠方向盘与炮队镜观测弹着点的远隔观测法，对当时的中国军队而言，使用方向盘赋予射向射角的远隔观测法也是一门全新的学问，而率先发明方向盘的德军恰恰也是最理想的老师，下文将有详细记述。

有了"测"、"观"、"通"、"炮"的基础，炮兵就能谈射击指挥了。

德国炮兵顾问对教学器材也不是完全没要求。在胡诺斯坦利用"改造三八"式野炮教授间接射击时，中央军校斥资购入了昂贵的"德械"作为教具。胡诺斯坦等德国顾问推荐的"德械"，并不是雄壮威武的大炮，而是不起眼的光学观测器材。

没有方向盘与炮队镜，胡诺斯坦训练出来的德式炮兵既不能"观"，也无法"测"，再壮观的大炮也是废物。所以，观测器材成为德式炮兵建军初期最大的采购案。礼和洋行的买办丁福成回忆，中国军队光是经由礼和洋行采购的各种光学器材，总金额就高达300多万美元，[1]比卖大炮的营业额还高。

在"九一八"之后紧急购入的光学器材中，有一种德械利器将成功教导中国军队炮兵干部熟习间接射击，走向胜利！

这个"德械"利器，就是德造"1932年"式两用方向盘。[2]

---

① 见丁福成《德商礼和洋行在华经营军火活动情况》，《文史资料选辑第一一0辑》。
② 见《野战炮兵观测实施法》。

第五节 炮兵致胜的德械装备
——"三十二年"式两用方向盘

方向盘（richtkreis）是炮兵进行间接射击的关键装备，原理并不复杂。方向盘的上部是一个用来观测射击目标的周视镜，中间主体是一个可以360度旋转的回转盘，附有标示密位（mil）的分划环。密位（milliradian）意指毫弧度角，一个360度圆周相当于6283密位，但炮兵将圆周定为6400密位，一个炮兵用密位等于0.98171875个实际mil。虽然有误差，但炮兵却能借此得到一个能轻易整除的圆周记数单位。观测员利用望远镜瞄准目标时，能由分划环求取出方向的相应密位，既能为遮蔽阵地里看不到射击目标的炮兵连指引射向，也是测量地形的最佳仪器，还能通过观测弹着点来求取射击诸元的修正数值，所以方向盘是间接射击最重要的利器。

方向盘是德国人在1912年发明的，原本炮兵只有昵称为"剪形镜"的炮队镜。炮队镜是直接射击时代的产物，附有水平与高低分划，不但能观察射击目标，而且目标物的宽度、弹着点的偏差与敌我之间的高低差都能一目了然，观测员借此可以迅速推算出高低角与大致距离。有了炮队镜，目视距离就能达到瞭望所及的5000-6000米，堪称直接射击的法宝。而德国人还别出心裁地在炮队镜上加装了6400密位的回转盘，就成为可以求取射向的方向盘。

方向盘最大的亮点是可以直接观测敌方目标的剪形镜。所以，德国人发明的第一代方向盘被称为全景望远镜（Panorama-Teleskop），日本译为"巴拉马"瞄准具。

随着间接射击与遮蔽阵地成为炮兵战斗的主流，"巴拉马"瞄准具在间接射击上的价值被开发出来。间接射击要使用远隔观测法，"远"的解决方法，不外乎尽量将观测所前推。"隔"就不容易解决了，把炮兵连放列在山沟里，抬头只见山，如何瞄准目标？

德国人非常聪明，他们利用多个方向盘的接力，轻松地解决了"隔"的困难。

例如，炮1连在山谷里的遮蔽阵地放列，射击目标是山头另一边的敌炮兵阵地。炮1连官兵抬头只见山丘，看不到山丘另一边的射击目标，连部的少尉观测员就要率领连部的观测组与电话兵爬上可以目视射击目标的山头高地，成立观测所。两名观测军士，一名扛剪形镜（炮队镜），一名扛方向盘。这个观测所的要求：第一，要能目视射击目标（即为原点）；第二，要能看到炮1连的各炮情况。在选好视野良好的位置之后，撑开三脚架，架起方向盘，就是间接射击的第一步了。

在方向盘部署完成之后，负责方向盘的军士会以3200密位处对准射击目标（原点），并且伸平双手做出最引人注意的大鹏展翅姿势，让放列在山谷里的炮1连知道原点的位置。负责指挥炮1连的两位排长会立即移动后炮架（调大架），让四门火炮大致对准原点。四门火炮基本对正原点之后，负责观测的军士就地旋转回转盘，将方向盘先后对准炮1连四门火炮的瞄准镜，放列时火炮的瞄准镜是高高扬起的，而且支架刻意漆成显眼的红色。在方向盘镜头里对正各炮瞄准镜之时，观测员就能求出观测所与方向盘的相应密位。

方向盘求取射角的关键，在于方向盘与火炮互相瞄准时，其方向分划恰好是和照镜子相反。所以要做180度的修正。密位大于3200时减3200，小于3200时加3200。如测出第1炮的相应密位是2250，第1炮的方向分划就是2250+3200=5045。在求出各炮射向后，观测员要以电话，闪光信号或传令兵通知到各炮的第5炮手，这就是射向赋予。

各炮的瞄准镜也有本分划（单位为百密位）与微调的补助分划（单位为一密位）。炮兵称旋转分划环调整分划的动作为"装订分划"，第1炮炮长令第1炮手（瞄准手）按照第5炮手抄收的分划将5045密位"装"于瞄准器的分划环上，再进行"反觇"。

反觇就是用瞄准镜看山顶上方向盘的镜头。如果分划装定5045没有误差，此时第1炮瞄准镜的镜头会正对方向盘的镜头，而此时第1炮的3200方向，就与方向盘的3200方向平行。炮1连的四门炮各作一次反觇，四门炮的射向就会与方向盘的3200平行，一致指向原点，看不到目标的射向赋予就完成了，这便是"一个方向盘平行瞄准法"。[①]

一方向盘的平行瞄准法

一个放列在山谷遮蔽阵地里的卜福斯山炮连，如何越过面前100高地，射击在高地

另一端无法直接目视的目标呢？

首先要让观测员率领方向盘军士到一处能直接目视目标之处成立观测所。南方的200高地是完美的选择。

200高地上的方向盘军士（方二），以3200对准原点，而后以手势指示山谷里的炮兵连的基准炮，调大架将炮口指向大略方向。

第二步，方二旋转回转盘，瞄准基准炮的瞄准镜上漆成红色的显眼支架。得到2250的分划值。于是观测所会以电话，闪光信号或人力传令，通知山脚下的基准炮。

如同照镜子一样，基准炮瞄准镜与方向盘互相瞄准时，瞄准线虽然平行，但方向相反（如图）。所以分划值要修改。大于3200减3200，小于3200加3200。然后移动大架，调整角度，并向方二反觇。如果反觇无误，此时方二的3200，就是基准炮的3200，间接射击之射向赋与就完成了。（本例来自《最新德式炮兵讲授录》，略加修饰而成）

有了能够赋予射向的方向盘，间接射击就能无往而不利。即使受地形所限，无法直接目视射击目标（原点）与己方火炮，也可出动两组方向盘，一组对正原点，一组对正己方炮阵地，互相反觇，采用接力的方法求取射向，这即是"二方向盘之平行瞄准法"。

在方向盘平行瞄准法之外，射向赋予还可以使用磁针瞄准法与地图测角板瞄准法。不过这两种瞄准法是应急时的备用方案，都是炮兵操典中明确不推荐的方案。所以，要赋予射向，方向盘还是首选。

有了正确的射向，下一步求取射击距离就轻松多了。装备齐全的观测所有测远

---

① 见《炮兵新式间接瞄准法图表解》。

射击目标（原点）

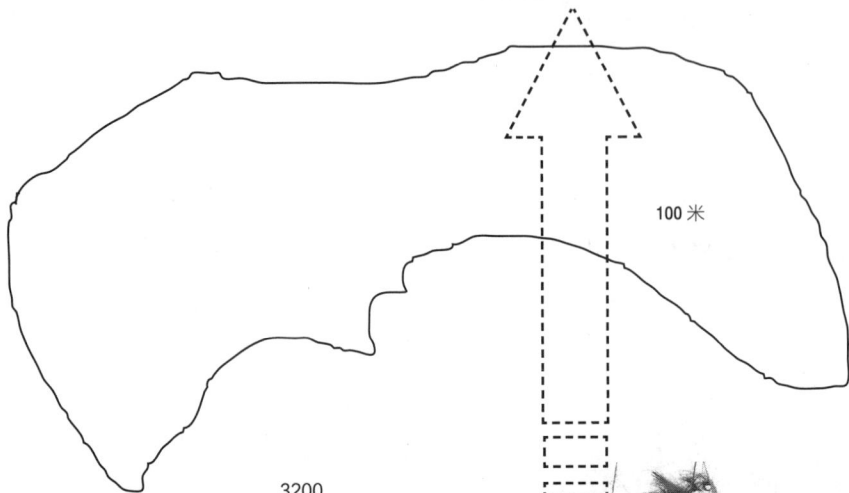

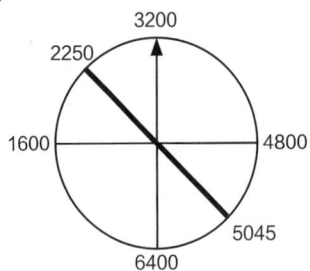

100 米

某部卜福斯山炮放列
阵地（基准炮）

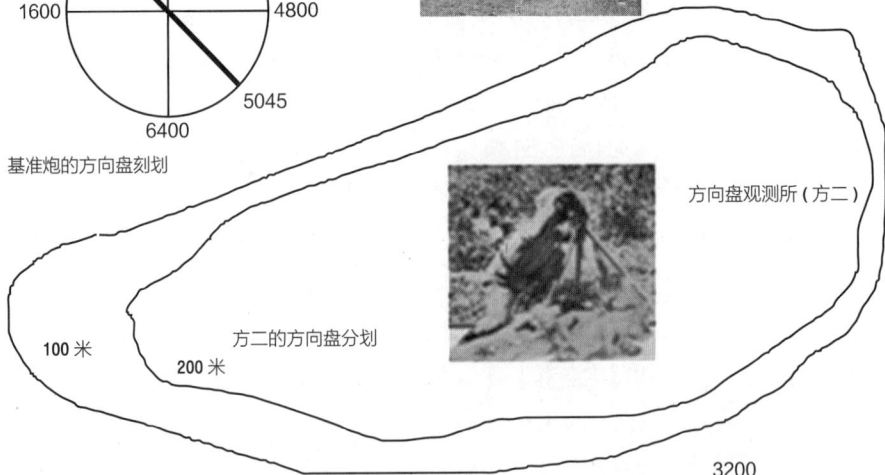

3200
2250
1600   4800
5045
6400

基准炮的方向盘刻划

方向盘观测所（方二）

方二的方向盘分划

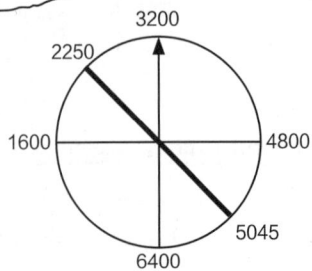

100 米
200 米

3200
2250
1600   4800
5045
6400

机，如果没有，镜头中有密位刻度的剪形镜与方向盘也可以代劳。密位值 × 距离 /1000＝ 目标物长（宽）度。所以老炮兵只要用有密位刻画的炮队镜稍一观察目标，就知道距离了。

如果连炮队镜都没有，老炮兵伸出手指，找个可以判断高度或宽度的参照物，用指幅或指长对正目标比划一下，目标实际长（宽）度 × 手眼距离／目标用手测出长（宽）度＝距离，就能测出大致距离。这就是炮兵所谓的"全身是尺"的基本功。

在求射击距离的同时，也要求高低角，而求高低角也是方向盘的强项！方向盘镜头里有高低分划，运用镜体的俯仰，可观测敌我高度差异。观测员先对准目标，计算观测所与目标间高低差的高低角（假设为 α1）；再对准放列阵地测观测所与放列阵地（时称炮车）的高低角（假设为 α2）。然后带入观目距离（观测所与目标间距离）与观炮间隔（观测所与放列阵地间距离），就可以使用三角函数公式，求出火炮的高低角 α。

照抄一个《最新德式炮兵讲授录》的实

例：观测所测出观测所与目标间的高低角 α1 为 –8 分划，观目距离 3000 米；观测所与放列阵地间的高低角 α2 为 12 分划，观炮间隔为 400 米。又炮目距离（炮兵放列阵地与目标间之距离）为 3200 米，试问火炮高低角 α 为何？公式如下：

$$\alpha = 3000 \times (-8) - 400 \times 12 \div 3200 = -9（分划）$$

在粗略估出距离与高低角后，下一步便是以试射时观测弹着点而求取夹差，推算出精确的射击距离。如炮1连打一个距离大约在 3500 米左右的敌炮兵阵地，担任试射的基准炮以 3500 米定表尺打一发，让观测员在剪形镜中观测弹着点。如弹着点偏远，第二发减 400 米，改打 3100 米。如目标夹在两次试射弹着点之间，就成功构成了夹差。于是接下来的试射，就要逐步缩小夹差。第三发加 200 米打 3300 米，第四发减 100 米打 3200 米……以此类推，先将夹差缩小到 100 米，接下来的精密试射就缩小到 50 米。如果夹差能缩小到 50 米，就已相当成功了。

当然，每发炮弹的弹着点必然会有误差。所以，在夹差缩小到 50 米时，要在同样距离分划连续射击六发炮弹以检验射击的精度，称为"顺射"。如果六发顺射的结果能达到远近各半，就算很成功的试射了，此时就能发起全连的真正效力射。但是，如果火炮的精度好，就能进一步把夹差再缩到 25 米……

观测弹着点也是方向盘的强项，整个射击诸元的修正几乎可以直接在方向盘里完成。于是，观测员的方向盘成为射击指挥的真正重心。既然，射击指挥的重心在观测所，指挥全连战斗的炮兵连长在战斗时也得跟着观测员爬上高地，监督操作方向盘的军士观测目标，检查观测员计算射击诸元。所以观测所才是真正的射击指挥中心，火炮阵地只留

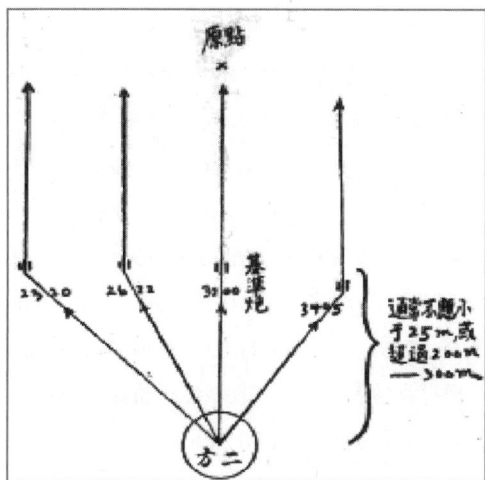

▲ 方向盘对战炮连全连四门火炮赋与射向。图为《炮兵新式间接瞄准法图表解》的附图。

射擊程序	發射彈數	射距離	觀測	
試射	1	2000	+	夾叉射
	2	1600	-	
	3	1800	+	
	4	1700	-	
	5	1700	-	檢驗射
	6	1800	+	
射射	7	1750	+	順 射
	8	1750	-	
	9	1750	+	
	10	1750	+	
	11	1750	-	
	12	1750	+	
效力射		1750		

例　對二千公尺處之敵機關槍射擊，其射擊程序如何？

▲ 夹差射击的范例。本图来自《最新德式炮兵讲授录》。

两位排长守着电话，等待观测所下达的射击诸元即可。

"全连，二号装药，榴弹，着发引信，第一炮基准炮发射，方向盘3000，（距离）3275，高低 -9，待令放一发！"

"放"令一下，射、测、观、通、炮功德圆满，就完成了一次精确而威力强大的平行分火间接射击。

在第一次世界大战后，北洋军曾接触过方向盘的讯息，北京的陆军部曾制作了一份讲述各种"炮兵镜子"的简报，简单叙述了"卡展赛式剪形瞭望镜"、"哥刺式间接瞄准镜"、"蔡斯式测远镜"与"哥刺式剪形瞭望镜"的优劣。[1]就译名来看，这是某家德国洋行意图出罄德军旧货的宣传手段。"卡展赛"应该是德国的光学大厂施耐德（Schneider-Kreuznach），"哥刺"则是在二战之前赫赫有名的高斯（C. P Goerz）。高斯的望远镜与相机曾经风华绝代，是德军一战中主要的光学器材供货商，在二战前被蔡司并购。"施耐德"则存续至今。但在德国洋行大力推销的20世纪20年代，"卡展赛式剪形瞭望镜"

与"哥刺式间接瞄准镜"都已经是落伍的淘汰货了，难入德国军事顾问的法眼。

德国军事顾问在1932年左右大力推荐的方向盘，是当时刚出厂的"32年式两用方向盘"。"32年"式两用方向盘既有传统方向盘的24厘米望远镜与回转盘分划环，又有如同剪形镜的18厘米潜望镜。两用方向盘的24厘米望远镜是真正的光学工艺杰作。中国军队在1930年左右随日造"改造三八"式野炮买入的"巴拉马瞄准镜"放大倍率为三倍，而"32年"式两用方向盘的放大倍率达到了八倍，且视度可以调整远视或近视两种模式，并附有高低机，既可以精确赋予射向，又可以判断射击距离，高倍望远镜观测弹着点求取距离更是得其所哉，简直万能观测器材。

在1947年出版的《野战炮兵观测实施法》以专门的章节详细说明了"32年"式德制两用方向盘的结构，书中说明其制造工厂为德国的Wilkman。

但由结构、照片与型号推断，这种方向盘应该是莱茨公司（Leitz Wetzlar）的杰作Rundblickfernrohr 32（Rbl.F. 32），若与sFH18的圆表尺结合，那就是二战时期德军装备的标准制式火炮用瞄准镜了。

Rbl.F. 32的品质是不容置疑的。莱茨公司在战争年代生产方向盘，和平时期则生产相机，这就是鼎鼎大名的莱卡（Leica）。

莱茨的工厂位于Wetzlar（韦茨拉尔），这可能是被误记为Wilkman的原因。Rbl.F. 32到今天还是欧美军事迷的收藏佳品。（由于Rbl.F. 32是二战时期德军炮兵的制式装备，因现存品数量巨大，其收藏品价格始终不高，国外网站的叫价只需80欧元左右。）

---

[1] 见《陆军部军械司汇编炮兵各种镜子说明书》，《中国近代兵器工业档案史料第二辑》。

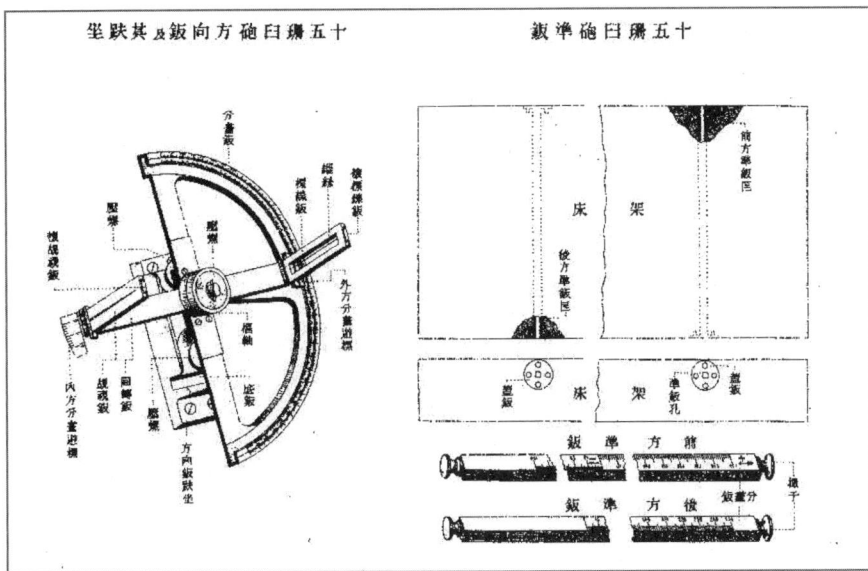

▲ 日造"三八"式150毫米重榴弹炮的方向钣。与瞄准镜搭配起来，就成为被中国炮兵称作"巴拉马瞄准镜"的方向盘。原图见日军《重炮兵照准教范草案》。

在"32年"式两用方向盘之外，中国新式炮兵的其它观测器材也是清一色的德国货，而且清一色是蔡司的名厂精品："蔡司"望远镜、"蔡司"炮队镜、可以调整立体影像的"蔡司"测远机、堪称测量神器的"蔡司二号"400°经纬仪……因为，几十年来昂贵的经纬仪一向是非"蔡司"不买，。所以，用惯"蔡司"经纬仪的中国炮兵，索性将经纬仪直接昵称为"蔡司"。

莱茨与蔡司的观测器材可不便宜。参谋（本）部第二厅厅长徐培根在1933年春到德国与捷克采购武器时，依据徐厅长呈报的报价，一具"蔡氏镜"要价2000大洋，一具方向盘也是2000大洋。而一挺"捷克"造轻机枪的单价却也只有1000大洋而已。①

炮兵战斗讲究射（射击指挥）、测（测地）、观（观测）、通（通讯）、炮（炮操）。一架当时最新式的德制两用方向盘，就能包下射击指挥、观测与测地三项，取得了Rbl.F. 32，中国新式炮兵建军大业就成功了一半！

▲ 在购物网站上拍卖的Rbl.F. 32与使用示意图。因为Rbl.F. 32是德军大量生产的炮兵制式装备，现存品太多，只要80欧元就能收到一架。

① 中国台北国史馆藏，蒋中正文物档案，第002-090102-00004-005号档案。

第六节 现代化炮兵的入场券

在中原大战时，德国军事顾问在中央军校与教 1 师训练出来的新式炮兵干部已经焕然一新，与直接射击时代的老前辈截然不同。时任炮兵教导团第 2 营第 4 连第 1 排排长的黄通回忆了一段新旧炮兵的代沟。黄通的第 1 排在中原大战时配属给第 11 师第 32 旅，旅长李明是云南讲武堂毕业的炮科生，但李旅长只见过靠缺口准星表尺直接射击的沪造山炮，没见识过"改造三八"式野炮这种靠间接射击打仗的新式火炮，既不知间接射击为何物，也不清楚黄排长的德式光学器材是用

▲ 抗战时期《良友画报》的成都中央军校专辑的照片，操作蔡司炮队镜中的军校学生。

来做什么的。于是，刚出校门的黄少尉把李少将要了一顿：

"他来看我的炮队镜，这是德国制的蔡斯镜。他说：'这是啥玩意儿？'我故意逗他，要他把两手背起来向前看。他说只看到云彩，啥也没有。吾又转动对物镜，问他看见目标没有？他说：'看到了，很清楚。'这样子他才晓得现在炮兵的花头多，我简直把旅长要得团团转。"①

黄排长的骄傲是情有可原的。因为，他在实战中展现出了中国新式炮兵干部的杰出能力，让人不能不服气。第 1 排刚到第 11 师时，配署给周至柔的独立旅。周旅长不知道该如何进行步炮协同的配合。他想用炮兵助威，但又担心"改造三八"式野炮的远距离间接射击时会打到自己人。所以，周旅长在攻击前特别嘱咐黄排长，"前进时会吹冲锋号。听到号音，你就加快射击。注意不要打到自己人就好。"

能力一般的炮兵排长得到如此"高明"的步炮协同指令，恐怕要抗命了。但是，黄排长却创造了奇迹。他不但单靠冲锋号音从容开炮。而且，间接射击的炮弹有如长了眼睛一般进退有序，弹弹精确命中敌军。

"不久，听到前面吹起冲锋号，我们开始按预定目标打起来。周至柔领头一直往前冲去，然后他从原路回到我们炮兵阵地说：'五

---

① 见《黄通先生访问记录》。

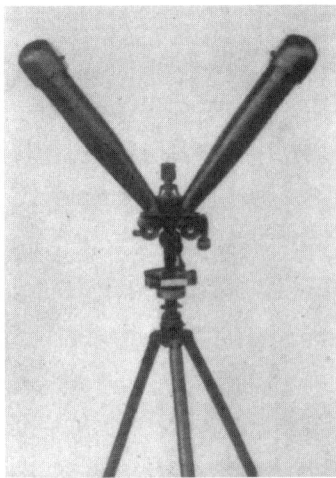

▲ 日军炮兵观测器材。在抗战爆发前，日军的遮蔽阵地间接射击战技已经非常成熟。如果没有德式炮兵教练，靠三点一线打仗的中国炮兵在抗日战场上将成为被屠杀的一方。

个村庄！'得意洋洋的说开心话！由于炮弹不断命中敌人阵营，他奇怪地问我说："你们炮弹有眼睛啊？敌人前进后退都在你们的火网里，太好了！……"

黄通创造奇迹的方式很有趣。这便是炮兵在射向赋予之后会在火炮前插标竿，以便火炮在后坐力影响下失去原方位角时迅速恢复射向。而黄通则把标竿原理再作衍伸，加上角度，作为调整射击距离的土方法：

"我们在地下打了许多椿，教士兵根据这些椿定炮位，我们像是按照地图一样打得很准。这也是敌人的弱点。他们人在壕沟里，阵地固定，他出了壕沟后退，我们就听号音增加距离，炮弹跟在前面或后面，使他们在炮弹的夹差中，进退都挨炸！"

如果没有德国军事顾问带来的德式教学，中国炮兵将是什么模样呢？老炮兵也许会津津有味地回忆起抗日战史，举出一个发生在

1944 年 6 月的风趣战例，让你了解德国顾问的重要性。

1944 年 6 月，第四次长沙会战全线失利，当时位于第九战区右翼的第 58 军向赣西重镇萍乡溃退，一个日军步兵联队跟踪追击，在萍乡北郊的赤山桥追上第 58 军军部。日军联队长误以为第 58 军没有炮兵，居然抛开一切遮蔽阵地间接射击的麻烦原则，堂而皇之地将联队里的山炮放列在大马路上，照着赤山桥的第 58 军军部就是一阵猛轰。第 58 军军长鲁道源将军正与军部高级将校吃饭，见到日军一炮打得屋震墙摇，气得骂起娘来："他妈的！日本鬼子知道了我们在这里吃饭不成？怎么打得这么准？"

就在这危机关头，第 58 军炮兵营反击了。第 58 军炮兵营的火炮种类不明，有回忆说是

▲ 《良友画报》的成都中央军校专辑的另一张老照片，具有分划盘，似乎为一架未装上潜望镜的方向盘，但既不是 Rbl. F. 32，亦不是 Richtkreis 31。存之以就教于知者。

▲ 一个日军野战炮兵的观测所，日军称为观测小班队。前方为炮队镜，中间为双眼望远镜，第三名拿长筒式的测远机，最后一名操作方向盘。

山炮。但是，当时档案显示这个炮兵营有可能是原来的第 1 集团军重迫击炮营，全营只有 6 门 150 毫米重迫击炮。[1] 150 重迫击炮的射程不会超过 5000 米，而"四一"式山炮用"九四"式榴弹时的最大射程是 6500 米。所以，150 重迫击炮一般是无法向"四一"式山炮挑战的。然而，炮兵营营长徐肯堂却惊喜地发现狂妄的日军不顾间接射击的铁律，居然在大道上作战！

于是，徐营长指挥藏身在遮蔽阵地的重迫击炮，以最熟练的间接射击技术，直接发起不做试射的全连效力射，一口气歼灭了整个日军山炮中队。

当时在第 58 军担任谍报参谋的张赣萍回忆道："炮兵营营长徐肯堂跑上山头一看，见到日军的山炮，竟然目中无人，胆敢在大路上'放列'。他不声不响，要观测所把距离

①见《民国32年各战区军（师）属炮兵种类数量表》，《国军炮兵口述历史》。

▲ 在赤山桥战役中以娴熟的遮蔽阵地间接射击系毙日军联队长的徐肯堂营长。徐营长是德国顾问教练出来的军官。

测得精确准定，然后出其不意，一声命令之下，轰隆隆数炮齐发，根本不需修正距离偏差，一下子便把日本人的炮打得哑口无声，非伤即死。活着的拆炮都来不及，抬起炮身就跑……那个目无余子的轻敌联队长，竟在炮兵阵地附近中了'头彩'，当场被五八军的炮兵'打瓜'！敌酋既死，敌军当然无心恋战，更可能听到炮声以为来了增援的生力军，故此抱头鼠窜，狼奔豕突，连忙向萍乡南面退走……"①

在徐肯堂炮兵营以杰出急袭歼灭日军炮兵之后，原本在溃退状态的第58军士气大振，战局全面逆转，成为第58军战史中反败为胜的经典之作 -- 赤山桥血战。②当道放列是直接射击时代的打法。如果没有德国军事顾问带来的遮蔽阵地间接射击，在大道上堂而皇之当道放列的悲剧，可能就是中国炮兵的命运了。

建立奇功的徐肯堂营长本身也是德国军事顾问教出来的好学生。1933年8月，刚出校门的徐肯堂奉命派到炮兵第1团第1营第2连做少尉观测员，③由德国顾问直接协训的炮1团是德式教练的大本营，他在赤山桥展现的远隔观测战技，就是德国顾问精心磨练出来的。这些在德式教学中茁壮成长的中国炮兵军官，才是中国炮兵的真正战斗力。在德式教学大获成功之后，中国的德式炮兵即使是操作以废料改造的150毫米重迫击炮，也还是能打出一个辉煌战史的！

有了德国军事顾问亲自训练出来的下级军官与购买的德式观测器材，当时的中国炮兵迅速跨入了间接射击时代，得到了现代化炮战的入场券。而发展德式教育的下一步，就是要找到趁手的火炮了。

在德式教学初见成效的1932年，负责中国炮兵建设的国民政府高层重新考虑起中国炮兵新一代的制式火炮选择问题。这个当时中国二十年来一直无法解决的老问题，虽然依旧貌似无解。但是，在德国顾问佛采尔大力推销的"卜福斯"火炮清单之中，却有一种堪称万能的山炮，彷佛可以一举满足当时中国野战炮兵的需求！这种炮为当时中国炮兵带来备战抗日的无限憧憬，也燃起了20世纪30年代德式炮兵的建设激情。在八十年后的今天，这种山炮的名称依然是如雷贯耳，引起后代军事迷的无限遐思，这便是"卜福斯"山炮！

① 见张赣萍《弹雨余生录》。
② 见《壮志千秋 陆军第五十八军抗日战史》。
③ 见《军政公报》。

第五章

寻找万能炮
——德式建军的卜福斯之梦

在中国德式建军的 20 世纪 30 年代，中国炮兵的主力装备仍世纪之初开发出来的汉造"克"式 75 毫米野炮，"三八"式 75 毫米野炮，沪造 75 毫米山炮与"大正六年"式 75 毫米山炮，这些高龄二十岁以上的火炮，都是合金钢革命前的产物，是落后欧洲火炮一个时代的老古董。这些古董炮在关门打内战的年代固然是八面威风。但是在"九一八"之后的抗日战场上，就显得老态龙钟了。

在大正民主时代的日本火炮虽然是出了名的落后。但是，在蒋介石誓师北伐的 1926 年，日本也进入了杀气腾腾的昭和军国时期，日军炮兵急起直追，借助施耐德等欧洲尖端大厂的技术，大幅提升了制式火炮的水平。在"田中奏折"激烈倡议征服世界之时，大阪炮兵工厂加班加点疯狂量产着新一代火炮。且不说中国军队望尘莫及的 105 毫米口径以上的重炮，单是日本在昭和初年换装的一系列新式 75 毫米口径的山野炮，就足以让中国军队冷汗直流。日本的新一代制式 75 毫米野炮是最大射程将近 11 公里的"九五"式野炮，行列全重只有 9367 公斤，日本新近繁育成功的铡路种挽马可以轻松挽曳，日军的新一代制式 75 毫米山炮则是全重只有 536 公斤的"九四"式山炮，轻巧灵便，六马驮载时连中国的本地骡子都能应付自如，完全适合中国战场，而且"九四"式使用尖头榴弹时的射程将近 8200 米！

▲ 日造"九四"式山炮。

弹药箱　弹药箱　防盾　炮身　托架　摇架　炮架　车轮　车轮

▲ 驮运状态的"九四"式山炮。

日造"九四"式山炮

"九四"式山炮的全面性能并不突出，但却是在中国作战的最佳火炮，因为九四式的机动力是按照中国战场特性与日本骡马能力量身打造的，机动起来完全没有滞碍。兵工署于1953年颁发的《陆军兵器手册》对九四式山炮给予高度评价："能迅速分解（全炮拆成十一件）与结合，适宜于山地及困难地形作战，全炮仅重536公斤，为世界各国同口径山炮中之最轻者…全炮可由一马挽曳或分解后六马驮载，分解后炮件重，均小于100公斤……实为一良好设计之武器。"

"九四"式山炮在1931年开始设计，1934年设计完成，这段时间同时也是中国军队积极寻求新一代制式火炮的高峰期。看着从日本传来的"九四"式情报，中国军队高层想必是冷汗直流。"九四"式山炮分解后最重的驮载件是96.6公斤。如果改以单马挽曳，炮脚后半部及驻锄会分解由驮马驮载，所以行列全重只有495公斤。照片中驮马身形粗壮，应该是日本以法国佩尔什马与北海道马混种的钏路种。

重量完美的山炮，育种成功的驮马，即使是笔者，在八十年后审视这张照片，都要为之心惊！

昭和新时代的日军是满脑子征服世界的念头。征服世界，必先征服中国。所以，在昭和初期开始量产的制式"九〇"式野炮与"九四"式山炮的设计，刻意做到符合中国作战的战场机动力需求。而在日本野战炮兵突飞猛进之时，中国军队的炮兵却仍把日本人急待淘汰的"改造三八"式野炮视为炮兵瑰宝。看着日本陆军特别大演习的纪录片，南京的衮衮诸公能不大惊失色吗！

所以，中国德式建军的炮兵新愿景，就是把火炮性能在最短时间之内一举提升起来。然而，中国的国防重工业尚在起步阶段，制式火炮的种类自然是越少越好。如果能开发出一种口径在75毫米左右，兼有野炮、山炮与榴弹炮功能的万能火炮，中国的新式炮兵就能以最快速度训练成军，而兵工厂也能一举翻新生产线，专心致志地大量生产这种单一型式的"万能"炮。

有这么方便的火炮吗？

答案是令人振奋的。因为，在佛采尔卖力推销的卜福斯产品清单上，赫然就有如此一门堪称"女神"的"万能"炮！

30 年式 20 倍卜福斯 75 毫米山炮性能诸元	
口径	75 毫米
炮身长	21 倍口径
炮口初速	一号装药（弱装药）　250 m/s 二号装药（强装药）　330 m/s 三号装药（最强装药）　405 m/s
炮弹	瑞典造碰炸榴弹（使用碰炸信管） 瑞典造空炸榴弹（使用双用信管） 瑞典造霰弹 国造卜式钢质榴弹（使用碰炸信管）
弹重	6.5 公斤
装药重　一号装药 　　　　二号装药 　　　　三号装药	163 克（一大药包或二小药包） 244.5 克（一大药包与一小药包） 326 克（一大药包二小药包或二大药包）
信管	双用信管（触发与空炸功能） 碰炸信管（触发，瞬发，延时功能）
榴弹破片威力界	75 米
有效射程	一号装药（弱装药）　5125 米 二号装药（强装药）　7600 米 三号装药（最强装药）9125 米
高低射界	−10 度 −50 度
方向射界	左右各 50 密位
驻退机	液压式
复进机	前推簧式
后座长	长（仰度 0)95 公分，短（仰度 50)52.5 公分
射速	8 发 /min
车轮直径	90 毫米
辙宽	95 毫米
防盾厚	4.5 毫米
炮闩	半自动曲柄锁栓式横式炮闩
炮架	开脚式
车轴	弧形车轴
车轴高	0.91 米
放列全重	800 公斤
行列全重（驮载）	894 公斤
（1）前炮架组	106 公斤
（2）车轴与中炮架组	111 公斤
（3）后炮架组	111 公斤
（4）炮管与车辕组	113 公斤
（5）炮尾组	115 公斤
（6）滑板与车轮组	115 公斤
（7）防盾组	105 公斤
（8）摇架组	118 公斤
机动方式	八马驮载或复辕双马挽曳

＊本表依据《野战炮兵操典实施法》、《部队演习之审判》、《国民参考兵器大观》、《野战火炮简编》、《炮弹识别》及《三十年式二十倍口径山炮距离差与分火量之研究》参考而成

第一节 新式野战炮兵的要求

什么样的火炮是 20 世纪 30 年代中国野战炮兵的理想装备呢？

我们首先看看讲求射程的野炮。20 世纪 30 年代，欧洲各国口径在 75 毫米左右的新式野炮，射程要求是 14 公里。因为一战的经验显示一个配备合理的防御阵地，其纵深约为 1-2 公里。而在这个阵地前约 8 公里处，会有迟滞来敌的警戒阵地。而己方炮兵阵地与敌军的阵地前沿（警戒阵地）至少要有 4 公里的距离，以免遭到敌方骑兵的袭击。所以，口径在 75 毫米左右的新式野炮，射程要求就是 14 公里了。

当然，欧洲各公司新式野炮现货的战斗全重都是非常惊人的。中央军在 1935 年 7 月曾评估过两种堪称当时领先全球的野炮。一种是施耐德公司最新式的 39.9 倍口径开脚式 75 毫米远程野战炮，最大射程是 14500 米。另一种则是卜福斯公司的 40 倍口径 75 毫米野炮，射程 14000 米。虽然性能优越，但是行列全重都超过了两吨，完全超过了骡马的运力。

而对当时的中国军队而言，14 公里的理想射程是完全没有意义的。一门射程在 14 公里的野炮与一门射程 8 公里的野炮，对当时的中国军队来说，功效其实是基本相同的。因为，打 14 公里远的间接射击，一定要用观测飞机或热气球观测弹着点求取夹差。否则，就只是蒙着脑袋乱打一气。然而，当时的中国军队却一直没有装备观测飞机与热气球。

所以，间接射击的射程，必须在前方观测所方向盘观测员能以方向盘目视求取夹差的目视距离之内进行。

如果没有地形地物的遮挡，方向盘观测员目视观测距离的极限大约是 5 公里，要把观测所摆到 5 公里之内，必然已经突破了敌方的警戒阵地。假设我方的炮兵放列阵地距离观测所 4 公里，则新式野炮的理想射程大概约为 9 公里。

其次，我们再来看讲究破坏力的榴弹炮。野炮的炮弹威力有限，只能用来杀伤暴露在空旷地带的人员马匹。如果射击目标是敌方已经构筑完成的坚固阵地，野炮射击的用途不大。因为，一个经历过一战硝烟考验的新式阵地，必然会构筑避弹用的掩蔽部。所以，要切实破坏敌方阵地，伤杀敌方人员，还得靠使用高爆榴弹的榴弹炮。

在堑壕战中大放异彩的榴弹炮讲究侵彻力与破坏力，因此榴弹首重炸药。而在 20 世纪 30 年代，榴弹用的炸药普遍已经使用了 TNT。所以，各国榴弹的结构也趋近统一。所以，炮弹愈重，破坏力与侵彻力愈大。口径在 75 毫米左右的新式野战榴弹炮，弹重大约是 6 公斤左右。

弹重大同小异，只好在引信上下工夫。当时的引信主要分成空爆引信，瞬发引信，触发引信（又称着发引信）与延时引信。空爆引信会在半空引爆（适合引爆的高度在距离地面 8 米至 20 米之间），以高爆炸药炸开的榴弹钢壳破片杀伤威力远比传统铅丸榴霰弹要大的多，能更有效地杀伤敌方的暴露人马（传统榴霰弹也因此被淘汰）；瞬发引信则是在接触到任何物体时便立即爆炸的，威力范围可以达到130米（直径），对人员马匹等软性目标杀伤力最为惊人，也是榴弹中最常用的引信；但若要破坏工事，就得改用着地后才爆炸的触发引信；然而，触发引信只能打像散兵坑，交通壕，暴露阵地或铁丝网等一类的暴露目标，如果要是打掩蔽阵地的话，那还得靠炮弹侵彻到工事中再爆炸的延时引信了。

讲究一些的榴弹炮，会按照引信种类准备不同的榴弹。如果是空爆引信与瞬发引信，就要用厚钢壳炮弹（厚度约是容弹量的1/10），用以增加弹壳破片的杀伤力；如果是强调侵彻破坏的触发引信与延时引信，弹壳就要改薄，尽量多装高爆炸药。但是，大部分的榴弹炮都用同一型炮弹。

然而，第一次世界大战中筑城工事的演化也是非常惊人的。阵地工事一定会构筑避弹用的掩蔽部，而掩蔽部的抗炸力是以抵抗口径150毫米榴弹计算的。掩蔽部区分成三种：抗炸力最差的轻掩蔽部使用最基本的沙包、木材或直接覆土，用来抵御炮弹破片与使用瞬发引信的150毫米榴弹；其次，是能抵御使用延时引信150毫米榴弹的中掩蔽部；最强的是能挺住口径在150毫米以上280毫米以下重型榴弹射击的重掩蔽部。中型掩蔽部与重型掩蔽部经常是用钢筋水泥构筑的永久工事，但也可以使用最基本的沙袋或覆土。如果以覆土计算，其标准为轻掩蔽部2.5米（覆土40厘米可以抵挡炮弹破片，90厘米

可以抵挡使用瞬发引信的150毫米榴弹，2.5米可以抵挡野炮炮弹的直接射击。），中掩蔽部的要求是覆土6米，重掩蔽部要求则高达覆土10米。[1]

覆土十米大约是三层楼高，当然是很夸张的，但考虑到以弯曲弹道延时引信砸下来的大家伙是重达350公斤的高爆榴弹与致命冲击波，准备静坐挨炸的步兵就会创造覆土三层楼高的奇迹。当然，三层楼高的积土树大招风，容易成为敌军炮兵射击的参照物。

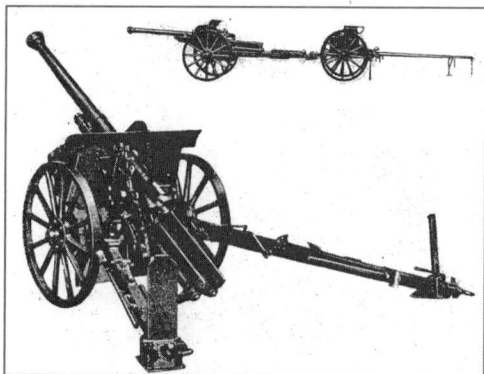

1. 最大射程近15公里，行列全重两吨的"九〇"式75毫米野炮。

2. 行列全重压在两吨之内的"九一"式105毫米轻榴弹炮。

3. 最大射程超过18公里的"九二"式105毫米加农炮。

---

[1] 见《野战筑城教范草案》第85条。

4. 在机动时可以分解为三件的"九六"式 150 毫米重榴弹炮。

▲ 在中国炮兵急起直追的 1930 年代，日军已经甩开对欧陆火炮的技术依赖，开发成功的一系列制式火炮，建立成功能齐全而且机动力实际的野战炮兵。这些来自美军识别手册的照片说明，20 世纪 30 年代德式建军时的中国炮兵已然严重落后。要有足以与日寇一拼的新式炮兵，就必需越过北洋以来 20 年的空窗期急起直追，这是何等不可能的任务！

所以，中掩蔽部与重掩蔽部最好由工兵构造。工兵精通使用钢筋水泥。所以，要建造能抵抗 150 毫米榴弹的中型掩蔽部，只要构筑厚约一米的钢筋水泥永久工事即已足够了。[①]

对当时的中国军队而言，口径在 100 毫米以上的重榴弹炮与加农炮必须忍痛排除在炮兵建设的清单之外。在战火中打出来的中国炮兵非常了解火炮的机动力局限。且不说 100 毫米加农炮、105 毫米轻榴弹炮乃至 150 毫米重榴弹炮之类的大家伙，就连最基本的 75 毫米野炮，中国军队的骡马拖起来也是十分吃力的。所以，中国炮兵的射程不可能达到 14000 米，只能采取折中方案了。

其次，机动力问题也使中国军队用不了行列全重两吨以上的 105 毫米轻榴弹炮，注定破坏不了日本人的钢筋水泥掩蔽部。只能打可以直接杀伤的目标：如人员马匹、机动车辆、散兵壕，简易的机枪步炮掩体与暴露的炮兵作战阵地等……所以，榴弹炮的选择，也必须局限在 75 毫米口径左右，暂不能去考虑那些真正的重炮。而 75 毫米左右的榴弹炮威力固然一般，但若能配上多样的引信，也是杀伤软性目标的优良利器。

有没有一种 75 毫米左右的"万能"炮，既有野炮的理想射程，又有榴弹炮多种引信的破坏侵彻力呢？

---

① 见《将校袖珍》。

第二节
耀眼登场的卜福斯"加农炮"

"卜福斯"山炮在中国定名为"30 式 20 倍卜福斯 75 毫米山炮"。卜福斯（Bofors）公司在中国被译为"博福斯"，而在中国台湾地区被译为"波佛斯"。但按照历史沿革，其名称严格的讲仍应为"卜福斯"山炮。因为，在八十多年前，"卜福斯山炮"一名不仅仅只是个译名，而是开创了中国炮兵历史里程碑的新传奇。

"卜福斯"山炮是一门堪称"女神"的多功能山炮，它既有山炮的良好机动力，也有榴弹炮的巨大破坏力与多种引信选择，更有野炮的远射程。在八十多年前，一门山炮能有如此的百变本领，是非常惊人的。

在众多亮点之中，"卜福斯"最惊人的表现就是射程。当时中国军队泛称口径在 105 毫米以上的长身管远射程的大型野炮为"加农炮"。因为"卜福斯"的射程实在是太惊

▲ "卜福斯"山炮拥有近 21 倍口径的身管，射程长远，当时中国也将其称作加农炮。

人了，所以"卜福斯"经常被视为"加农炮"。例如，陆军大学在 1935 年编写的《炮兵战术》，直接将"卜福斯"山炮定义为"可分解的加农炮"。一位"卜福斯"山炮团的团长在四十年后回忆起"卜福斯"，开口就说他带的是"卜福斯短加农炮"。

我们不妨从"卜福斯"最耀眼的射程开始，深入谈谈"卜福斯"的多元化功能吧！

傲视群伦的射程

"卜福斯"有三种装药，最强的三号装药可以打出 405 米 / 秒的惊人初速。所以，三号装药表尺可以订出 9125 米的最大有效射程。当时，欧美各国山炮的射程大多在 5000 米至 8000 米之间，很少有国家会为山地射击的山炮设计远射程。所以，"卜福斯"山炮的 9125 米射程显得非常突出。

与同时期的各国山炮比较，"卜福斯"射程的惊人程度可以一目了然。就以 20 世纪 30 年代山炮的经典之作，美造 M1A1 式 75 毫米山炮为例：美造 M1A1 式 75 毫米山炮如果使用 M48 榴弹、最强装药（四号装药）、仰度打到最大仰角（43 度 30 分）之时，最大初速只有 381 米 / 秒（1250 呎 / 秒），最大射程也只能打到 8787 米（9610 码）。

在 M1A1 之外，其它山炮更是自惭形秽，不值一提。英国的 94 毫米山炮（QF 3.7-inch

mountain howitzer）只能打 5899 米；大名鼎鼎的捷克 Skoda "双炮管" 75/90 毫米山炮有四种装药，但最大射程也只有 7400 米；苏联的 "1909 年" 式 75 毫米山炮虽然是 "施耐德" 的精品，但却是一战前的老东西，最大射程只有 7000 米；日本的 "四一" 式和 "九四" 式山炮就更不用说了。"四一" 式山炮以最大仰角（28–15/16 度）用 "九四" 式榴弹时的最大射程是 6500 米，在 1934 年崭新推出的 "九四" 式山炮用 "九〇" 式尖锐榴弹时的最大射程是 8500 米。

要增加射程其实不是难事，山炮原本就是榴弹炮的技术低端版，只要改用更好的材料、能承受更大膛压、使用更佳装药，射程是可以轻易增加的。但如何在增加射程的同时保持山炮的机动力，就是设计师最头疼的问题了。

技术拙劣的改造版，会把山炮改得荒唐走样，意大利人就做过这种的怪事。意大利安萨多（Ansaldo）的 "1934 年" 式 75 毫米山炮初速达到 425 米 / 秒，最大射程可以打到 9500 米以上，但是战斗全重也因此达到了 1050 公斤。"安萨多" 山炮可以拆解成八件进行驮载，但即使是马高 15 掌的意大利重挽马（Rapid Heavy Draft），恐怕也很难驮运如此沉重的炮件上阿尔卑斯山。所以，意大利山地兵不得不用系驾，但是 "安萨多" 山炮显然不能以轻便的双马系驾运动，必须使用更多的马匹，于是 "安萨多" 山炮的行列全重居然高达 1800 公斤，换言之，意大利人给 "安萨多" 山炮加了一个炮车！

加了炮车的火炮组在波河平原机动时，固然能得其所哉。但 "安萨多" M1934 式可

是门山炮呀！加上炮车之后，这门 "四不像" 的古怪山炮如何在阿尔卑斯山与亚平宁山地作战呢？

中央军校大约在 1933 年夏季领到一连四门 "卜福斯" 山炮。当时 "卜福斯" 来华不久，"卜福斯" 名号尚未定为正式译名。所以，有 "普福式"、"波福司"、"博福司" 等多种称呼。中央军校则文绉绉地给这种新山炮起名为 "卜富氏"。1933 年 10 月，军校 "卜福斯" 连与原有的 "改造三八" 式野炮连一起到太平门外做野外操演。一般炮兵阵地的部署，一定是射程短的山炮在前，射程远的野炮在后。但这次却是野炮在前，山炮在后。为了解答学生们的疑惑，德国军事顾问特地在讲评时详细解释了原因。其实主要原因很简单，"卜福斯" 的射程比正规野炮 "改造三八" 式还要远！

"本演习野炮连在山炮之前，于形式上似甚不合，但一：因卜富氏射程远大于三八式之射程，二：求对于敌之工事侵彻需以初速较大之火炮为有利，三：因地形上之关系，亦有使野炮在前面山炮在后之可能。故凡为指挥官者，不必拘泥于一定之形式，需应当前之情况以变更可也。"[1]

"改造三八" 式野炮虽然最远射程达到 11600 米，但是 11600 米是使用 "九〇" 式尖锐榴弹时的表现。如果使用一般榴弹，最大射程只能打到 8000 多米，哪里能比得上我们的 "卜富氏"！

在 20 世纪 30 年代的各种山炮之中，只有法国的 "施耐德" M1919 式 75 山炮能与 "卜福斯" 相提并论。"施耐德" 是当时全球首屈一指的火炮大厂，也是中国炮兵仰慕的偶

---

① 见《最新炮兵野外实施笔记》。

像。M1919 式 75 毫米山炮也是一门变装药的万能炮,整体性能甚至超过了"卜福斯"。但是,法国政府慑于日本压力,不敢派顾问到中国服务。所以,中央军也从来没有考虑过"施耐德"的万能山炮,只有半独立于中央之外的陈济棠与龙云曾问津过"施耐德"M1919 式 75 毫米山炮。

然而,单纯靠比较各种火炮的射程来评论优劣,纯属是外行人才会讲的外行话,真正的行家绝不会只看射程。因为,弹道才是火炮的王道!

全能弹道

射程是给外行人看的表面功夫,弹道才是构成火炮功能的关键重点。一门以射程取胜的高初速野炮,弹道必须低伸,才能以最快的速度,打出较远的射程;而一门以破坏力取胜的榴弹炮,则讲究以低初速打出大角度的弯曲弹道,角度大,重力加速度才能让延时引信榴弹深深侵彻到敌方工事之中再炸。而且,榴弹炮要克服崎岖地形打遮蔽阵地,弹道一定要够弯,才能克服高低角,将炮弹打过山头,摧毁藏身在反斜面的敌军阵地或炮兵。

"卜福斯"是由礼和洋行独家承销的。礼和的买办首先要过宋子文这关,宋子文虽然是大外行,却是蒋介石亲信的买炮代表。在宋子文点头让"卜福斯"送样品之后,"卜福斯"才能把炮送到南京做性能展示,让兵工署的内行专家们决定要不要采购"卜福斯"。要应付宋子文这样的大外行,只要送上一份各国山炮性能的比较表,让宋子文看到"卜福斯"超越群侪的射程就足够了。但是,到

了南京兵工署,就不好如此敷衍了。所以,"卜福斯"在南京的性能展示,负责人不再是礼和洋行口沫横飞的业务员,而是由"卜福斯"原厂派来的真正炮兵专家。大家都是内行人,谈起"卜福斯"才能深入义理。当然,到了南京兵工署的火炮试验场,兵工署的技术员绝对不会只看"卜福斯"的射程。真正的火炮行家,会向"卜福斯"要来射表与弹道图,深入检验"卜福斯"各种装药的弹道。

而"卜福斯"所提供的射表与弹道图,也必然让技术员大吃一惊,好一门"万能神炮"呀!

"卜福斯"三种装药的弹道是非常惊人的,在发挥远距离射程应该低伸之时,"卜福斯"的弹道比一般野炮还低伸,堪称为一门出类拔萃的野炮。而在发扬火力,充当榴弹炮使用之时,"卜福斯"的弹道却又比一般的山炮还要弯曲。所以,"卜福斯"既是称职的野炮,更是优秀的榴弹炮!

"卜福斯"在来华的时候,还是当时刚出厂最新式的火炮。而"卜福斯"也新颖到了让中国成为了其第一个买家时,连它的射表都还没来得及编全。为了接收好这批"神炮",中国军队第一流的炮兵专家、第一个"卜福斯"山炮团炮兵第 1 团的首任团长、时任炮兵学校研究委员的李汝炯着实下了一番硬功夫,以国内现成的"改造三八"式野炮及"四一"式山炮的弹道为参照,研究起"卜福斯"的弹道。这一研究不得了,李将军指出,"卜福斯"的功能实在是太多元化了,对于这种"万能炮",切不可强行定位为山炮,只照着山炮的射击法战斗。"务宜发挥该火炮之效力,固不必拘执于各种火炮射击法则之一致。"[①]

---

① 见李汝炯《三十年式二十倍口径山炮距离差与分火量之研究》,《炮兵杂志 第二期》,本节主要参考该文,以下不另标注以节省篇幅。

"卜福斯"有三种装药：打500米内近距离目标的一号装药（弱装药），初速250米/秒；打5000米至7600米目标的二号装药（强装药），初速330米/秒；打7600米至9125米之间远距离目标的三号装药（最强装药），初速达到405米/秒。换句话说，一号装药与二号装药是榴弹炮的范畴，三号装药则是野炮的功能了。

李汝炯首先拿"卜福斯"三号装药射击与"改造三八"式比对。野炮的弹道讲究低伸，低伸不但能增加射击距离。而且，射速比弯曲弹道快了许多。有了高射速，就适合打活动目标。

要知道，野炮的低伸弹道是不能拿来打阵地工事的，只能杀伤人员马匹等软性目标。部队作战只有在前线已经展开的部队有工事保护，在后方的部队，在活动中的是行军队形，在休息中的是搭帐蓬宿营。这些目标没有工事保护，挨炸之后第一个反应就是散开，以最快速度上车或四散奔逃，脱离被炮击的地区。所以，野炮要打的目标是活动的。一门射速低的野炮，第二轮炮弹还没到，活动目标就跑光了。但若是射速高的火炮，人马还来不及跑开，一分钟之内就来三轮破片横飞的瞬发引信榴弹群，一整个连的步兵很有可能就在这一门野炮的高速射击中全军覆没了。

所以，野炮的弹道越低越好。反正野炮不是拿来打工事的，要高角度的弯曲弹道也没有用。

李汝炯最熟悉"三八"式野炮。因为，他是日本士官学校中华队十五期炮科毕业的高材生，是抱着"三八"式野炮成长的老炮兵，讲起炮兵理论绝不亚于训练总监部的士官学弟们。同时，他还拥有丰富而踏实的实战经验，是一位非常难得的炮兵人才。在1930年

中原大战时，李汝炯是中央军校的教官，以"改造三八"式野炮训练学生，后又被调到炮兵教导团当上校团附，对这"改造三八"式野炮那可是熟得不能再熟了。所以，他的弹道考察，首先拿"三八"式野炮与"卜福斯"作比较。

一比下来，令李汝炯大为吃惊，"卜福斯"这门靠最强装药半途出家的"加农炮"，弹道居然比"改造三八"式还低伸！

以8000米为标准，"卜福斯"的最大弹道高是1800米，而"改造三八"式的弹道高则高达2344米。由8000米往前推，李汝炯每1000米测一次，发现"卜福斯"三号装药在每一个阶段的弹道，都比专门当野炮用的"改造三八"式野炮要低，这真是一门非常理想的"野炮"。

虽然，火炮的弹道低伸是野炮远距离射击的强项，但在发挥榴弹炮的弹药破坏力过程中，弹道低伸就成了其最大的弱点。这个问题，就在测试只进行到一半时逐渐显现了。以测试的"改造三八"式为例，"改造三八"式也可以打5000米以下的近距离。但是，弹道仍然偏低。而在5000米以内，敌军都已经藏身于工事掩体之中，低伸弹道打来的炮弹重力加速度有限，装上延时引信的榴弹大多不会钻到工事里再炸，只会像石头一样弹起来。

所以，榴弹炮的强项与野炮恰好相反，弹道要越弯越好。反正躲在工事里的敌人跑不掉，不是活动目标，射速慢一些也无所谓，此时最要紧的便是破坏力了！

于是，李汝炯拿"卜福斯"与日造"四一"式山炮比对。射程有限的山炮一般是按榴弹炮功能设计的，以弯曲弹道为追求的目标。而且山炮的弹道要格外的弯，因为山地作战讲究高

低角。山区的敌人总是躲在山头的另一边。山炮要打到敌人，首先得让炮弹超过横在面前的山头造成的"遮蔽角"，如果一门弹道低伸的火炮拿来当山炮用，要是炮弹根本翻不过山头，那就只能当成烟花来欣赏了。

于是，李汝炯就要担心了，"卜福斯"有一个将近21倍口径的长炮管（当时中国军队称为20倍口径），显然是照着野炮要求设计的，那它的弹道能弯吗？

李汝炯对"大正六年"式山炮（日造"四一"式）自然也是熟得不能再熟了，所以，他直接以炮弹的落角比对，一比之下，李汝炯赫然发现"卜福斯"一号装药的炮弹落角，居然全面超过了"四一"式山炮。以3000米为例，"卜福斯"的一号装药在打3000米时，其落角是17度74分，而"四一"式只有12度19分。换言之，"卜福斯"在使用一号装药充当山地榴弹炮角色时的性能表现，也远

远超过了其他专门的山炮性能了！

当野炮用时，弹道比野炮低伸；当山炮时，弹道比榴弹炮弯曲。这才是"卜福斯"真正的傲人功底！

可变后座长－制退复进机的奥妙

"卜福斯"山炮之所以能打出让人惊艳的全能弹道，主要原因在于制退机结构的一个小小的改进。

无论是野炮还是榴弹炮，都希望仰角能越大越好。强装药大仰角的野炮可以使弹道更长远，增加射击距离；弱装药大仰角的榴弹炮可以使弹道更弯曲，增加破坏力。但是，火炮仰角有一个限度，这就是不能超过炮管的后座长。如果仰角超过限度，炮管在射击之后会随着炮弹发射时产生的后坐力而向后座退，就会打到炮架或地面，整门火炮也就要跳起来了。

为了打出超越火炮结构的仰角，炮兵不得不发明一些奇招怪术。最简单的怪招就是在炮轮底下加撑垫，用泥土垒高一点、塞几层木头或石块，把炮体垫高，给后座中的炮管留下更大的空间。这个方法貌似可笑，却是当时世界各国炮兵的通用惯例。就拿日本的"三八"式野炮与"四一"式山炮来说，"三八"式野炮的最大仰角为16度，"四一"式山炮的最大仰角为25度，其实都是"垫"出来的。

当然，就地取材垫高火炮，精度就没有把握了。

克鲁伯则别出心裁，利用拐状车轴增加仰角，拐状车轴首先见于"克鲁伯1904年"式75毫米山炮

卜福斯山炮与日造三八式野炮弹道高比较			
	卜福斯山炮		三八式野炮
距离（米）	一号装药（弱装药）	二号装药（强装药）	三号装药（最强装药）	
1000				6
2000	105	65	25	33
3000	240	130	100	98
4000	510	260	190	204
5000	1100	460	330	374
6000		750	535	662
7000		1240	830	1050
8000			1800	2344

资料来源：李汝炯《三十年式二十倍口径山炮距离差与分火量之研究》

卜福斯山炮与日造四一式山炮落角比较			
距离（米）	落角		
	卜福斯山炮		四一式山炮
	一号装药（弱装药）	二号装药（强装药）	三号装药（最强装药）	
2200	12度	7度09分	5度29分	7度57分
2500	14度05分	8度19分	6度26分	9度24分
2700	15度32分	9度10分	7度06分	10度25分
3000	17度74分	10度31分	8度11分	12度19分

资料来源：李汝炯《三十年式二十倍口径山炮距离差与分火量之研究》

▲ 在南天门以最大仰角放列射击的"三八"式野炮。为了打到最大仰角，不但垫起土，还要加上树枝进行简易固定。这张来自《良友画报》的照片原图原注误以为这门炮正在当高射炮使用，一旁持望远镜观测的军官似乎是误解的来源。事实上这就是加垫撑增加射角。如此克难的增加仰角方式，不但精度很难把握，而且造成人员火炮损失的风险很大。

的改良版"1910 年"式山炮上。拐状车轴是可以竖起来的，在打高仰角的时候，只要把拐状车轴竖起，炮身自然提高，这个妙招要比炮兵堆土加石头木板等应急方法要有效多了。而且，仰角可以大幅提高，"1910 年"式的最大仰角可达到 30 度，在 20 世纪初的前十年里已经是出类拔萃了：

"零四年式虽加垫撑，祇能昂至二十三度。其十年式则可昂至三十度。按，零四年式如欲高其昂度，必用垫撑。至于十年式，其车轴系制成一曲拐之式。如欲增高昂度，祇需将此曲拐之车轴转令向上，则炮身即因

之高举，故可不用垫撑。"[1]

在二十年之后，克鲁伯的工程师又再创火炮仰角的新神话。这一回，设计师不再调整炮车轴。车轴翻上的设计固然有效，但是在战场实地操作时，想必还是要倾全班炮兵之合力来扛炮，耗时耗力。于是，精明的设计师们又将目光转投到了制退机上。

"卜福斯"的制退机是传统可靠的液压制退机。液压制退机是一个装满制退油（甘油、蒸馏水加氢氧化钠）的大圆筒，中间有一个带漏孔堵住整个圆筒的大活塞。炮管装在滑板上，与制退机活塞结合。在射击时，炮管一后坐，制退机里的大活塞也跟着在装满制退油的制退机里向后退，制退油会经由大活塞的漏孔反向流动，使大活塞能够向后退，而高密度制退油的阻力则在活塞后退的过程中吸收了巨大的后坐力，将后坐力转化为热能，直到炮管停止后座为止。在停止后座之后，与大活塞相连的复进机弹簧向前弹回，就把大活塞与炮管一起复回了原位。

克鲁伯设计师的巧思，就是使活塞的漏孔能随火炮的角度调整大小。在射角增大时，活塞漏孔缩小。漏孔缩小，则制退机内活塞的阻力就增加，炮管后座时的长度也就会减小。[2]

所以，"卜福斯"山炮的仰角打得越高，炮管的后座长度就越小，大幅减少了炮管触地的风险。在 45 度角射击时，炮管实际会向

卜福斯山炮各仰角时炮管后座长度						
仰角	0°	10°	20°	30°	40°	45°
未射击时一般长度（毫米）	950	855	760	665	570	525
射击时最大后座长度（毫米）	1020	925	825	725	625	575

① 见《克鲁伯七生的半十四倍口径长过山管退快炮一千九百十年式说略》。
② 见《野战炮兵操典实施法》。

后退的距离，只有区区的 5 厘米而已！

这种设计在今天虽然是很平常的，但是在八十年前却是一项惊人的创意。有了崭新概念的后座长度控制，"卜福斯"的最大仰角从一般山野榴炮的 30 度一口气提升到了 50 度。

这个惊人成就。使"卜福斯"山炮一跃成为可以傲视当时世界诸多同类 75 山炮的佼佼者。在一战时问世的法国 M1919 式，最大仰角仅为 35 度；最新型的美造 M1A1 与日本"九四"式山炮，最大仰角也都只有 45 度。只有捷克"斯科达"的传奇山炮 M.28，才能与其媲美，达到 50 度的梦幻仰角。

有了这梦幻般的仰角，就能进一步达到梦幻射程与全能弹道。而在验证了"卜福斯"射程与全能弹道之后，下一个让李汝焖的惊喜之处，那就是火炮精度了！

出类拔萃的精度

炮兵射击以改装表尺的"夹差"来修改射击诸元。比如一发炮弹落在射击目标的前方，下一发就改装（调整）表尺，把表尺往后调整 200 米，如果第二发炸在目标的后方，那么这个目标就"夹"在两发落弹的 200 米距离之间，这就是夹差。求出 200 米夹差之后；下一步就是把表尺往前调 100 米，若是第三发炮弹果然再次打在目标前方，夹差就继续缩小到 100 米。如果还需再缩小夹差，下一次改装表尺时就只往前调 50 米……以此类推。

所以，炮兵是靠"夹差"打仗的。因此，要调查火炮的精度，最基本的入手之处，就是看表尺装定的单位。

在"大正六年"式山炮与沪造"克"式山炮，表尺的实际装定（调整）是以 100 米为一个单位的。在陈诚的第 18 军，干部补习所的教官们训练炮兵下级官兵的第一课，就是装定表尺。老式山炮的高低照准机（瞄准机）控制表尺的转轮有两个，一个是前后推拉的"传达柱手轮"，一个是左右转圈的"表尺转轮"。传达柱手轮以 100 米为单位，往前推一圈，表尺（刻划）直接上升 100 米，往后拖一圈，表尺下降 100 米；表尺转轮则以 200 米为单位，转轮向右转一圈，表尺上升 200 米，向左转一圈，表尺下降 200 米。

所以，第 18 军干部补习所的教学起步，就是教会未来的炮兵排长转这两个转轮："高低照准机（传达柱手轮的）转轮向前一推，则表尺可上升百米达，故上表尺以百米达之改装为基础。其余为其倍数或为其约数……（表尺转轮）向右转一回，表尺可上二百米，故以上二百米达之改装为基础，亦可随时亦下表尺时同一顺序教育之。"①

如果要进一步缩小夹差到 50 米时，该怎么办呢？第 18 军的教官指出，用现有的传达柱手轮可以办到，因为 50 米是 100 米的大约数，只要把手轮往前推一半，就是 50 米，以此类推，25 米就是往前推四分之一。

然而这只是理论，第 18 军的教官强调，炮兵打仗时，真正要求的夹差最小就是 100 米。所以表尺调整以 100 米为单位就已足够，未来的炮兵排长不需要学习控制手劲，去装定出 50 米或 25 米的夹差。只要学会调整转两圈的 400 米，转一圈的 200 米与前后拉一转的 100 米，就可以上战场了（如下页）。

"百、二百、四百之要领习熟后，则

---

① 见《炮兵教练实纪》。

五十、二十五、七十五之改装，纵不特为习练，亦得领悟之。且五十、二十五、七十五等，非常常出现者，故其要求可酌减轻。"

"夹差"只求取到100米，在现代化战场上简直是笑话！在中原大战的时候，西北军的炮兵就是夹差只求到100米的"顽固派"，最精确时也只是打个半转移到50米而已。西北军的炮兵主力是巩县兵工厂制造的150毫米重迫击炮，口径虽然惊人，但其精度却让对面挨炸的蒋介石中央军嗤之以鼻。曾经亲身领教过西北军重迫击炮威力的炮兵教导团排长黄通回忆：

"晚上他们用炮来打，我们还是照睡不误。为什么这么大胆？因为他们的炮兵笨，一方面测不准方向，一方面机动性很差。他们的炮弹没打到我们，因为他们的炮位不动，距离的远近全靠标尺，他们标尺的夹差有五十到一百米，而我们正好在它夹差距离之内，因此对他们的炮弹根本不以为意，晚上还在炮位旁边挖浅壕，铺干柴就睡觉，非常的轻视他们。而他们对我们的炮却怕得不得了。"[1]其实，对"克"式山炮之类的旧炮而言，夹差能取到100米，还算是好的。在1937年淞沪会战期间，时任第三战区炮兵指挥部代参谋长的卢蔚云指出，中国军队山野炮的传统三大主力"克鲁伯"野炮、日本旧式"三八"式野炮与"大正六年"式山炮等三种山野炮都出现了严重的精度问题。因为，这些旧式山野炮在夹差射击时的误差实在太大，导致接近我军阵地的近夹差弹经常打到自己友军的阵地。"此种精度不良的火炮，其射距愈大，

则偏差愈大。如行夹差射击，则近夹叉之炮弹，就不免危害第一线步兵了。"

为了避免误伤友军，炮校不得不编定操作手册，在射击时要"以逐次减少射击代替夹差射击"。也就是说，旧式山野炮不能进行一远一近大动作把目标夹在中间的夹差射击，只能是开炮往远打，超过射击目标之后，再一点点逐次减少射击距离。[2]

西北军自然会害怕黄通的"改造三八"式野炮。因为，"改造三八"式野炮求夹差是以25米为单位的，精度观念与中国用惯了的旧炮完全不一样。"改造三八"式野炮的表尺升降机在左侧刻有由0度至44度的射角分划，每度又细分为16分划。高低的1度相当于16密位，换算成距离就是400米。16分划是16密位，换算成距离便是25米。[3]所以，黄通的"改造三八"式野炮夹差可以求到25米，足以确保榴弹破片范围的全面覆盖，不会出现打炮打到敌军安然睡觉的怪事！

25米夹差足以全覆盖敌军的目标。因为，榴弹落地爆炸的威力是以威力范围（时称威力界）计算的。以"卜福斯"为例，"卜福斯"的榴弹使用威力界较小的触发引信时，可以造成宽30米、长20米、高15米的威力范围。[4]夹差若能精细到25米，敌军能躲过炮弹的机率是非常低的。

"卜福斯"的夹差同样以25米为基础，"卜福斯"表尺的最小单位就直接定到25米。所以，李汝炯一看表尺就会点头。有了夹差能取到25米的表尺，"卜福斯"精度的下一步考核，就是看实际射击的表现了。于是，

① 见《黄通先生访问记录》。
② 见卢蔚云《八一三沪演抗战全国炮兵总指挥邹公岳楼统一运用炮兵及亲赴第一线督战回忆》，《邹岳楼将军八十回顾》。
③ 见《野战炮兵操典实施法》。
④ 见《最新德式炮兵射击学详解》。

李汝焵又以"三八"式野炮为参照，比较"卜福斯"的精度。李汝焵的测法是测"半数必中界"。

所谓的"半数必中界"，就是平均误差半径。即用一门炮以同样射击诸元同样目标，连射数发，以求取其误差距离的平均值。所以，半数必中界的数值自然是越小越好。这一比较，又让李汝焵吓了一大跳！

"改造三八"式野炮的精度是非常有名的。而且"改造三八"式是野炮，低伸弹道原本就占了精度的优势，理论上应该远比弯曲弹道精确。但是，"卜福斯"在实弹射击中的精度居然远远击败了"改造三八"式。即使是在榴弹炮功能方面，弹道最弯曲的一号装药状态，"卜福斯"在1000米近距离的

平均误差半径也几乎与"改造三八"式一模一样，只有在一号装药打到最大射程时才会略显逊色于"改造三八"式。如此惊人的精度，当时必然让兵工署的技术员们目瞪口呆。

如果是在弹道低伸的三号装药状态，"卜福斯"的精度表现更要大幅度超越"改造三八"式。"改造三八"式打到8000米，平均误差半径已经达到62米。而"卜福斯"附有野炮功能的三号装药，即使是在8000米达到该炮的最不稳定状态时，按理来说应是最大射程的误差极限，但是它平均误差半径却也只有28.8米而已！

如此卓越的精度，实在是太惊人了！

于是，精度优势成为了"卜福斯"在实战中最为炮兵歌颂的功能。一位"卜福斯"山炮连的连长回忆道，"卜福斯"在3000米内简直是百发百中！[1]

"我连……使用的是德制的半自动的新式山炮，卜福斯山炮，射程10000米，精度良好，射击速度每分钟可达十九发，射程在3000米左右百发百中！"

万能引信

有了出类拔萃的射程、弹道与精度之后，下一个要考究的就是引信了。

"卜福斯"的引信分为触发（时称着发）、瞬发、延时（又称延期）与空爆（炸）四种功能，在八十年前是最齐全的体系。即使在八十年后的今天，这四种功能仍然是今日炮弹引信的基础。在这八十年间，

卜福斯山炮与日造三八式野炮平均误差半径比较				
	卜福斯山炮			三八式野炮
距离（米）	一号装药（弱装药）	二号装药（强装药）	三号装药（最强装药）	
1000	18	15	11.3	20
2000	20	15.6	11.3	20
3000	25.4	17.4	11.8	24
4000	34.4	20.8	12.7	30
5000	49.3	26.1	14.4	37
6000		33.5	17.4	44
7000		43.7	22.3	52
8000			28.8	62

资料来源：李汝焵《三十年式二十倍口径山炮距离差与分火量之研究》

榴弹之威力表				
口径	弹重（公斤）	威力半径（米）	碰炸榴弹	瞬发榴弹
75加农混合炮	6.5	侧面	15	35
		纵深	20	30
90加农混合炮	10	侧面	25	45
		纵深	20	30
105野战轻榴弹炮	15.5	侧面	35	55
		纵深	20	30
150野战重榴弹炮	40	纵深	20	30
		侧面	65	95
		纵深	35	45

资料来源：《最新德式炮兵射击学详解》

[1] 见丁正国《台儿庄战地片断回忆》，《响水文史资料第一辑》。

▲ 一个以瞬发信管急袭射击在曝露目标头顶爆炸的 75 毫米榴弹，可以有效歼灭如图中的一个行进中的步兵中队！

引信的主要改良，只是将延时引信强化为能够穿透永久工事再炸的穿钉式引信；以及把瞬发引信改进成以电波控制的近发引信……然而，这些改进引信的功能，仍然没有脱离八十年前的设计理念。有了功能齐全的四种引信，卜福斯的"卜"式山炮弹就可谓是不折不扣的万能炮弹了。

在 20 世纪之初，触发、瞬发、延时与空爆四大功能已经发展成熟。四大功能以瞬发引信为首。瞬发引信可以让炮弹触物即炸，不管是树梢、钢盔、屋顶、围墙、残垣还是车辆，只要稍一接触就会爆炸。这种爆炸所造成的破片会产生一个杀伤力巨大的破片带，是打击活动目标与软性目标的利器。

"卜"式山炮弹搭配瞬发引信时，破片威力圈的直径达到 130 米，而且是在头顶高度破散开来的破片。这样的破片带，会造成非常惊人的杀伤力。

我们可以按照抗战时的操典，想象 130 米破片威力圈的惊人威力：日军步兵中队的行军队形长度是 75 米，战斗时攻击正面是宽度与纵深各 200 米，防御正面是宽度 336 米，纵深 200 米。如果你手上有一门"卜福斯"山炮，

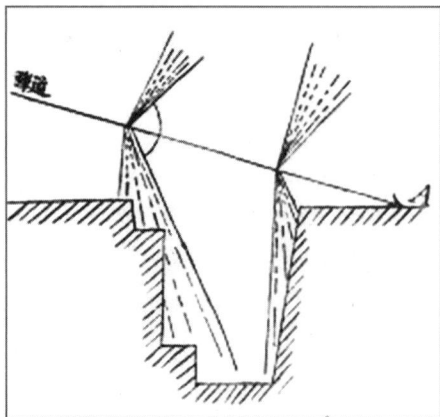

▲ 《兵器学教程》中瞬发引信的爆炸威力界示意图。

以精度达到 25 米夹差的瞬发引信"卜"式榴弹射击一个正在行进状态的步兵中队，若能一弹正中中心，行军中的日军中队会在这一弹之下全军覆没，在日军钢盔高度均匀破散开来的榴弹破片会以最无情的杀伤力，在数秒之间将整个中队一百来人打得血肉模糊，而且大部分都是颈部以上的致命打击。换言之，能够找到的尸体大多都是没有脑袋的。

如果用以轰击展开攻击的日军中队时，日军士兵纵然采取三行三进的低姿攻击形式，也会在恐怖的瞬发引信破片威力圈之下伤亡一半；而在轰击处于防御姿态的日军中队时也会造成百分之四十的伤亡！

这就是"卜福斯"的厉害。

恐怖的瞬发引信是四大引信中最常用的主要引信之一，在第一次世界大战时是德军最先使用的。而日本人却对此相当痴迷。日本人称瞬发引信弹药为"曳火"，他们的射击教材总是长篇大论地探讨着曳火的杀伤范围(日本人称为"死界")。

但是，瞬发引信不能用来打阵地掩体，只要给野战部队一点时间挖成简易的野战掩体，曳火引信的杀伤力就会大幅度降低。所以，很快就出现了触发引信。

同样，安装在弹头的触发引信在八十年

▲ 《兵器学教程》中触发引信的爆炸威力界示意图。

▲ 触发引信可以消灭已经开始掩蔽或构筑散兵坑等简易工事的人马。

前被称为"着发引信"，在一战时是法军的发明。顾名思义，触发引信就是降低瞬发引信的敏感度，使炮弹结结实实地落到地面才炸。既然是落地才炸，那破片威力圈就自然小了许多。但是，触发引信却是野战工事的克星。只要日军开始就地隐蔽挖掩体时，中国炮兵就一定要改用触发引信了。

试想，一个处于防御状态的日军步兵中队，第一步自然是抢挖散兵坑。从卧姿挖到跪姿，瞬发引信的炮弹一来，日本兵躲到散兵坑里，打到树枝、石头就炸的榴弹只能在散兵坑上方造成破片威力圈，就打不到日本兵了，徒然浪费炮弹。此时，若换成触发引信，结结实实地落到地面再炸开，即使没有命中这些散兵坑，光是巨大的爆炸波，就能震死他几个了！

触发引信打散兵坑很有效，也是用来破坏铁丝网与鹿砦等工事设备为己方进攻部队

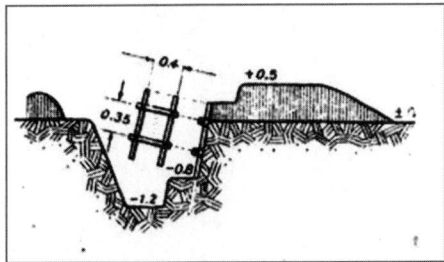

▲ 有背墙与相当深度的简易工事即使可以躲过瞬发榴弹，但触发榴弹的震波也是致命的。原图来自日军《野战筑城教范》。

开辟冲锋通路的理想选择。在精确观测时，更能有效摧毁日本人的机枪、迫击炮、步兵炮掩体及炮兵阵地。散兵坑躲不了触发引信打下来的榴弹，挨炸的步兵就会拼命抢挖出更坚固的避弹掩蔽部。掩蔽部的设计是先挖出一个大洞（或战壕），再于洞的侧壁上掏出一个侧洞。这个侧洞利用原本的土层为保护层，在保护层之上还要加以圆木、泥土、石块赶造出的厚实遮弹层。这样的掩蔽部就能有效抵制触发引信榴弹的轰击与冲击波。于是，引信设计就要更进一步，延时引信随即被开发出来。

延时引信又称延期引信，会使榴弹在接地之后不炸，而是借由惯性一路深入到土层之中再炸开，"卜福斯"榴弹使用延时引信时会深入土层至弹体的四分之三处才炸，在土层中造成惊人的爆炸波与冲击力，使掩蔽部里的日本兵不是被土压死就是被爆炸波震死，真是最可怕的地底杀手！

于是，日军的掩蔽部会继续加厚，还会改换有避弹造型的钢筋水泥工事。于是，野战炮兵使用延时引信的榴弹炮口径就越来越大，从105毫米榴弹炮，120毫米榴弹炮，150毫米榴弹炮直到中国战场上基本拖不动的240毫米巨型攻城臼炮……

至于，空爆（炸）引信则是比较落伍的玩意。空爆引信就是以引信设定时间或距离，使炮弹在半空中爆炸的引信。古老的空爆引信专门用来杀伤人马，一般与装满钢珠的榴霰弹搭配，在以美国南北战争为背景的电影中经常能见到。但是，空爆引信的杀伤力远远比不上瞬发引信，而且操作起来既麻烦又危险。

以"卜福斯"为例，"卜福斯"的空爆引信如果刚好能炸在距离地面8米至20米间

的适当炸高，也只能造成直径60米左右的破片带。现代炮兵之所以还在用空爆引信，是因为空爆引信是照明弹的不二之选。

触发、瞬发、延时与空爆四大引信是20世纪炮兵射击的典型套餐。然而，四种引信实在太多了。引信一般是固定在炮弹上的，不会在战场上现场组合。所以，同样的一种榴弹，对应四种引信，就会出现四种炮弹，弹药组操作起来自然非常容易出错。因此，引信的种类必须简化。

首先，被简化的是触发引信与空爆引信。在20世纪之初，兼有触发与空爆功能的"两用引信"迅速流行起来。当时的两用引信有两个压满黑火药的黄铜药盘，中间以一个装满黑火药的传火孔相连。引信定在安全位置时，传火孔被隔断，两个药盘互不相连，炮弹依靠射击出膛之后旋转的离心力解锁，再靠着地时的冲力带动撞针引爆炮弹，这就是"触发"；如果要调整成"空爆"，就要用引信规旋转弹头。两用引信在下药盘之处刻有一圈引信分划盘。要调成空爆时，就要以圆圈形的引信规，用力嵌入弹头上的两用引

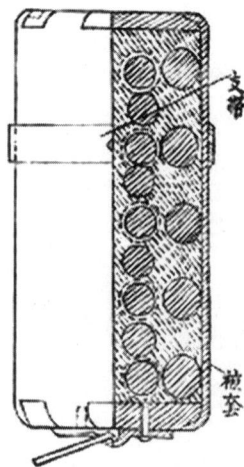

▲ 空炸引信的老搭档，老式的铅丸霰弹。原图来自《兵器学教程》。

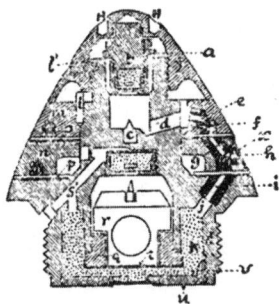

第十八圖 雙用引信 a

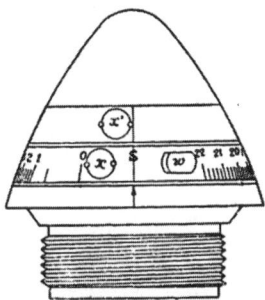

▲ 一个典型的双用引信。原图来自《军械制造》。

信，旋转下药盘上的分划盘。旋转分划盘的时候，原本在安全位置时被阻断的传火孔被开放，分划盘的旋转则会调整传火孔的长度。炮弹出膛时，下药盘开始燃烧，火焰经由装满黑火药的传火孔向上药盘延烧。直到引爆上药盘而连带引爆整个炮弹为止。传火孔长度越长，爆炸时间越久。于是，引信就能控制炮弹的爆炸时间，使炮弹还没有着地就在半空中自行引爆。①

两用引信还有另一种被称作"短延时引信"的设计。一般两用引信控制空爆燃烧时间的下药盘在炮弹发射出膛的时候就开始燃烧，而短延时引信的下药盘则是在炮弹着地时才开始燃烧。短延时引信的传火孔很短。所以，炮弹在着地之时，炮弹的弹体不会炸开，而会像石头一样弹起来，而下药盘则会迅速

燃烧，使弹跳到半空中的炮弹爆炸，造成空爆的效果。短延时引信的好处是不需要定秒或定距离，坏处是容易受到地形影响。如果弹着点落角不佳，落点是个斜坡或烂泥坑，或者炮弹冲力太大直接侵彻到地层之中，设定成空爆模式的短延时引信往往会无法燃烧，使炮弹成为不发火的哑弹。因为，日本人痴迷短延时引信。所以，这种哑弹在抗战时很多。

这里要特别强调一点，"短延时引信"与"延时引信"是没有关系的。短延时引信事实上是空爆与触发兼顾的两用引信，其"延时"两字专门用来形容炮弹着地之后引信的下药盘才开始燃烧的"延时"。而所谓"延时引信"则是整个炮弹钻进工事里再炸开。虽然名称只有一字之差。但是，短延时引信与延时引信恰恰是一对不共戴天的敌人，设计方式截然不同，其性能也无法兼容。

延时引信在一战时是炮兵的新宠。在第一次世界大战时，战壕战的双方都发现传统落地即炸的触发引信根本无法破坏敌方工事。要切实破坏工事，只有让炮弹深入敌方工事之后再炸。所以，着地之后继续侵彻到工事内部再爆炸的延时引信大行其道。既然，要求落地时不能炸，最好的方式就是不把延时引信装在弹头上。所以，典型的延时引信装在弹底，依靠类似空爆引信的传火索控制爆炸时间，弹头没有引信的炮弹在着地时以本身的冲力在工事上打个洞，弹底的引信才引爆炮弹。所以，延时引信与两用引信的设计根本是完全相反的，这使两用引信无法进一步兼顾延时功能成为三用引信。

因此，如果要达成触发、空爆、瞬发与延时四大功能齐全的万能榴弹，势必要在两

---

① 见《军械制造》。

用引信之外，另外再准备两种引信。所以，两用引信还是会造成三种炮弹。事实证明，整备三种炮弹的弹药组，工作量仍然是非常繁重的。

日军炮兵就是被炮弹整备忙死的典型案例。日本人是两用引信的忠实信徒，既有炮弹出膛即传火的典型两用引信（日本人称为复动引信），也有性能落后的短延时引信。所以，日军的炮兵经常会打出不爆炸的"臭弹"，抗战时期的旧日战场也经常会出土众多未爆炸的残弹。但是，打臭弹不是短延时引信的最大问题。短延时引信与两用引信对日军炮兵战斗力的真正巨大影响，是让日军炮兵的弹药手非常辛苦。

以当时中国军队常用的日造"改造三八"式75毫米野炮为例：仅以最基础的榴弹来说，相应的引信就有三类四种：瞬发用的"八八"式瞬发引信、两用型的"八八"式短延时引信与"三年"式复动引信、以及延时型的"九八"式"二働引信"。

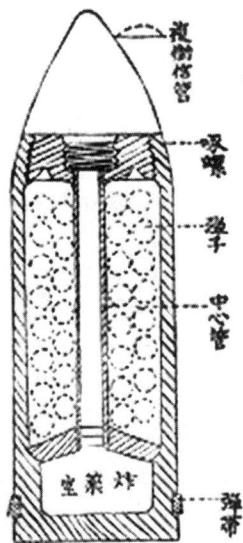

▲ 日本人称双用引信为"复働信管"。图为加装复働信管的榴霰弹剖面图，来自《兵器学教程》。

"八八"式短延时引信是负责触发与空爆的两用引信，"九八"式"二働引信"则是兼具瞬发与延时功能的引信。但是，"二働"引信主要用于延时功能。所以，日本人另有专用的"八八"式瞬发引信。

更糟糕的是，日军的炮弹弹种也很复杂，以最基础的榴弹来说，一个"改造三八"式75毫米野炮连至少要同时携行三种榴弹，包括寻常的"九四"式榴弹、加大射程的尖头"九〇"式尖锐榴弹、再加上"二働引信"专用的"九八"式榴弹！

于是，"改造三八"式野炮的弹药手就要忙昏头了。"九〇"式尖锐弹与"九四"式榴弹都能与"八八"式瞬发引信及"八八"式短延时引信搭配，组合起来就是四种炮弹，再加上专用"二働引信"的"九八"式榴弹，光是榴弹一项就多达五种。且不说整备弹药的弹药兵会眼花缭乱，就连在观测所拿着武士刀发口令的中队长，也要一头大汗。三种不同的榴弹，就是三栏繁琐的射表呀！

与日本人做过生意的人都知道，日本人的要求是不厌其烦的。他们不知道什么是简化，却非常乐意把简单的产品复杂化。所以，日军不但没有设法简化这五种榴弹组合，反而还要进一步以更多的专业炮弹增加弹药手的负荷。野炮注重射程。但是，日军却硬要为野炮装备起反战车（坦克）的穿甲弹，把"改造三八"式当成战防炮用。再开发出战防炮功能之后，接下来还要能打照明弹、燃烧弹、烟雾弹……

于是，"改造三八"式炮弹的排列组合还要继续增加："九五"式破甲弹（使用"九五"式破甲小弹底引信）、"九〇"式燃烧弹（"八八"式瞬发引信）、"九〇"式照明弹（使用"五年"式复动引信）、"九〇"式发烟弹（"八八"

式瞬发引信,"八八"式短延时引信)、"九〇"式榴霰弹("五年"式复动引信)、一式彻甲弹(一式彻甲中一号弹底引信)……

野炮如此,山炮亦然。即使是落伍老旧的"四一"式 75 山炮,也要使用五种炮弹,七种组合:"三八"式榴霰弹(使用"三年"式复动引信)、"九〇"式尖锐榴弹("八八"式瞬发引信、"八八"式短延时引信)、"九四"式榴弹("八八"式瞬发引信、"八八"式短延时引信)、"九八"式榴弹("九八"式复动引信)。最离谱的是,日本人居然为"四一"式山炮配上"穿孔榴弹"……

一门老山炮居然有七种炮弹,日本鬼子的炮兵真是给整惨了!

相比之下,德国人的设计概念就简单多了。依据 1907 年版的德军《炮兵射击教范》,德国早在一战之前,就已经开发出了成熟的两用引信,搭配瞬发引信与延时引信,构成完善的引信组合。[①]然而,德国人并没有在两用引信上固步自封。优秀的克鲁格设计师抛开现有的触发空爆两用引信,以灵活的发散性思维,从新思考起其它合并引信的途径。于是,炮兵梦寐以求的三用引信终于问世了。

"卜福斯"的"碰爆引信"便是具兼备触发、瞬发、延时三种功能的三用引信。将触发与瞬发合为一体,关键在于引信顶端的安全装置。早期的触发引信在弹顶有一个翼状的安全帽,炮弹射击出膛之后,弹体旋转的离心力与风阻会使这个带翼安全帽在空中脱落,露出敏感的撞针,就能达到稍微接触就能击发的瞬发功效。[②]克鲁伯的工程师则在安全帽上再加了一个套筒。有套筒的弹头代

表着地即炸的触发引信,没有套筒的弹头则是瞬发引信。

再者,雷汞与特出儿(Tetryl)的实用化使起爆药更为稳定,炮弹装药的 TNT 稳定度更理想,只要不插雷管,拿锤子敲也不会爆炸。所以,必须侵彻进入目标物再炸的延时引信也不必继续装在弹底。在二战前,只有穿甲弹还用弹底引信。所以,克鲁伯的设计师将延时引信也整合进新式的三用引信。

在三用的碰爆引信之外,"卜福斯"也使用传统的触发空爆两用引信,使"卜"式榴弹具备空爆功能。只用两种引信,弹药兵真是轻松愉快多了。然而,克鲁伯的设计师还在进一步简化弹种。"卜福斯"的瑞典原厂炮弹只有一种漆成黄色的榴弹,称为"卜福斯山炮弹",搭配两种引信,就成为"卜福斯"榴弹(碰爆)与"卜福斯"榴弹(空爆)。靠两种炮弹打仗,真是轻松惬意了![③]

只有一种榴弹两种引信,表面上看起来,固然不如老掉牙的"四一"式山炮威风。但是,简单才能打仗的王道!要给"卜福斯"配上照明弹,技术上并不困难。但是,能克制住配照明弹的冲动,毅然将照明弹、燃烧弹之类的次要弹种排除在弹药箱之外,才是兵工设计师真正的功劳。如何将弹种精简到最少,是设计师们的大难题,而要找出这个难题的

闛　罿

▲ 在抗战时期,中国军队的"卜福斯"山炮弹简化到只剩碰炸引信。当时兵工署会为各种炮弹赋予一个自创的新字作为代号,附图为当时"卜福斯"山炮弹的识别代号。

---

① 见日译《独国野战炮兵射击教范》,此处独国指德国,是按日文假名罗马音直接音译。
② 见《兵器学教程》。
③ 见《炮弹识别》。

合理解决，就需要真正的战场经验了。

试想，一门野炮又是照明弹又是燃烧弹，最简单的榴弹有五种组合，让弹药兵眼花缭乱，上战场时的出错率能低吗？

中国军队在抗战时又进一步简化了"卜福斯"山炮弹的种类。抗战时自制"卜福斯"山炮弹的第一兵工厂只装配碰爆引信的"卜福斯"山炮弹，不再装配两用引信。这又是一个战场经验的心血结晶。省掉两用引信，事实上只减少一项空爆功能。"卜福斯"既没有老掉牙的榴霰弹，也没有照明弹，何必保持空爆功能呢？于是，使用国造"卜"式山炮弹的炮兵，就能以一种炮弹从头打到尾，这真让是中国炮兵的作战轻松加愉快了。

与此相比，中国军队在抗战时经常利用缴获的日本火炮打仗，兵工署也试图减少了日式山炮的炮弹种类，尤其是新式的"九四"式75毫米山炮。但是，简化到最后，还是不得不兼用"九〇"式尖锐榴弹与"九四"式榴弹，[1]哪里比得上我们的"卜福斯"呀！

在本节结尾处，笔者要特别声明：中国军队始终称引信为"信管"，抗战时期中日双方的原始资料只有信管，少见"引信"一词。为更适应阅读习惯，本书将所有的"信管"一词均称为"引信"。所以，当时的专有名词，例如：瞬发信管与曳火信管，就会都被改成为瞬发引信与曳火引信。望读者自行查实。

---

① 见《陆军兵器手册》。

第三节 双炮管神教
——画蛇添足的破坏力

在 20 世纪 30 年代，榴弹的装药已经普遍采用 TNT（即三硝基甲苯，俗称黄色炸药），炮弹构形也渐趋统一。所以，各种口径的炮弹，破坏力大同小异。克鲁伯工程师本身就是炮弹流体力学的专家，所以"卜福斯"的炮弹构形是非常出名的，射速与破坏力都已经难以再有突破性的超越。如果要增加破坏力，只有在弹道与引信上做文章。而"卜福斯"已经有了一号装药的弯曲弹道，也有延发引信，在 75 毫米同级火炮方面的破坏力可以说是登峰造极了。

然而，75 毫米同级的榴弹只能打软性目标，对掩体工事几乎没有什么破坏力。笔者收藏有一份 1934 年 6 月 18 日炮兵学校第二期学员的《队基本射击野外演习计划表》，炮校的"卜福斯"能打什么目标呢：展开散兵群、步兵炮、炮兵、下架炮兵、行军纵队、机枪、散兵壕、敌司令部乘马侦察人员、有掩体的观测所，密集步兵以及战车。[1]

换言之，只要工事稍微加固一些，"卜福斯"山炮就打不了。75 毫米山炮最多只能打无遮挡或半暴露的掩体，打不了稍微强固一些的掩蔽部。即使只是野战中挖掘的应急掩蔽洞藏身的轻掩蔽部，"卜福斯"的 75 榴弹也是无能为力了。

但"卜福斯"不只是山炮，而是一门"万能炮"。万能炮不能打工事，算啥万能炮呢！所以，克鲁伯的设计师钻起牛角尖来，誓要将榴弹的破坏力增加到极限。可如果一定要增加破坏力，唯一的选择就是把炮弹改大，这就要加大火炮的口径。而要是加大口径，就是使用更重的炮架。"卜福斯"山炮的炮架已经是偏重的了，如果要再使用更重的炮架，"卜福斯"可就不能当山炮用了呀！

于是，克鲁伯设计师最终使出了当时世界很流行的必杀技 —— 双炮管。

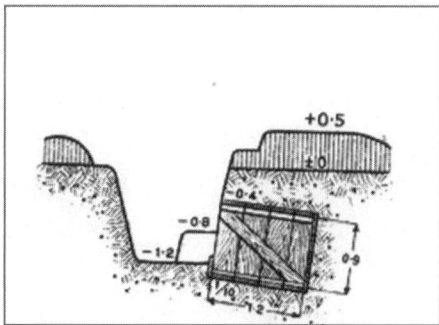

▲ 为了抵御瞬发与着发引信，工事中出现了在壕壁中挖出来的掩蔽部。有了掩蔽部，炮兵射击就成为对遮蔽层厚度的战争。即使是使用延期引信的 75 毫米榴弹，也摧毁不了积土 2.5 米轻掩蔽部。如图积土不到 1 米厚的掩蔽部，日军视为只能有效抵御瞬发榴弹的破片，但已经可以有效减少触发引信 75 榴弹落弹的杀伤力。

---

[1] 中国台北国史馆藏，蒋中正文物档案，第002-080102-00116-003号档案。

卜福斯的双炮管之梦

在坊间流传着一种所谓的"多炮塔神教"，将战车应该多加几个炮塔的理论在互联网上恶搞得热血澎湃。影响所及，众多的海军迷也出现了所谓的"多烟囱神教"。然而，巨舰、巨炮、重战车这是当年中国军队可望而不可及的圣物，而曾经真正影响过中国抗日战争的欧洲兵器制造"神教"，只有"卜福斯"忠诚信奉的"双炮管神教"了！

所谓的"双炮管神教"，并不是真正同时操作两门炮的twin-barrelled（大致意思指双联装）。管退式火炮有复进制退机，所以每个炮管一定有自己的摇架与滑钣，才能抵消炮管在射击时的后坐力。所以，双联装（twin-barrelled）的火炮重量会大幅增加。即使使用共同炮架、炮塔、进弹机与瞄准器，重量仍然非常惊人。所以，一般火炮是不敢问津的。只有必须以多发炮弹快速集火射击同一个快速移动，稍纵即逝的目标，才会用到双联装设计。这样的目标一般是指飞机。

其次，双联装的口径一定要小，否则操作起来必然是人仰马翻，远超过炮兵的体力极限。所以，陆军真正的双联装火炮，几乎都是防空火炮或防空机关炮。美国的自走防空炮车—经典的M42所使用双联装"博福斯"M2A1式40毫米机关炮，就是典型的双联装设计。

除了打飞机的高射炮之外，陆地炮战实在用不到双联装的大口径火炮。因为，陆地上没有飞机那种如此之快的目标可打，炮兵也不需要这么拼命。再以炮兵战斗法来说，双联装也是一无是处的。在炮兵连长眼中，

合并成一门的双管75山炮，绝对比不上两门一般单管的75山炮。两门山炮可以交叉射击，可以平行分火，比一门山炮强多了，双管山炮除了创下重量记录之外，还能干什么？

所以，双炮管火炮的主要目的，是追求一炮双用的两种功能，而不是两个炮管同时开火的集火射速。因此，双炮管事实上只是一门炮，炮架、摇架、复进制退机都是一模一样的，只是多了一个功能与口径不同的炮管。在射击时，视任务需求可在战场上就地换装炮管，就可以达到这两种功能。例如步兵炮加战防炮，山炮加榴弹炮，小战防炮加大战防炮等等……

在两次世界大战之间，"双炮管神教"曾经是西方列强设计师热议的话题。在"卜福斯"之外，奥地利的"百禄"、捷克的"斯科达"与英国的"维克斯"都开发出很有意思的双炮管作品。当时的设计方向大约有四种：其一，是使用大口径身管与小口径身管搭配，要用小口径身管时直接将炮管塞进大口径身管里；其二，是使用同样炮闩的"双胴炮"；其三，是维持一般火炮的结构，只拆换炮管。[1]

不用说，这些双炮管设计的重量都非常惊人，而且在战场上操作起来也很不方便。

然而，"卜福斯"却是"双炮管神教"最忠实的信徒，当时"卜福斯"作了一系列双炮管的怪炮，其中以"卜福斯"的81/37毫米步兵炮最为有名。81/37毫米步兵炮采用上、下并排的双炮管，炮管不下架，以炮管的上、下互换位置切换射击功能。这门炮事实上是战防炮，两种炮管都是长身管，81毫

---

[1] 见孙子仁译《卜福斯双炮管之特殊性能》，《炮兵杂志 第三期》。本节主要参考该文，以下不另标注以节省篇幅。

米炮管是类似迫击炮的 20 倍的光膛身管, 37 毫米则是 45 倍身管, 初速都能打到 800 米 / 秒。不过"卜福斯"给 81 毫米炮管加配了小号装药, 使初速能够低到不能再低的 68 米 / 秒, 作为近距离摧毁敌军工事的步兵榴弹炮使用。

"卜福斯"的 37 毫米战防炮本身是很有名的, 加上反装甲与榴弹炮通用的 81 毫米炮管, 表面上虽然非常诱人, 可双炮管步兵炮的操作着实是太复杂了, 所以, 在国际军火市场上却乏人问津。然而, 这门炮可是出奇地轻便, 全重居然不到 500 公斤, 分解驮运件最重的才只有 96 公斤, 反而更适合当时中国军队的实际需求。所以, 礼和洋行与佛采

▲ 双炮管神教的典范: "卜福斯" **37+81** 毫米步兵炮。

尔总顾问大力向蒋介石推销, 但蒋介石却对此毫无兴趣。因为, 兵工署的专家在考察之后向他报告, "卜福斯"的 81 毫米炮与 75 毫米炮破坏力相近, [1] 而且兵工署已经选定了轻便的"苏罗通"战防炮作为当时中国军队的制式 37 毫米战防炮, 何需多此一举?

然而, 在外行人看来, "卜福斯"的双炮管步兵炮实在是太炫了! 于是, "卜福斯"争取到外行人下的另类订单。礼和洋行是经由宋子文争取推销机会的, 蒋委员长不要, 但是外行的宋子文却怦然心动。他买了 12 门"卜福斯" 81/37 毫米步兵炮, 编成了税警总团的山炮营。

税警总团的订单让"卜福斯"大为振奋。在当时的国际市场, 只有税警总团与暹罗(泰国)国王是"双炮管神教"的知音。泰国实力小, 买了 30 门 47/75 毫米步兵炮已经是大订单了。但是, 中国的市场是无可限量的。于是, 佛采尔与礼和洋行卯足全力, 继续推销"卜福斯"的双炮管产品。在 81/37 毫米步兵炮之外, 礼和洋行的销售清单还有 37/47 步兵战防两用炮与 75/37 山炮战防两用炮。这些炮种让外行的宋子文看得眼花缭乱, 不熟武器的宋部长有一次不得不向蒋介石专电请示, 询问委员长的电文究竟指哪一种"卜福斯"步兵炮:

"南昌牯岭蒋委员长钧鉴, 新路密。顷接伦敦宋部长来电, 文曰: 转蒋委员长赐鉴, 齐电奉悉, 卜福斯步兵随伴炮有两种, 一种七生五与三生七, 一种八生一与三生七, 究竟指何种, 乞速示, 弟子文叩蒸。" [2]

为了推销"卜福斯"的双炮管产品, 佛采尔总顾问简直是拼上老脸。直到他辞职离

---

① 中国台北国史馆藏, 蒋中正文物档案, 第002-070100-00039-031号档案。
② 中国台北国史馆藏, 蒋中正文物档案, 第002-080200-00101-121号档案。

▲ 日造九五式野炮的圆表尺，近似卜福斯使用的圆表尺。

▲ 54 式 122 毫米榴弹炮使用的圆表尺。

华之际，他最后上呈蒋介石的报告，还在推销 37/47 步兵战防两用炮。然而，"卜福斯"的双炮管军购案仍然是全军覆没，除了宋子文的外行之作外，中国军队没有再买进任何一种双炮管的步兵炮。

中国军队不买双炮管的理由是显而易见的。双炮管的重量实在沉重，如果要节省重量，性能就要牺牲。以宋子文买的 81/37 步兵炮来说，81 毫米的 20 倍口径长炮管比"卜福斯"的 75 毫米 21 倍口径长炮管惊人许多，光看口径，理论上至少可以达到"卜福斯"三号装药一样的射程。但是，硬要把 81 毫米炮管加到 37 战防炮的炮架上，还要控制重量，自然是不切实际的。所以，"卜福斯"只好把 81 毫米炮管改成迫击炮一般没有膛线的光膛炮。光膛炮的炮弹不会旋转，射程就起不来。而且，用 81 炮管时，还得用迫击炮一般的大仰角开炮，有效射程低于 200 米，显然是要减短炮架的压力。

虽然"卜福斯"这门 81 毫米"迫击炮"也可以当战防炮用，而且功能实在很吓人，使用大号装药初速可以打到 820 米 / 秒，射程可以打到 6000 米，简直可以当成对付重战车（中型坦克）的战车炮使用。但是，兵工署的技术员要说，这门炮当成山、野、榴炮用却比不上"卜福斯"山炮，当成战防炮用又和"苏罗通"战防炮相同，当成步兵炮用也比不上老沪式山炮，当成迫击炮用更远远比不上中国军队当时非常赏识的法造"布朗德" 81 毫米迫击炮。要这样一门四不像的怪炮干吗？

然而"卜福斯"山炮的 90 毫米炮管却让蒋介石心里一动。因为，一门能打出 90 毫米炮弹破坏力的 75 山炮，实在是太有吸引力了。

▲ 斯科达的经典"双炮管"神作 M.18 型 75 山炮，由外观的观察可以发现 M.18 的双炮管是大管套小管。平时用 75 毫米身管发射，需要换用 90 毫米时将 75 毫米身管拆出来即可。

双炮管的迟疑

"卜福斯" 75 山炮的破坏力升级方案，是加一个可拆换的 90 毫米炮管。平时只要加头驮骡驮炮管，遇到需要大破坏力的射击任务时，就把 75 毫米炮管拆下，换上 90 毫米炮管。这的确是一个很有吸引力的折中选择。

为什么要选 90 毫米呢？火炮的全重是关键原因。因为，榴弹炮的炮弹越大，后坐力自然越强。所以，火炮全重会随着口径而加大。一个承载 75 毫米口径山炮的炮架，如果要承载到 100 毫米以上的炮管，全重就要大幅增加。但若把口径控制在 90 毫米左右，承载 75 毫米山炮的炮架只要稍为加重就行了。

北洋时期的上海兵工厂就曾经做过实验。当时上海兵工厂想开发榴弹炮，但又不敢直接做本地骡马一定拉不动的 100 毫米以上榴弹炮，所以退而求其次，做了一种 87 毫米榴

弹炮。上海兵工厂成功证明把口径控制在 87 毫米时，全炮重量能够压到 700 公斤，已经与 75 毫米山炮相近了。[1]

然而，90 毫米的破坏力却并不理想。实战经验证明，要有效破坏轻掩蔽部级别的防御工事，炮弹重量至少要达到 14-15 公斤。也就是说，榴弹炮的口径最少要在 100 毫米以上。而且 100 毫米只是个权宜之计。一个以木材为底、上方积土厚达 2.5 米的掩蔽部，可以挡住曲射而来的 100 毫米的榴弹。2.5 米厚的积土虽然很高，但是掩蔽部一般是先挖一个战壕，再从壕壁上掏出来的洞，天然的土层很容易达到 2.5 米的标准。所以，榴弹炮的口径要从 100 毫米继续往上加，120 榴、150 榴、210 榴、240 榴、280 榴……

所以，榴弹炮的口径概念与野炮完全不同。野炮的口径若达到 100 毫米，就是"重"野炮（schwere Kanone）了。但 100-105 毫米级别的榴弹炮，只能算是野战"轻"榴弹炮（leichte FeldHaubitze）。只有口径在 150 毫米以上，才能算是"重"榴弹炮（schwere Feldhaubitze）。

75 毫米口径的榴弹，重量在 6-7 公斤之间。所以，区区 75 毫米口径的曲射炮，就成为人见人笑的非主流榴弹炮了。上海兵工厂野心勃勃的 87 毫米曲射炮虽然口径加了 12 毫米，但其"开花弹"重量只有 7.8 公斤。所以，87 毫米曲射炮还在研究阶段就被陆军部毫不客气地浇了一头冷水：

"查现今各国军用曲射炮，略分轻、中、重数等。轻等口径由十生的至十二生的，中等口径由十二生的至十五生的，重等口径由

[1] 见《王旭荣等关于上海兵工厂拟制造曲射炮致军械司签呈》，《中国近代兵器工业档案史料第二辑》。

二十生的以上至三四十生的不等……此项沪厂拟造八生的七曲射炮，其击射力似尚不逮。所以轻曲射炮者，若用之于攻城陷垒，未见有何特别功效。因其口径击力，较七生的五山炮所大无几故也。"

然而，90毫米口径的机动力实在是太有吸引力了，尤其是想把榴弹炮与野炮两种功能整合在一门炮的火炮。山炮中的经典传奇"斯科达1928年"式75山炮就是功能整合的典范。M.28是可以拆换成90毫米炮管的双炮管佳作，总重量稳稳地压在700公斤，只要不当成正规的榴弹炮使用，在山地作战时可是非常威武的。

当然，90毫米级别整合失败的作品也很多。英国在20世纪30年代全新推出的25磅炮就是个例子。口径87.6毫米的25磅炮是希望兼顾野炮与榴弹炮功能的野心之作，但是这门炮却在妥协之中成了"经典烂炮"。长身管的25磅炮有超过12公里的远射程，可谓是称职的野炮。高爆榴弹重量加到11.5公斤，勉强能打个轻掩蔽部。但是，火炮全重却也毫不客气地加到了1.6吨！

然而，换个炮管就能当榴弹炮用的构想，实在是太诱人了。"卜福斯"的18倍口径90毫米炮管使用的90毫米炮弹重达9公斤，射程8200米。[1]9公斤的炮弹就要给兵工署的技术员们留有想象空间。但是想象空间只是理论值。兵工署不敢提出确切的采购意见，只好向上报告，让蒋介石决定要不要买90毫米炮管，蒋介石则要求兵工署详加实验90毫米的具体威力：

"特急，南京俞兵工署长：卜福斯山炮可装九生的炮管，其炮管与炮弹当时财部未全买，请详研究。如果其九生的炮管与炮弹威力可被毁坚堡与城墙，比七生五之炮管增大数倍，则应价购。请详究速复。中正有未机赣印。"[2]兵工署最后的建议是不采购90毫米炮管。90毫米炮管虽然可能使"卜福斯"山炮有能力破坏轻掩蔽部，但加购90毫米炮管就等于加一套弹药。按当时光是要生产"卜福斯"75毫米榴弹，就已经让兵工署头疼脑热了，更何况再加一种炮弹。

再者，加一套炮弹与装药，弹药兵的负担就要大幅增加，而随军携行弹药的炮兵连弹药队也要增加许多马匹，军费与操作风险都要大幅提高。何必为了一个朦胧的威力理想值，去招惹这么多麻烦呢？

然而，90毫米炮管却在"卜福斯"的设计上造成了一个缺陷。这个缺陷在欧洲国家是无伤大雅的，但在中国却几乎摧毁了"卜福斯"的实战价值！在本章第五节，将会详细探讨"卜福斯"90毫米炮管的惨烈影响。

---

[1] 见《将校袖珍》。
[2] 中国台北国史馆藏，蒋中正文物档案，第002-080200-00415-062号档案。

第四节　女武神之恋

在一炮三用的惊人性能之外，"卜福斯"也沿袭了克鲁伯公司人性化的设计思路。

克鲁伯是一个很纠结的军火工厂。说来有些讽刺，虽然它的产品是杀人的武器，但是这些杀人武器的设计却是非常人性化的。克鲁伯力求操作的简易顺畅，在小细节上处处贴心，堪称人性化设计的典范。所以，"卜福斯"山炮不但轻捷易用，而且性能稳定可靠，只要是用过"卜福斯"山炮的老炮兵，谈起"卜福斯"，神情辞气之间，彷佛是在回忆寤寐难忘的初恋情人。

别的不说，只要亲自去看"卜福斯"山炮的真实模样，第一印象必然是"卜福斯"独具一格的防盾。如果博物馆的火炮展区是众多火炮摆在一起的集中展览，一眼望去绝不会认走眼。而这个防盾就可以代表"卜福斯"设计对炮兵无微不至的细心呵护。

"卜福斯"的防盾造型很别致，在接近地面的下缘做成波浪状，上半部斜度几乎达到45度，在上缘又做出一个上扬的弧度。这可不是出于美观考虑，而是对炮兵真心实意的呵护。要知道，火炮体积大，不能深深藏到地面以下的掩蔽部，在野战时几乎没有工事掩蔽。所以，要打炮兵的作战阵地，一般用广布弹片的瞬发引信。[1]这是因为对炮兵射击时，敌方炮兵也会反制，没有时间精细标定目标。所以，对炮兵作战阵地的射击，首

要目标不是火炮，而是操作火炮的炮兵。

炮兵在操作火炮时，身体必然是暴露的，不可能躲在工事里操炮。所以，用炮中的炮兵是最脆弱的目标。因此，反制炮兵射击的原则，就是以触发引信杀伤敌方炮兵，只要能利用在头部左右高度炸裂的弹片杀伤炮兵，就能消灭敌方火炮的战斗力，甚至还可以轻松缴获敌军火炮。只有在确定敌军火炮或弹药存放处精确位置的时候，才会改用落地即炸的触发引信。

"卜福斯"的波浪形防盾，就是反制瞬发引信的最佳避弹造型。实战中的"卜福斯"炮班照片显示，这个防盾至少可以有效保护在炮架前操作的瞄准手、发射手与装填手。"卜福斯"为瞄准手与发射手设有座椅。所以，

▲ 卜福斯的防盾说明克鲁伯工程师们保护炮兵的诚意。防盾主要用来保护瞄准手，发射手与装填手。但只要隐蔽角度得当，整个炮班人员都能得到或多或少的保护，有效增加炮兵人员的战场存活率。

---

[1] 见《最新德式炮兵射击学详解》。

▲ "克鲁伯1910年"式山炮的人员防盾与火炮防盾。加上人员防盾之后，炮班人员可以得到完全的保护，但是驮马的力量局限使中国炮兵无法普遍采用人员防盾。

两名炮兵在操炮时是很轻松的姿势。所以，"卜福斯"的防盾能如此倾斜。

至于方向手、弹药手与炮长等人员，克鲁格系列的山炮还配有专人使用的防盾[1]，可能因为重量考虑，没有资料显示中国军队的"卜福斯"配有人员防盾。

山炮，步兵炮与战防炮经常暴露于敌方炮兵的反制炮击之下，但是大多数的设计师都没有认真考虑炮兵的安全。日本就是一个最恶劣的范例，与"卜福斯"的炮盾相比，日造"四一"式山炮、"九四"式山炮或"九二"式步兵炮的防盾简直是敷衍了事。在当时各国的火炮之中，只有"施耐德"部分山炮的防盾能与"卜福斯"的细腻保护相提并论。

设身处地，我们不难想象隐蔽在"卜福斯"防盾后面的中国炮兵，心里是多么的温暖。

防盾只是一个例子。"卜福斯"炮班要用上十名炮手。包括在炮后指挥的炮长、直接与火炮亲密接触的瞄准手（第一炮手）、发射手（第二炮手）与装填手（第四炮手）、按照瞄准手指示用瞄准杆调大架的方向手（第三炮手）、以及负责弹药的信管手（第五炮手）、装药手（第六炮手）、弹种手（第七炮手）与两名整理弹药的弹药手（第八炮手与第九炮手）。我们不妨就"卜福斯"炮操的实际动作，细细品味老炮兵对"卜福斯"的真挚感情。[2]

---

[1]《克鲁伯七生的半十四倍口径长过山管退快炮一千九百十年式说略》。
[2] 见《野战炮兵操典实施法》。本节主要参考该书，以下不另标注以节省篇幅。

发射手的最爱 —— 指针式瞄准具

老炮兵对"卜福斯"的第一个良好印象，应该是高低瞄准机的指针式瞄准具。高低瞄准机与表尺搭配，是用来求取射角的。高低机用气泡定位，而气泡是有点个性的。所以，在转动高低机转轮的时候，发射手必须加强练习手劲的灵敏度，小心伺侯有个性的水平气泡：

"待气泡略达所望之点，需即将转轮缓转。及将到中央之瞬时，则需将转轮向反方向压之，以阻止气泡之惯性，次则静止之。如此之后，倘不克所望之点，或稍超过之，则需将转轮向左右作小小之旋转，恰如以手敲之光景。"①

打仗的时候，战场上地动天摇，发射手难免会发抖震动，要用震动发抖的手去来回轻轻微调高低机的转轮，使气泡能够居中，有时真是会急死一班的炮兵。所以，"卜福斯"在高低水平气泡之外，又加上了传统的指针。"卜福斯"的三套表尺都有表尺指针，瞄准手在装定表尺时，就连带设定表尺指针。高低机也有炮身指针，发射手在摇高低转轮的时候，只要使炮身指针与表尺指针互相对准，炮身就达到瞄准手在表尺上定下的射击角度了。

指针瞄准设计必然能让用惯"大正六年"式山炮的老炮兵惊艳不已，而且小小的指针还另有人性化设计的玄机。"卜福斯"的两个指针的指标被特别处理成白色，而且有夜间自动发光的荧光功能。

不要小看这小小的荧光功能，八十年前电力尚不发达时代的战场是漆黑一片的。夜间射击打开手电筒看指针，三公里外都能看到你的手电筒。一个指针上作荧光处理的小小调整，不知救下多少炮兵弟兄的性命！

瞄准手的深情 —— 表尺与瞄准镜

在炮兵班中，发射手（第二炮手）和瞄准手（第一炮手）是与火炮最亲近的两位炮兵。"卜福斯"的发射手会立即爱上指针式瞄准具，而瞄准手则会爱上"卜福斯"的圆形表尺。

在谈圆形表尺之前，我们不妨简单追溯下表尺的发展历史。

在20世纪一开始，出现了没有横表尺的弧形表尺。克鲁伯的山野炮就普遍采用弧形表尺。例如仿造"克鲁伯1903年"式75山炮的沪造"克"式山炮，就使用"尺形如弓背"的"三一表尺"，但是中国的沪造"克"式山炮并没有用上三一表尺，现存老照片显示沪造山炮依然使用T字型的横表尺。然而，中国炮兵很快就通过使用弧形表尺的"克鲁伯1903年"式75毫米野炮系列（包括原厂"克"式野炮、汉造"克"式野炮与"三八"式野炮）认识了弧形表尺。

弧形表尺之所以呈弧形，是因为直接把定偏算进了表尺里。射距越长，弧度越大。② 有了弧形表尺，膛线右旋的"克"式山野炮不再需要加一道横表尺。瞄准手在转动表尺转轮（装定表尺）时，表尺会自动向右微微移动，这种细微的移动，肉眼几乎观察不出来，但却可以直接修正定偏，而"克鲁伯"山野炮的射表就能省去一整栏的横表尺数据，看来真是简洁了许多。

"卜福斯"使用的表尺则是更为进步的

---

① 见《炮兵教练实纪》。
② 见《兵器学之参考》。

圆形表尺。原本长条形或弧形的表尺被改为考虑了定偏的圆形表尺分划盘，轻巧便携。

然而，使用变装药的榴弹炮是表尺的克星。变装药的炮弹可以打出南辕北辙的弹道，一个表尺是难以概括的。但若是随不同的装药换用不同的表尺，瞄准手打起仗来就要手忙脚乱了。"卜福斯"山炮有三种变装药，可以打出榴弹炮的弯曲弹道，也可以打出野炮的低伸弹道，原本表尺至少要三套。然而，克鲁伯的设计师却以机敏的巧思解决了表尺问题。

"卜福斯"山炮的表尺比一般的表尺宽，上面刻有四种不同的分划。四种分划由右至左排列分明，下方有游动指标。所以，瞄准手要装定表尺时，不必按照装药种类另外换装表尺。瞄准手在听到炮长下达装药时，只要按照装药种类，以游动指标指定相应的装药，就能轻松选定表尺。

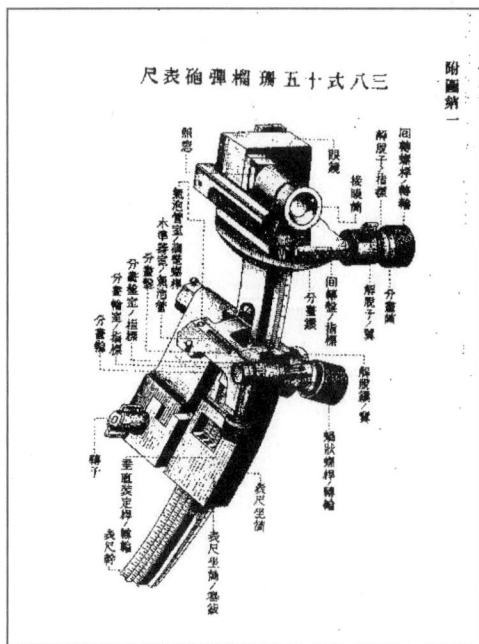

▲ 日造"三八"式150毫米重榴弹炮的瞄镜镜与弧形表尺，可以藉此了解弧形表尺的结构。原图为日军《重炮兵照准教范草案》附图。

"卜福斯"有三种装药，为什么却有四种表尺呢？因为克鲁伯的设计师细心地考虑到射击诸元只有射角而没有射击距离的状况。

今天的炮操口令里，只有方向、高低（角）与仰度（射角），不再有距离一项，甚至连表尺都废除了。这是因为火炮是以射角调整射击距离的，距离已经包括在射角之中，如果能直接求出射角，就不需再一个圈子换算成距离了，直接用高低机装定射角即可。然而，直接求射角是地图测角板的技术，要玩好地图测角板，必须要有高超的测地功力。而在20世纪30年代，中国军队的测地功力还没有进步到完全能依靠地图上测出的射角开炮。所以，打仗少不了表尺。但是，当时的炮兵偶尔也会单靠地图测角板瞄准法开炮。地图计算的射击诸元是先求出射角的。所以，指挥所偶尔也会报出只有射角而没有距离的口令。因此，"卜福斯"的第四种表尺刻度，是没有距离，只有测算射角的射角密位分划。

射角表尺分划在"卜福斯"圆形表尺的最右方，是按照角度的密位数刻划的。当时，炮兵用法国式的公制圆周率，一个直角100度，一个圆周400度，是为"新度"，新度的1度恰恰等于16个炮兵用密位（密位本身是角度值）。"卜福斯"山炮的最大射程折算成射角是40度。所以，最右边的表尺是标示到720密位的。

当然，在短短的表尺上标示出720个刻度，瞄准手不免要眼花。所以，射角表尺最小格为2密位，只要将指针定到两小格之间，就是1密位，简单易用。

在射角表尺分划的右边，由右到左是三套以米为单位标示的装药表尺分划。"卜福斯"的一号装药能打5125米，一号装药分划就定到5200米；二号装药定到7600米，三号装

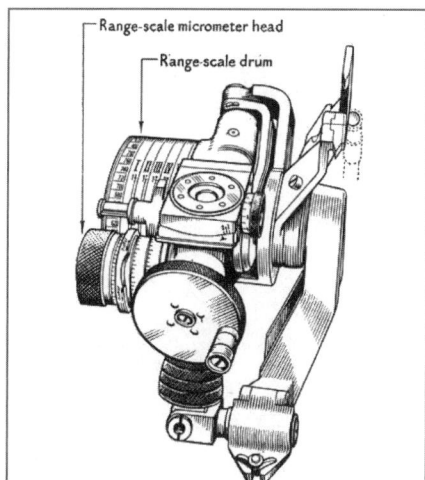

▲ 德国 75 毫米步兵炮 le.IG 18 的圆表尺与表尺座。表尺座正中的圆形轴座用于组合 le. IG 18 的瞄准镜是 RbI.F.16。教导总队的步兵炮 le. GebIG 18 是山炮版 le.IG 18，所以中国军队应该也曾使用这款圆表尺与瞄准镜。

药定到 9200 米。表面上看来，并排的三套刻度自然容易混淆。但是，三种表尺上贴心的细微刻度变化，却能确保瞄准手绝对不会看走眼。

"卜福斯"圆形表尺的刻度是很简洁的。大格是 100 米，只有偶数标示数值（200 米处标 2、400 米处标 4、600 米处标 6……5000 米处标 50。）。小格是 50 米，在小格之间有小黑点，每个黑点代表 25 米。以指针调整表尺刻度（即装定表尺），真是轻松愉快，一目了然，是人体工学的一大佳作。但是，"卜福斯"表尺并没有在三种装药表尺上刻上相同的刻度。

"卜福斯"的一号装药是弱装药，弹道最弯曲，最大有效射程只有 5125 米。但是，大部分的射击任务，都是以弱装药射击的。所以，一号装药表尺的刻度很完整，而且游动装药指标一般就停留在一号装药表尺上。

二号装药是强装药，弹道低伸，最大有效射程是 7600 米。会用到强装药的时机，自

然是从射程上考虑的，打个 2000 米内的遮蔽阵地是不会用弹道低伸的强装药的。所以，二号装药的表尺的完整刻度由 2000 米开始，在 2000 米以下则只有 50 米小格，没有黑点。

同理，最强装药的三号装药是专门打

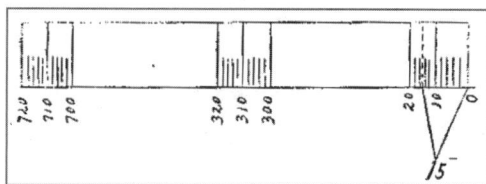

▲ "卜福斯"表尺最右方之密位分划。

▲ 一号装药表尺分划。

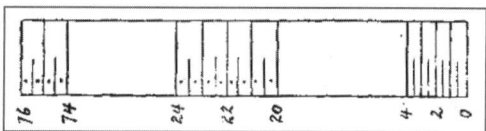

▲ 二号装药表尺分划。

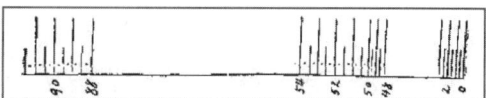

▲ 三号装药表尺分划。

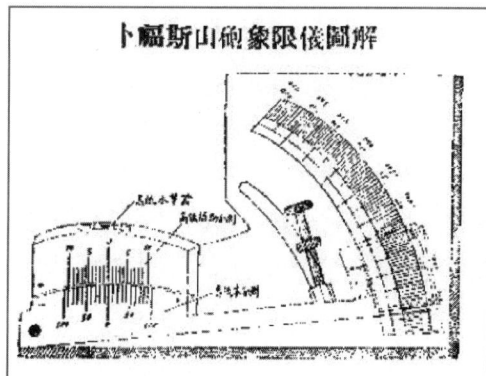

▲ 卜福斯山炮象限仪示意图。

7000 米以上超远距离的。所以，三号装药表尺只有 5000 米以上是完整刻度，5000 米以下只有 50 米小格。

因此，三套表尺的黑点区是随装药变高的。三号装药表尺最高，二号装药表尺"黑点区"在中间，一号装药表尺由 0 米算起，一目了然，很难走眼。

在表尺之外，瞄准手还要装定（调整）高低分划。高低分划盘也很贴心，"卜福斯"的高低角分划正负各 250 密位，正值是黑字，负值是红字，又是一目了然。

再看瞄准镜，瞄准手又要打心底里高兴了。

▲ 德军二次大战时期的制式方向盘 Rundblickfernrohr 32（Rbl.F. 32）。

Rundblickfernrohr 32（Rbl.F. 32）

德军于 1910 年发明 Rundblickfernrohr 英国译为 Dial sights，美国译为 Panormic，日本称为"巴拉马"瞄准具。其结构特色是在瞄准镜下方加装附有分划可以精密旋转的转盘，成为简易的方向盘。加上方向转盘后的火炮瞄准镜可以进行反观，才能实行间接射击。按照外观推测，"卜福斯"山炮的"蔡司"瞄准镜是大名鼎鼎的 Rbl.F. 32 的早期型。因为 Rbl.F. 32 的放大倍率为四倍，视度为九度，与卜福斯的蔡司镜不同，外观也有些许差异。

"卜福斯"瞄准镜当然是非常精美的蔡司原厂佳品，放大倍数为 3 倍，视度为 12 度。表面上，"蔡司"瞄准镜的性能与日军的"九五"式表尺眼镜不相上下。[1]但是，性能只是表面，真正让瞄准手由衷赞誉之处，还是"蔡司"瞄准镜的人性化设计。"卜福斯"瞄准镜的观望筒可以左右移动。而且，不会动到分划，

操作起来十分方便。

最贴心的是，观望筒左边有一个开口，在夜间瞄准时，瞄准手可以将手电筒直接插进这个开口，既能照亮分划刻度，又能防止灯光外露而暴露目标。

设计如此贴心，瞄准手能不爱上"卜福斯"吗？

▲ 正在操作瞄准镜的德军士兵。图中的瞄准镜外观近似"卜福斯"的蔡司镜，圆形表尺也清晰可见。

---

① 见《四一式山炮（步兵用）取扱上之参考》。

▲ "卜福斯"山炮瞄准手座的侧面图，可以见到"蔡司"瞄准镜。

装填手的福音 —— 半自动横楔式炮闩

在瞄准手与发射手之外，与"卜福斯"会作近距离亲密接触的另一名炮兵是装填手（第四炮手）。装填手一定也会爱上"卜福斯"的炮闩。

"卜福斯"的设计师来自克鲁伯。所以，"卜福斯"的炮闩（闭锁机）承袭了克鲁伯的横楔式炮闩。当时，野战炮的炮闩分为偏

▲ "卜福斯"山炮的装填手。

心式炮闩（螺式炮闩）与楔式炮闩（楔式炮闩）。偏心式炮闩以"法国七五"等法国炮为代表，汉造"克"式75毫米野炮与日本的"三八"式75毫米野炮也使用以螺纹固定的偏心式炮闩；横楔式炮闩则是"克鲁伯"山炮的典型风格，从"1910年"式75毫米山炮开始，克鲁伯山炮一律采用横楔式炮闩。

克鲁伯中意横楔式炮闩的原因，是因为楔式炮闩有一个非常安全的斜面。套句现代的俗话，这个斜面是"防呆装置"（防呆是一个源自于日本围棋与将棋的术语，后来运用在工业管理上，基本概念应用在日本丰田汽车的生产方式，由新乡重夫提出，之后随着工业品质管理的推展传播至全世界。）。装填手在送弹入膛的时候，要右手握拳，用拳头把炮弹推进炮闩，直到炮弹筒底接触退筒钣为止。但是，战场上的装填手自然经常出错，往往炮弹还没推到位置，紧张的装填

▲ "克鲁伯 1910 年"式 75 毫米山炮的横楔式炮闩。"卜福斯"的横楔式炮闩以精巧的杠杆原理与发条利用后座力造成半自动功能。

手就提早松手，而炮闩的关闭是由发射手操作的，如果发射手一时不注意强行关毕炮闩，而如果这个炮闩恰巧是"法国七五"的平底偏心螺式炮闩，很容易出现撞到弹头或弹底引信的情况，那就不免会造成炸膛的危险了。但是，楔式炮闩在关闭的时候，斜面会顺势把没有推到位置的炮弹推到退筒钣前方，就能大幅度降低装填动作的安全隐患了。

其次，有时装填手的手还没有来得及抽出，粗心的发射手已经动手关炮闩。偏心式炮闩会毫不留情地夹上装填手未及抽出的手掌，而一个有斜面的楔式炮闩会顺势把装填手的手给挤出来，而不会如偏心式炮闩一般直接夹上去。这就能有效减少装填手的工伤比率了。[1]

用惯沪造"克"式 75 毫米山炮的老炮兵，对"卜福斯"山炮的横楔式炮闩应该不会感到陌生的。沪造山炮的原型"克鲁伯 1903 年"式山炮虽然也是偏心螺式炮闩。但是，上海兵工厂参考"艾哈德"山炮的横楔式炮闩，成功地将沪造山炮的炮闩改良成横楔式炮闩。

然而"卜福斯"的炮闩还有更另外的惊喜。"卜福斯"不但承袭了横楔式炮闩的"防呆功能"，更进一步地将炮闩改良成为半自动装填方式。"卜福斯"不是电动的，半自动装填功能的动力完全来自击发时的炮身后坐力。克鲁伯的设计师利用推动杠杆与发条，精心设计出利用后坐力在炮身复进时自动打开炮闩抛出空弹壳的巧妙功能。而在炮闩自动打开退出空弹筒（壳）之后，发条绷紧，却被退筒钣的钩爪阻止，迫使炮闩保持开放的状态。在装填手再次送入炮弹时，炮弹一触及退筒钣的钩爪，又会自动关闭。这部不用电力的半自动闭锁机，曾经是领先全球的设计巧思。

变装药的炮弹在射击之后会留下一个空弹筒（壳）。装填手要在炮闩打开的瞬间，空手接下余温渐散的空弹筒（壳）。一个半自动的闭锁机能自行弹出空弹壳，让装填手轻松表演赤手接空弹筒（壳）的特技，整整齐齐地摆到一边，再接过信管手递来的炮弹，毫无顾虑地迅速送弹入膛，炮膛不需发射手动作就会自动关闭，时间节奏非常规律，而且没有夹手的顾虑。

有如此完美的炮闩，"卜福斯"山炮在激战中发挥最大射速之时，装填手就能安心大胆地从容操作，不但射速惊人，而且整个炮阵地必然非常整齐，不会出现空弹筒（壳）乱滚的恼人乱象。

有如此人性化设计的炮闩，装填手自然也就迷上"卜福斯"了！

---

① 见《克鲁伯七生的半十四倍口径长过山管退快炮一千九百十年式说略》。

弹药手的欢跃 — 三用碰爆引信

在直接与火炮亲密接触的瞄准手，发射手与装填手之外，直接负责弹药整理的三位炮手也不能不拜倒于"卜福斯"的大架之下。"卜福斯"是变装药，有三种装药、两种引信与四种引信功能，在当时的中国尚属罕见。所以，弹药手的编制人员多达五名，整个炮班人员数量比野炮的炮班数量还多。

弹药种类如此繁杂，弹药手的压力也是十分巨大的。在"卜福斯"山炮之前的"克"式山炮，"大正六年"式山炮与"三八"式野炮全都是定装药，一种发射装药从头打到尾，弹药兵只要拿对炮弹调准引信就行，但是"卜福斯"的弹药整备却需要弹药兵在战场上进行精细的分工合作。

举个实例吧。炮长现在下达口令："二号装药，榴弹，着发信管……待令放一发。"

此时，蹲在弹药箱旁边的弹种手（第七炮手）要从弹药箱中拿出正确的"卜"式山炮弹，这发山炮弹是还没有组合的，分为弹头与弹筒（壳）两部分。弹种手要正确地把山炮弹的弹头交给信管手，将空弹筒（壳）交给装药手。

装药手（第六炮手）在接到空弹筒（壳）之后，就把空弹筒（壳）摆在左膝上，在弹药箱中正确取出二号装药，装进空弹筒（壳），盖上药筒盖，再交给信管手。

信管手（第五炮手）先要处理弹种手交来的弹头。他要把弹头抱起来放在左膝上，将引信定为着发引信（即触发引信），这种动作称为"信管测合"。而后再接过装药手已经装好的弹筒（壳），将弹头与引信组装起来，最后交给装填手。

这个程序自然是非常容易出错的。在打仗的时候，装药动作越简单越好，才是正理。

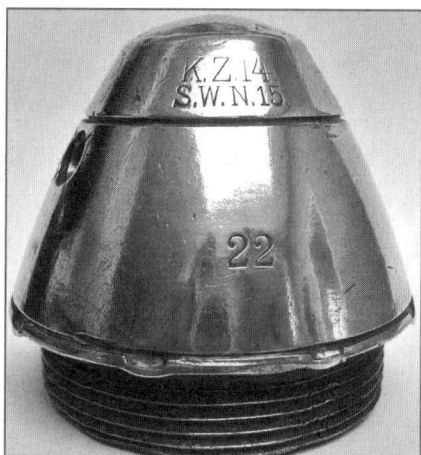

▲ 德军的碰炸引信 KZ 14，有可能是"卜福斯"采用的三用碰炸引信。

所以，克鲁伯的设计师大幅调整了"卜福斯"的弹药，使战斗中的弹药整备能简化到最简洁的程度。所以，克鲁伯的设计师开发出三用的碰爆引信，以碰爆引信搭配两用引信，配上单一的山炮弹，使"卜福斯"只有两种炮弹。再者，保留两用引信是为了空爆功能，而空爆功能其实也是可有可无的。所以，兵工署在抗战时干脆废除了"卜福斯"的两用引信，只用碰爆引信。

KZ 14 引信

KZ 14 兼具瞬发与碰炸功能，其改良版 KZ 14mV 增加延期功能，非常类似"卜福斯"使用者的描述。所以中国军队会以"碰炸信管"一词形容一个三用引信，因为 KZ 14 原本就是制式的碰炸信管。

KZ 14 开发于 1911 年，特色是力求简化，而且使用黄铜为主要材质，所以价格很便宜。在 1914 年一次大战爆发时被择定为德军制式 77 毫米野炮 FK 96 n.A. 的制式高爆弹与毒气弹的引信，其后 FK 16 也继续沿用。简单而便宜的黄铜引信，也非常适合在中国量产。

所谓"mV"是延期(mit Verzögeru-ng)，"oV"则是不延期（ ohne Verzögeru-ng ）。

所以，我们可以想象，"卜福斯"炮班在整理弹药时，弹种手的弹药箱里只有一种炮弹。因此，弹种手备弹阶段的出错率是零，即使这个弹种手是完全没有受过训练的新兵，也能轻松胜任。

装药手也不会搞错。"卜福斯"的三种发射装药并不是靠文字标示的，而是以最直观的药包大小与数量表示。"卜福斯"的发射药包分成大、小两种，大药包重163克。小药包的重量是大药包的一半，重81.5克。三种装药就由大、小两种药包组合而成。最常用的一号装药（弱装药）是163克，可以用一个大药包或者两个小药包。二号装药（强装药）是244.5克，是一个大药包加一个小药包。三号装药是326克，就是两个大药包或者一个大药包加两个小药包。如此简易的装药区别，即使装药手只是一个文盲新兵蛋子，也不大容易搞错的。

工作最复杂的信管手也会非常喜欢"卜福斯"的。信管手调整引信种类的动作称为"信管测合"，而"卜福斯"的三用碰爆引信是非常容易测合的。"卜福斯"碰爆引信以铜制指针标示引信种类。铜指针平时指在中央标示 ×× 的位置。在测合时只有三个选项，MV 是延期，OV 是触发或瞬发。触发与瞬发的选择在于山炮弹的弹头有没有加装套筒，有套筒的是触发，没有套筒的便是瞬发。

引信测合是信管手最大的任务，因为一般的测合动作要把引信规用力嵌入引信，嵌歪了伤到手是小事，如果角度不对，甚至会敲破引信里的引爆装置，真是一个高度危险的动作。碰爆引信的测合虽然也要用力嵌入，

但只是用引信规调个指针而已，心理压力就要轻松多了。

然而，两用引信的测合就要麻烦多了。两用引信主要是用在空爆上，而空爆是以引信下药盘外圈的一圈分划控制的。这一圈分划会显示在弹体上，信管手要以引信规用力嵌入弹头，密合分划圈，而后转动分划圈调整引信里上、下药盘间传火索的长度，以设定空爆的时间。这个危险动作到今日都是一模一样的，克鲁伯的设计师也无法简化。

然而，克鲁伯设计的两用引信分划还是有别出心裁的便利之处。一般空爆引信的分划刻度是用秒计算的。例如"改造三八"式75 野炮的两用引信分划，标示 0–22 秒。所以，早期军中也称引信规为"定秒器"。但是"克鲁伯"系列火炮的两用引信，却标示距离而非秒数。

▲ 德军的双用引信 Dopp Z 96，有可能是"卜福斯"采用的双用引信。Dopp Z 96 同样是德军制式 77 毫米野炮 FK 96 n.A. 与 FK 16 在一次大战中的制式双用信管，兼具发与空炸功能。这种引信以"百米"（hectometer）为分划单位，刻有 0-50 百米之分画，与"卜福斯"用户的描述近似，功能也相同。

在引信分划标示秒数的火炮，下达空爆射击命令必须查射表，检索炮弹在相应距离的滞空时间，才能定出空爆秒数。如果，引信分划直接按照距离刻成，就不需要查射表。再者，炮弹速度快，滞空时间只有几秒之差。所以，刻成距离分划的时候，也不需要把距离刻划太细。

"卜福斯"两用引信的距离分划是40分划（每分划是多少距离现今则已难考查，只能推论。一般使用空爆的机会是近距离射击，笔者估计40分划的每分划应该代表100米）。只有40个刻度，用引信规调整起来才能轻松定位。而定秒的两用引信就要复杂的多了。日本"改造三八"式野炮的22秒两用引信标示22秒，但是每秒之间还要再详细刻上5个分划，一共110个刻度，使定秒精确到0.2秒。

引信采用距离刻划远比采用定秒分划便利，但是距离刻划有一个理论上的缺点。如果敌人拣到我方的完整引信，一看刻划就知道我方炮兵距离为何，可以立即锁定我方的炮兵。而定秒则会因为各种火炮各种装药有所差异，即使敌军手里有我方火炮的射表，搞不清装药，还是算不出我方炮兵作战阵地的距离。所以，日本人会坚持使用定秒刻划。

然而，这只是理论上的。在地动山摇的炮战中，敌军拣到一颗完整弹头的可能性能有多大？相比之下，炮兵实际操作引信测合的便利，才是克鲁伯设计师的主要考虑。这就是实战经验与理论的差异。

后架翻上与弧形车轴

炮兵推炮是非常辛苦的。老炮兵都知道，推炮不能手握车轮的轮面。因为，车轮上侧的前架很锋利，

手握车轮向前猛力一带，力道可以连皮带肉削下一大片。所以，推炮得用手掌推，而且要有技巧地用手掌去推车轮中间的轮辐，"右（左）手在前，左（右）手在后，手心向前握住轮辐，两手相隔约3辐，眼向前看"，推起来真是苦不堪言。

人力推炮固然辛苦，但比起马力来，人力还算轻松的。使用马力不外乎是分解驮载与系驾牵引。需要把整门山炮拆解开来的驮载自然是最费时间的细活，而给炮装上挽具用马匹拖曳的系驾更是麻烦。给炮装上挽具套上马的动作称为"套驾"。"卜福斯"虽然是以拆解驮运为主要运动方式的山炮，但也可以不拆解而直接套驾。

"卜福斯"的挽具是不加炮车的双马拖曳，在套驾的时候，使用一组类似担架结构的"复辕"。复辕是并排的两根木杆，底端组合一个"游动棍"，成为"匚"字型。游动棍与山炮的后架组合，前、后排列的两匹马则夹在复辕之间，以皮带固定，弹药则另外由驮马驮载。如果改用人力，就是让拖炮的炮兵进复辕之间当马。当然，炮兵会自己手握复辕，就不需要在他们身上另加固定皮带了。

无论是套驾，分件驮运还是人力挽曳，都是非常辛苦的。在欧洲的重挽马两匹拖800公斤重的"卜福斯"绰绰有余，但在中国本

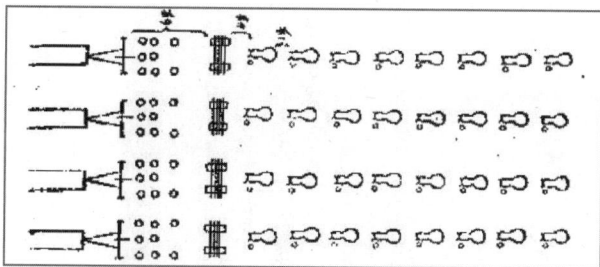

▲《野战炮兵操典实施法》中的套驾教练准备动作示意图。最左方即为复辕。

地的骡马只有 300 公斤的牵引力，人拉更不用说了。"卜福斯"山炮的重量相当于一辆两门小汽车的重量。有兴趣的朋友，可以自己带上绳索去拖拖看，就知道人力挽曳是何等辛苦了！

"卜福斯"山炮已经很轻的了，不太可能再降低重量了。然而，克鲁伯的设计师还是下了功夫，以一个精心的小小变化，竟成功地减轻了人与马的劳累。

火炮最沉重的部件是长长的炮架，尤其是有驻退锄的后架。后架不但沉重，而且长长的炮架增加了力臂长度，火炮拖起来就更重了。但是，炮架是不能缩短的，沉重的钢铸炮架是用来抵消后坐力的，而且炮管后坐时，也需要炮架伸展出来的空间。炮架太短，炮管后坐时触地，火炮就要跳起来了。

然而，聪明的设计师想出了折中之法。火炮在发射时固然需要长炮架，但是在牵引的时候，并不需要长炮架了。于是，出现了后架翻上的设计。

所谓的"后架翻上"，就是在火炮大架分成两段，射击时组合成一个炮架，行进时打开两个炮架间的连接杆（大型插销），把后架带驻退锄整个翻折起来。虽然中间卡着炮盾滑架，翻起来的后架不可能与前架重叠，

但只要能翻起相当的角度，就能减短力臂，使炮兵拖炮更为轻松。

"卜福斯"山炮的炮架在中炮架与后炮架之间有连接杆，可以后架翻上。其实"卜福斯"的后架翻上设计原意并不是为了省力，而是为了节省空间。因为，山炮的行进地区，主要是只有狭窄通道的山区。"卜福斯"山炮全长 3 米多，在狭窄山道间很难转换方向。所以，克鲁伯的设计师要以后架翻上的方式减少全炮在拖曳状态时的长度。然而到了中国，后架翻上却成为机动时的救赎之道。

"卜福斯"山炮原厂的操作指南并没有考虑到后架翻上在机动时的省力效果。但是，中国军队的"卜福斯"却以后架翻上为机动时的必要动作。详细说明"卜福斯"山炮操炮动作的《野战炮兵操典实施法》以专门的篇章说明了后架翻上在机动力上的重要意义：

"凡较长距离之运动，不论人力挽曳或系驾，运动多行之。但操典上尚无关于此动作之规定，而此项操作又甚为重要……"

有了"后架翻上"，炮兵拖炮的负担大为减轻，整个炮兵班的安全就更有保障了。要知道，炮兵班全班弟兄的性命，经常要寄托在拖炮的速度上。日军的侦查观测力量很强。所以，抗战时中国军队的炮兵射击，炮弹出膛之后只过几分钟，日军的炮弹就会打回来。因此，中国炮兵一般必须在效力射之后迅速拉炮退出阵地，以免挨炸。在这拖炮保命的关键时刻，弟兄们各个都是一人能拉两千斤货的"板爷儿"。有了后架翻上，一个人的爆发力就能把整门"卜福斯"拖出阵地！

在"后架翻上"之外，"卜福斯"的弧形车轴也会让弟兄们竖起大拇指。弧形车轴是为了便于火炮调整方向的装置，火炮调整

▲ 一门后架翻上状态的"士乃德"75 毫米轻山炮。

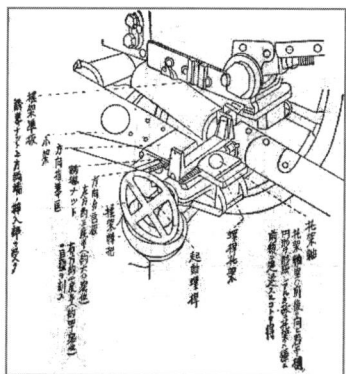

▲ "四一"式山炮采用的弧形车轴。原图为《四一式山炮(步兵用)取扱上之参考》的插图。

方向,一般要靠方向手用瞄准杆移动大架转动火炮,是为"调大架"。调大架不但沉重,而且定位起来也有点麻烦。遇到瞄准手与方向手沟通不良时,调个方向有时还真不容易。而且打仗不能挑天气选地形,遇上大雨滂沱满地泥泞的雨季,火炮一放列就陷到泥巴之中,要调大架就更困难了。

然而,火炮调整方向必须有效率,尤其是在敌军已经逼近的时候。假设我军阵地被突破,日军逼近我方炮兵作战阵地已经不足1000米时,机枪弹打得"卜福斯"的护盾火星四溅,整个炮兵班在火力压制下根本抬不起头来。在这个危机关头,炮兵的自救之道只有"摆射"。摆射就是火炮迅速左右转动方向,以最快速度射击,造成一个破片横飞

的火力压制面,进攻中的步、骑兵是没有工事保护的,一个破片带足以大量杀伤汹汹逼来的敌军步、骑兵,阻却敌方的攻势。这时炮兵要将两用引信调整到接近0度的位置,让炮弹以几乎出口就炸的速度猛烈轰击逼近阵地的来敌。如果方向调整够快,最少只需要三发炮弹,三次射击就能打出一道100米宽的"死亡破片带"。

如果在这"摆射"自救的关头还要方向手调大架,那实在是太慢了!所以,要有弧形车轴。弧形车轴可以让火炮整个前炮架在车轴上左右转动,整个转动的动作由方向制动机控制,瞄准手只要直接转动方向转轮,就能调整炮口方向。当然,车轴宽度有限。所以,瞄准手能利用弧形车轴调整的方向有限。在车轴限度之外的方向调整,仍然要依靠方向手。

弧形车轴并不是新发明,老式的"大正六年"式也有弧形车轴。但是"卜福斯"弧形车轴的精度好。"卜福斯"的方向机刻有左、右各移动50密位的分划。在1000米的近距离射击时,100密位就是100米宽度。所以,"卜福斯"可以在1000米近距离摆射时,精确迅速地打出100米宽的火控正面。炮班弟兄们的性命,就多加了一层保障!

第五节 我爱卜福斯

"卜福斯"山炮是一门很有诚意的山炮，每个细节都是战斗经验的结晶，蕴藏着设计师的诚意。兵器设计的着眼点很多，杀敌功效是主要考虑的，其次才是生产的便捷性。然而，实际操作武器的士兵，经常被无情地忽略在外。能顾虑到使用兵器的士兵，这份诚意真是难能可贵。

笔者现在只能经由"卜福斯"的照片与操炮教材，想象"卜福斯"的风貌。在纯理论技术比对中，笔者深深为"卜福斯"山炮善待士兵的诚意而惊叹。经由当年的操炮教材，笔者情不自禁地深深爱上了"卜福斯"。

当然，笔者所见到的"卜福斯"，只是冰山一角。当年曾操作过"卜福斯"的老炮兵，对"卜福斯"才有最真切的认识。

翻阅相关的回忆，笔者发现老炮兵对"卜福斯"的爱慕是无庸置疑的。在老炮兵眼中，"卜福斯"是火炮中的"女神"，虽然"卜福斯"在中国战场有致命的缺憾，但没有炮兵忍心数落"卜福斯"，所有评价都是一边倒地为"女神"叫好。这种偏爱横跨海峡两岸，用情之深，动情之切，八十年后读来仍然令人动容！

南京保卫战中一个"卜福斯"炮兵连的历程，最能说明老炮兵对"卜福斯"的深情。

淞沪会战爆发时，炮兵学校练习营投入战场。有一位在1937年8月刚毕业的中央军校第十一期炮科学生习世祥自愿参战，与两

▲ 《良友画报》成都中央军校专辑中的军校学生与卜福斯，朝夕相处的老友，感情非同一般。

位同学郑崇城及黄君材一起被编入第2连担任连附与排长。这三位刚出校门的少尉都是在"卜福斯"的照顾下磨练成才的炮兵军官。在六十年后回忆起"卜福斯"，人与炮之间的感情依旧跃然纸上：

"在校时，我们三人同一区队，同一个班，共同学习，共同生活，共同操练卜福斯山炮。到第二连，三人仍一起战斗，一起生活，而这里使用的也是卜福斯山炮，因此，我们都熟悉卜福斯，能在十分钟内装卸完毕。我们都爱护卜福斯，同他建立了感情……

卜福斯山炮是当时从德国购进的比较先进的武器，射程远、精度高、运输便、装卸易。拆散后可搬抬、可背扛、驮载和拉推，能使用于多种地形，实属步炮协同之优良灵便武器……"[1]

在淞沪战役总撤退时，练习营第2连迅

---

[1] 见习世祥《卜福斯得救了》，《纪念抗战胜利五十周年文史资料专辑》。

速撤到南京，继续作战。但存量不多的炮弹很快就都打光了，只能在中华门待命。但就在两天后，南京弃守，被困在长江边的第 2 连面临着弃炮求生的艰难抉择。

打光炮弹的火炮已是废物，而且南京撤退是全军溃退，丢了炮也不至于遭到惩罚。但是三位炮兵少尉却舍不得"卜福斯"，他们抚摩着腰间的"军人魂"（佩剑），毅然决心与"卜福斯"共存亡！他们庄重誓言，今日读来，仍然让人热泪盈眶：

"我们三人在郊外树林内商议：'弃炮逃生，人分散了未必能生，救炮则目标加大，人炮均不易保存，如之奈何？'突然看到自己身边带的那柄剑……想到学生时受的教育：军人应以爱护武器为天职，与火炮共存亡，怎能弃炮而逃呢？于是痛下决心：'三人生卜福斯存，三人亡卜福斯毁。'我们立即分头在农舍、路侧，沿河侦察情况，设法解决问题……"

三位炮兵少尉创造了奇迹，他们找到一位当过木工的士兵，利用搜集到的残破船只与废料，修整出一艘船与一支木筏。他们把四门"卜福斯"拆解开来，利用拼凑出来的船筏驶入长江，成功抵达长江北岸。又以惊人的毅力，横越一千余公里，将四门"卜福斯"带到湖南永州零陵的炮兵学校归建。

这是何等惊人的壮举！南京沦陷之夜大概是抗战史上最悲壮的夜晚。数万大军在长江岸边挣扎求生，飘雪的江面严寒刺骨，还有日军炮艇来回扫射。三个刚出校门的少尉，两位是 23 岁，一位是 25 岁。在全军溃乱的恐怖夜晚，单凭"军人魂"的鼓舞以及对"卜福斯"的深厚情感，在乱军之中，将四门总重 3200 公斤的"卜福斯"山炮跨越长江带出南京，这需要何等的勇气与毅力！

而在抵达长江北岸的六合后，旅途更是艰辛，他们已经没有骡马，六合又没有直达零陵的铁路，水路虽便捷，但只能到洞庭湖。兵慌马乱的陆路机动是无法避免的。三位少尉想必是一站一站征集民夫来拖炮的。

三个少尉几个兵，要在兵慌马乱的年月拖炮奔行，沿途有阻塞交通的难民、有趁火打劫的土匪、有伺机收编的友军，有山河险阻，有日军轰炸……徒步拖着四门"卜福斯"跋涉 1000 多公里，这是何等不可思议的历程！

只有老炮兵对"卜福斯"的真爱，才能创造如此伟大的奇迹。

由三位炮兵少尉的惊人壮举，我们可以体会老炮兵对"卜福斯"的真挚感情。虽然年代久远，笔者只能由纸面分析"卜福斯"。但老炮兵对"卜福斯"的浓烈情感，却有力印证了"卜福斯"与老炮兵之间的心心相印。

"卜福斯"是一代"女神"，是老炮兵的梦中情人。放眼 20 世纪 30 年代各国研制的同类火炮，"卜福斯"无疑是出类拔萃的。蒋介石抛开心中最后的一份顾忌，大笔一批，批准了"卜福斯"山炮的采购计划。

然而，这最后一份疑虑，才是"卜福斯"成败的关键：骡马机动力。

"卜福斯"在分解驮运状态时的各炮件重量超过了中国骡马的驮力，在系驾牵引时也已超过了中国骡马的牵引力。然而，"女武神"难以抵抗的魅力已经完全征服了全体中国炮兵。从炮兵出身的蒋介石到基层的炮兵官兵，疯狂恋上"卜福斯"的炮兵们都不免与笔者一样，心生侥幸之念：

也许"卜福斯"的"后架翻上"，能够让中国炮兵摒弃需耗时数十年的马种改良，解决二十年来都无法解决的骡马机动问题？

第六节 没有神马的国度

"卜福斯"山炮的致命缺憾是重量。"卜福斯"是1930年才推出的最新式山炮，但是战斗全重仍高达800公斤。在驮载时的行列全重，更高达894公斤。作为当时最新式的山炮，这是非常不合理的设计缺点。

与当年走在世界前列的各种75毫米同类山炮略微比较，就可以轻易观察出"卜福斯"山炮重量的不合理："斯科达"在1928年改进推出的"双炮管"M.28山炮，战斗全重是700公斤；"施耐德"在1919年推出的"万能"山炮"1919年"式，战斗全重只有660公斤，系驾状态时的行列全重也不过是721公斤。刻意压低重量的日本新一代制式山炮"九四"式山炮，战斗全重更是大幅度压低到536公斤。

在当时的新式山炮中，美造的M1A1山炮"pack howitzer"是最有特色的。在1927年推出的M1A1山炮有两种炮架，M1采用的是传统炮架，而M8则是通过吉普车就能牵引的使用橡胶轮胎的炮架。在使用传统M1炮架时，战斗全重只有1269磅（576.2公斤），而换用M8炮架时，重量虽然增加，但也不过是加到了1440磅（653.8公斤）而已。你如果实地看过M1A1山炮的轻巧可人的俏模样，真会感觉一个人就能把这门小山炮拖回家。

"卜福斯"的重量自然会造成机动力迟缓的问题。且不说驮载、系驾的长途机动，就是最基本的进入阵地，都要比一般山炮困难几分。中央军校的炮科学生在刚开始接触"卜福斯"山炮之时，就大汗淋漓地尝试过"卜福斯"的不凡重量：

"因卜富氏山炮系新式炮，对于阵地之进入较诸沪造山炮，稍形困难，尤以起伏不良之地形为尤然。故为第一，二炮驭手者，特宜注意，需尽全力以为之。倘夫马不良时，则需更换之。"[1]

"卜福斯"山炮的惊人重量来自双炮管设计。为了抵制90毫米炮管的后坐力，克鲁伯的设计师不得不将"卜福斯"山炮的炮架全面加重。在使用欧洲重挽马的国家，增加一点重量固然是无伤大雅。但在中国，每公斤的增加都是致命弱点。90毫米炮管所增加的重量，对"卜福斯"山炮在中国作战表现的冲击是无法弥补的。

在1935年，炮兵第5团第2营营长史宏熹向陆军整理处提出整理炮兵意见。史宏熹是"卜福斯"专家，在第一批"卜福斯"山炮组建成军时就担任"卜福斯"山炮营的营长，是全炮兵精挑细选出来的优秀干部。史营长对"卜福斯"的热爱是无庸置疑的。但是，他对"卜福斯"的性能缺陷也有第一手的操

---

[1] 见《最新炮兵野外实施笔记》。

▲ 北京军博陈列的 M1A1 山炮。与一旁的灭火器水筒相比，是不是轻巧到彷佛能拖回家呢？

作经验。史营长以美造 M1A1 为例向陆军整理处解释，硬加 90 毫米炮管所造成的惊人重量是"卜福斯"的致命缺陷：

"卜福斯山炮炮架笨重……查炮兵要素有二：一为射击精确，一为运动敏捷，最宜莫过装轻。故各国山炮，极力减轻炮架重量，全炮最重不过五百公斤。而卜福斯山炮重量超过八百公斤，较其它之山炮重五分之二有奇。惟考其炮架较重之原因，在有两炮身之故。一为七公分五、一为九公分……九公分口径之炮身，因弹药不会制造而未购，故使实际使用该项山炮者发生莫大之困难。现救济办法有二：一、该项炮架令兵工厂协同德国技师改轻各部，以便适合我国骡马之驮载量。二、将炮车轮车轴改造坚固，并将此项山炮兵改为以挽为主，驮载为副。"①

细心的读者，对史宏熹营长的愤慨也许要一头雾水了。不就是 900 公斤吗？中国的骡马可以拖 1.7 吨的汉造"克"式野炮组，900 公斤算啥？

虽然，"卜福斯"的行列全重只有区区 900 公斤。但是，"卜福斯"的 900 公斤，却是致命的 900 公斤！其致命之处，就在"卜福斯"的运动方式。

① 中国台北国史馆藏，陈诚文物档案，第008-010704-00008-014号档案。

山炮最基本的运动方式是分件驮载。"卜福斯"可以分成八件，由八匹骡马分别驮运，但是八个分解件的重量非常不理想：前炮架组106公斤，车轴与中炮架组111公斤，后炮架组111公斤，炮管与车辕组113公斤，炮尾组115公斤，滑钣与车轮组115公斤，防盾组105公斤，最重的摇架组更达到118公斤。[①]

切记，中国军队的句容种马场这时刚开办，能与西方重挽马相比的中国本地"神马"尚未出现。中国本地土产最强壮的华北大骡子，驮力只有85公斤。马比骡子差了一截，驮力仅为75公斤。如果不巧你只有小驴子，驮力那就只有40公斤了。[②]

所以，来自北欧的"女武神"是中国本土骡马的梦魇。实战证明，中国的土骡、土马根本无法承受"卜福斯"的分件驮运。

不能驮运，那就只能套上鞍具系驾牵引了。

在系驾牵引状态，两匹马所拖的"卜福斯"山炮只有800公斤，比驮载时少了94公斤。这是因为在驮载时，所有配件都要上马。例如，驮前架的前架马要加驮两根担杆（拆解山炮时用来挑起炮件的长棍），后架马要加瞄准具箱与零件箱，炮身马要加方向手用的瞄准杆以及系驾用的游动棍与复辕，扛着两个大车轮的滑钣马要加担杆，通炮用洗把与标杆，护板马要加圆锹十字镐与拉绳袋。这些附件加起来就将近100公斤了。在系驾状态，这些附件会分配给空下来的驮马上。

驮马虽然轻松了，但是被排进复辕里拖炮的两匹马却受不了！"卜福斯"配有原厂的两马系驾的担架形复辕，在系驾时将两匹骡马夹在复辕之间，以皮带固定，一马在前，一马在后。在欧洲，这种两马牵引的方式自然是轻松愉快的，但是排进同样复辕的中国骡马就要拖到累咽气了。要知道，中国本地的两马曳车，理论上只能拖动320公斤。本地的两匹骡马根本拖不动"卜福斯"呀！

然而，系驾却是"卜福斯"在中国动起来的唯一方法。当时"卜福斯"的操炮如此强调系驾牵引的重要性：

"山炮虽可驮载，但各载件重量甚重，不宜于长距离运动。而人力挽曳则更限于极短之距离。故凡运动时，必要道路许可，通常皆用套驾行之。"[③]

虽然"后架翻上"帮了点小忙。"后架翻上之套驾，即普通所常用者也。后架翻下之套架，行此种套架运动时，因炮身过长，行动不便，故用时甚少。"然而，后架翻上只能点到为止。后架翻上可以稍微减轻骡马的负担，也可以缩短"卜福斯"的长度，减少一点转弯时的困难，但仍不是重量问题的根本解决之道。

于是，无奈的中国炮兵将希望寄托在"半驮载"。所谓的半驮载，就是将沉重的后炮架分解下来驮运，火炮本体仍由骡马系驾。如此一来，火炮的重量就能大幅度减轻111公斤，这也是"卜福斯"的精心设计之一。

"卜福斯"的复辕一般组合在后炮架尾端的炮尾组上。但是，在后炮架与中炮架分解之后，中炮架有一个驻筒（应该是插销），也可以与复辕组合起来。如果还是太重，就可以拆防盾，再省105公斤，使"卜福斯"在系驾时的行列全重压到678公斤。

---

① 见《野战火炮简编》。
② 见赵桂森《后方勤务之研究》。
③ 见《野战炮兵操典实施法》。

▲ 瑞士的"卜福斯"山炮，唯一在机动力上进行全面提升的卜福斯。

对中欧山地的小型马而言，半驮载是贴心的解决方案。但是，在中国的骡马看来，半驮载只是多累死几匹马而已！不但进复辕拖 678 公斤火炮的两匹马仍然会累死，还得陪上驮起 111 公斤后炮架与 105 公斤防盾的两匹驮马跟着累死。"卜福斯"仍然是中国本土骡马的梦魇。

也许有人会说：笨，为什么不多加两匹马？

加几匹马说来容易。但是，挽具会成为一大问题。两匹马牵引的挽具是担架形的复辕，复辕只有固定用的游动棍，没有给驭手坐的炮车，驭手走在一旁赶马。所以，挽具本身的重量可以压到最小。如果要再加两匹马，四匹马步伐调整起来，势必还要再加上一辆给驭手乘座的炮车，让驭手靠缰绳马鞭控制四匹马的步伐。而炮车本身是很重的，一般是 200-300 公斤，如果要再加炮车，"卜福斯"的行列全重就要突破一吨了。

而在突破一吨之后，四匹马又拉不动了。所以，又得再加一对马……

三骖六马系驾机动纵列固然能拉得动"女武神"，但在加上最巨大的骡马机动纵列之后，"卜福斯"还能叫山炮吗？

当时装备"卜福斯"山炮各国之中，只有在阿尔卑斯山打仗的瑞士肯认真下工夫研究如何改善"卜福斯"的机动力。瑞士毕竟是有重工业底子的，他们成功地将瑞士山地兵的 22 倍口径"卜福斯"山炮的驮载件改成 9 件，每件 105-110 公斤。这个重量对驰骋于阿尔卑斯山地的 Freiberger 马而言，固然是很

▲ 民国二十四年国庆阅兵时的"卜福斯"山炮挽曳纵列，在复辕之间的马匹毛色鲜亮，体形高大。"卜福斯"的车轮直径是 90 厘米，以此推算，马匹高度在 16 掌以上，应该是蒋介石亲自过问并购买的洋马。

轻松的，但仍然大幅度超过中国骡马的驮力。瑞士人也改进了系驾牵引的方法。他们没有改变"卜福斯"的复辕式双马编组，却加上 400 公斤重的炮车。一门"卜福斯"山炮用两辆双马牵引的炮车分别装运。如此一来，每个双马炮车组平均要拖 900 公斤！①

当时有传说指出瑞士已经开发出在复辕里多加一匹马的"三马前后挽曳"机动法，但是这则消息应该是误传。且不说"三马前后挽曳"的超长机动纵列绝不可能奔行于山道之间，光是马匹驾驭，就是不可能的任务。

其实，中国军队早就注意到"卜福斯"的重量问题。所以，在"卜福斯"刚到中国的时候，国军买了洋马驮炮。兵工署引进的洋驮马种类为何，现在已难以考证。但是，这种驮马却引起了蒋介石的注意。在 1932 年 9 月 2 日，蒋介石电谕负责"卜福斯"山炮

采购案的军政部政务次长陈仪，要他特别注意洋马的饲养：

"据总顾问报告，新波福司炮团所用之骡马特别高大，给养不足，易致倒毙。希将给养尽量照发。"②

洋马的食量是很大的。在中国军队德式建军的 1935 年，军政部特地为洋马制定了《洋马饲料定量表》，喂养待遇大幅度超越了中国本土骡马。一匹本国骡马一天要吃马豆、高粱与麦（面）各 1 公斤，另再加 4 公斤干草当点心。而一匹洋马一天就要 3.5 公斤大麦与 2.5 公斤麦（面），4 公斤的点心干草还要细分为 2.5 公斤的干草与 1.5 公斤的"寝草"。

所谓的"寝草"，可能是指现割下来的湿草吧？光吃干草对消化不好，要伺候洋马的肠胃，还得加点新鲜水份与叶绿素才行。

中国军队当然不可能靠洋马打仗。"卜

① 见孙子仁译《瑞士炮兵的新阵容》，《炮兵杂志 第四期》。
② 见《蒋中正档案 事略稿本》。

福斯"山炮团在 1933 年起就已经派人到山东购买健壮的华北大骡子驮炮了。[1]但沉重的"女武神"不是中国本土骡马所能驮载的。居高不下的死亡率也使"卜福斯"炮兵团在抗战爆发之后很快就耗光了骡马。中国精锐的第 63 师在 1939 年 10 月的一个战例，无情地说明抗战时期"卜福斯"的机动已经开始依靠人力了。

第 63 师是第三战区的主力师，在淞沪会战之后被部署在钱塘江南岸。当时，第三战区经常以主力部队向京（南京）沪（上海）杭（杭州）三角洲敌后挺进袭击，第 63 师就是人中翘楚。为了扩张战果，第三战区司令长官顾祝同调了一连国宝般的"卜福斯"给第 63 师。然而"卜福斯"运动不易，在连打带跑的袭击战中很不得力。

在 1939 年 10 月，第 63 师再次渡过钱塘江长驱直入，挺进 100 余公里深入常州，一路打到牛肉汤很有名的太湖水陆要埠湟里镇。孤军深入的第 63 师在湟里镇被日军包围，主力虽然跳出包围圈。但是，机动力太差的"卜福斯"山炮连却遭到侧袭，在混战中被抢走了"七抬"炮件，分别是一门"卜福斯"山炮的炮身、炮尾、滑板、车轮、车轴、前架、中架与后架，相当于大半门"卜福斯"。

"卜福斯"是国宝，损失大半门"卜福斯"非同小可，必须呈报最高统帅。第三战区司令长官顾祝同亲自向蒋委员长报告战况，详细解释了丢掉大半门"卜福斯"山炮的原委：

"急，重庆军委会委员长蒋，痕密：据第 63 师一师长宥……电称，配属本师之炮三团第一连火炮损失情形，经职亲赴前方调查，情形如次。敌自梗日侵占我成章汤庄木北诸据点后，我即转移下庄，湟里，涿家仓房之线，调一八八团两营增援，准备反攻，并命炮三团一连推进至湟里附近，以火力协助。敬辰五时半，全线开始进攻，敌藉飞机火炮掩护顽强抵抗，因地形平坦开阔，敌增援迅速，激战至八时许，敌焰愈张，我周团长即先令率领撤退，以大部份向湟里集结准备固守，至九时许，敌四处南窜，一部由两翼包围湟里之后，我撤退炮兵已退至湟里西南杨枝村附近，被敌迂回回部队拦截，当与掩护部队小部份切断。战因众寡悬殊，炮夫阵亡，遂被截去七抬。计损失炮身、炮尾、滑板、车轮、车轴、前中后架各一，其余摇架制转机部份箱表尺箱获板复辕均已抬回，其余一门完好全损。此外该炮特务长及炮夫二名被俘，阵亡炮夫四名伤炮兵二名，掩护部队二排伤亡二十余人，余均失踪。此次火炮损失实不得已，伏乞鉴察等情。除复准予转报外，谨电呈报。饶，顾祝同冬至耀印。"[2]

顾长官的报告只提到炮夫，没有提到骡马。只称七"抬"，而非七"驮"，就充分说明了"卜福斯"机动的真相！

在抗战进入物资奇缺的艰困岁月时，"卜福斯"已经改靠人力机动了。老一辈的挑夫一肩可以挑百来斤的货。第 63 师的炮夫也许是不怕山岳险阻的挑夫哥，靠两人一担挑起 200 多（市）斤的炮件，也有可能是靠板车拉炮件的板爷儿……无论如何，至少在七十余年前越过钱塘江英勇挺进到常州的"卜福斯"山炮连，并没有骡马可供驮炮。

因为，"卜福斯"山炮的重量问题无法

---

① 见廖传枢《戎马倥偬前半生》，《淮南文史资料选辑第八辑》。
② 中国台北国史馆藏，蒋中正文物档案，第002-090200-00056-184号档案。

解决。所以，兵工署虽然握有宋子文搞来的设计图，却迟迟没有将"卜福斯"山炮定为制式山炮设厂自产。直到1943年美援即将源源不断，合金钢材也取得有望，兵工署才动了生产"卜福斯"山炮的念头。俞大维署长下令第50兵工厂将筹造"卜福斯"山炮作为该厂1943年度的工作中心，第50兵工厂源于广东港江炮厂，在抗战时期只造60迫击炮，静极思动，也很想有所表现。所以，在初步审视设计图之后，第50兵工厂发现重量是最大问题，并且提出了解决之道：

"驮载分配之改善—查原炮重量连同附件总计约九百公斤，原分为八载。为顾虑我国骡马体小力弱，难胜负荷起见，拟将该项设计稍予更改，将制退机及后座簧自摇架内提出，并将平衡机二座各自前前上提出，另行装载，分为十一载……每载重量最大者为八十七公斤，最小者为七十九公斤，相差尚无大轩轾，庶较与国产骡马驮力相称。"[1]

笔者读到此处，真如醍醐灌顶，大呼痛快。如果第50兵工厂真能将"卜福斯"的炮件压到每驮不超过87公斤的话，就真能唤回"女武神"在中国失落的战魂了！

然而，第50兵工厂的巧思违背了"卜福斯"山炮的设计初衷，其现实的可能性恐怕也只能停留在纸上谈兵阶段了。而且，美造M1A1山炮将在一年之后将陆续来华。所以，第50兵工厂的改进设计只能存于纸上，连样炮都没有做出来。

诗经精到地描述了："萧萧马鸣，悠悠旆旌，不失其驰，舍矢如破。"这没有"不失其驰"的大威力"神马"，"卜福斯"怎么能发挥威力呀？

① 见《兵工署与第五十工厂为筹造卜福斯山炮的往来文件》，《中国近代兵器工业档案史料第三辑》。

第六章

新炮新希望

"卜福斯"山炮的机动性虽然不理想。但是，蒋介石已经不能再等，因为1932年"一二八淞沪"战役与1933年长城抗战的血泪教训展现了日军炮兵的惊人战斗力。在长城战役结束之后，炮兵学校中校教官石廷宜悲愤写道：

"试观吾国之炮兵，虽有频年内战之经验，实无若何显著之进步。如淞沪及南天门之役，敌人仅以有限之火炮，向我阵地集中急袭，结果不但我军死伤奇重，即战壕亦几成平地，且炮弹所著之处，阵地摇撼如地震，守兵几不能立，是可见其集中急袭之威力有如此者。我炮兵将校闻之，可不急起直追，以渝洗历年来奇耻大辱乎！"①

石廷宜是行家，他对日军炮兵优势的观察一针见血。一般谈抗战的都是骚人墨客无聊学者，舞文弄墨是看家本领，带兵打仗却一窍不通，这些人都是会把制退复进机看成炮管的大外行。所以，我们所能见到的抗战记述史论，清一色是隔靴搔痒的看热闹之作。写起炮战来，好像日军打仗时动不动就有几百上千门重炮进行毁灭式疯狂滥射，战场描述清一色是"日军炮弹扑天盖地狂轰滥炸，我阵地尽成焦土"之类的煽情之词。其实日军炮兵的炮一般不多。而且，重炮同样困于机动力问题，很少实际上战场。

兵在精不在多，日军炮兵真正的优势，其实是战法的进步。

就以长城抗战最惨烈的南天门战线来说，关东军炮兵在南天门占有绝对优势，完全压制了中国的炮兵。但是，关东军在南天门方面使用的炮兵部队，只有一个野战炮兵联队，除此之外，日军只有各联队配备"四一"式山炮的联队炮中队。即使第8野战炮兵联队是满编作战，也只有36门野炮与12门榴弹炮。而且长城一带地形崎岖，关东军在野战炮兵联队之外，也不可能部署任何重炮。

中央军前后向长城战线投入了三个野炮

---

① 见石廷宜《测地发生之由来与我国炮兵之关系》，《炮兵杂志 第三期》。

▲ 长城抗战中的南天门，中国炮兵将在这个惨烈的战争惊觉日寇炮兵的实力。

团，再加上南天门守军第 25 师与第 2 师本身的山炮营，火炮数量绝对不会比关东军少，而且三个野炮团之中最先进的独炮 4 团使用"改造三八"式 75 野炮，是与对面关东军野战炮兵联队一模一样的装备，第 2 师山炮营的"大正六年"式 75 毫米山炮也与日军各步兵联队装备的"四一"式山炮是同一种炮。但是，中国炮兵却被完全压制，根本上不了战场。这是怎么回事呢？

答案就在炮兵战法的差距。日军非常重视"射、测、观、通、炮"的提升。以最困难的测地来说，第 8 野战炮兵联队的每一个炮兵大队都编有测量队。测量队的任务就是测地，将射击区域绘制成最精密的方格坐标

图，炮兵观测员只要拿测角板在地图上作业，就能求出精确的射击诸元，中队长的射击口令直接报仰角、高低角不报距离，从而省略了惊动对手的试射，发起出敌不意的急袭射击。这才是关东军炮兵能完全压制中国炮兵的真正原因！

抗战名将郑洞国当时是负责固守南天门第一线的第 2 师第 4 旅旅长，对日军炮兵的全面优势印象深刻："我军火炮很少，且性能亦差，往往需发射三发炮弹方能命中目标。但这里一发炮弹刚刚出膛，则为敌炮兵发现，马上招来排炮轰击，只好频频更换火炮位置，不敢集中排列作连续射击，故而大大限制了火力威力。敌人因在火力上占绝对优势，愈加骄狂，每次进攻之前，都以飞机大炮向我军阵地狂轰滥炸，阵地上几无一寸完好之地……"[1]

郑洞国的观察非常精确，只是他本人不是炮兵。所以，会误认为中国炮兵很差。其实，三发炮弹就能命中目标，就代表试射两发就取出了最小夹差，第三发就是真正歼灭敌人目标的效力射。能在三发之内打出命中目标的效力射，中国炮兵的训练水平与火炮性能已经是非常了不起了。

但是，关东军的炮兵却更技高一筹，"这里一发炮弹刚刚出膛……马上招来排炮轰击"的惊人速度，说明在第 2 师对面的关东军炮兵根本不试射，而是只依照观测所目视交会光测或听音机音测确定中国炮兵作战阵地位置之后，直接以图上作业定出射击诸元，立即对中国炮兵的作战阵地进行急袭的效力射。

在长城作战的关东军炮兵必然是自信满

---

[1] 见《我的戎马生涯 郑洞国回忆录》。

▲ 广西南宁军校的炮科学生正在进行"四一"式山炮射击教练，这是《良友画报》的照片。当时半独立的广西向日本购买军火，由于只买到"四一"式山炮，因此日方派来的顾问就以"四一"式山炮教测地。虽然日本顾问是假借测地之名搜集广西的兵要地理数据，但是桂军炮兵也因此能以测地打仗，大踏步迈入现代化炮兵之列。在"淞沪会战"爆发时，急开上海前线的桂军炮兵抵达战场的头件大事就是测地。

满的。所以，郑洞国会见到全连火炮一起开炮的"群射"。群射是很危险的。因为，全连火炮大张旗鼓地全力射击，必然会暴露出自己阵地的位置。所以，日本关东军的炮兵大队长一定要有充足的信心，能够以精密的迅猛炮击一次性地消灭中国军队所有火炮，否则有能力在三发之内命中目标的中国军队炮弹很快就会打回来。因此，野战炮兵操典说道，群射使用的时机是闪电般的"瞬间战斗"："以用于效力射，尤其对于紧要之瞬间战斗，更为有利。"（《野战炮兵操典草案》第267条）。

在以"瞬间战斗"全面压制中国炮兵之后，关东军炮兵就是大海中没有天敌的鲨鱼。

日军就能以最精密的坐标图，好整以暇地从容对南天门的第2师阵地进行"破坏射击"。

所谓的"破坏射击"，就是以长时间的效力射，全面射击所有敌方阵地中值得射击的目标。"按照计划施行之长时间效力射，范围广大之破坏射击，每每即为己方步兵施行攻击之准备"。①

这时日军的炮兵观测员与空中观测机会仔细观察南天门阵地的动静，无论是在开火时暴露位置的机枪掩体，还是夜间点烟提神的哨兵，都是炮兵的射击目标，只要在地图上找出目标的位置，马上就可以测出射击诸元，随即便是最精确的效力射。在精密的测地技术下，关东军炮兵还可以进一步划分射

_____

① 见《炮兵战术》。

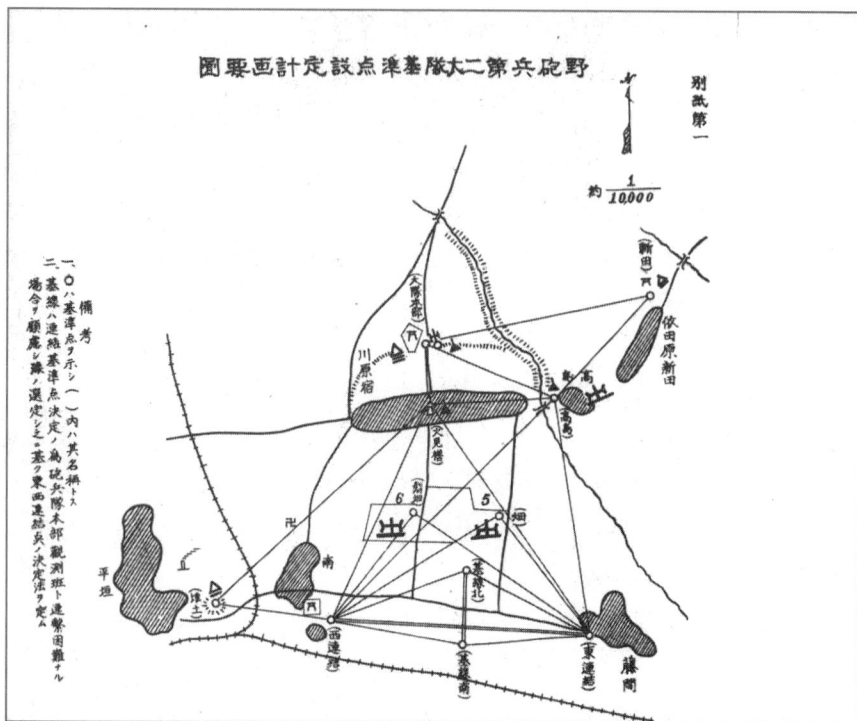

▲ 日军在 1929 年举行生地测地与标定演习时的基准点设定计划要图。由基准点，基线到三角交会，说明日军在测地战技上的实力。

击区域，作更细致的全面破坏射击，实现炮兵操典所教导的炮兵射击理想境界："在射击目标之全部时，则应适宜划分区域，逐次射击。"（《野战炮兵操典草案》第 309 条）。

所以，南天门阵地会在日军进攻之前遭到巨细无遗的炮击，"几无一寸完好之地"。

郑洞国的回忆录生动说明了中日两军炮兵的差距。德国军事顾问训练出来的独炮 4 团的确战技精良，但是日军却已经能成熟操作最先进的炮兵战法。与日军相比，当年挺进长城战线的独炮 3 团、独炮 4 团与独炮 7 团根本没有测地的能力！依照《军政公报》的任官记录，即使是出自于中央军校炮兵教导团，操作"改造三八"式野炮，堪称中央军校炮兵之光的精华：独炮 4 团，各营部在 1933 年都没有编制专门负责测地的测量员。

中国军队也想测地，只是具备测地本事的军官训练起来需要时间。独炮 4 团很快因为炮弹补给不上而撤离前线，接着顶上去的是操作老式汉造"克"式 75 毫米野炮的独炮 3 团与操作奉造"十三年"式 75 毫米野炮（"改造三八"式野炮的沈阳仿造版）的独炮 7 团。独炮 3 团是非常保守的，对于测地编制是一片空白，而独炮 7 团团长张广厚则是一位认真负责的优秀炮兵将领。所以，独炮 7 团率先引进了测地技术，在 1933 年 1 月开始于三个营部各编制一员少尉测量员。但独炮 7 团的进步也为时过晚，这些刚下部队的少尉测量员都是才出校门的学生，怎么可能主导全营的射击指挥呢？

第 2 师与第 25 师的山炮营就更不用说了。中国军队的沪造"克"式山炮与"四一"式

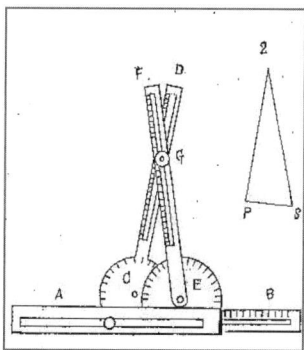

▲ 测地的重要仪器方向钣。方向钣用于三角测量, 可以测定距离与角度。图为 1911 年日军《兵器学之研究续编》所列举的 "新式方向钣"。测地堑一战之前还不是炮兵的重要战技, 所以民国元年时尚未配上观测镜的方向钣看来很原始。然而这张图却说明日军早在法国于一战开发出完整测地技术之前, 就已经注意到这门学问。

山炮都是靠直接射击打仗的, 连长拿个望远镜就能指挥战斗。所以, 当时的山炮连是没有 "连部" 的。战炮连的连部是连长的指挥中心, 即 "射测观通炮" 之中 "射击指挥" 的指挥所。连部编制有观测组与通信组。观测组由少尉观测员率领, 编制带炮队镜观测地形与弹着点的剪形镜军士以及两名带方向盘求取射向的军士。少尉通信员的主要装备则是电话, 所以他指挥一个由通信军士与三名乘马电话兵组成的乘马电话班, 外加三名牵马兵。不过人力传令还是最可靠的。所以,

连部另有两名传令军士。

"卜福斯" 山炮连是中国军队第一种有连部的山炮连。在 "卜福斯" 山炮之前, 山炮连只有光秃秃的连长与连附两个人唱双簧。一个没有连部的山炮连, 就是靠三点一线与望远镜打仗的山炮连, 怎能与精通测地的日军炮兵对战呢?

两次对日作战的经验有力地警示了中国军队的高层, 要与日军一战, 就要以更快的速度整建炮兵!

为了迅速整建炮兵, 中国军队必须立即购买德国军事顾问中意的新式火炮与观通器材, 建立德国顾问理想中的训练基地, 并以最快的速度把 "射、测、观、通、炮" 全面升级。在争分夺秒的炮兵建设上, 绝不容迟疑瞻顾, 耽误珍贵的建军时间。于是, 蒋介石大笔一挥, 批准了佛采尔热情推销的 "卜福斯" 山炮采购案。

"卜福斯" 山炮虽然有机动力问题, 但却是德国火炮技术的尖端技术结晶。有了 "卜福斯" 山炮, 德国军事顾问就能甩掉尴尬的 "三八" 式野炮与 "四一" 式山炮, 以 "卜福斯" 山炮为教具, 放手提升中国炮兵的教练水平。所以, "卜福斯" 不仅仅只是一门新式山炮, 而是中国炮兵建设, 备战抗日的新希望!

第一节
急如星火的卜福斯采购案

借壳归来的克鲁伯

博福斯公司（Bofors AB）原本是瑞典的一家钢铁厂，1883 年博福斯的钢铁厂被诺贝尔收购，公司转型成为专业的兵工厂，在火炮制造方面有着较深的造诣。第一次世界大战之后，受《凡尔赛条约》的限制，德国军火公司不允许制造火炮。所以德国的军火公司纷纷将火炮生产线转移到境外的公司，以回避英、法、美等一战战胜国的制约。克鲁伯公司买下博福斯四分之一的股权，使克鲁伯的火炮生意能够在瑞典延续下去。然而，借用博福斯招牌大损了克鲁伯老字号的品牌效应，火炮生意大不如前，急需开发新客源，但博福斯能为"卜福斯"山炮开发出来的新客源大都是潜力有限的小客户，如荷兰东印度殖民军、比利时、泰国、保加利亚、阿根廷、瑞典、土耳其、巴西、瑞士、葡萄牙等……

▲ 博福斯公司的厂徽。

为了争取订单，博福斯公司积极依附德国对外军事顾问们的影响力来拓展火炮的海外销售。这个高招为"卜福斯"山炮在世界最神秘的角落，争取到业绩最高的大订单。1932 年，依靠德国顾问帮助推动国家军事现代化建设的伊朗沙王礼萨汗同意购买"卜福斯"山炮，一口气下了 120 门的巨大订单，成为博福斯公司的钻石级 VIP。在全球限武的 20 世纪 30 年代，礼萨汗的订单震惊了国际军火市场。四年后，伊朗又追加了 200 门，订单规模直逼同时期施耐德接到的日本订单，简直是军火市场的奇闻。在伊朗的巨大成功让博福斯公司大为振奋，博福斯公司下个目标，就是正在扩大德式建军规模的中国。

中国与波斯同样是德国人眼中神秘的古老国度，博福斯公司能在落后的伊朗签下惊世骇俗的大订单，一定也能打开还没有选定

▲ 博福斯在 20 世纪 30 年代初期的客户都是小客户。图为巴西使用的早期型"卜福斯"山炮。

▲ 伊朗是"卜福斯"山炮的最大客户，图为伊朗之 22 倍口径"卜福斯"山炮。

理想制式火炮的中国市场！

博福斯公司打开中国市场的销售布局非常缜密。博福斯的在华销售由克鲁伯的老代理商礼和洋行（Carlowitz & Co.）负责，克鲁伯与礼和洋行不但有二十多年的合作历史，而且克鲁伯也是礼和的大股东。礼和洋行是最顶级的贸易商之一。但总部在天津的礼和洋行只和中国的北洋官场熟识，对新兴的南京国民政府却苦于难觅高层关系的门路。

然而，礼和洋行的前景依然是无可限量的。因为南京的新贵们早已对礼和所代理的克鲁伯、蔡司、也得西拉（Aesculap，即"蛇牌"）、伊默克（Merck）、古特立（Goodyear，即今日之固特异）等品牌耳熟能详。只要业务人员敢打敢冲，生意是很容易做起来的。

在 1930 年中原大战期间，一个名不见经传的小商人丁福成决心到南京发展，通过他不懈的努力，终于敲开了南京国民政府相关部门与军方的大门，并成功地推销出礼和洋行代理的部分德国产品，在短短五个月之内就卖了 500 万银元的炮兵观通器材、显微镜与医疗器材，光是佣金就抽了 10 万大洋！[①]

丁福成的惊人成功是完全可以理解的。因为，礼和洋行所代理产品的品牌效应实在太大了。蔡司、蛇牌、伊默克与固特异至今为止仍都是赫赫有名的大公司。且不说八十年前的南京，就是今天，如果有人拿张蔡司与固特异大中华区独家代理的名片在中国各大城市走一圈，赚上一两个亿都不成问题！

丁福成的成功激起了礼和的斗志。礼和收编了丁福成的福昌贸易行，在南京中山北路外交部大楼的正对面成立了礼和洋行办事处，大张旗鼓地在南京做起生意来。于是，隐身于博福斯旗下的克鲁伯重新回到中国。然而博福斯这个名字在中国没有什么品牌效应。所以礼和多管齐下，内外配合，不惜重金大力打点佛采尔之类有意赚外快的德国军事顾问，终于把"卜福斯"之名一举打响。

1930 年，中国的火炮市场竞争仍然与二十年前袁大总统时代一样，主要是克鲁伯与莱茵金属之间的博弈。因为在这对同根冤家之外，大部分的知名的火炮公司都还没有来华推销的门路，而当时有门路的火炮公司又远远逊色于德国炮（例如当时通过怡和洋

[①] 见丁福成《德商礼和洋行在华经营军火活动情况》，《文史资料选辑第一一〇辑》。本节主要参考该文，以下不另标注以节省篇幅。

▲ 一次大战前礼和洋行在上海江西路九江路口的大楼，在一战之后德商财产纷纷转手，这座大楼成为新华信托储蓄银行大楼。

行试图进军中国市场的维克斯公司）。在包艾尔当驻华总顾问的时候，莱茵金属占了上风，在德国军事顾问协助编练的教导第1师就以莱茵金属在荷兰的子公司哈以哈（H.I.H. Siderius）生产的步兵炮作为主要装备配备给了步兵团的步榴炮连。然而，在佛采尔走马上任后，克鲁伯就抢了风头。于是博福斯替代了哈以哈，"卜福斯"一词，也就成为中国德式军队最富代表性的历史印记。

昂贵的女武神

佛采尔用尽全身解数竭力推销的"卜福斯"山炮，成功打动了中国军队高层。在1932年开年伊始，蒋介石受"一二八淞沪"战役的刺激，决意奋起直追，于是"卜福斯"山炮的采购案在1932年春顺利敲定。依照当时兵器制式会议的结论，"卜福斯"甚至在翩然来华之前，就已经被内定为中国军队新一代的制式75毫米山炮了。

虽然"卜福斯"山炮得到蒋介石的首肯，但蒋介石不愿意通过礼和洋行买炮。因为他认为礼和洋行是靠佣金（commission）获利的贸易公司，就是靠动嘴皮子便能抽佣金，着实是太黑心了！当时礼和的佣金是25%-30%，金额大的生意则是5%-10%，甚至还有加价抽到100%的例子。所以，一般人第一反应就是付这钱实在是太冤！

中原大战结束后，南京国民政府要收拾战争残局，还要赈济损失惊人的长江洪水，正是财政最紧张困难的时候。在"九一八"之后政府官员薪酬与部队军饷都改为打折发放的"国难薪"，才勉强渡过难关，哪能容忍洋行大赚佣金呢。所以，蒋介石最讨厌洋行。在决定采购"卜福斯"时，蒋介石同时决定越过洋行，直接向瑞典的博福斯本厂买炮。

让哪一个部门负责采购？也是让蒋介石头疼的问题。蒋介石在 1932 年 1 月底重回南京政坛后，主抓军事，政府事务几乎全丢给了行政院长汪精卫来管理，而汪精卫是个面面俱到的和事佬。所以政府的风评不佳。即使是中国军队高层，廉洁度也要打上问号。因为，军政部部长何应钦同样也是个八面玲珑的和事佬，何部长的亲信军械司司长陈隐翼公开与洋行业务代表谈佣金，兵工署署长陈仪表面清廉正派，但却放纵亲戚部属拿回扣，这都让蒋介石非常头疼。

1932 年，军火采购的决策权很怪异。理应负责军火采购的军械司只负责在军械库存量不足的时候采购步枪之类的小口径武器，兵工署署长陈仪则在"卜福斯"山炮采购案确定前被调离，新任的署长洪中专管国内兵工厂整顿，不沾对外采购事宜，而陈仪专任军政部政务次长，虽然负责"卜福斯"采购来华期间的行政业务，但却不经手合同谈判与跟单验货等一切与金钱沾上边的业务。

谁来负责"卜福斯"山炮采购呢？蒋介石让财政部部长宋子文主持中国军队军火的采购工作。宋子文也搂钱，但他搂钱的方法是靠政治势力扶植自己企业赚钱，不会贪黑钱。所以，在对外军火采购上能作到清廉不苟。而且宋子文对洋行的观感与蒋介石一样，绝对不接见洋行代表，坚持直接与欧洲原厂接洽，一心为省下佣金这笔钱。

只是道高一尺，魔高一丈。博福斯公司与礼和洋行签了总代理合同，所以宋子文即使直接找上博福斯，博福斯原厂报给宋子文的价格仍然与礼和洋行的报价相同，该给礼和的那份佣金也会如数转给礼和。

更难堪的还在后头，宋子文不但在报价上逃不过礼和洋行，甚至接洽生意的博福斯"原厂"代表，都是礼和洋行的"黑心"业务！

礼和洋行是高明的商人，他们以高超的手段哄住宋子文。丁福成把礼和洋行南京办事处的头衔收起，换了张博福斯炮厂驻华代表的名片，去见宋子文谈生意。宋子文虽在金融界人脉广泛，但对军火圈子却非常陌生。所以不认识把洋行开在外交部对门的丁福成。宋部长一见博福斯原厂代表居然直接找上门来谈生意，甚感宽慰。于是丁福成得到打电话约时间与宋子文见面洽商的特权，而博福斯在中国的发展前景也就更为乐观了。

当时，中国对外军火采购的合同由宋子文签名，宋（T.V. Soong）的签字是关键。丁福成的小小骗术让宋子文觉得自己找到了博福斯原厂，能为国家省下佣金，他就会在发给博福斯的采购单（P/O）上痛快签字。其实以 Bofors AB 抬头签回给宋子文的售货确认（S/C），也许根本就是在礼和的办公室里用打字机打的。

选定宋子文为主办采购后，蒋介石的下一步，就是整顿在德国与瑞典的跟单人员。

▲ 宋子文在财经界外交圈呼风唤雨，但在军火采购业却是一个外行。

在包艾尔时期，蒋介石在驻德公使馆成立了商务调查部，以当时闻名海内外的俞大维担任主任，负责与德国军火原厂接洽跟单事宜。俞大维当时才三十岁出头，已是在爱因斯坦主办的数学杂志上发表文章大谈二进制数学的顶尖学者。如果留在学术界，应该是诺贝尔奖的热门人选。但他被陈仪看中，聘请到商务调查部工作，一脚踏入了中国兵工界。陈仪原本是蒋介石心中负责军火外购的最佳人选，只是他好高骛远，操守也有问题，居然在驻德商务调查部安插了一堆亲信，借接洽跟单之机大捞回扣，实在不堪担任采购重任。俞大维则是个很有主见的新人，虽是陈仪提拔起来的人，但他走马上任后，却毫不客气地断了陈仪的财路。

蒋介石下给博福斯的第一个订单是12门"卜福斯"山炮。这也是俞大维初露锋芒的第一笔采购案。俞大维本人是弹道专家，精通火炮性能，于是他亲自到瑞典，把整个采购案落实下来。博福斯依照惯例，向俞大维支付一大笔回扣。俞大维却神色一凛，严正说道："这笔钱刚刚够再加三门炮的价格，希望你们赶工，使十五门炮一起交货。"[1]

博福斯公司震惊了，从李鸿章，袁世凯到最新的南京国民政府，只要是中国派来的采购官员，从来没有不要回扣的，俞大维的高风亮节实在是太惊人了！

感动之余，博福斯公司请瑞典政府颁发勋章一枚，向俞大维表示敬意。因为这枚勋章是紧急颁发的，没有现货勋章的瑞典国王向有姻亲之谊的丹麦国王临时借调来一枚丹麦勋章，颁给了俞大维，留下一段佳话。

于是，"卜福斯"山炮的采购案完美地踏出了第一步。然而，"卜福斯"的报价却让军需署的会计吓了一大跳。

南京国民政府大约是在1932年春"一二八淞沪"战役期间紧急采购了"卜福斯"山炮，此时"卜福斯"山炮是全新的产品，在中国之前，只有荷兰印度殖民军在1922年买过28门早期型号的"卜福斯"山炮。[2]在1928年，土耳其下了184门20倍口径"卜福斯"山炮的大订单，但土耳其付款出现问题，所以"卜福斯"并没有全部交清土耳其的订货。有库存就要脱手，于是"卜福斯"积极设法将土耳其的订货转卖给中国。

卖库存应削价让利，但"卜福斯"山炮的价格还是非常吓人。丁福成回忆，"卜福斯"的实际单价高达1.6万美元！为什么丁福成会知道"卜福斯"的单价呢？因为宋子文虽然直接与博福斯公司签定合同，但博福斯公司仍会支付佣金给礼和洋行。所以这笔生意依然算是礼和的营业额，丁福成可在佣金里拿到0.05%~2%，对单价必然非常清楚。

▲ 俞大维，他的风评甚好，但蒋介石还要磨练他的本领。在苦其心志后，俞大维成为栋梁之才。他领导的兵工署是中国军队得以抗战八年的最重要动力。

① 见《俞大维先生纪念专辑：国士风范智者行谊》。
② 卜福斯海外销售数字来自一些美国军武论坛的讨论。据说数据来自卜福斯公司自编年鉴，唯笔者至今无缘一睹。

单价之所以用美金计价，是因为当时正好是全球经济大萧条年代，只有中国经济逆势增长。一手搞出大萧条的缺德美国人见不得中国置身事外，用白银政策大闹中国的金融市场，造成白银价格高涨。而中国的货币汇率就是银价，所以中国被美国搞出严重的通货紧缩，全球经济大萧条也就被转嫁到中国来。在"卜福斯"山炮签合同时，白银价格波动很大，德国帝国马克（Reichsmark）也在英、法的金融攻势下被迫放弃金本位，正是朝不保夕的时候，用马克计价非常吃亏。所以博福斯公司改用美元计价，而莱茵金属的子公司苏罗通则偏好英镑。

当时还没有废两改元，"袁大头"、"孙小头"对美元汇率随银价剧烈波动，但大致保持在1∶5左右。1.6万美元就相当于8万大洋，够给一个整师发一个月军饷了！

"卜福斯"山炮的价格是很难压下来的。因为"卜福斯"是最新产品，而且是没有大量生产的新货。最新产品要分摊开发成本，小量生产则会大幅度增加生产成本。再加上礼和的佣金，由瑞典斯德哥尔摩出货的 CIF Shanghai（CIF 为国际贸易术语，CIF Shanghai 大意为抵达目的港上海后的最终到岸价，其中包括货物成本、保险及运费等全部费用）海运费，报价自然低不了。因为从波罗地海经英吉利海峡进地中海，走苏伊士运河进印度洋，经新加坡或香港转口到上海交货，海运费用可以喊到原价的一半。

其实，"卜福斯"的报价已经是"友情价"。以两年后采购的"苏罗通"20毫米战防炮为例，大名鼎鼎的"苏罗通"小炮每门附炮弹3000发，单价是3010英镑。当时美国也以缺德的黄金收购政策玩弄英镑，美元对英镑汇率跌到5∶1左右。所以"苏罗通"小炮的单价换算为美金大约是1.5万元。[1]而且这应该只是不含运费的出厂价。依照当时接炮部队的传说，真正运到中国交货的"苏罗通"小炮，每门价值20万大洋，[2]折合美金约4万元了！

与20毫米"苏罗通"小炮相比，75毫米的"卜福斯女武神"要价1.6万美金，实在已经是不能再低的清仓"友情价"了。

"卜福斯"的报价虽已是"友情价"，但中国军队仍然吃不消。当时仍在汉阳兵工厂的生产线上量产的汉造"克"式野炮，单价只有大洋1万5060元。在包艾尔时代买的"哈以哈"75毫米步兵炮，单价大约2万大洋。对中国军队而言，看待一门要价8万大洋的高档山炮，实在要全新的价格观。

然而，"卜福斯"的价格必须咬牙吞下。因为，"卜福斯"是中国炮兵迅速提升战斗力的新希望，再贵也得买！

长城抗战中的超急订单

第一个"卜福斯"订单原本只有12门炮。因为，第一个订单毕竟是尝试，12门山炮恰好是编成一个炮兵营所需的火炮数量，显然这个订单的目的是要先编成一个实验性的炮兵营，去考查"卜福斯"的优劣。

要知道，"卜福斯"山炮当时是连完整射表都没有的最新山炮，"女武神"的脾气恐怕连卜福斯公司本身都还没摸透。所以，中国军队的第一个订单自然要保守一些，先买一点试试再说。然而，日本人却不愿给蒋

---

[1] 见《俞大维为筹建20毫米炮弹厂经费与蒋介石往来电》，《中国近代兵器工业档案史料第三辑》。
[2] 见张晴光《血战余生》。

介石从容揣摩"卜福斯"秉性的时间。

"卜福斯"的第一个订单大约是在1932年"一二八淞沪"战役结束前后确定的，虽然中国军队买的是存货，但库存是要挑选的，性能也要按照中国军队需求进行改进。所以第一个订单也必然以最高标准进行检验，再加上近一个月的海运时间，交货的时间大约是在三个月后，即1932年9月左右。

按常理，中国军队总要先试用"卜福斯"山炮几个月，摸清了"女武神"的本领与脾气，再决定要不要继续购买"卜福斯"。但就在首批15门"卜福斯"山炮（原订单数为12门，另外由俞大维将厂家的返金退回就加的3门，合计15门。）即将从瑞典发运之前，"卜福斯"山炮的订单已经迅速被追加到了72门。

72门的数目是非常巨大的。原本中国的新式"卜福斯"山炮团只定编为两个炮兵营（六个战炮连），一个团装备24门，而这72门山炮可以编成足足三个炮兵团。换言之，蒋介石在中国军队还没有摸到"卜福斯"秉性之前，就急不可待地决定大量装备"卜福斯"了，并且还匆匆地追加了定单。

为什么要如此急切地追加订单呢？日本关东军扩大侵略的刺激是主要原因之一。就在"卜福斯"首批订单开始交货时，日本宣布承认伪满洲国，日本陆相荒木贞夫强硬地宣布中国东北是日本的生命线，绝对不会归还中国。在中国东北的日本关东军蠢蠢欲动，于1932年7月开始试探性地进犯热河省，华北时局风云骤起，大战一触即发。于是，蒋介石不待15门试单交货，便立即追加了"卜福斯"的后续订单。

追加"卜福斯"订单非常容易，"卜福斯"原定交付给土耳其却没出货的20倍口径身管山炮有72门，是急于出罄的库存。急于建立

新式炮兵的蒋介石索性就将这批库存一口吃下，俞大维敲定的15门炮试单一口气被追加成了72门，总金额达到了576万大洋。

但光有炮没用，还得有炮弹。"卜福斯"山炮在采购时一起购买的炮弹数量不详，按蒋介石在1933年7月的采购草案推断，"卜福斯"每门炮附带炮弹是2000发。据丁福成的回忆，每发炮弹单价20美元。所以，总金额又要再加288万大洋。不计算其它随带装备、观通器材与洋马等费用，仅是火炮与炮弹本身的总金额，就已达到864万大洋。

864万大洋约占1932年全年军费的百分之三。换个说法，在民国二十年度（即1931年），整个国民党的党务费用总支出是大洋384万4000元。也就是说，一个"卜福斯"订单可以养活两个国民党。

然而蒋介石并没有手软。在1933年5月，长城抗战全线失利，日本关东军兵临北平（今北京）城下。蒋介石不得不签定屈辱的《塘沽停战协议》。在停战协议签定前夕，蒋介石愤然抛开一切财政顾虑，决定放手大买德式装备复仇。于是，他派德国陆军参谋大学毕业的徐培根赶赴欧洲，越过洋行直接向军火公司询问最新价格。

徐培根询价的武器都是当时中国德式建军的理想装备："捷克"造机枪、"欧立康"高射机炮、"哈以哈"步兵炮、"蔡司"瞄准镜、炮队镜、方向盘等……当然，也有"卜福斯"山炮。生意人都知道，报价是会随时间变化的，尤其是当时正是老美发神经地玩弄全球货币汇率的年代。蒋介石若是要立即下单，就得再询一次最新的报价。

在1933年5月19日，徐培根回报询价结果。"卜福斯"山炮的价格必然让蒋介石双眼一亮。"卜福斯"的最新报价以一连四

门为起订量的，一连"卜福斯"山炮居然只要大洋32万5000元，平均每炮单价为8万1250元。[1]

此时，"卜福斯"的72门库存20倍口径身管75毫米山炮已经在1932年被蒋介石全部买下了，追加订单就要重新生产，报价自然会比1932年卖库存的8万大洋单价要高。而且全球都知道中国即将与日本打仗，急需最新军火，价格大可不用客气。但是，"卜福斯"山炮并没有乘机抬高价格。考虑到汇率波动，"卜福斯"山炮在1933年5月的第二次报价，应该是与1932年库存山炮完全相同的"友情价"！

于是，蒋介石立即大手笔地追加了"卜福斯"订单，一口气再增购了60门。在1933年7月12日，蒋介石亲自指示朱培德与陈仪要注意事先准备好两个新炮兵团所需的人员与骡马，这个指示的发电时间间接说明了第三批"卜福斯"订单的确定时间大约是在《塘沽协议》签定前后：

"军政部陈次长转朱主任……卜福斯新炮到后，该新炮团之组织及其官长人选与骡马等之购备有否规划，或将旧有兵中之两团改编等，应即限日拟定计划迅速着手也，中。陷午行机印。"[2]

因为，"卜福斯"的追加订单是在长城抗战的炮声中仓促签定的。所以，全案非常草率，居然忘了订购观测器材！德国军事顾问团在审阅合同时发现了这个问题，赶紧提醒负责采购行政业务的陈仪。此时，适值蒋介石与佛采尔总顾问不和的高峰期，两人当时很少说话。所以，德国顾问团由团内资深的陆军大学战术教官史培曼中将（Speemann）出面提醒，让陈仪不无尴尬，只好在1933年6月22日向蒋介石专电呈报这个愚蠢的疏失：

"南昌委员长蒋，中密：查续购之卜福斯山炮六十门，最近即将运华，惟应配之观测器材未曾订。前准史培曼顾问函，以此项器材需提早订购，以便配发教练等语，并附数量表二份。职部当径依所需之最低数量，拟由礼和洋行引转向德国蔡士厂订购，计需洋十五万元，此款如何拨发，敬乞电示，职陈仪马酉械印。"

蒋介石并没有责怪陈仪，不过这笔钱如何支付却成了问题。南京国民政府的财政年度预算是从每年7月份开始的，在6月买的炮归在民国二十二年（即1933年）的支出款项里，在7月确定补增的器材订单就会出现麻烦的审计问题。即使财政部长愿意通融，开出支付通知书，而当时很嚣张的审计部恐怕也不会同意。然而，"卜福斯"采购案的付款期限显然很紧。所以，蒋介石细心批示道，这笔钱不要走公开账目，南昌行营有一笔凭委员长手谕即可支付的临时拨款，"此款可由临时费拨付"。[3]

于是，"卜福斯"山炮的大钱坑又砸进了720万大洋，总金额粗估就高达1584万大洋。加上最基本的观通器材，总金额应在1600万元以上。

当时10万大洋就足够在首都南京最繁华的地段——中山北路买块地皮兴建一座豪华的花园洋楼，1600万大洋就可以买下半个南

---

① 中国台北国史馆藏，蒋中正文物档案，第002-090102-00004-005号档案。
② 中国台北国史馆藏，蒋中正文物档案，第002-080200-00441-297号档案。
③ 中国台北国史馆藏，蒋中正文物档案，第002-080200-00099-042号档案。

▲ 在"卜福斯"山炮建军时于南京主持外军火采购计划的军委会办公厅主任朱培德。

京城了！

　　然而，1600万大洋只是初期投资。中国军队此时已经认定"卜福斯"山炮是制式山炮的不二之选，制式山炮的使命不是编成军政部直辖的独立炮兵团，摆在通光营房让最高统帅检阅的。制式山炮真正的重大责任，是充实起全军的师属炮兵，在每个师建立起"卜福斯"山炮营！

　　如果以第一期充实30个师属山炮营计算，中国军队的最低需求量至少是240门。于是，蒋介石下定决心，要在已经订购的132门"卜福斯"山炮之外，再追加132门。1933年7月5日，即《塘沽停战协议》签定的一个月后，蒋介石亲自洋洋洒洒地写成了一份中国军队新式武器需求清单，交给主持军火采购的军委会办公厅主任朱培德上将。蒋介石慷慨指示，为了"防倭自立"，他亲笔写的武器清单要加速购买。这份武器清单的开头便是"卜福斯"山炮：

　　"兹规定应办之军器如下：甲。卜福斯七生五山炮加购一百卅二门，每门附弹两千个；乙。十五生重榴弹炮一百门，每门附弹一千个，丙，七生五步兵榴弹炮二百六十门，每门附弹壹千颗；戊。二生的加农炮即小高射炮一百门，每门附弹二千颗；已。四生四平射炮九十六门，每门附弹二千颗。庚。十五生加农炮卅六门，每门附弹一千个；辛。七生五高射炮卅六门，每门附弹一千个；壬。水雷八百个；癸。一．二五米测远镜二百个；子。剪形测远镜二百五十个；丑。拉炮牵引车一百六十辆，于十五生重炮用；寅。自动步枪五千；卯。十八生与廿一生海岸要塞加农炮，如能订制，则多订八门，每门附弹五百颗。而目前此最急需者为十五生重榴弹炮，十五生加农炮及七生五高射炮，卜福斯七生五山炮与水雷之五项。非速购不足以防倭自立，惟其交货之期，不妨延至卅个月交足也。又，漾电所托多项战车如不能全数购备，则至少亦需购足此间之半数……请特别设法，最好与英意或法国订约，令其来华设厂制造，英国有一航空公司海群斯将军与法国皆有人来接洽，且甚急进，请兄在本国查明最好之厂与之订约可也。中正微机……印。"[1]

　　蒋介石写清单时显然非常激动。所以，他的丙项直接跳到戊项，漏掉了丁项。但是，小小的笔误并不会影响朱培德对委员长意旨的理解。

　　委员长的意思再清楚不过了，如果按照这份清单买足，总金额可能会在一亿银元以上，甚至还要更为惊人。朱主任得开始筹钱了！

① 中国台北国史馆藏，蒋中正文物档案，第002-080200-00413-073号档案。

第二节 炮兵第一旅
——抠门的德式炮兵训练中心

钱不是这样省法!

"卜福斯"订单的金额实在太惊人了,即使是花钱颇有英雄气概的蒋介石也受不了。但是,"卜福斯"的价格已经是"友情价",无法再压低,蒋介石只好在中国军队接炮之后的编装阶段设法省钱。

蒋介石买72门山炮的原定计划是要编成两个能立即作战的炮兵团,剩下的山炮给炮兵学校与中央军校,对炮兵而言,这是一个大好消息。当时,中国军队只有八个独立炮兵团,在独立炮兵之外各师的师属炮兵编制都很小。所以,干炮兵是很委屈的,因为实缺太少,炮兵军官很难有出头机会,除非扔掉炮兵本行转业,否则在军中连抱个饭碗都不容易。就拿陈诚的保定八期炮科同学来说,在陈诚与罗卓英两位同学挂起上将领章的时候,大部分不转行留在炮兵的八期同学仍然在中校、少校中原地踏步:王若卿,重迫炮第1营中校营附;张光三,独炮3团中校团附;李联芬,第17师炮兵营中校营长;宋文林,独炮3团中校团附;张龄邦,第43师炮兵营中校营长;李康庵,独炮3团少校团附;赵符曾,独炮3团中校团附⋯⋯

所以,"卜福斯"翩然来华的消息,必然能使炮兵们欢呼雀跃。因为,"缺儿"终于出来啦!

然而,蒋介石却无意扩大炮兵的规模。他明确指示不要增加炮兵员额,只要原本的八个团中找两个状况最差的炮兵团改编成"卜福斯"炮兵团即可。

这简直是往中国炮兵圈里的扔下了一颗大炸弹!当时的八个独立炮兵团有七个是靠"北伐讨逆"的战利品编成的,军官也都是随炮投诚的各地方派系的旧炮兵。然而,"卜福斯"炮兵团的官兵一定要用德国军事顾问训练出来的黄埔少壮军官。所以,蒋介石的指示等于要砸掉两团军官的饭碗,对炮兵的士气打击太大。负责新式炮兵团编组的军委会办公厅主任朱培德与军政部政务次长陈仪对蒋介石的省钱巧思双双摇头,委员长要省钱,也不是这样的省法!于是,两人联名上报,力劝蒋介石改变心意:

"急,南昌委员长蒋,江戌电奉悉⋯新购卜福斯山炮共七十二门,除拨军校炮校各四门外,可编成二团,旧有炮团经炮兵监检查,均属可用,我国炮兵缺乏,废弃可惜,拟仍保留。新到卜福斯炮拟改成两团。谨复,职朱培德陈仪鱼申务印。"①

---

① 中国台北国史馆藏,蒋中正文物档案,第002-080200-00094-138号档案。

炮1旅校官以上干部分析表		
	职级	学历
李汝炯	炮1团上校团长	日士官15期炮科
张理佛	炮1团中校团附	日士官21期野炮科
林日藩	炮1团少校团附	日士官22期野战重炮科，野战炮兵学校
彭孟缉	炮1团第1营中校营长	黄埔5期，日野战炮兵学校
娄绍铠	炮1团第2营中校营长	黄埔4期，日士官21期野战重炮科
洪士奇	炮5团上校团长	黄埔2期，日士官21期野炮科
徐之佳	炮5团中校团附	日士官20期炮科
黄正诚	炮5团少校团附	日士官22期野炮科
孙生芝	炮5团第1营中校营长	黄埔2期
邵存诚	炮5团第2营中校营长	黄埔2期，中央军校高级班
史宏熹	炮5团第2营中校营长（第二任）	黄埔2期，日野战炮兵学校

▲ 表1

然而，蒋介石却是铁了心要省钱。多一个炮兵团，就是多一团的月饷与办公补保杂费，一个月以3万大洋计算，一年就是36万元。因此，裁掉一个旧炮兵团，就能每年立省36万元。于是，蒋介石的回复让一群老军官们骂起街来："中意，旧炮团皆需陆续改造，如新增两团，又增经费，仍以旧团中之最空缺者改编可也。旧炮操作要塞辅助炮之用也。"

被裁掉的两个炮兵团是独炮1团与独炮5团。独炮5团是在中原大战之后由中央军校炮兵教导团扩编出来的新团，炮兵教导团所有的"改造三八"式野炮编成独炮4团，剩下来"万国牌"的战利品与古董炮则编成了炮5团；独炮1团则是中国军队最老牌的炮兵部队，发源于黄埔校军的山炮营与野炮连。老牌炮兵团的火炮是非常古老的，许多火炮还是古董的"有坂炮"，人员则是清末以来各路炮兵的大杂汇，人与炮都能开博物馆了。光是团长姚永安的冷门学历，就足以让军史专家们大开眼界了。

姚团长是哪里毕业的？光绪三十二年（即1906年）浙江督练公所办的浙江炮工学堂！

在"卜福斯"风光来华的时刻，军政部给独炮1团与独炮5团的老军官们送来遣散费，无法返乡谋生的军官们则以服务员、候差员与附员等名义拿一份打折薪饷待命。在老军官一扫而空之后，两个炮兵团以德国军事顾问直接训练出来的黄埔少壮军官重新组建。上尉以下的下级军官以来自黄埔五、六、七期炮科、军官教育总队或炮兵学校的青年尉官为主，观测员来自炮兵学校观测班。团长、团附与营长等校官军官更是黄埔炮兵精英中的精英。精英校官们要先到炮兵学校的"卜福斯"山炮兵研究委员会受训两个月，亲听德国军事顾问的教诲，德国顾问同意才能任职。我们可以由以下两份军官简表一览炮1团与炮5团干部的整齐素质。

由表1看来，两个炮兵团的中上级军官几乎被留日派垄断了。然而，留日学历只是表面。两个"卜福斯"山炮团的团、营、连长都由炮兵学校择优推荐的，由蒋介石亲自面试。因蒋介石是最热心的德国迷，而炮兵学校则是德式炮兵教练的基地。所以，被选上的干部，也都是最用心研求德式教练的一群留日优秀军官。诸如，炮1团团长李汝炯是国内知名的炮兵学术权威，有丰富的实战经历；林日藩是炮兵顶尖的通信教官；娄绍铠与洪士奇日后都当了炮兵学校的校长；孙生芝著有《炮兵射击学》；最有名的彭孟缉则是当时炮校顶尖的测地教官。测地技术是

▲ 炮 1 旅中上级干部中的佼佼者,炮 1 团第 1 营营长彭孟缉。

▲ 炮 1 团第 2 营营长娄绍铠在 "一二八淞沪" 战役时担任中央军校教官,图为他支援上海前线第 5 军时留下的照片。

德式炮兵教学的精华,彭孟缉能在德式炮兵教育大本营凭着测地教学闯出自己的名号,必然是德国顾问最得意的高徒。

如果没有接受德式教育的诚意,日本士官的光彩履历也是没有用的,时任炮校中校

射击教官的朱文伯就是典型例子。朱文伯是新式山炮团的营长候选人,而且是日士官中华队 21 期第一名毕业的状元,但是他没有恒心,而且心高气傲,曾向军政部大咧咧地打报告要求以中校之职起用,显然不会虚心接受德式教学,于是朱文伯惨遭刷落。留日状元一怒之下,离开炮兵学校另谋高就。在四十年之后,年届七旬的朱文伯写的回忆录,还不忘大骂他遭到了 "非黄埔不用" 的门第歧视。①

其实,朱文伯遇到的并不是 "黄埔歧视",而是 "德式歧视"!

表 2 则显示下级军官人员编配的原则。"卜福斯" 的战炮连只有两个排,连长以下有两位资深的中尉当连附与第 1 排排长,一位资历略浅的中尉或少尉当第 2 排排长,另有少尉弹药队队长与少尉观测员各一员。两个炮兵团 12 个战炮连的连长几乎清一色是 1930 年左右训练出来的德式炮兵军官,大多是黄埔 5、6 期,也有 7 期的特例。中尉连附与排长是 6、7 期,少尉排长有资浅的黄埔 7 期少尉,也有留用的老炮团少尉。弹药队队长只负责运送弹药的小驴队,不用讲究资历,黄埔少尉几乎没有当弹药队长的。而少尉观测员则是全连战斗的中心。所以,一定是炮

炮兵第 5 团第 1 营第 2 连干部分析表		
蓝守青	上尉连长	黄埔 7 期
		(着有最新德式通信器材使用及操法,1934 年出版)
罗直云	中尉连附	黄埔 7 期
罗雄	中尉排长	黄埔 7 期
宋一标	中尉排长	
李凤石	少尉弹药队队长	
韩云五	少尉观测员	东北讲武堂第 10 期,炮兵学校第 1 期

▲ 表 2

---

① 见朱文伯《七十回忆》。

兵学校观测班的优秀学员。同样的原则也适用于团部与营部的军官。观测员、测量员与军械官等关键职位几乎清一色是黄埔军官，而副官、联络员或助理员就随便些了。

当然，新成立的炮1团与炮5团都有急起直追的测地机关编制。"卜福斯"炮兵团的四个营部都编制有中尉测量员。虽然只是中尉，但是实际派任的测量员都是暂定之职。炮1团第1营的测量员是黄埔五期的吕国桢，他日后将成为中国炮兵的名将。第2营中尉测量员郭琦之则是刚从日士官学校第23期野炮兵科毕业返国的新秀。如果他选择到留日派把持的炮兵监或其它学校服务，至少以少校起用。而偏偏屈就尉官测量员，就是中国军人当时德式炮兵建设在测地方面急起直追的最大决心。

炮兵的希望基地

炮1团与炮5团大约在1932年9月间迅速编成，驻地设在南京通济门与光华门外郊区新建成的通光营房，距离蒋介石在黄埔路中央军校内的官邸只有5公里远。蒋介石趋车视察只要十分钟左右，非常方便。

炮兵的驻地一般都是在远隔城区的荒郊野外，野外拉练比较方便，也省得官兵溜进市区滋事。为什么两个"卜福斯"山炮团要驻在贴近京华市区之地呢？这是因为炮1团与炮5团不但具备实战能力，更是中国德式炮兵的训练中心，是炮兵组建重中之重的训练要地，所以要摆在领导人身边勤学苦练。

练兵的道理与社会上工作一样，光靠学校教育是绝对不够的，最重要的教育还是步入社会之后在工作岗位上的历练。以当时中央军校炮兵队的军官成长教育来说，军校阶段的养成教育与实际的炮兵战斗之间还是有

一大段距离的。军校学生距离炮兵战斗最近的时刻是野外拉练，一百多名学生带着一连四门炮到郊区，德国军事顾问下达作训科目与想定（假想的战斗状况），同学们分组轮流扮演连、排长、观测员或士兵。演练完毕之后，德国顾问再来一次讲评，分析各组的优劣。一次野练下来，轮流上阵的同学们能够摸上炮的机会实在有限。

但是，在真正下部队到炮兵团担任连、排长之后，感觉就完全不同了。下部队之后，人与炮朝夕相处，成为命运共同体，吃在一块，睡在一起。每一次操炮的点滴经验，都是老炮兵一辈子都不会忘怀的记忆。

许多接到退伍令的老炮兵在挥别爱炮之时，都会暗地落下英雄之泪。因为，在那沉重的炮架背后，有着自己拖炮的血泪；在粗犷的炮门前，有自己第一次赤手接空弹筒（壳）的紧张悸动；在原厂的"蔡司"瞄准镜里，有自己第一次射击满靶的兴奋激动。于是你会对自己的炮产生真感情。你会给炮起名字，在装备保养时对炮说悄悄话，偷偷给炮看你女友的照片，会在月光下抚摩着光滑的炮身悠然神迷。如果哪个不长眼的新兵鲁莽犯忌，随随便便抬脚跨过神圣的大架，你会像自己挨了一巴掌般勃然大怒，忘掉一切禁止体罚的禁令，上去就是一顿拳脚，狠狠教训下那无知的新兵蛋子！

所以，要练好炮兵，不能只在学校练，而要成立炮兵团，让中国发展德式炮兵的军官们下基层，让他们爱上"卜福斯"，天天抱着"卜福斯"勤学苦练，每个连练成人炮合一，练到做梦都是"卜福斯"的情影，蒙着眼都能跳炮操、玩方向盘，才能在即将爆发的中日大战中发挥战斗力。

所以，炮1团与炮5团就是两个训练中心，

随炮购入的炮弹大多是教练弹。两个团都有德国军事顾问主持炮兵官兵们的"在职教育"。炮1团的顾问是日后在纳粹德军升到中将的哈德曼少校(Hartmann),炮5团的顾问是贝格尔中尉(Bögel)。追随国府二十余年的传奇顾问史脱次纳中尉(Erich Stölzner)则负责两个炮兵团的通信教育,兵工军官舒尔才(Schultze)与郎艾(Lange)负责军械教育,弹药士官何茨(Hotz)负责小驴弹药队教育。为了保护好那些"无声"的战友,顾问团甚至还贴心地调来了一位兽医军官。

当然,血迹尚殷的长城血战经验是德国军事顾问施教的重点。自1933年起,德国顾问全力加强中国德式炮兵的测地战术技能。炮兵学校顾问毕利慈少校(Beelitz)被调到新成立的两个炮兵团,专门讲授炮兵测地课程。依照"卜福斯"炮兵在抗战中的实际表现观察,毕利慈少校的测地教育显然是非常成功的。

然而,炮1团与炮5团只能练熟两团官兵,而"卜福斯"将是装备全军的制式山炮,干部训练的速度必须加快。于是,蒋介石在1933年5月,即《塘沽停战协议》屈辱签约前夕,在炮兵学校成立了炮兵团干部训练班,一次训练一整个炮兵团的下级干部与士官(时称军士)。虽然炮兵团干部训练班的课程内容现今已经难以考查,但是长达六个月的训练时间,足以证明炮兵团干部训练班训练的细腻。[1]

在大张旗鼓推动起下级官兵的战斗教练之后,下一步就是要磨练战术层级的指挥参谋作业了。

新成立的炮1团与炮5团原本是直属于军政部的独立炮兵团,在两个山炮团编成的半年之后,中国军队于1933年2月成立炮兵第1旅,统一指挥炮1团与炮5团。炮1旅由陈诚的保定八期同学史文桂与李康庵分任旅长与参谋长,配有优秀的参谋机关与完善的观测编组。

在炮1旅之前,中国军队曾经先后编有5个炮兵旅部。其中炮6旅、炮7旅与炮8旅是东北军。中央军的两个旅部分别是原警卫军炮兵旅改番号的炮1旅以及成立于1931年初的炮2旅。这些旅部其实没有什么实际作用,只是堆积木似的空壳司令部,用来美化炮兵的升官图。所以,中央军的两个旅部在1932年春先后裁撤,只有中央政府管不了的东北军还保持着三个旅部。

为什么要再次成立炮兵第1旅呢?因为,炮兵旅是德式炮兵战术教育非常重要的一环,尤其是高等司令部幕僚勤务教育。在德式战术中,炮兵旅是一个指挥部(时称高等司令部),旅部不管下级单位的财务人事训练教育,只负责打仗时的指挥参谋作业。在第一次世界大战之前,德国的会战单位(步兵师)已经编制有野战炮兵旅(Feldartillerie-Brigade),负责指挥两个野战炮兵团(Feldartillerie-Regiment)。在一战打得天翻地覆的1918年,德军将野战炮兵旅改为战术意义更高的炮兵指挥部,炮兵指挥官(Artillerie-Kommandeur)原则上指挥一个野战炮兵团与一个重炮兵团(Fußartillerie-Regiment),在编制上打破了德国野战炮兵与重炮兵长期以来的隔阂,但在规模上,炮兵指挥部更有弹性,不受编制约束,指挥多少炮兵视任务需求而定,小到

---

[1] 见蔡忠笏《我的坎坷一生》,《东阳文史资料选辑第十一辑》。

几个战炮连，大到攻城炮大威力臼炮一起上。小到自己是一个炮兵群，大到成为炮兵群的一部分，都可以运用自如。

炮兵指挥部的真正战斗力在于强大的参谋幕僚机构。有强大的参谋，就可以承上令下，顺畅运作炮兵群的指挥参谋勤务。对当时的老炮兵而言，这真是一个时髦新鲜的观念。

因此，中国军队新成立的炮1旅，并不是一个传统定义上的"旅"，而是一个将炮兵干部战术教育提升到团以上指挥参谋层级的高级战术班。所以，史文桂旅长并不仅仅是一位旅长（Kommandeure der Brigade），而是一位高级炮兵指挥官（Artillerie-Kommandeur）！

在蒋介石眼中，炮1旅是第一优先运作的炮兵训练中心。所以，最早运到上海的"卜福斯"山炮几乎全部拨给了炮1旅。依据军政部何应钦部长的报告，"卜福斯"山炮在1933年2月实际交货48门，其中4门拨给了炮兵学校，其余全部拨调炮1旅。还没有接到炮的中央军校只好到炮兵学校借炮操课。

但是，炮校只有一个连的装备，想借来用实在不易。所以，中央军校索性带学员直接到炮1旅进行实炮教学。

"南昌委员长蒋……查前到卜福斯山炮四十八门，除拨炮校四门，余均分发一五两团，军校所需拟俟续到再拨该校生曾至炮校借操数月，现因炮校炮少，不敷分用，拟令军校学生赴炮一旅操练，谨复。职何应钦删申务印。"[1]

何应钦的报告彰显了炮1旅在蒋介石心中的不凡份量。当然，蒋介石如此看重炮1旅，也是为了抢在日本下一次入侵之前练成一支最新式的中国炮兵。然而在炮1旅整训齐备之时，日本却暂时停下了对华军事侵略的脚步，改以勾结军阀的政策蚕食中国，"卜福斯"似乎是一时无仗可打了。

于是，中国土地上的小规模内战就成为"卜福斯"的实战练兵场。但是，众望所归的"卜福斯"山炮却在军阀混战中却渐露窘态，让蒋介石惊呼买错了炮！

---

① 中国台北国史馆藏，蒋中正文物档案，第002-080200-00068-082号档案。

第三节 卸妆后的女武神

福建作战的警讯

"卜福斯"的翩然来华是 20 世纪 30 年代的头条新闻，中国新炮兵的盛名威震全国，甚至连日本人都不敢小觑"ボ式山炮"。然而，实战经验却无情地卸下了"女武神"的艳抹浓妆，暴露出"卜福斯"山炮不适合中国战场的真相。

1933 年底的"闽变"（又称福建事变）为"卜福斯"山炮提供了首次实战亮相的机会，但是没有经验的炮兵却把"卜福斯"的首战打成了"乌龙战"。炮 1 团第 2 营由通光营房出发，在南京装车由铁路运输到衢州，而后在山区步行南下，走了 100 多公里山路进军南平。但在抵达南平前线准备作战时，带队的一个排长廖传枢却发现带错了炮弹。糊涂的弹药队带来的居然是教练弹：

"布置阵地，标定目标，待命发射。这时我才发现，炮弹箱上的符号是练习弹的符号，这样的炮弹装药甚少，多以泥块充填，马上报告团长。他看了后只说：这是怎么搞的，事已如此，只好作为射击演习，真仗假打。"[1]

虽然只带了教练弹，但炮 2 营的运气很好，南平守将司徒非已经有意效顺。所以，"卜福斯"只打了 30 几发教练弹，守军就开城投降了。

蒋介石非常重视"卜福斯"山炮，在最高统帅的十万分之一地图上，插着代表炮 2 营的一面小旗，蒋介石本人在百忙之中也亲自盯着小旗的行动。当时第 2 营的调动由军政部政务次长陈仪亲自负责。所以，蒋介石的电令如雪片般发给陈仪。在 11 月 8 日，蒋介石指示运到杭州的"卜福斯"炮要于 12 月 8 日前运到衢州集结待命。[2] 在 12 月 12 日，蒋介石又指示陈仪要在 18 日前把"卜福斯"山炮开到浦城。[3] 炮 2 营在 1934 年 1 月初抵达南平，在南平开城投降之后，炮 2 营装船顺闽江而下，轻松进驻福州。

炮 2 营并不是唯一进军福建的"卜福斯"炮兵营。另有一支炮兵部队走海路。在 12 月 11 日，蒋介石指示陈仪要在 12 月 25 日之前由海路调一批"大正六年"式山炮或"卜福斯"山炮到三都澳。三都澳是闽北最好的港口，非常适合作为"卜福斯"船队的前进基地。蒋介石是很细心的人，他担心眼高手低的陈仪只顾装船忘了带骡马。所以，在手令中特别强调要连炮带"夫马"一起运。[4] 但在两天之后，蒋介石又改了心意，电令陈仪暂停装船。[5]

---

① 见廖传枢《戎马倥偬前半生》，《淮南文史资料选辑第八辑》。
② 中国台北国史馆藏，蒋中正文物档案，第002-010200-00098-075号档案。
③ 中国台北国史馆藏，蒋中正文物档案，第002-010200-00099-060号档案。
④ 中国台北国史馆藏，蒋中正文物档案，第002-010200-00099-052号档案。
⑤ 中国台北国史馆藏，蒋中正文物档案，第002-010200-00099-065号档案。

连装不装船都要亲自管，可见"女武神"在蒋介石心中的份量真是非同小可！

炮1团第2营配属于蒋鼎文的北路军，由闽北山区往福州进攻。在福建南路，蒋介石也出了奇兵，派第5路军总指挥卫立煌指挥第3师在厦门登陆，进军闽南。卫立煌见到蒋鼎文的北路军有"卜福斯"山炮，不免眼红。于是，他向蒋介石上报诉苦，希望也能给他配属"卜福斯"山炮。卫总指挥的电报反映出当时中国军队对"卜福斯"的仰慕之情：

"限即刻到，委员长蒋钧鉴……迫击炮弹补充困难，而配属山炮毫无用处，其命中精度仅达百分之一．拟请将该山炮留延平。并请换拨……卜福斯山炮一连，以利尔后作战……职卫立煌叩阳寅印。"[1]

于是，在南京待命装船海运的山炮部队又动起来了。然而，蒋介石的指示却出现微妙的转变：

"陈次长：赴厦炮兵只要大正六年式山炮十二门，每门炮弹贰百发，随附驮马与输送队可也。卜福斯炮不必再运，中正。"[2]

为什么蒋介石停止海运"卜福斯"的计划，反而将老掉牙的"大正六年"式山炮急运前线呢？

炮2营陆路机动的赣南闽北是片山地，地形崎岖。而且，没有南北向的河流。所以，炮2营必须靠自己的骡马，从衢州步行100多公里到南平。虽然这一路冬阳温暖，应该是一段愉快的旅程，而且炮2营应该还有不少从欧洲进口的洋马驮炮，但是以"卜福斯"的重量推论，这段长程机动一定会暴露"卜福斯"山炮的机动力问题。

女武神的落幕

蒋介石的其它电文透露出他在福州作战期间对"卜福斯"观念的转变。在福建战役之初，蒋介石对"卜福斯"山炮的信心达到顶峰，爱乌及乌，他对博福斯公司的其它产品也产生兴趣，几乎定下了全面采用博福斯各种火炮的决心。

在福建作战之时，佛采尔总顾问已经打报告辞职。1934年2月14日，在福建作战的凯歌声中，佛采尔写了一篇长文建议书，作为他在中国服务四年的全面总结。人之将辞，其言也善，佛采尔的建议书真诚恳切，实实在在地讲述了他在华服务四年的得失，是中国德式建军史上的重要文件。但在建议书中，他还是大力推销了博福斯的各种火炮。佛采尔指出，中国军队的终极目标不是为了仅仅编建几个独立炮兵团，而是全面编成各步兵师的师属炮兵团。师属炮兵团不能单用山炮，要有各种火炮。而这些火炮最好单独采用一家公司的火炮，以收简化之效：

"中国陆军更大之弱点，莫如炮兵方面，现正逐渐从事改革。归德藉顾问训练者，有卜福斯炮之炮兵两团，一团之射击成效极佳。本年另成立两团，于民国23年终，可以成立炮兵十营，已有甚大之进步，但需继续进行。

前向钧座建议编成分隶各师之炮兵团，计卜福斯式山炮一营，十糎米五轻榴弹炮一营，十五厘米重榴弹炮一连。兹建议将来宜偏重购办轻榴弹炮及十五厘米之重榴弹炮，并以为最新式之炮，最有裨于正在建设之中

---

① 中国台北国史馆藏，蒋中正文物档案，第002-090300-00009-149号档案。
② 中国台北国史馆藏，蒋中正文物档案，第002-090106-00010-383号档案。

国陆军。为顾全炮兵训练利害关系，大体宜选用一种炮式，即取给于一大兵工厂之出品，兼为顾虑弹药。目前中国炮兵炮械，尚复杂异常。"①

佛采尔所说的"取给于一大兵工厂之出品"，自然是建议蒋介石将中国的火炮生意全部交给博福斯一家公司。如果这些话来自佛采尔平时的报告，蒋介石可能冷笑一声，就批"阅"存档了。但这是佛采尔辞职报告的最后谏言，蒋介石不能不动情。于是，他仔细研究了佛采尔的报告，并且对佛采尔的诚挚建议大为感动。在佛采尔大力推销"卜福斯"产品的段落，蒋介石特批示"令炮校筹办，经费速呈预算"。

蒋介石并不是敷衍佛采尔，事实上他当时已经几乎决定采用佛采尔的意见，全面装备博福斯厂的各种火炮了。在佛采尔提出辞职总报告的一个月前，蒋介石已经开始询价。当时"卜福斯"各种火炮的推销资料已经交给兵工署。于是，蒋介石发电要兵工署呈报"卜福斯十五生及十生五重炮式样与成绩"。②同时也指示他的新任军火采购代表孔祥熙与"卜福斯"洽谈价格与贷款。③到了2月初，他又决定要购买"卜福斯厂平曲两用重炮"，并且要孔祥熙继续询问"卜福斯"轻榴弹炮的价格。④显然他已经接受了佛采尔的建议。

蒋介石电文中所谓"平曲两用重炮"，应该是"重"战防炮。佛采尔的辞职报告不忘大力推销"卜福斯"的37/47双炮管步兵炮，力陈有47毫米炮管才能有效击毁日军的

新式战车（坦克），为了打日本战车，双炮管的两种炮弹负荷困难是不成理由的。蒋介石也欣然同意。他在报告上批示："此四·七厘米炮管，问其价格呈报。"

在1934年1月至2月之间的一系列电文证明，蒋介石在此时决定利用博福斯的产品，把中国野战炮兵的整块空白一次性补满！这个订单如果成真，将是当年国际军火市场上最轰动的年度头条新闻。

但就在一个月之后，整个博福斯的大采购烟消云散了。蒋介石突然态度逆转，完全失去了对博福斯的信心。在3月6日，蒋介石命令兼任训练总监的参谋总长朱培德重新检讨"卜福斯"山炮的优劣，并且指定由训练总监部的炮兵监出面，召集"各营连排长"一起检讨。⑤

蒋介石态度的骤然转变是有道理的。因为在1934年3月，"福建讨逆"的战后总结也该编出来了，他一定会看到"卜福斯"的机动力问题。所以，他要指定炮兵监出面召集实际操作"卜福斯"山炮的中、下级干部，开会检讨"卜福斯"的优劣。

对"卜福斯"而言，这真是最难堪的境地了。因为，炮兵监是留日派扎堆的大本营，从兵监张修敬以下各个是死硬的留日"基本教义派"。在中国德式教练大行其道之时，炮兵监编的教材却一律是日军教材的译本，绝不理睬中央军校与炮兵学校的德式教学。炮兵监的坚定抵制经常使接受德式教学的炮兵军官们一头雾水，一位在炮兵学校受训后

---

① 见《德总顾问佛采尔建议书》，《中德外交秘档》。
② 中国台北国史馆藏，蒋中正文物档案，第002-010200-00102-010号档案。
③ 中国台北国史馆藏，蒋中正文物档案，第002-010200-00102-011号档案。
④ 中国台北国史馆藏，蒋中正文物档案，第002-010200-00104-011号档案。
⑤ 中国台北国史馆藏，蒋中正文物档案，第002-010200-00107-047号档案。

任教的黄埔 14 期资历尚浅的教官董新宾不清楚前辈的恩怨。他看到自己的课本"如炮兵操典草案、射击教范、观通教范以及阵中要务令等都是日本炮兵典范令的翻版"，居然误以为他在炮校所学的是"完全模仿日本的那一套"。①

张修敬本人是日本陆军大学毕业的高材生，他最恨德式教练。有一次张兵监到炮兵学校视察远隔观测实弹射击，射击效果非常良好，炮校教育长邹作华非常称赞，但张修敬却鸡蛋里挑骨头，以观测所离敌方太近为由对其冷嘲热讽。张兵监在讲评时，酸溜溜地训示道："像这种情形，观测所摆到离敌这样近，即令敌人许可你这样做，恐怕我们步兵也不答应。"②

张兵监是宣统三年（即 1911 年）由日本士官学校毕业的老炮兵，是比蒋介石高两届的学长。所以，他对观测所的部署要领全然不知。其实，德式教练是远隔观测法。若是观测所摆近一点就要骂人，那他看到八年之后美军教官教导的前进观测法，还不得要昏倒了！

炮兵监对德式教练的公开敌意，应该正是蒋介石指定炮兵监出面检讨"卜福斯"的原因之一。虽然，这场检讨会的具体报告已经难以查考，但以常理判断，敌意十足的炮兵监一定会火力全开，尽情揭发"卜福斯"山炮的问题。而检讨会的众矢之的，必然是"卜福斯"的重量与机动力！

洛寨山之战

在福建作战之后，"卜福斯"的下一个战场当然是江西，然而"卜福斯"在江西的历次大战中却几乎不见踪影，直到作战已到尾声之时，"卜福斯"山炮才姗姗而来，在广昌的洛寨山攻坚战上露了个脸儿。

广昌防御带的工事是由原苏联顾问指导构筑的，在战史上是很有名的。洛寨山阵地是广昌阵地带的中心。因为，早前的攻坚战斗损失惨重。所以，蒋介石决心出动"卜福斯"山炮。表面上看来，要把"卜福斯"山炮从南京调到广昌并不吃力。"卜福斯"在南京上船，走长江经鄱阳湖直抵南昌，再转抚河逆流而上运至抚州，都是轻松的水路。然而，从抚州到广昌的最后 150 公里却必须下船。因为，广昌深居山区，由广昌发源的盱江是小河，风景绝美，却不能行船。所以，"卜福斯"必要下船驮运。

在这 150 公里的山地机动中，"卜福斯"山炮再次暴露出机动力的问题。洛寨山的攻坚作战由第 4 师第 12 旅第 24 团负责，团长是名将石觉。据石觉回忆，为了等待"卜福斯"山炮抵达洛寨山前线，大军不得不暂停攻击，足足等了 21 天！

"卜福斯"在广昌山区显然是寸步难行，但当时众人的焦点却只集中在"卜福斯"于洛寨山战役的惊人表现。依据石觉团长的回忆，"卜福斯"虽然只开到两门，却以惊人的精度摧毁工事，让第 24 师顺利攻占洛寨山：

"副旅长指挥之卜福式山炮二门专用于射击堡垒侧面，打坏树干做成之枪眼……我军之卜福式山炮不负所望，敌毁敌堡枪眼，其余枪眼又遭我机枪制压，部队顺利到达堡垒顶上……"③

①见董新宾《回忆陆军炮兵学校》，《文史资料存稿选编》。
②见蓝守青《我所知道的炮兵学校》，《文史资料存稿选编》。
③见《石觉先生访问记录》。

时任炮校上尉译述员的王洽南对洛寨山之战的回忆更为生动。按照王洽南的回忆，"卜福斯"山炮并没有用弱装药的榴弹炮功能攻击，因为75毫米的"卜福斯"榴弹不能破坏坚固工事。所以，带队的排长反而另出奇招，改用强装药。王洽南精确地描写出"卜福斯"如何靠惊人的精度，以高初速的低伸弹道把炮弹直接打进碉堡的枪眼之中击毁工事：

"当这些山炮在使用的时候，炮兵指挥官本来想要命令它们进入遮蔽阵地，如同他在炮兵学校所学的那样，但依据立在旁边的军团司令的命令，他不得不令各炮都从距进敌人阵地只有800米的一个高地上的暴露阵地内实行直接射击……

那是八月底一天清晨的拂晓，第一线的步兵正在他们距离敌人只有约400米的攻击准备位置，好奇地和紧张地等待着新到的卜福斯山炮的火力支援。当各炮利用直接瞄准命中十分良好，而使所有的射弹都正确地贯穿到…机枪堡垒的射孔里面去的时候，士兵们真是兴高采烈的到了极点。大家可以从远处很清楚地看到各堡垒的掩盖都飞散到空中去了……

于是步兵开始发起了攻击。为了鼓舞士气而使士兵高兴起见，军团司令就命令派了一个军乐队，在附近的一个高地上演奏起军乐来。在预祝大捷的军乐声中，步兵就冲锋了……"①

王洽南笔下的"军团司令"应该是东路军第10纵队指挥官汤恩伯。汤恩伯的军乐虽然雄壮，却无法掩饰"女武神"的窘态：一种被定义为"山炮"的火炮，岂能在山区寸步难行？

于是，"卜福斯"退出了江西战场。在石觉的下一个战场大排岭，第24团不再有"女武神"的护佑，只能用机枪封锁枪眼。石觉并没有深究原因，但是"卜福斯"山炮在山地举步维艰的惨状，必然是"卜福斯"在江西战场只能惊鸿一瞥的主要原因。

在局外人看来，蒋介石不在多山的江西部署"卜福斯山炮"，真是愚蠢至极。自称军事专家的理论大师陆军大学教育长杨杰就曾大发议论"主张将大炮搬上山"："蒋介石在江西几次围剿中均未使用炮兵部队，而把炮兵留在后方。杨杰在军校的多次讲话中，都要求改变战术。他说：炮弹总比子弹打得远，破坏力大，有此好武器藏而不用，兵法上一大失算。"②

中国军队寻求制式山炮的最终目标，并不是编成军政部直辖的独立炮兵团。独立炮兵团只是过渡阶段，制式山炮的使命是担任师属炮兵的中坚，全面取代沪造"克"式山炮与"大正六年"式山炮，充实起全军各师的山炮营。如果"女武神"无法离开铁路与河道，不能机动于山地，湖沼或水田等交通困难地形，怎能负起制式山炮的重任？

但若投资1600万大洋的"卜福斯"仍然不能够担任制式山炮的重任，那中国炮兵还有什么指望呢？

---

② 见王洽南《德国顾问在南京时期工作的回忆》，《传记文学》。
③ 见方耀《一九三三年第一期庐山军官训练团的回忆》，《九江文史资料选辑第二辑》。

第四节 鸡肋、鸡肋

1934 年春，续订的 60 门"卜福斯"山炮开始交货。此时陈仪已高升福建省主席，负责接炮的官员是新任军政部政务次长曹浩森。1934 年 9 月 2 日，曹浩森向蒋介石呈报了 60 门"卜福斯"山炮的交货进度：

"财部经手订购之卜福斯山炮六十门，其第一批廿门于本年三月间运到，并无损坏，业已悉数拨发炮一团。第二批廿门系于五月一日到沪，于六月一日饬署派员会同郝次顾问开箱检验，即发觉二二零号及二零六号稍有疵病，嗣接郝次顾问来函，证明确需修理，即于八月初旬函请孔部长转知该厂，现此炮业已修竣…准孔部长电，以后运到械弹，应于十日内检验，查十日期限甚为迫促，少数械弹或可依限检验完毕，若遇大批，非有相当时间，实难臻完之手续，除派员向孔部长面洽外，谨电察核。"①

在 1934 年交货的 60 门"卜福斯"山炮又砸掉两团炮兵军官的饭碗。在 1933 年底，操作汉造"克"式野炮的独炮 3 团首先改编，野炮入库，挪出来的经费成立了第三个"卜福斯"山炮团。适逢 1933 年 5 月开训的炮兵团干部训练班第一期学员结业。第一期学员直接换掉整个独炮 3 团的下级士官，干训班的教官则是独炮 3 团的新任中、上级军官。干训班主任蔡忠笏出任独炮 3 团团长，主任

教官郑会煊调任中校团附，少校军士教官雷飞调第 1 营营长，少校军官教官李前荣调第 2 营营长。上下级之间原本就是朝夕相处六个月的师生，打起仗来凝聚力自然非同凡响。

独炮 3 团原本的下级官兵很幸运。因为这时黄埔出身的炮科军官已差不多派完了。所以出身杂牌的炮 3 团尉官们整批调到炮兵团干训团第二期受训。第二期在 1934 年 6 月结业。同年 11 月，独炮 2 团被改编为第四个"卜福斯"山炮团。炮兵团干训班第二期全班学员分发独炮 2 团，独炮 2 团的新任团长则由干训班的主任教官蔡培元升任。按照炮 1 旅的惯例，军政部也在炮 2 团与炮 3 团之上成立了旅部，是为炮兵第 2 旅。

按照独炮 3 团的惯例，独炮 2 团原本的下级军官应该也要到炮兵团干部训练班重新训练，然而独 2 团的军官们却不再有受训的机会。在第二期分配之后，炮兵团干部训练班却悄然落幕，不再招训第三期学员了。

礼和洋行精明至极，他们嗅出了变化的风声，然而 1934 年是博福斯与礼和最黯淡的一年，因为超级业务员佛采尔辞去了来华总顾问一职，蒋介石礼聘建立十万魏玛国防军的传奇人物塞克特上将（Hans von Seeckt）出任总顾问，在塞克特来华服务之前，总顾问一职由塞克特带来中国的法肯豪森上将

---

① 中国台北国史馆藏，蒋中正文物档案，第002-080200-00413-073号档案。

（Falkenhausen）代理。这两位将军都是竭诚为中国服务的职业军人，他们的建军意志远超过金钱的诱惑，以中国利益为最高理念，大力向蒋介石进言建立自主国防工业的重要性，又为中国谈成最有利的易货贷款，建立佣金能压到最低的合步楼公司。在他们的努力之下，礼和洋行等黑心军火代理商的生意被大幅压缩，可谓是步履维艰，叫苦连天。

对博福斯公司而言，中国市场实在太重要了！因为在伊朗与中国之外，"卜福斯"山炮的其它订单真是不值一提。这些订单一般只有十几二十门，而且要求各异。工厂最怕修改要求多而订单数量少的订单。中国是买132门的大客户，后续还有数百门的需求量，很有可能炮3旅、炮4旅、炮5旅地一路买下去。抓住中国的大订单，博福斯公司就可以挣足后五年的营业额指标，所以中国市场必须全力维持！于是博福斯公司痛下血本，自掏腰包到炮兵学校进行装备展示，试图挽回蒋介石的心。礼和买办丁福成在三十年之后回忆起这次展示，仍然神采飞扬：

"礼和洋行兜售军用物资的手段，除前面讲到的以外，还有一种是其它洋行无力办到的，这就是厂方不惜以巨大费用来满足买方的兴趣与要求。有一次礼和了解到国民党政府要扩充炮兵部队，需要购买山炮和高射炮。在1934年……瑞典卜福斯炮厂送来了说明书、图样、照片、以及有关大炮优点的参考资料，我们就转交兵工署兵工研究委员会，同时要求发给进口护照，声明愿意运送七生五山炮四门、七生五卜福斯高射炮二门，并配备炮弹若干，来华试放，借以证明卜福斯大炮的优良、准确、灵活，供国民党政府和军事技术人员实地观摩参考。当大炮运到时，就在南京汤山射击场试放。军政部、参谋本部、炮兵学校、中央军校以及其它各军事机关，军事学校都派员参观，何应钦、朱培德、俞大维、邹作华等一百五六十人应邀莅场。当时由卜福斯炮厂代表龙贝格亲自掌握试放，他是欧洲有名的炮兵射击能手，弹无虚发，百发百中，一共试放几十发炮弹，射击目标准确，证明杀伤力强、操作灵活、移动轻便，一致得到好评。试放结束，龙贝格还当场亲自分送纪念品，如附有卜福斯大炮型的金表等一些礼品，并以茶点款待他们。这次试炮，厂方化花费了一笔巨款，约合法币八十余万元，最后做成了一笔大生意。国民党政府向卜福斯炮厂订购了第一批七生五口径山炮二百六十门，高射炮二十四门，连同AEG探照灯在内，总价值美金千万元以上……"

"卜福斯"在1934年运来中国展示的四门75毫米山炮，与中国军队的"卜福斯1931年"式山炮不同，这四门展示的"卜福斯"山炮可能是"卜福斯"山炮1934年的终极改良版的M1934。24倍口径的M1934有效射程提升到9300米，但重量也突破900公斤，不可能被选中。这次耗资80余万大洋的装备展

▲ 博福斯工厂中为荷兰东印度殖民军（KNIL）生产的"卜福斯"山炮，是为22倍口径的最早期型"1924年"式。在中国放弃"卜福斯"之后，"卜福斯"山炮再也找不到大客户。

示，证明"卜福斯"山炮不适合中国战场。

丁福成是位标准的业务员，不懂技术只会推销。所以他说不清楚来华推销的山炮是什么型号，只能是看热闹而已。在丁福成的印象中，这次装备展示赢得260门的追加订单，这也是一个完全错误的印象。依照中国台北国史馆藏的蒋中正文物档案的相关文献，中国具体购入的"卜福斯"山炮只有在1932至1933两年之间购入的132门。

现存的资料也能具体清查出132门"卜福斯"山炮的归宿。四个独立炮兵团是"卜福斯"山炮的最大用户，共计装备96门；炮兵学校练习队装备两个连8门，中央军校有1个连4门。剩下来的24门"卜福斯"山炮编成两个师属炮兵营，一个是教导总队山炮营，另一个是第4师山炮营。①

丁福成在回忆中指出"卜福斯"山炮的总销售量是380门，其中260门订购于龙贝格的装备展示之后。虽然丁福成晚年写的文史资料显现了他的记忆力并不是很清楚（如他把佛采尔误记为法肯豪森），但丁福成是靠销售量抽成的，他对"卜福斯"销售额的

回忆应该不会有错。依商业惯例猜测，也许后续的260门山炮签了销售意向书（Letter of intent，英文缩写为LOI）。但龙贝格展示之后真正谈成的生意，只有昂贵的"卜福斯"75高射炮。国史馆档案明确显示蒋介石在1934年之后没有再批准任何"卜福斯"山炮的订单。因为在福建与江西两次实战之后，蒋介石彻底失去了对"卜福斯"山炮的信心。

在1936年初，中国军队精锐第25师由铁路运输至灵石，投入山西作战。山西多山，炮兵机动不便，于是第25师师长关麟征特地于3月8日向蒋介石报告，请求派一个"卜福斯"山炮营配属给第25师："查晋省多山，为增加作战威力计，拟请拨普福式山炮一营，配属生师出发，可否乞示。"②

各方呈给蒋介石的呈文报告都是由侍从室第一处处理的，侍从室能直接办的就以侍参名义回复，需要让蒋介石亲自定夺的重要文电，侍从室主任也要在报告上签注意见，让蒋介石节省思考的时间。侍从室第一处主任是一个高风险的工作，如果拟办意见经常与蒋介石的想法抵触，主任就坐不稳了。所以，侍一处主任必然是最了解蒋介石心意的人。当时的主任是钱大钧，钱主任也是炮兵，他在关麟征报告上签注的拟办意见，说明了蒋介石对"卜福斯"山炮的真正感受。

"查普福式山炮，以去年在闽赣使用经验，山地运用极为困难。以之配属剿匪

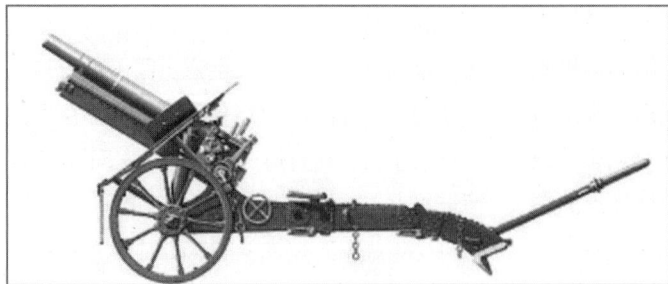

▲ 博福斯公司在1934年来华效力展示的"卜福斯"山炮，应该是"卜福斯"山炮的最新型号"1934"式。

---

① 第4师山炮营装备卜福斯山炮见《石觉先生访问记录》。依照《民国卅二年各战区军（师）属炮兵种类数量表》，这个卜福斯山炮营在抗战时改为第13军山炮营。
② 中国台北国史馆藏，蒋中正文物档案，第002-080200-00469-051号档案。

部队,似不相宜。拟将税警团之法式迫击炮配属应用(此项火炮运动轻便,威力颇大)。"

商人也是讳败冒功的,丁福成的回忆文章中没有明确谈到"卜福斯"与礼和洋行1934年后的没落,但他的回忆不经意透露出"卜福斯"原厂代表到处碰壁的窘态。龙贝格来华时希望能面见蒋介石。但蒋介石却无意理睬。丁福成奔走了两个多月,到处托人帮忙,最后托到蒋介石夫妇的亲信黄仁霖,才让苦等两个多月的龙贝格顺利见上一面:

"有一次瑞典卜福斯炮厂代表龙贝格来华,要见蒋介石,在沪宁二地等候了两个多月之久,始终没有见到。我一度托蒋介石机要秘书毛庆祥介绍,毛庆祥怕受嫌疑,拒绝我的请求。后来改托励志社总干事黄仁霖。黄前在美国哥伦比亚大学毕业,和我有同学关系,由他陪同我和龙贝格去见到了蒋。这次谈话内容,主要是为了订购山炮,高射炮,希望蒋通知宋子文从速签订合同。当时购买这批大炮,俞大维主张要电德国中国大使馆商务参赞谭伯羽办理,龙贝格怕这批生意落空,所以直接向蒋宋两人催促。"

龙贝格算是幸运的,在半年后,博福斯公司的经理于1935年1月来华,但他只见到兵工署俞大维署长,根本见不到蒋介石。俞大维也许是扭不过恳求,向蒋介石请示:

"关于装甲车,牵引车事,俟明日谒孔部长后即详复,又卜福斯经理赫林,已定真日返国,何日赐见乞示。"

蒋介石的回复,明确表示博福斯公司已经不在他的考虑范围之内:"赫林不必见。"[1]

虽然蒋介石放弃了以"卜福斯"山炮为制式山炮的梦想,但已买的132门"卜福斯"山炮却不能不用,这可是1600万大洋啊!

"卜福斯"山炮的优势在于"女武神"的威名,当时"卜福斯"简直是中国新式德械军队的昵称。蒋介石让"卜福斯"到处亮相,"女武神"摇身变成收服军阀的宣传利器。

"女武神"最风光的宣传之行是1935年仲春的长江大巡游。当时蒋介石开始经营四川,川中军人打了二十余年的内战,惟力是恃。所以蒋介石要在四川展现中央的强盛军力,这个重任自然非"女武神"莫属。蒋介石下令"卜福斯"山炮装船由长江运进四川。奉命入川的"卜福斯"炮兵是新编成的炮2旅。炮2旅先到武昌亮相,蒋介石特别电谕新任武昌行营主任张学良"检阅"炮2旅,[2]让张学良认识一下中央军的新炮兵。而后炮2旅直航重庆,抵达重庆后,炮2旅分驻重庆与綦江,让四川军阀能看清中央军的"实力"。

摆在营区里训练,军阀的间谍坐探就能远远偷看,但远远偷看是不过瘾的。蒋介石在1935年6月开办军委会峨嵋军官训练团,调训川中各系军官,以团结川军将士之心。当然,团结川军将士不能单靠蒋介石每人致赠一册的《曾胡治兵语录》,要让惟力是视的四川军人诚心效忠,就要展示武力!于是,炮2旅调来"卜福斯"山炮,在峨嵋山下实弹射击,果然发挥惊人的威力。当时参训的川中将士,对中央军的"苏洛通"与"普福式"莫不由衷佩服。[3]峨嵋山训练大获成功。

在稳住四川军阀之后,炮2旅在1936年

---

① 中国台北国史馆藏,蒋中正文物档案,第002-070100-00039-033号档案。
② 中国台北国史馆藏,蒋中正文物档案,第002-010200-00129-057号档案。
③ 见费良才《略述蒋介石办的峨嵋军官训练团》,《贵阳文史资料选辑第十四辑》。

▲ 接受检阅的中央军校"卜福斯"山炮连，原图见《良友画报》。复辕式套驾挽曳方式清晰可见。后方驮马驮负弹药箱与工具，但是以人员身高判断，此时的驮马已经是马高不到 **12-13** 掌的华北骡子。所以"卜福斯"山炮的机动纵列只能胜任检阅与打野外，如果要机动作战，必需依靠铁运或水运。

春顺江东下，到嘉兴大营继续训练。炮 2 旅的下一个宣传行程很快来到。陈济棠 1936 年6 月举兵反蒋，震动东南。蒋介石亲谕炮 2 旅南下，急开赣南的吉安与泰和，配属第 18 军待命入粤。[1]另外再抽调两个"卜福斯"山炮营，一个急运重庆，[2]稳住四川军人；一个急运长沙，稳住湖南省主席何键。[3]

广东最后没有打起来。因为，陈济棠的部将们纷纷通电拥蒋，众叛亲离的陈济棠不得不出逃香港。在广东众将还在打与不打之间抉择时，"女武神"的威名应该也有最后化干戈为玉帛的决定之因。

然而在宣传亮相之外，"卜福斯"山炮的前程并没有其它的进展。"卜福斯"山炮理应编成各师的山炮营，但真正编成师属"卜福斯"山炮营的幸运部队只有教导总队与第4 师。在这两个源自中央军校的精锐部队之外，即使是德械部队精英的第 87 师与第 88 师，也没有机会摸过"卜福斯"。

于是"卜福斯"的地位就很清楚了。虽然"卜福斯"当时威名远播，但在蒋委员长心里，"卜福斯"只是他花了 1600 万大洋买来的败笔之作。他一定非常后悔为什么没有耐心等到 12 门试单的评估报告出来就急迫地追加了订单。然而"卜福斯"毕竟是世界上最先进的山炮之一，既然已经花了大钱买下，就必须尽量利用。但中国军队下一代的制式山炮，却仍然没有着落。

---

① 中国台北国史馆藏，蒋中正文物档案，第002-010200-00162-036号档案。
② 中国台北国史馆藏，蒋中正文物档案，第002-010200-00161-002号档案。
③ 中国台北国史馆藏，蒋中正文物档案，第002-010200-00161-006号档案。

第五节 望穿秋水的兵工署

"卜福斯"的机动力问题不但使中国选择制式山炮的一腔热血再次落空，也重挫了国防工业自主化的推动，因为"卜福斯"山炮已经被内定为中国军队第一种自产的新式火炮。一旦"卜福斯"的实战能力出了问题，兵工署筹备多时的制式山炮生产计划就会被迫搁浅。

蒋介石在长城抗战期间追加60门订单的同时，已经决定要自己生产"卜福斯"。

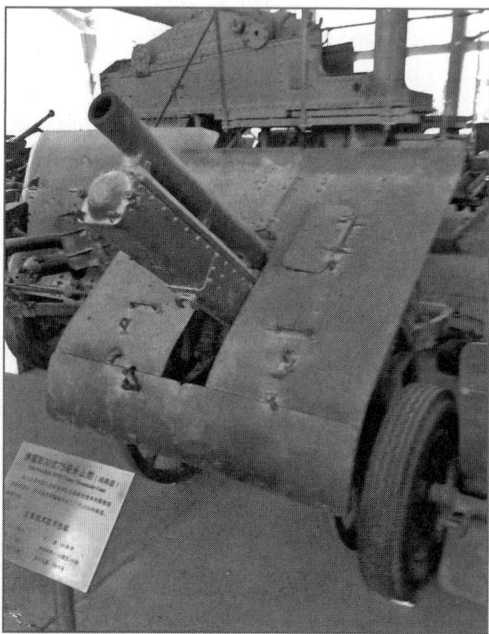

▲ 北京军博陈列的"卜福斯"山炮。兵工署在1934年时已经拥有齐全的技术资料，但却因机动力问题而被迫放弃建厂生产的计划。

1933年7月4日，蒋介石电谕正在欧洲与"卜福斯"及"苏罗通"原厂洽谈订单后续事宜的宋子文，无论如何一定要把"卜福斯"的设计图与样板搞到手：

"卜福斯七五山炮与苏洛通二厘米炮及各种炮弹制造用全部之样板与图样，务向该厂交涉，索取携回。又以议购买该厂十五厘米榴弹炮与各种炮皆需与样板一道购买以便自制。中正。"[①]

设计图与检验样板是产品来样开发的关键，是工厂的最高机密。一旦流入中国人之手，"卜福斯"很快就没生意可做了。然而，宋子文实在厉害，在现存档案中找不到宋子文曾另外花钱买技术资料与样板的痕迹。但是，宋子文的确搞到了。依据《兵工署技术司廿三年度工作报告摘要》，当时技术司已经得到"卜福斯"原厂的大部分技术资料：

"博福司山炮……系新式者。本司已向原厂商得该炮本身及炮弹之工作图样（检验样板图样，则仅商得炮弹部份。火炮本身者尚未取得。）。并订购炮弹弹身检验样板一副（引信与铜壳部份，尚未订购）。"[②]

依据曾在1943年试图仿造"卜福斯"山炮的第50兵工厂报告，技术司最终补齐了缺乏的检验样板图。第50兵工厂指出当时技术司的技术资料只差部分总图与零件毛胚图，

① 中国台北国史馆藏，蒋中正文物档案，第002-090102-00001-133号档案。
② 见《技术司二十三年度工作报告摘要》，《中国近代兵器工业档案史料第三辑》。

此外"零件图上对于必需之投影及剖面等图亦间有缺少"。

其实，缺少这三种图是无伤大雅的。没有原厂分装配图的爆炸图，可以由"卜福斯"的原样自己拆解绘图；没有零件毛胚图，高明的翻砂厂使用成品也可以设计模具；至于抱怨没有零部件的"投影及剖面等图"，也实在是太刁难人家"卜福斯"了。那个时代又没有可以在屏幕上立体旋转的绘图软件Coreldraw，自己去实测嘛！

取得全套设计图与样板只是第一步，要自制"女武神"，首先要整顿国内的兵工业。于是，蒋介石在长城抗战最惨烈的时刻，突然打出他手中的王牌——接掌兵工署。

俞大维在德国的表现深得蒋介石赏识。他在1932年6月返国述职，蒋介石立即接见恳谈。这次面谈非常成功，蒋介石特电指示负责采购的宋子文要与俞大维"详细商量"。[①]然而，蒋介石却担心青年得志的俞大维经不起社会现实的考验。像俞大维这样的青年才俊，一直待在象牙塔里著述研究，步入社会就承担重任时往往会眼高手低。蒋介石在日记里写道，他很担心俞大维会成为马谡。所以，蒋介石还要磨一磨练俞大维。俞大维返国之后，只被派到中央政校当个不冷不热的兵器总教官。政校是训练行政干部的，兵器教育只是过场，这自然是动心忍性的考验。磨了半年，蒋介石认为俞大维阅历已经足够，才突然让他一步跃升为兵工署中将署长，担负起中国兵工业的整顿重任。

对俞大维的飞速提拔只是个开始。蒋介石不仅大胆起用俞大维，还充分放权。蒋介石将原属陆军署的军械司拨到兵工署。所以，俞大维时代的兵工署不但管兵工生产，也管武器装备库存补给保障的兵工外勤。除此之外，兵工署也一脚踏入最敏感的对外军火采购领域。各种外购军火都要先通过兵工署测试评估，兵工署的评估意见在蒋介石的采购决策中居于关键的地位。所以，在俞大维之前，博福斯代表来华推销只跑宋子文的官邸，不会去费心理睬兵工署署长。而在俞大维时代，博福斯代表下船后第一个找的就是兵工署。

蒋介石的细心栽培与大胆提拔成就了俞大维一生的伟业。俞大维是绝顶聪明之人，对蒋介石的用心自然心领神会。他对蒋介石的知遇之恩终生不忘。俞大维只比蒋介石小十岁，在蒋介石去世时，俞大维已经年近八旬，但这位年迈老者却在有生之年，每年都在蒋介石的生辰与忌日专程祭拜，风雨无阻，而且年迈的俞大维还硬要坚持行跪拜大礼，即使晚年行动不便坐轮椅，也要从轮椅上挣扎下来伏地跪拜，以父母之礼追念蒋介石的知遇之恩。其情真意切，往往感动在场不相干的游客随之下跪。

俞大维既然满怀感恩图报之心，兵工署就能创造奇迹。俞大维时期的兵工署是组织效能极高的榜样，他全面启用优秀的管理干部，吸收尖端的科技人才。所以，兵工署的生产与武器装备研发朝气蓬勃。而最难得的是俞大维的清廉作风。上行下效，俞大维的干部都以廉洁相标榜，争相以创造佳话为荣。

由1941年起长期驻华盛顿主办美、加军火物资采购的江杓将军是俞大维的爱将，他将俞大维的传奇故事演化为杀价妙法。江将

---

① 中国台北国史馆藏，蒋中正文物档案，第002—010200—00072—070号档案。

军经常在签约时对不明究里的洋商主动索取回扣，在洋商确定支付的时候，江将军立即当面在总价里把回扣数额照数扣除，达到杀价的目的。他常对部属说："这就是咱们俞维公的作法！"[1]

在整顿兵工署的同时，负责跟单的驻德公使馆商务专员也由蒋介石可以完全信任的谭伯羽继任。谭伯羽是前国民政府主席谭延闿之子，是蒋介石视若子侄的晚辈。他毕业于德国的德勒斯登工业大学，工厂看样跟单验货也是行家。谭伯羽走马上任时，适值"卜福斯"订单的高峰时期。所以，他经常得跑博福斯公司在瑞典卡尔斯库加（Karlskoga）的工厂。卡尔斯库加深居内陆，与斯德哥尔摩相距200余公里，由柏林往返一趟不免耗时耗钱。所以，谭伯羽几乎长驻瑞典。外交部干脆委任他为驻瑞典公使馆代办，省下一笔驻外使馆人员费用。

于是，蒋介石在当时污秽不堪的民国官场中创造了一个最清廉的采购评估部门，而这个采购部门同时也正在逐渐成长为一个高效率的生产工厂。而跟单部门也正与博福斯公司密切联系，兵工署如果缺少技术资料，向谭伯羽发个电报就行。

在1933年，蒋介石已经痛下决心要斥资建立新式钢铁厂，一步赶上合金钢革命的潮流。有了俞大维、钢铁厂与高素质的兵工干部等三大条件，国产的"女武神"就问世有望了！然而"卜福斯"在实战中暴露的机动力问题，却使风风火火的国产"女武神"计划戛然而止。

"卜福斯"山炮设厂自制的计划现今难

以考查，但我们可以借由"卜福斯"山炮弹的曲折遭遇，侧面探究一下"卜福斯"在中国自产计划的雄心与变化。

在没有建立自产能力之前，"卜福斯"山炮的炮弹必须向瑞典原厂购买。在1932年之前采购的"卜福斯"山炮，每门配弹大约在2000发左右，"卜福斯"才有战斗力。然而，在1933年春的第二批60门采购中，随炮采购的炮弹数量却大幅度减少。1934年6月1日，曹浩森次长报告新交货的一批20门山炮，只附有炮弹10000发。换言之，每门炮只随带了500发炮弹：

"南昌委员长蒋钧鉴，国密。查财政部前订购之卜福斯山炮陆拾门，除三月间运到贰拾门外，于上月齐日续到贰拾门，附弹药壹万颗，已饬司接收妥存…职曹浩森叩，东酉械印。"[2]

山炮作战所需的炮弹以基数计算，当时一个基数是100发。以一个步兵师山炮营的一门山炮计算，这门山炮在一次作战中要准备5个基数的炮弹，其中战斗部队（战炮连）的小行李（弹药队）携行104发，炮兵营大行李（运输连）携行56发，师辎重营携行140发，后方兵站则存储200发，待命补充到辎重营。所以500发炮弹只够"卜福斯"打一仗而已。

为什么只订500发炮弹呢？因为，兵工署已经着手进行"卜福斯"榴弹的自产了。1934年，巩县兵工厂已经成功试造了"卜"式山炮弹。虽然，原厂的检验样板还没有来，但是技术已经不成问题。依据技术司的报告，试造成功的"卜"式山炮弹"随时可以大批

① 见《造化游戏四十年 雷颖回忆录》。
② 中国台北国史馆藏，蒋中正文物档案，第002-090102-00002-123号档案。

生产"。

然而，"卜福斯"山炮弹却迟迟没有大批生产。1934年7月30日，炮1旅史文桂旅长向军政部报告，炮1旅的教练弹即将打光，而巩县兵工厂的自制炮弹却迟迟没有动静，炮弹来源只能依靠外购。接到报告的军政部政务次长急电蒋介石报告，请他尽快电令孔祥熙买些炮弹回国：

"牯岭南昌蒋委员长钧鉴⋯据炮一旅旅长史文桂呈，为按遵教育进度于本年十月举行实弹射击，请拨发卜福斯山炮练习弹等情。查此项练习弹现已用罄，除饬厂设计试造外，拟请电孔部长先行订购贰千颗，尽十月上旬以前运华，以便应用，可否乞电示。职曹浩森叩，陷兵械印。"[1]

然而"卜福斯"的炮弹危机并没有解除。在八个月之后，军政部向蒋介石报告国内急缺弹药的品种，"卜福斯"山炮弹仍然在急缺弹药之列。而军政部的处理方式，除了继续"饬厂仿造"之外，也只能敦请蒋介石谕令孔祥熙再买一些炮弹回国应急：

"卜福斯山炮弹仅存八万七千余颗，按现有炮位平均每门仅九百余发⋯⋯卜福斯山炮弹除饬厂仿造外，应否径电孔部长加购若干，以备补充。"[2]

87000余发炮弹能分配到每门900余发，可以推算出军政部的报告只顾及四个"卜福斯"炮兵团的96门山炮，还没算入各军校与两个师属炮兵营。然而，侍从室拟办的签报却耐人寻味。

"查卜福斯山炮四十尊，以每尊再购

三百发计，应再购一万二千发⋯⋯并电孔部长催购。"

军政部分明是按96门山炮要炮弹的，侍从室的签注意见为什么照40门山炮买炮弹？难道蒋介石此时已经有意封存各炮兵团百分之六十的山炮？

到了1935年8月，"卜福斯"山炮的炮弹存量仍然在红色警戒线之下。依据法肯豪森总顾问1935年8月20日的报告，当时国内只有"卜福斯"山炮弹86000发。法肯豪森的计算法包括所有野战炮兵部队，只有学校的12门炮排除在外。总顾问向委员长报告，依照他的计算，120门炮每门平均只有720发炮弹，以训练任务计算，"合二至三月所需"。[3]

"卜福斯"山炮弹的坎坷经历，印证了"卜福斯"已经完全被排除于制式山炮的考虑之外。所以，巩县兵工厂虽然已经有量产的准备，但蒋介石却迟迟不肯拨出经费，投资建立"卜"式山炮弹的生产线。蒋介石的心态是很容易理解的，他已经在无用的"卜福斯"山炮上浪费了足足1600万大洋，实战效果却如此难看，他当然不肯再继续浪费下去。

于是，"卜福斯"的整个自产计划完全停顿。即使是内填泥土的教练弹，也得远道从瑞典购买。而正意气风发的俞大维署长也不得不放下对"卜福斯"的满腔热血，正视起一个二十多年来中国一直无解的难题：

中国究竟应该采用何种山炮，作为装备全军的制式山炮？

---

① 中国台北国史馆藏，蒋中正文物档案，第002-090102-00005-421号档案。
② 中国台北国史馆藏，蒋中正文物档案，第002-080200-00462-024号档案。
③ 见《总顾问法肯豪森关于应付时局对策之建议》，《中德外交秘档》。

第六节
永远的"克"式山炮

1935 年之后，"卜福斯"虽然仍有山炮之名，但炮兵已经不再把"卜福斯"当成山炮。曾任炮 3 团团长的卢蔚云在"卜福斯"来华之初就在炮兵团干训班当少校军官教官，又在淞沪会战结束之后编写了炮校的抗日战术总结《抗日炮兵战术密本手册》，对"卜福斯"是知根知底的。他在四十年之后回忆起"卜福斯"，印象并不是山炮，而是"德式卜福斯短加农炮"。[①]

在放弃"卜福斯"的 1934 年，俞大维真是想尽了办法去解决制式山炮问题。但是，他的选择非常有限。因为，世界列强的新式山炮大部分都在 700 公斤以上，同样不适合中国的骡马，而轻型的山炮又购买无门。俞大维看着各国山炮的比较表，必然要长叹一口气：日本的"九四"式 75 毫米山炮根本是按照中国战场的交通条件设计的，是最理想的选择。但"九四"式是日军最高机密的侵

▲ 兵工署在 **1936** 年于汤山炮兵学校测试"施耐德"野炮时留影。这张照片来自《传承与荣耀：联勤创制 66 周年专辑》在博福斯公司订单生变之后，欧洲各国火炮大厂纷至沓来，积极推销各种新式火炮。然而机动力仍然是最大局限，即使日本发表天羽声明阻挠各国出售军火给国民政府，欧陆各厂仍然积极进军中国市场。

---

① 见卢蔚云《八一三沪演抗战全国炮兵总指挥邹公岳楼统一运用炮兵及亲赴第一线督战回忆》，《邹岳楼将军八十回顾》。

1. 20世纪30年代骡马驮运的实况。马力不足的本地骡马如何驮起沉重的"卜福斯"炮件？

2. 汉阳兵工厂的汉造"十年"式山炮生产线。

3. 北京军博陈列的"十年"式山炮。

▲ 在"卜福斯"山炮制式失败之后，俞大维下定决心排除山炮，甩开骡马力量不足的无解困境，大踏步进入野炮与轻榴弹炮的领域。于是"十年"式山炮注定被放进博物馆。俞署长之所以敢大步迈进，是因为他已经以最大的决心，要让炮兵机动力一举提升到前人不敢想象的层级：摩托化。

华利器，搞不到手；斯科达的经典之作"1928年"式"双炮管"75毫米山炮也是很理想的，总重只有740公斤，但是一心卖武器赚钱的捷克人太小气，"捷克"造轻机枪的设计图怎么求都要不来，与斯科达合作恐怕无缘自产；美国人新推出的M1A1式75毫米山炮非常轻便，但美国正处在"孤立主义"时期，美国军火一般是不外销的。

再说了，即使美国人想卖，俞署长恐怕也不敢买。在二战之前美国陆军火炮的名声很差，经常被视为法式火炮的小跟班，见惯欧洲名厂货色的俞署长哪里看得起美国军火呢！

就在"卜福斯"被放弃的1934年4月，一向有意开辟中国市场的法国施耐德公司自动运来三门山炮，高姿态地到炮兵学校展示。俞大维对施耐德的装备展示非常满意，因为"施耐德"山炮主要考虑的就是机动力！1934年4月18日，俞大维兴奋地向蒋介石报告评估结果，并且热心建议将这三门山炮运到南昌行营，让蒋介石亲自见证"施耐德"山炮的机动力：

"法国施耐德厂自动运炮来华试验，计有七五山炮、七五步兵榴弹炮、十五生的山地榴弹炮各一门，经本署会同炮校举行各种试验，其运用轻巧，颇堪注意。查此项火炮运华不易，可否在该厂代表未将炮运回以前，令其运赣试验，以便钧座参考之处。"[1]

然而，德国军事顾问绝对不会容许"施耐德"山炮卖到中国的，因为，法国与德国可是世仇啊！

于是，俞大维只好回到现实，不得不承认老态毕露的"克"式山炮与"大正六年"式山炮仍然是中国军队制式山炮的首选。当然了，如果要在"克"式山炮与"大正六年"式山炮中选择一种山炮，风韵犹存的"大正六年"式山炮自然要比老掉牙的沪造"克"式山炮理想。

"大正六年"式在中国德式建军时期依然是军中人见人爱的热门山炮，而且套驾、驮载两相宜。"大正六年"式山炮在驮运时分为七个驮载件：炮管100公斤、炮尾与滑钣71公斤、摇架81公斤、大架75公斤、小架44公斤、后架22公斤、车轮45公斤。在运动时，由6匹驮马驮载（小架与后架应合由1马驮运）。除了一个不能拆解减重的炮管不理想之外，其它驮载件都很适合中国本地骡马的驮运。所以，当时的老炮兵都喜欢"大正六年"式。

且不说炮兵，土产的华北大骡子见到"大正六年"式，也许都会嘶叫欢呼吧！

但是，兵工署并没有两种山炮的原厂设计图。"大正六年"式是段祺瑞大手笔进口的，汉阳、太原两厂的仿造版都是来样开发，自

▲ 锦州辽沈战役纪念馆收藏的机动九0式野炮。

① 中国台北国史馆藏，蒋中正文物档案，第002-080200-00434-157号档案。

▲ 《良友画报》中的"大正六年"式山炮。虽然"四一"式已经落伍，但仍不失为中国战场作战之上选，如图的步兵型更是侵华日军的制式联队炮。在"卜福斯"山炮自产方案被放弃之后，兵工署不得不重新拣视量产"四一"式山炮的可能性。

▲ 沪造"克"式山炮，百般无奈的兵工署居然向克鲁伯原厂买到了古董级别的设计图纸，检视改良量产的机会。

▲ 北京军博陈列的"四一"式山炮。图为司马戡先生代拍的照片，在20世纪30年代师属炮兵能有这样一门炮是很神气的，中国将领刘戡曾大刺刺地向蒋介石报告点名换装"大正六年"式山炮。

己画图仿造的；"1904 年克"式山炮也是买来原炮直接仿造的，汉阳厂也没有原图。如果要改进这两种古董作为新一代的制式山炮，最好有原厂设计图。依据 1934 年技术司的年度报告，技术司当时正在认真重新搜集两种老山炮的技术资料。然而，中日已经是敌国，"大正六年"式山炮的原厂设计图想取得已经是很难的事了！于是，兵工署的选择就只剩下已经问世三十多年的老古董"克"式山炮了！

为了研究"克"式山炮是否有改进的空间，兵工署不得不放低身价，厚着脸皮向克鲁伯求购"1904 年"式山炮的设计图："我国现用山炮，计有旧式者两种……1、克式一九零四年式山炮（大多系沪厂仿造者，惟炮闩曾经沪厂改良。）。2、日本大正六年式山炮。以上两种山炮，均系旧式。日式者无图，克式者曾于去年向克鲁伯厂购得原图一份。两种炮弹之形状，皆急待修改，期增加其射程。"

1934 年是中国德式建军的辉煌时期，兵工署也集中了国内留德的众多工业精英。在兵工署里转一圈，随便都能碰到从柏林工业大学、德勒斯登工业大学与汉诺威工业大学等顶尖"TU-9"（德国理工大学联盟）名校毕业的高级专家，文凭随手一抓，就是一把德国特许工程师（Doktor-Ingenieur）。在如此辉煌的年代，兵工署居然回头去买德国三十年前老古董山炮的设计图，TU-9 留德精英们必然是捶胸顿足，丢脸难堪到极点了！

但若由档案史料的角度来说，我们也实在不能不佩服德国人对保存历史文献的认真。在那没有计算机的年代，兵工署居然能买齐了这套三十年前的古董设计图，德国人的文物保护意识实在是太惊人了！也许在克鲁伯公司的档案室里，还设有专门保存历史文献的典藏室吧！

中国德式建军时期，古董"克"式山炮的老式精度已经赶不上现代战场的需求，军中对"克"式山炮怨声载道，尤其是有对日作战经验的部队。

话说在 1933 年长城抗战时，在古北口奋战的第 83 师山炮营只有老沪造山炮，无法与日本关东军的"四一"式山炮对打，第 83 师师长刘戡对老沪造非常不满意。刘戡是位心直口快的粗线条名将，在蒋介石面前也是豪迈不羁的。他打听到在江西休整的两个土木系部队第 14 师与第 52 师有"大正六年"式，居然大大咧咧地打电报给校长，指名要与这两个师对换山炮：

"南昌委员长蒋钧鉴……查职师山炮均系沪造，射程过短，且无瞄准器，射击困难。闻 14 师 52 师之山炮系大正六年式，均留赣未随师剿匪，拟恳与职师互相掉用，以利抗日，可否乞示，职刘戡叩。"[1]

▲ 《良友画报》中正放列射击中的沪造"克"式山炮。蒋介石在抗战爆发前一度下令将全军的沪造山炮退役，但却遭到巨大反弹，于是沪造山炮继续打到 1950 年。

---

[1] 中国台北国史馆藏，蒋中正文物档案，第002-080200-00084-076号档案。

1. 图为与"卜福斯"合影的中国炮兵。

2. 抗战进入美援年代的老兵风采。

▲ "卜福斯"虽然有严重的机动力问题，但是在抗战中仍然被克难的中国炮兵充分运用，成为抗战年代的传奇名炮。

　　然而，即使是人见人嫌的沪造山炮，也不能轻易退役！

　　1936年，各师频繁反映沪造山炮的精度严重下跌，蒋介石终于耗尽了对古董"克"式山炮的耐性，下令将"克"式山炮全面淘汰。然而，蒋委员长的命令却引起各方强烈的反弹。中国军队的现有山炮实在太少了，如果要淘汰数量庞大的"克"式山炮，可能许多部队就至此没有师属炮兵了！

　　于是，军政部火速展开调查，成功检查出"克"式山炮精度下降的主要原因来自弹药问题。于是，军委会办公厅的两位副主任吴思豫与刘光于1936年8月25日联袂呈报，请蒋介石收回成命。即使委员长觉得让"克"式山炮继续待在师属山炮营有碍观瞻，也可以考虑将这款忠诚老炮拨给当时各步兵团正陆续成立的步兵炮连，当成步兵炮继续使用：

　　"查取销各师属沪造山炮一案，兹据军政部呈，以经多次研究，发觉该项山炮精度不良者，系因弹药变性，非关炮身之故。将药取出混合重装后，其效力精确，与炮表所规定相差极微。该炮与现代步兵炮诸元不相上下，射程且较大，而各师编制，团部应有步兵炮连。拟具尽量利用之办法，将所存该山炮弹修装，并所缺瞄准镜挡板，陆续先充实调整师之步兵炮，俟购得新炮，再递换移给他师用。其它各师之有该炮者，就可能范围予以调整缩编，并予检修，或以修好者更换。"[1]

　　因为，"卜福斯"出了差错，导致中国军队已经先期投资1600万大洋的制式山炮方案完全搁浅。所以，蒋介石在"克"式山炮面前也直不起腰来。最高统帅不得不默许"克"式山炮继续服役。于是，"克"式山炮又忠诚地陪伴了中国军队打完八年抗战，直到国民党军退逃中国台湾地区，"克"式山炮才渐渐退出历史舞台。

　　"卜福斯"，曾经把中国军队的制式山炮之梦带到云端，却又冷酷地一棒打入谷底。这门美艳而善变的"女武神"，真是令人又爱又恨！

---

[1] 中国台北国史馆藏，蒋中正文物档案，第002-080200-00475-151号档案。

|第七章|
摩托化！

1934年5月，争议六年的新式150毫米重榴弹炮采购计划终于尘埃落定。订单交给莱茵金属公司（Rheinische Metallwaaren- und Maschinenfabrik AG）。新式重榴弹炮被定名为"卅二倍十五厘米重榴弹炮"。莱茵重炮在1936年陆续交货，立即成为中国德械军队的象征性武器。在八十年之后，"莱茵"重炮仍然是中国军迷恒久不衰的热议焦点，现存于北京中国人民革命军事博物馆的"莱茵"重炮便成为军迷们朝拜的圣地，堪称炮兵史上的不朽名炮。

军迷讨论品评的热点，不外乎是"莱茵"重榴弹炮自身的性能，各式各样的性能分析让人眼花缭乱。然而，这些热烈的讨论，却全部谈错了方向。陈列在军博的"卅二倍十五厘米重榴弹炮"固然是抗日战争时期炮兵的骄傲，可"莱茵"重炮本身并不是八十年前德式重炮兵手中的主角。

在八十年前，老炮兵在首次接触"莱茵"重炮时，第一眼看到的并不是雄壮威武的重榴弹炮，而是让重炮机动起来的功臣，中国军队在1935年与德军同步引进的新式半履带火炮牵引车，皮兴公司（Büssing-NAG）的经典之作Sd.Kfz.6。

重炮不难买，当时正值全球大萧条，欧洲各大火炮工厂争先到南京报价，踊跃提供最先进的重榴弹炮给国民政府，争取中国的

▲ 重炮兵建军的关键："皮兴"Sd.Kfz.6半履带牵引车。

▲ 由三个角度拍摄的北京军博陈列的莱茵金属公司 32 倍 150 毫米重榴弹炮。这门巨炮堪称两岸军事迷的朝拜圣地，然而只有老炮兵才知道，巨炮哪里都买得到，野战重炮兵真正的建军关键在牵引车！

150 毫米重炮订单。然而，新式重榴弹炮全部都超过了五吨。所以，牵引车才是重炮兵建设的关键。没有力量惊人的 Sd.Kfz.6 牵引车，雄壮的"莱茵"重榴弹炮只是动不起来的废物。然而，在八十年之后，中国炮兵的 Sd.Kfz.6 却已经完全被遗忘。只剩下中国台北

国史馆档案中的篇篇电文，无声回忆着摩托化炮兵的建设历史。

要探究"莱茵"重榴弹炮的抗日历史，我们必须拨开谜云，从当年轰动军界的半履带牵引车开始谈起……

第一节
机动"九〇"式野炮的启示

口径在 150 毫米左右的重榴弹炮是炮兵群不可或缺的攻坚主力。如果没有重榴弹炮，炮兵就不能有效破坏日军的坚固阵地，对日抗战就会变成没有攻势的战争。所以，炮兵一定要有重榴弹炮。然而，在 20 世纪 30 年代，新式重榴弹炮不加炮车的战斗全重最低也有 5 吨，连欧洲本地的重挽马都拖不动！

于是，150 毫米重炮就成为一个令人苦恼的难题。蒋介石在 1930 年购买的日造"四年"式 150 毫米重榴弹炮，已经是重榴弹炮家族中轻之又轻的最轻重炮了。"四年"式在运动时会分成炮身与炮架两部分，以两个三骈六马编组的骡马纵列牵引，两个机动纵列的行列全重分别只有 2.2 吨与 2.15 吨，减轻重量的设计巧思已经达到极致了。然而，中原大战的战例却无情地证明了中国的骡马

▲ 蒋介石原本已经下定决心购买的博福斯公司 150 毫米重榴弹炮，但是因为"卜福斯"机动力的沉重打击而放弃。因为克鲁伯公司在德军制式 150 毫米重榴弹炮竞争中失利，所以这种重炮的照片非常稀少。

根本拖不动"四年"式重榴弹炮。连"四年"式重榴弹炮都拖不动，欧洲各国的重榴弹炮就更不用说了。

在 1930 年至 1934 年之间，蒋介石一直在寻找合适的 150 毫米重榴弹炮。他原本很中意佛采尔大力推销的博福斯公司重榴弹炮，前后至少下了三次决心拍板采购，但总是因为机动力问题而再次犹豫。最后，终于在放弃"卜福斯"山炮的同时也放弃了"博福斯"150 毫米重榴弹炮采购计划。

蒋介石的迟疑引来欧洲各大火炮工厂的疯狂竞逐。在第二次世界大战前小量生产的各种新式 150 毫米榴弹炮，单价在十万美金上下，中国军队开口就要订 24 门，生意是非常巨大的。所以，在蒋介石举棋不定的四年之间，欧洲只要能造出 150 毫米重炮的兵工厂，都赶来南京报价。在 1932 年，兵工署将博福斯、莱茵金属、斯科达、施耐德与维克斯五大名厂的 150 毫米重榴弹炮报价与性能表制成《各国十五生榴弹炮特点比较表》供蒋介石参考，真是玲琅满目，精锐尽出！

在《各国十五生榴弹炮特点比较表》中，最值得关注的竞争者是捷克斯科达公司的提案。斯科达提出的新式榴弹炮是大名鼎鼎的"K 系列"。本国多山的斯科达最重视山地机动。所以，K 系列是可以拆解由骡马挽曳的。而且，斯科达提出的版本并不是 K 系列的外销

卜福斯与苏罗通十五生榴弹炮订购条件比较表		
厂家	卜福斯（克鲁伯外厂）	苏罗通（德莱茵厂别名）
价格	英金五十四万五千零八十镑	英金六十四万四千一百九十八镑八先令
	国币八百十七万六千二百元	国币九百二十六万二千九百七十六元
交货期限	订合同后九个月交四门，十四个月四门，	订合同后六个月每月交两门或三门，十五个月交清
	十七个月内四门，廿一个月交清	
技术条件	照我方条件履行	照我方条件履行

各国十五生榴弹炮特点比较表					
	Solothurn 苏罗通	Skoda 斯可达（捷克）	Bofors 卜福斯	Schneider 施耐德	Vickers 维克斯
炮价	154,629.45 @14.5	139,316 @53	133,570 @14.5	198,115 @53	116,725
平均弹价（每颗）	234.154	237.26	195.7452	346.5	205.9 @14.5
炮一门 弹一千颗价	389,203	376,576	329,319.20	544,615	322,625
炮管长度	30	24	24	21	13.3
炮弹重量	42	42	41	38	39
初速	580	570	580	635	427
最大射程	15000	15000	15000	15000	4500 to 10300
全炮射放时重量	5300	5000	5200	5170	4090
高低角度	−1 to +45	−5 to +70	−5 to +45	0 to 45	0 to 45
左右角度	60	45	45	40	8
车轨	1750	1930	1970	1990	2006
弹内炸药	4.2	6.5	6.14	6.325	
炮身高度	1355	1600	1475		1295
		ogrial screw		B.L. Screw	

▲ 表3　注：表中价格每英镑用 14.5 算比汇率，表中用 15 实为稍低
　　　　★ 苏罗通炮弹装炸药比各炮弹约二公斤，破坏力似不及各弹

版 K1，而是日后被捷克陆军采用为制式重榴弹炮 Vz.37 的 24 倍径版本，这真是中国炮兵的梦想之炮。

法国施耐德公司的提案也引起高度关注。施耐德提出的开脚式 150 重榴弹炮是当时独步全球的最新式重榴弹炮，这门重炮的惊人性能震憾了当时国内军事学术界，炮兵学校出版的《炮兵杂志》曾在卷首隆重介绍。

但是，这些欧洲最尖端的 150 毫米重榴弹炮全部没有在中国作战的可能性。因为，重炮们重量全部在 5 吨以上。施耐德的开脚式 150 毫米重榴弹炮，光战斗全重就达到 5.175 吨。德国新一代制式重榴弹炮 sFH18，战斗全重 5.53 吨。即使最重视重量的"斯科达"K1，也只能把重量压到 5.02 吨。兵工署技术员展开武器性能诸元表，什么性能都不需要看，只要看重量，就会拿起红笔将所有来自欧洲的 150 毫米重榴弹炮一笔勾掉。于是，重榴弹炮的选择一拖就是四年，迟迟无法定论。

然而，炮兵的机动力并没有完全

▲ 大名鼎鼎的"斯科达"K 系列 150 毫米重榴弹炮。德军在合并捷克之后以 sFH37 型号继续量产。

走到绝境。在骡马之外，还有一个方法可以一劳永逸地解决炮兵机动的问题。只是这个方法的价格实在太高，工程实在太大。要走出这一步，需要最坚定的决心。

1932年，日本推出"九〇"式野炮作为新一代制式75毫米野炮。这款新式野炮是法国施耐德公司的最新技术结晶，融入当时走在时代尖端的设计理念，包括摩托化牵引。当时，日本已经成功开发出四冲程发动机，进而推出了一系列的履带式牵引车，炮兵摩托化已经打下基础。于是，日本人修改"九〇"式的车轴，改用橡胶轮胎，让"九〇"式能够适应高速度的汽车牵引，称为"机动九〇式野炮"。

机动"九〇"式野炮最显眼之处，是使野炮动起来的"九八"式4吨牵引车。当时，日本决意开发履带式牵引车，牵引75毫米野炮的4吨牵引车只是个开始，日本人积极开发的一系列履带牵引车包括牵引100毫米加农炮的"九二"式5吨牵引车、牵引150重榴弹炮的"九八"式6吨牵引车、牵引150毫米重加农炮的"九二"式8吨牵引车以及牵引240毫米重榴弹炮的"九五"式13吨牵引车。[1]

对日军而言，牵引车才是真正的重炮之

神。日本人虽然早在明治年间就已经开发出口径齐全的重炮。但是，日本的骡马也有力量问题，威武壮观的重炮根本动不起来，只能当摆设。直到20世纪30年代各种履带牵引车装备部队之后，日军的重炮兵联队才算

1. 日军"八九"式十五糎重加农炮。

2. 日军"九五"式13吨履带牵引车。

▲ 日军的重炮兵之神并不是"八九"式十五糎重加农炮，而是能让"八九"式加农炮机动起来的"九五"式13吨履带牵引车。

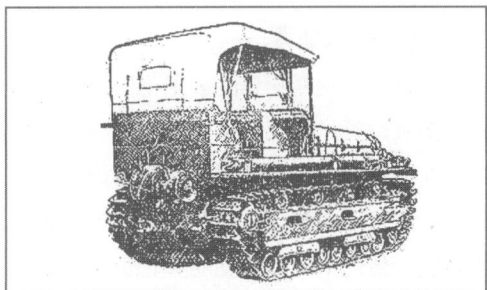

▲ 日军《兵器生产基本教程》中的"九五"式13吨履带牵引车线图。日军的重炮兵之所以能在20世纪30年代动起来，是因为成功开发出一系列牵引车。重炮不稀罕，稀罕的是牵引车。

▲ 来自东瀛的警讯：装上悬吊系统车轴，橡胶轮胎以及煞车的机动"九〇"式野炮。

---

[1] 见《兵器生产基本教程第14卷（发动机二）》。

▲ "九二"式8吨牵引车。

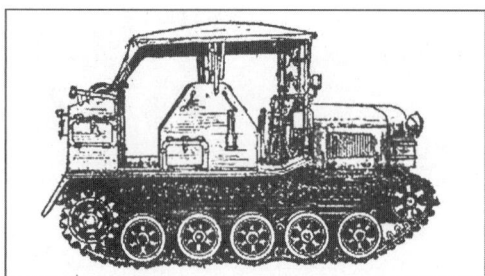

▲ "九八"式4吨牵引车。

▲ "九二"式5吨牵引车。

▲ "九八"式6吨牵引车。

真正具备了实战能力。

　　然而，火炮摩托化是一条不归路。汽车牵引的火炮行进速度远比骡马牵引为快。所以，摩托化的火炮必须有更坚固的炮架，车轴也要认真考虑悬挂性能，要使用弹簧式车轴避震。传统木圈包钢皮的车轮也不能再用了，汽车牵引的火炮必须使用新式的橡胶轮胎。这些改造都大幅增加了火炮的重量。所以，一旦将火炮摩托化，就不可能回头再考虑骡马牵引了。

　　在牵引车与火炮之外，道路也是一个大问题。摩托化的火炮一定要走公路。即使是履带式牵引的火炮机动纵列，也要以公路为主要机动路线。当时的履带很容易损毁。所以，只有在必要的时候，履带式车辆才会离开公路进入原野。然而，在北伐完成时，中国全国的公路总里程也不到3万公里。而且，路面与桥梁都并不理想，摩托化谈何容易？

　　于是，炮兵的摩托化成为蒋介石最艰难的抉择。这一步要不要跨出去？蒋介石足足犹豫了四年。

第二节 从失败中学习
——"维克斯"牵引车采购案

中国军队 1934 年购买了博福斯"1929 年"式 75 毫米高射炮。高射炮要以高初速将炮弹打到高空,后坐力惊人,炮管与固定脚架都十分沉重。"1929 年"式的战斗全重高达 3300 公斤,所以其原始机动设计就是以汽车牵引。于是炮兵为了高射炮而跨出摩托化的第一步。

蒋介石对"卜福斯"高炮牵引车非常感兴趣。现存档案显示他明白牵引车是高射炮兵的成败关键,所以亲自出面督促牵引车采购。1934 年 7 月 27 日,蒋介石电谕财政部部长孔祥熙将牵引车列为最急需的采购项目,他所定下的期限让孔祥熙倍感压力:

"上海、南京,孔部长勋鉴:高射炮牵引车为最重要,前托购之车数,务乞于九月十日以前到京候用。中正感机赣印。"①

7 月底没有敲定的采购计划却限 9 月初交货,还要孔祥熙立即确定。中国军队只用过卡车与装甲汽车,对牵引车完全不熟悉。所以孔祥熙只能仰赖洋行推荐。1934 年 7 月 28 日,孔祥熙向蒋介石报告初步评估结果。他找到两种牵引车,一种是"维克斯"履带牵引车,一种是"克鲁伯"六轮军用卡车:

"南昌,蒋委员长钧鉴……感电敬悉。关于高射牵引车事,与各厂商接洽情,日前已详函奉达。查此比较美意英德各厂出产,以英国维克斯厂所造之连环钢片轮者为较佳。其式样如唐克车,惟无上盖,可坐炮兵八名至十名。其小型者可拖十生五以下之郝为塞大部。其中型者可拖十五生郝为塞大部及防空炮。再德式六胶轮军用车亦宜于运输炮弹,但拖引力与速率则较英式者为逊。究应采用

▲ 防空学校采用的"维克斯连环钢片轮"式履带牵引车。"卜福斯"75 毫米高射炮牵引车案是中国军队创痛至深的教训,但"维克斯"牵引车训练的时间点却是恰到好处,使紧接着采购的"皮兴"式牵引车采购案非常顺畅。

---

① 中国台北国史馆藏,蒋中正文物档案,第 002-090102-00005-429 号档案。

何种，前经电请核示，尚未奉复，兹奉来电，特将比较各点再行详陈，敬乞裁夺示遵，以便从速订购。弟熙叩。俭二印。"[1]

蒋介石也不知道哪一种比较适合"卜福斯"高射炮。于是将决策权交给了专家。高炮部队由防空学校负责组建。于是蒋介石就让防空学校校长黄镇球决定采购哪一种牵引车。为节省时间，蒋介石特地嘱咐黄镇球不必另行请示，直接以他个人的名义将决定结果通知孔祥熙即可[2]：

"杭州防空学校黄校长：高射炮牵引车样式与其制造厂名，请速以中正名义直电孔部长购办，并应注意车辆过重不适于中国道路也。中正感机赣印。"

中国军队对"维克斯"牵引车不算陌生。维克斯公司（Vickers-Armstrongs）是英国的老牌炮厂，20世纪20年代并购了"卡登·洛伊德"牵引车公司（Carden-Loyd Tractors Ltd），进军战斗车辆领域。卡登·洛伊德的

▲ "维克斯卡登洛依德"牵引车。这辆牵引车应该是防校采购案中的小型牵引车。

强项是轻型履带牵引车，装上炮塔与机枪后就成为小型履带式步兵轻战车（tankette）。维克斯在中国的代理商是怡和洋行，推销功力一流。中国军队第一个正式编练组建的战车（坦克）部队使用的是"卡登·洛伊德"轻战车。所以"维克斯"履带牵引车的入选是意料之中。黄镇球拍板定案后，蒋介石8月4日指示了"维克斯"牵引车的采购数量：

"急，上海孔部长勋鉴：前电请购牵引车者谅达，其中型与小型之数改正如下：中型者购廿辆，小型者购十二辆可也……"[3]

维克斯的样车约在8月底到达杭州的防空学校，但表现却让防校大失所望。可怡和洋行是一家老奸巨猾的贸易公司，奸诈的英国商人刻意把销售合同写得很模糊，验货验出问题后，英方拿着合同胡拉硬扯推卸责任，从交期到性能全都进行狡辩。

直接承办接车验货的黄镇球校长勃然大怒，把英国商人叫来防空学校大骂一顿。但合同已经签了，黄校长也无法将采购方案推翻重来。1934年8月31日，黄校长向蒋介石

▲ 在1936年6月之前半独立于中央之外的广东同样采用"维克斯"牵引车牵引购自英国与德国的75毫米高炮。这张颁登于《良友画报》只重视火炮而忽略牵引车。其实牵引车才是建军关键。

---

① 中国台北国史馆藏，蒋中正文物档案，第002-090102-00005-424号档案。
② 中国台北国史馆藏，蒋中正文物档案，第002-090102-00005-427号档案。
③ 中国台北国史馆藏，蒋中正文物档案，第002-090102-00005-417号档案。

大诉委屈,他这回被英国人给坑惨了!

"牯岭,委员长蒋钧鉴……职校高射炮缺乏牵引车,经呈报钧座,并奉令直接电孔部长购办在案。但职觉商人多为利是图,为订合同,不讲明以能要求误(解),机械之性能每多不适于用。此曾电怡和洋行商人来杭,指示以应改良之件,并已由该商面允改造。除遵命直接电请孔部长购办维克斯厂制(车)中小号各十辆外,谨电呈明……于车应改善之件,当另文呈报。职黄镇球叩……"①

被奸商哄骗还不是最惨的。采购案最难堪的是居然出现索取回扣的严重贪污案!

"维克斯"牵引车报价非常高,采购案的金额高达大洋139万4505元,足够买16门"卜福斯"山炮,或给一个甲种师发半年的军饷,在当时可谓是头条大新闻了。然而合同签定后,却被爆出参与牵引车采购案决策的军委会第一厅副主任兼参谋次长葛敬恩索取回扣的丑闻。蒋介石大怒,葛次长是他私交甚密的老朋友,因此贪污丑闻实在太让他伤心了。1934年10月1日,蒋介石令葛敬恩主动投案,②由南昌行营军法处审理。

葛敬恩在军法审判中辩称回扣已经"悉数归公"③,账本也做得天衣无缝,在法律上无法构成贪污的罪名。原本凭着与蒋介石的多年交情,应该是可以不了了之的。但蒋介石却从严惩处,将老友撤职关押,关了十个月才准许保外就医。曾是蒋介石麾下红人的葛次长自此一蹶不振,直到抗战胜利后才被陈仪引荐到台湾行政长官公署当秘书长。但才干了半年就被蒋介石发现,再遭免职。

由蒋介石对葛敬恩的绝情,可以看出贪污案对蒋介石的创伤,牵引车采购案可说是蒋介石的心头之痛。然而对炮兵建设大业而言,"维克斯"采购案却有非凡的价值。因为"维克斯"采购案失败的时间,真是恰到好处!

就在"维克斯"牵引车交货的同一个月,蒋介石同意法肯豪森的建议,将150毫米重榴弹炮的订单交给莱茵金属公司。法肯豪森明白指出,要装备150毫米重榴弹炮,一定要使用汽车牵引!所以中国军队不仅要评估使用哪一家公司的150毫米重榴弹炮,更要评估使用哪一家公司的火炮牵引车。1934年8月28日,刚开始参加秘密筹建工作的军委会第一厅主任唐生智向蒋介石报告,中国军队的确应该开始找牵引车了:

"急,牯岭委员长蒋钧鉴,传密:前俞署长大维请示拟购之十五厘米榴弹炮是否连同牵引车购买一节,曾转电请示,尚未奉钧示。顷法肯豪森顾问面云,该炮重量达五吨以上,断非马骡所能挽曳。牵引车势在必购,且该炮所有行军射击必要诸附件均非同购齐不可等语。职甚同意,是否照顾问意见办理之处,敬乞核示祗遵。职唐生智叩,俭战印。"④

于是,"维克斯"牵引车采购案的珍贵经验便成为摩托化炮兵建军的开路先锋。"维克斯"采购案提醒了买车的两大原则:

第一、买车不要找没良心的英国人。德国炮还得由德国车来拖。

其二、买车不要自己找厂商,找原厂介绍最快!

① 中国台北国史馆藏,蒋中正文物档案,第002-090102-00005-401号档案。
② 中国台北国史馆藏,蒋中正文物档案,第002-010200-00120-011号档案。
③ 中国台北国史馆藏,蒋中正文物档案,第002-080200-00188-037号档案。
④ 中国台北国史馆藏,蒋中正文物档案,第002-090102-00005-410号档案。

第三节
炮兵机动新希望
——"皮兴"式牵引车

在"莱茵"重榴炮采购计划于 1934 年 8 月定案之后，牵引车的采购原本也依照"博福斯"高射炮牵引车的先例，直接在孔祥熙询到价格的"维克斯"履带式牵引车与"克鲁伯"轮式牵引车之间二选一。然而，怡和洋行的狡诈表现与震动军界的葛敬恩弊案让相关各单位畏首畏尾。于是，150 毫米重炮牵引车采购计划裹足不前，一拖就拖到了年底。为了让正在德国赶工制造的"莱茵"重炮有车可拖，蒋介石不得不亲自出面催促部属积极寻找牵引车。1935 年 1 月 2 日，蒋介石电谕负责评估的兵工署署长俞大维，要他在十天之内决定采用哪一种牵引车：

"俞兵工署长……十五生炮牵引车究竟用克鲁伯胶轮式抑用维克甲片式，望限十日内决定详告。中正冬戌机印。"[1]

然而，俞大维却另有想法。俞署长显然细心研究了孔祥熙在"维克斯"牵引车采购案中的失败经验，孔祥熙的失败在于他只是会谈生意的商人，不懂军事需求。生意人满脑子杀价买便宜货。所以，孔祥熙只会闭门造车研究上海各国洋行的报价，却没有由技术层面探讨各种牵引车的优劣。蒋介石也看

清了这点，所以他把选择大权放给防空学校，但是防空学校徒有理论，也没用过牵引车。所以，会被自己选定的"维克斯"牵引车搞得焦头烂额。如果俞大维学黄镇球，只在孔祥熙靠比价挑出来的两种牵引车中选择其一，必然会重蹈覆辙。所以，俞大维决定跳过孔祥熙的闭门造车，直接找德国兵工署帮忙介绍合适的牵引车。

俞大维这手是非常高明的。但是，德国兵工署介绍的厂商在中国不一定有代理商，远隔重洋联络不易。所以，俞大维建议干脆让德国兵工署代为挑选。而具体的采购合同商洽也不应该由外行的孔祥熙经手。俞大维指出，制造重榴弹炮的莱茵金属公司是现成的行家，何不请莱茵公司代劳，直接向德国兵工署选定的牵引车制造商下单采购，作为"莱茵"重炮的配件一起出货。如此一来，不熟悉牵引车的中方官员既不需为评估牵引车而伤神，也不必担心采购案再出现弊端。而且，莱茵公司一定会考虑牵引车与重炮的搭配问题，做出最佳的选择。

俞大维虽然不是商人。但是，他的解决方法却是最老道的商人手腕！

---

[1] 中国台北国史馆藏，蒋中正文物档案，第002-080200-00416-002号档案。

蒋介石显然对俞大维的方案大为赞赏，他立即决定改用俞提议的新方案。1月6日，蒋介石将俞大维的报告转给孔祥熙。在新方案中，孔祥熙虽然不再直接负责牵引车的采购合同。但是，他仍负责对莱茵金属公司的采购合同与付款，对莱茵金属公司的洽谈还是得由他出面积极办理：

"上海孔部长勋鉴。据俞大维支密电称：……于十五生榴炮弹牵引车之制式，德兵工署介绍四种。（1）Büssing。（2）克鲁伯式。（3）Henschel，（4）……式。除第四项价格未详外，余三项价单已于前星期由柏林寄来。计（1）项价格约二万五千马克，（2）项价约二万六千马克，（3）项价约一万四千马克。查一二两项价格与第三项相差甚巨（谨按克鲁伯在华系托礼和洋行代理，此次开价是否与该行有关不得知。），现因时间仓促，不及将该项牵引车运华研究……因牵引车究应实地拖炮该验，在京无从决定，拟恳钧座准予由德兵工署负责介绍一种，即托来因炮厂代购（但该厂不得索取佣金），并由本署派员赴德与来因厂共同就地试验，似较妥便，上项两事，于技术方面来无难决定之点，实因有特殊情形，致迟延莫决。再者，购械事项，财部，总顾问处及兵工署三方面常有随时洽商必要，已请孔副院长指派专员驻京，藉便接洽等语。以下已将来电转……惟需由兄负责订购完妥，不得再延时日。究竟何时可订完详复等语。请照办。中正。鱼午……"①

俞大维的新方案虽然高明，但是在人际关系上却是一颗大炸弹。因为，俞署长等于当面指责孔祥熙是外行硬充内行的愚蠢采购，孔祥熙当然不高兴。然而，蒋介石却非常欣赏俞大维的想法，处事圆滑的孔祥熙在表面上自然不致于多说什么话，但私下却会相敬如冰。蒋介石也料到这点。在1月9日，蒋介石如同长辈教导晚辈一般委婉地提醒了俞大维，要主动与孔祥熙沟通，不要让个人成见耽误了公事：

"至牵引车……拟请按（德）兵署介绍，由兵（工署）派员试验收……希速与孔部长切商定妥勿误。中正佳感机印。"②

在蒋介石核准俞大维建议之后，在柏林的商务专员谭伯羽正式与德国兵工署接洽。德国兵工署也很客气，立即提出具体建议。德方指出，拖炮用的三吨牵引车以"皮兴"式与"汉歇"式两款较佳，拖弹药车的一吨牵引车则非"克鲁伯"牵引车莫属。德方也安排谭伯羽实际参观了各种牵引车。2月16日，谭伯羽提出初步的评估报告，德方推荐的"皮兴"式与"汉歇"式牵引车性能差不多，但是"皮兴"式贵得离谱，以价格而言，自然应该选择"汉歇"式：

"据兵工署俞署长转柏林谭专员来电，文曰：实地参皮兴及汉歇牵引车，式样能力无大别。顷晤德兵工署介绍：国防军经验，三吨车以此两厂为最好，一吨车式则克房卜者较好，望我于两厂中择其一、汉歇价廉，计可省二三十万元。拟请决采购汉歇式。如何乞速电复等语。即裁夺示为荷。弟熙叩，铣沪处印。"③

"皮兴"牵引车的报价是56000马克，"汉

---

① 中国台北国史馆藏，蒋中正文物档案，第002-080200-00199-129号档案。第（2）项与第（1）项倒置为原件之原文。第（4）项字迹潦草，疑为Hannoversche。
② 中国台北国史馆藏，蒋中正文物档案，第002-080200-00416-011号档案。
③ 中国台北国史馆藏，蒋中正文物档案，第002-080200-00208-015号档案。

歇"牵引车则只有 13750 马克，相差足足四倍之多，当然选"汉歇"式。但在谭伯羽确定订单时，德国人发现了其中误会。德国兵工署迅速向谭伯羽澄清，皮兴公司的报价并不是谭专员看的三吨牵引车，而是当时刚被秘密采用为德军制式火炮牵引车的 Sd.Kfz.6 型九吨牵引车！

为了让谭专员具体了解 Sd.Kfz.6，德方再次安排谭伯羽参观新车的性能展示，这次展示让谭伯羽大开眼界。谭专员转告在南京大惑不解的俞大维，这辆 56000 马克的牵引车，才是牵引车中的极品货色。5 月 10 日，俞大维向蒋介石提出详细报告，说明德方的善意。既然德国人如此帮忙，Sd.Kfz.6 肯定是辆好车。中国军队未来的制式重炮牵引车非 Sd.Kfz.6 莫属，再贵也是值得的！

"云南，委员长蒋钧鉴，洵密：1. 关于十五厘米榴弹炮牵引车，事前据谭专员与德兵工署介绍四厂接洽结果，以汉歇 Hanschel 厂车辆 13750 马克为最惠。顷接谭专员转来德国兵工署通知，为敦友好起见。特慎重秘

▲ "亨舍尔"重型十轮卡车

密的将其国防军所采用为制式之重炮牵引车正式（开）放，此种牵引车系皮兴 Büssing 厂承造，较前介绍四种为佳，每辆 56000 马克，德国国防军因牵引车制式，在最近始行决定，故以前未能开放通知云云。又接鱼日来电，称经参观德军用牵引车，能力确大。车重约十吨……（带）重炮能爬十二度，不带能爬二十三度。经交涉，皮兴再减价，五十辆价每辆 48900 马克，出厂交货……又电德兵工署，愿交出十五厘米榴弹炮检验规则作参考，亦望我方聘一军官助理之……职意亦如此，可否及费用如何支付，祈电复……以上两项，除报告孔部长外，谨电呈鉴核示遵。职俞大维叩，蒸午秘印。"[1]

皮兴公司（Büssing AG）又译为布辛公司，是德国老牌的汽车制造厂，专精于卡车等大型车辆的制造。皮兴在 1971 年被曼恩集团（MAN AG）收购。所以，今天已经很少有人知道这家公司了。但在 1934 年，皮兴却是全球顶尖的大厂。所以，德军采用皮兴的 Sd.Kfz.6 半履带车做为制式的火炮牵引车，与德军的 sFH 18 等重型火炮搭配。[2]谭伯羽所见到的样车应该是 Sd.Kfz.6 在 1935 年正式量产的初期型号 BN L5。

至于汉歇（Henschel-Werke），今译为亨舍尔，是德国最大的火车机车制造厂，也擅长于制造卡车。亨舍尔从 1928 年起以 33 型系列卡车（Henschel 33）争取到了德国国防军的 3 吨卡车订单，但一直不被看好。直到 1934 年的 33 型改进型

① 中国台北国史馆藏，蒋中正文物档案，第002-080200-00233-029号档案。
② 见 German Military Vehicles of World War II。

1. 时译为"汉歇"的"亨舍尔" 33 型十轮大卡车。

2. "克鲁伯" L2H 43 小型军用卡车。

▲ 德军推荐的另外两种车型：时译为"汉歇"的"亨舍尔" 33 型十轮大卡车与"克鲁伯" L2H 43 小型军用卡车。"亨舍尔"卡车当时是民用车型。

价。在兵工署通知决定采购昂贵的"皮兴"式时，孔祥熙大吃一惊。1935 年 6 月 4 日，孔祥熙向蒋介石报告他不能理解俞大维为什么要改买"皮兴"式，并强烈暗示超过 200 万马克的巨大价差中可能另有文章：

"成都蒋委员长钧鉴，浚密：关于榴弹炮牵引车，事前于二月间奉筱秘赣电决采购汉歇式，业经转知俞署长照办，并其转知谭专员就近洽商交货付款等详细条件在案。兹据俞署长报称，拟改订德国防军用之皮兴式，并改廿四辆为五十辆。查汉歇式价格每辆为一万四千马克。兹改皮兴式，每辆为四万八千九百克，总数由三十三万六千马克增至二百四十四万五千马克，为数实属过巨。如两车能力相差不多，自应仍照原议速办为妥。尊意如以为然，拟请即电俞署长照办，并电示为祷。弟熙叩，支国沪处印。"[1]

D1 型才获得德军的青睐。而没有继续报价的克鲁伯式则应该是轮型小卡车的精品，从 1933 年起开始量产的"克鲁伯牵引车"（Krupp-Protze）L2H 43。

这也说明了价格差距如此巨大的原因，半履带车与十轮大卡车的价格自然是不在同一价位档次的。

然而，孔祥熙却被搞胡涂了。他与俞大维之间沟通不畅，对 Sd.Kfz.6 似乎茫然无知。所以，负责付钱的孔祥熙只能继续看报

▲ 报价让孔祥熙大吃一惊的"皮兴"式半履带牵引车 Sd.Kfz.6。

---

[1] 中国台北国史馆藏，蒋中正文物档案，第002-080200-00227-112号档案。

蒋介石显然被各方报告搞糊涂了。若是别人，委员长可能已经下令抓人查帐了。然而，蒋介石对俞大维的职业操守充满信心。他在6月8日回答孔祥熙，他会让俞大维回答这个问题。与此同时，蒋介石以最温和的语气，婉转地提醒俞大维注意价格问题，全电没有一字指责，只有对俞大维的完全信任：

"南京兵工署俞署长，密。顷据孔部长支国沪处电告，据俞部长报称拟将前东筱秘赣电决采购之汉歇式榴弹炮牵引车改订皮兴式，并改二十四辆为五十辆，则用款总数将由卅三万六千马克增至二百四十四万五千马克，为数实属过巨。如两车能力相差不多，自应仍照原议……究竟汉歇与皮兴两式何异，当此经费困难之时，只可择其比较适用者，先购叁拾辆。望妥电复，中正。"

俞大维在1935年6月15日的报告，必然让蒋介石松了一口气。俞大维果然是位忠心为国的优秀人才：

"成都，委员长蒋钧鉴……庚西秋蓉电购十五生重榴炮牵引车事，按照大炮廿四门计算，每炮一门，需牵引车一辆。每炮二门，

▲ 锦州辽沈战役纪念馆收藏的 sFH18 式重榴弹炮。

▲ 现存照片显示炮 10 团改用易于维修的"亨舍尔"33 D1 型十轮大卡车担任牵引车。显然第一批六辆 Sd.Kfz.6 并没有得到好评，原因必然在保养。

---

① 中国台北国史馆藏，蒋中正文物档案，第002-090102-00002-218号档案。
② 见《中国现代军事史》。

炮弹药车一辆,每弹药车一辆需牵引车一辆,共计牵引车卅六辆,及弹药车十二辆。至汉歇与德国防军采用之新皮兴式引车之区别,一系民用,一系军用,两相比较,虽新皮兴式价较贵,自仍以军用式为宜。顷已在京面孔部长核实,决行购新皮兴式,并已由孔部长电谭专员即订购牵引车六辆,另弹药车二辆,备最先到华一连大炮之用。其实俟试用后再行呈请钧座核准……职俞大维叩,寒。"①

蒋介石一定松了一口大气。对国家而言,200万马克是可以承受的损失,买错车也可以再买,但俞大维却是无价之宝!

中国台北国史馆的相关档案证实了"卅二倍十五厘米重榴弹炮"的牵引车是Sd.Kfz.6,然而Sd.Kfz.6并没有留下任何照片,现存的重炮牵引车照片反而竟是被俞大维摒弃的"亨舍尔"33D1型十轮牵引车。其实道理并不难理解,轮式车辆一定比半履带车容易维修,也一定比半履带车省油,而且老式卡车常有出人意料的越野能力。即使是正式采用半履带车为制式重炮牵引车的德军,在实战中也经常使用其九大名厂合作生产的制式两吨半柴油卡车Einheits-Diesel拖150毫米重炮。

150毫米重炮占尽了摩托化炮兵的风采,很少有人能注意到拖炮的牵引车。所以,相关资料少之又少。但是,在台湾国史馆档案之外,"皮兴"式牵引车依然留下可供追查的蛛丝马迹。著名军史专家刘馥先生是车辆方面的专家,在中国德式建军时曾任军政部交通司中校技正(新中国成立前中国技术人员的官职名称。民国政府的交通、铁道、实业、内政等部及省政府的相应厅局大多都置有此职,以办理技术事务。)。他在回忆中国德械军队于南京的盛大阅兵时,就说明当时的牵引车有韩塞尔与MAN(皮兴公司在第一次石油危机时被MAN并购)两种车型。②

取得Sd.Kfz.6是中国炮兵的里程碑。在得到与德军同步装备的最先进半履带牵引车之后,摩托化从梦想成为现实,重炮兵燃起了摩托化的信心。

于是,在1935年之后,炮兵不再争论摩托化的现实性。新的议题则是买车、建厂、开公路!

第四节 被误解的莱茵怪炮
——三十二倍口径十五厘米重榴弹炮

顺畅的"莱茵"重炮采购案

中国军队在 1934 年 5 月向莱茵金属公司订购的 24 门三十二倍口径十五厘米重榴弹炮与德军当时现役的 150 毫米重榴弹炮 sFH 18 神似，相关书籍经常将两种重榴弹炮混为一谈，其实是很不合适的。三十二倍口径十五厘米重榴弹炮是一门有个性的怪炮，事实上，它甚至不太像一门榴弹炮。

1932 年，克鲁伯与莱茵金属正在争抢德国国防军的制式 150 毫米重榴弹炮订单，两家火炮大厂的竞争从德国蔓延到中国，克鲁伯仗着礼和洋行与总顾问佛采尔疯狂推销"卜福斯"150 毫米重榴弹炮，打着苏罗通旗号的莱茵金属则依靠禅臣洋行。当时，蒋介石屡次下定决心要买"卜福斯"150 毫米重榴弹炮，却又屡次变挂。所以，没有总顾问保驾护航的"苏罗通"重榴弹炮也得到了报价的机会。

然而，中国军队对莱茵金属 150 重榴弹炮的第一印象并不好。重榴弹炮首重威力，威力则以炮弹内的炸药重量为主要的衡量标准。炸药越重，威力越大。一般 150 毫米的重榴弹炮，炮弹重量大约在 42 公斤上下，炮弹内的火药装药重量则是 6 公斤左右。例如，佛采尔大力推销的"博福斯"150 毫米重炮，炮弹全重是 41 公斤，炮弹装药重量是 6.1 公斤，就是一颗典型的 150 毫米榴弹。但是"莱茵"重炮的炮弹很怪，全重虽然达到 42 公斤。但是，装药重量却只有 4.2 公斤。

大惑不解的兵工署技术员再看性能诸元，看到炮管长度，又是大吃一惊。一般重视破坏力的榴弹炮，炮管并不长。"卜福斯"重榴弹炮是 24 倍，长度是恰到好处的。但是，莱茵重"榴弹"炮的身管居然是 30 倍！

技术员恍然大悟，原来莱茵金属是想造出一门远射程的重榴弹炮。可是，兵工署并不欣赏莱茵的构思，在上呈蒋介石的评估报价中，兵工署尖刻地评价道，想同时当加农炮与榴弹炮的"素罗通"重炮是贪多嚼不烂，反而失去了榴弹炮的本色：

"查卜福斯与素罗通大炮，皆是德式，其中除机械结构稍有不同外，最要差别为素罗通炮身比卜福斯长约八十五厘米（将近一米），有失榴弹炮之本色。至其炮弹，所装炸药约四公斤二公两，卜福斯弹所装约六公斤一公两，实比卜福斯弹装少约两公斤，破坏力当然比卜福斯为少。次要差别为素罗通炮可左右移转六十角度，而卜福斯炮祇移四十五角度。又素罗通炮车轨比卜福斯窄二十厘米，但总计素罗通炮之两优点实不能补救上述两弱点。又查素罗通炮射程原是壹万三四千米，为……达一万五千米之射程，炮管加长约三十厘米，炮之特点如回力重量，长度等，因之皆为改变。此件似以请专家从长研究为较切实。"[1]

1933 年 11 月，军政部召开制式兵器讨论会。来自军政部、参谋（本）部、训练总监部炮兵监、陆军大学与炮兵学校的专家一致认为新式 150 毫米重榴弹炮的射程能达到 12000 米就够了。[2]所以，"莱茵"的 15 公里射程并没有加分。而炮弹的装药重量偏小，更是连德军都受不了的问题。例如，莱茵金属在 1933 年推出的 55 倍口径超长身管的 150 毫米重加农炮 K18，虽然被德军定为制式，但却因为炮弹威力太小而不受欢迎，1943 年就被淘汰了。

"莱茵"重炮的价格是另一个让中国军队望之却步的大问题。"卜福斯"与"莱茵"都以 24 门炮报价，24 门"卜福斯"重炮总价是 54 万 5080 英镑，"莱茵"重炮总价却高达 64 万 4198 英镑 8 先令，足足贵了 10 万英镑。折算成银元，就是足足贵了 109 万 376 元大洋！

"莱茵"重炮的报价如此不合理，问题可能出在代理商。莱茵金属公司当时是以瑞士苏罗通公司为影子公司进军中国的，而苏罗通的在华代理商是禅臣洋行。禅臣洋行是出了名的贪心，就在推销重炮的同时，禅臣所推销的装甲车刚刚闹出了报价比德军采购价高出一倍的笑话。与如此不识大体的代理商合作，"莱茵"重炮自然很难得到机会。

然而，莱茵金属的长身管设计却在德国大获成功。1933 年，德军决定让克鲁伯与莱茵金属公司共同开发新式的 150 重榴弹炮，这个决定事实上是莱茵金属的巨大胜利。因

为，德国国防军看中了"莱茵"重炮的 30 倍径炮管！

在长身管的"莱茵"重榴弹炮之前，150 毫米重榴弹炮的射程一般是 8 公里左右，而"莱茵"重炮却能打到 13 公里以上。当时欧洲走在前端的重榴弹炮，都以增加射击距离为潮流。斯科达的 K 式与施耐德的开脚式重榴弹炮都能打到 15 公里，德军自然不能落后。于是，曾经遭中国兵工署奚落质疑的 30 倍口径长身管击败了克鲁伯保守的 24 倍口径身管，克鲁伯公司则被分派成设计炮架的工作。这门两大火炮公司连手打造的新式 150 毫米重榴弹炮，那便是大名鼎鼎的 sFH18。

▲ 流传甚广的德式重炮机动纵列照片，应该是炮 14 团的 sFH18 型，牵引车则引人遐思。

---

[1] 中国台北国史馆藏，蒋中正文物档案，第002-080102-00080-006号档案。
[2] 见《国民政府军事委员会为召开兵器制式讨论会议训令》，《中国近代兵器工业档案史料第三辑》。

同时期决定的德军新一代制式105毫米加农炮 sK18 也发生同样的状况。莱茵样炮长达近 5 米半的 52 倍身管轻松击败了克鲁伯的"保守"样炮，克鲁伯也只能制造炮架了。

当然，克鲁伯的炮架不能再用"博福斯"24 倍 150 毫米重榴弹炮的现成炮架。因为，长达 4 米半的炮管过于沉重，不能单用炮耳固定。于是，克鲁伯摇身一变成为炮架行家，为 sFH18 与 sK18 开发出以两个约一米高的巨大平衡机支撑炮身的新式炮架。

▲ 炮 10 团的三十二倍十五厘米重榴弹炮。即使深知牵引车才是野战重炮兵的建军关键，但是莱茵重炮的英姿仍然让笔者这个炮兵迷兴奋不已。

在 sFH18 问世之时，中国军队对 150 毫米重榴弹炮的观念也大幅度改变。在 1934 年重新起步的 150 毫米重榴弹炮一反常态，强烈要求射程。sFH18 的射程是 13250 米。但是，早期型的射程只有 11200 米，[1]而兵工署开口就要改到 15000 米！炮管不是克鲁伯的强项。于是，兵工署的要求让克鲁伯知难而退。

为什么要改到 15000 米呢？斯科达与施耐德的重榴弹炮都能打到 15000 米，也许是个诱因。但是真正的原因，必然是因为当时日本正在宣传刚推出的"九六"式十五糎重榴弹炮可以打到 12000 米。所以，兵工署才会奋起直追。当时担任兵工署技术司设计处委任三级技佐的王国章回忆道，三十二倍口径十五厘米重榴弹炮"是以日本作为假想敌的"。[2]所以，"莱茵"重炮不但要与日本的"九六"式重炮对打，更要考虑到初期抗战的实战经验。

王国章特别提到的穿甲弹，就是吸收抗战经验的一大表现。"莱茵"重炮很突兀地装备了一般重榴弹炮没有的穿甲弹，"可以击穿军舰的装甲，并能作为移动的要塞炮用。"为什么要打军舰呢？因为在"一二八淞沪"战役时，吴淞要塞的要塞炮射程不足，被日军舰队的舰炮轻松击毁。所以，在淞沪战役期间，长江航道居然完全开放，日本舰队可以大摇大摆地直接开到南京示威！当时由闽系把持的海军畏怯惧战，江内军舰逃窜一空，气得何应钦急电，将海军部长陈绍宽骂了一顿。但是，陈绍宽一向搞半独立，对蒋介石与何应钦不理不睬。海军既不足恃，只好由陆军的火炮来加强防务了。在未来的中日大战中，上海与南京肯定仍是日军发动攻势的主要目标。所以，中国炮兵的新式重炮必须具备封锁长江的能力。

要确实封锁长江，不但要有打军舰的穿甲弹，更要有足以封锁江面的射程。以江宽 1.5 公里计算，"莱茵"重炮可以布置在距离江边 13 公里开外的阵地中。遭受炮击的日本军舰必然会反击。日本军舰用以反击的第一首选是"九六"式 25 毫米机关炮，但是直接射击的 25 毫米机关炮只能打 3 公里，打不到"莱

---

[1] 见《兵器学之参考》。
[2] 见王国章《解放前我所接触过有关炮兵兵器的几件事》，《鞍山文史资料选辑第一辑》。本节主要引用该文，以下不逐一标注以节省篇幅。

▲ 行列状态的"莱茵"重炮。炮尾与行列状态大架固定结构的差异一目了然。

▲ 放列状态的"莱茵"重炮，车轮与 sFH18 显然不同。

茵"重炮。

只要能躲过机关炮，"莱茵"重炮就能稳操胜券。因为，日军舰队势必以 127 毫米的"三年"式舰炮反击机关炮打不到的目标。127 毫米舰炮的射程虽然超过"莱茵"重炮，但能被"莱茵"重炮击中的军舰，必然已经驶入能公平决斗的距离范围。所以，两方要比速度。而遮蔽阵地间接射击可不是海军舰炮的强项。所以，进入"莱茵"重炮射击范围的日本军舰，反击速度绝对比不上正在求取夹差的"莱茵"重炮。所以，射程能达到15 公里的"莱茵"重炮，理论上是能够成功的封锁长江的。

当然了，"莱茵"重炮作战阵地要考虑地形。所以，射程越远，放列阵地选择越多，重炮就越安全。

改射程自然是很困难的。但是，莱茵金

属却展现了惊人的配合度。莱茵金属的"苏罗通"小炮虽然称霸当时中国的小炮市场，但已经二十年没有碰过中国的大炮生意了。所以，莱茵满口答应了中国军队的射程要求。但要达到中国军队要求，炮管就要再改长，这就是三十二倍口径十五厘米重榴弹炮的诞生的由来。

新式榴弹炮的炮架与 sFH18 非常相似，但是仔细观察，仍然能看出巨大差异。最显著的差别便是制退复进机（上下夹着炮管的两个筒子），型式完全不同。其次是平衡机（左右夹着炮管的两个垂直筒子），"莱茵"的平衡机比 sFH–18 修长不少。除此之外，大

1. 放列状态的莱茵重炮。

2. 陈列于美军火炮博物馆的 sFH18。

▲ 莱茵重炮与陈列于美军火炮博物馆的 sFH18 比较，细看可以看出显著差异。最显著的是制退复进机的外观（上下夹住炮管的两个筒子）；其次是平衡机，莱茵重炮的平衡机修长，sFH18 的平衡机粗短；其三为高低转轮，莱茵重炮的高低转轮是突出的；其四是炮尾（炮闩部）构型；其五是大架结构。这说明"莱茵"重炮采用莱茵原厂的炮架，而非 sFH18 的"克鲁伯"炮架。

▲ 《良友画报》上 sFH18 炮尾部特写，原图注误以为这是炮弹的生产线。这张照片显示"莱茵"重炮与 sFH18 的复进筒底部的差异。

架的表面结构，驻锄型式与炮闩部的形状都有巨大的差异。由侧面看"莱茵"重炮，发射手操作的高低转轮突出，说明两种重炮连上架结构都不相同。

其实这是可以理解的。克鲁伯是莱茵的竞争敌手，莱茵总不好直接使用克鲁伯的炮架抢中国订单。而 sFH18 在确定由两厂合作之前，莱茵与克鲁伯各有各的样炮。而且，依照兵工署派到德国验收样炮的人员回忆，炮架的验收地点也在莱茵金属位于杜赛道夫（Düsseldorf）的工厂。所以，笔者大胆判断，莱茵金属并没有采用克鲁伯的炮架，三十二倍口径十五厘米重榴弹炮主要还是采用莱茵样炮原本的炮架，与 sFH18 是两种完全不同的重炮。

现存的资料经常把"莱茵"重炮与 sFH18 混为一谈，主因固然是两种重炮的外观非常相似，而莱茵金属与克鲁伯又有千丝万缕的合作关系，不免引人遐思。再者，中国军队在抗战爆发之后紧急订购了 24 门德军现役的 sFH18，装备成中国军队第二个重炮团——炮 14 团。而装备"莱茵"重炮的炮 10 团当

时已经将炮弹打光，急需补充，而炮 14 团的 sFH18 随带有充足的炮弹。所以，军政部干脆下令炮 10 团与炮 14 团互换火炮，让炮 10 团的老兵操作炮弹充足的 sFH18，而新编组成的炮 14 团则以"莱茵"重炮在后方训练。所以，两种火炮就更混乱了。

然而，用过两种重炮的老炮兵都知道"莱茵"重炮与 sFH18 根本是两种不同的重炮。

莱茵金属是一家很贴心的公司。在中国军队订炮的 1934 年，莱茵金属显然曾经派人实地考察。所以，他们会发现中国炮兵的测地能力并没有全面提升起来，打仗时的口令还是习惯使用实际距离，只有特殊状况才会直接报射角。所以，"莱茵"重炮的表尺是有距离分划的。然而，sFH18 却已经进化到完全靠测地打仗的地步了，所以，表尺只有角度的密位分划，没有距离的米分划。而且，两种炮的性能不同，打起来就是两套炮表！

在 1938 年春武汉会战前夕，军政部决定让操作"莱茵"重炮的炮 10 团与操作 sFH18 的炮 14 团互换火炮。炮 14 团团长洪士奇急了，他急电报告不能换炮的原因，但是何应钦部长并没理他。洪士奇急得要到武汉亲自向何部长当面汇报，可何部长不准他请假离营。焦急之下，洪士奇不得不使出绝招。洪团长是复兴社成员，蒋介石经常要复兴社成员有事直接向他反应，于是洪士奇团长在 1938 年 5 月 27 日直接向最高统帅报告，强烈反对换炮：

"关于与炮十团互换火炮一案，职曾于齐电详陈困难太大，并拟来武面陈。以奉部长电请假未准，惟查职新领火炮之标尺，无米达数，仅刻有密位分划，现无射表，实无法赋予射角。即无法射。若勉强拨与炮十团，将徒损坏火炮，消耗弹药，危害友军，影响

战局。且两团火炮辗转交换，所有零件必多损失，恐……只有一团火炮能以作战，请转饬勿予拨换，以便迅速完成训练，参加抗战。否则，拟请准职来武面陈，因此种困难，非文电所能详尽。当否敬候 鉴核电遵。"[①]

依照炮10团与炮14团的战史判断，两团的150毫米重炮最后还是掉换了。中国军队的相关档案也从来没有将两种重炮区分开来，只剩下洪团长越级上报的急电，无声地疾呼"莱茵"重炮与sFH18根本就是两种截然不同的重炮，只是外观相似而已。

虽然相关资料十分稀少。但是，我们今天仍然不难比较出"莱茵"重炮与sFH18的差异。操作三十二倍口径十五厘米重榴弹炮的炮10团因为弹药不足在1944年改换了美造M2A1式105毫米榴弹炮，而操作sFH18的炮14团也在1946年改用重迫击炮。但两种重榴弹炮都有原品存世。在锦州的辽沈战役纪念馆有一门sFH18，北京军博则有一门"莱茵"重炮。这两门重炮也许是来自在贵州封存退役火炮的军火库。所以，都很完整。虽然我们不可能指望两门传奇重炮能再次上场试射，但是从外观的详细对比，仍然可以看出两种火炮的巨大差异。

如果笔者有机会到锦州，一定要把每个细节考究清楚，解开这个失落八十年的谜团！

1935年9月，第一批"莱茵"重炮组装完成，由兵工署派到德国监造的重炮验收团监督验炮。验收员不无得意地发现，俞大维的老商人手腕拯救了"莱茵"重炮，整个采购案顺得不能再顺了！

当时，兵工署不但委托莱茵金属采购牵引车。连观测器材、炮弹与各种机动车辆都

交给莱茵金属代购。所以，莱茵金属有责任把各种配套器材配好。按照商业常识，莱茵金属一定或多或少向皮兴公司暗抽了佣金，不可能完全按照俞大维的理想一毛不抽。但这些小损失是非常合算的。因为，抽了佣金的莱茵金属公司也要承担起配套装备的质量风险。

"莱茵"重炮的验炮是非常严谨的，有检验射击性能的实弹试射，也有机动力测试。实弹试射主要测试火炮本身的稳定性，这本来就是莱茵金属公司的强项，自然不成问题。然而，机动力测试就是严峻考验了。莱茵安排的机动力测试是让牵引车以30公里时速在坎坷路面连续跑120公里。这是非常严格的标准，要知道，日军与Sd.Kfz.6同等级的"九二"式8吨履带牵引车，机动标准只是以8公里的时速连续跑10小时（80公里）而已！

兵工署握有德国军方的150毫米重炮验收标准。所以，该用30公里的时速跑120公里，就得跑120公里，一公里都不能少。然而，炮架并不是莱茵金属的强项。实地参与验收的王国章回忆道，"莱茵"炮架的避震力果然在机动测试测出大问题：

"每门炮都要进行强装药射击和精度射击，这是考验炮身的强度和精度。此外还要进行拖行试验。特选定一段坎坷不平的公路，用每小时30公里的速度拖着炮运行120公里，这是对炮架的考验，看看经过强烈震动后，炮身各部结构是否发生变形。两种试验做完之后，将炮运回莱茵炮厂，拆卸开来对各部进行检查，结果发现有些部件出现了变形，当向厂方提出异议，拒绝验收……"

如果没有"维克斯"牵引车的失败经验

---

① 中国台北国史馆藏，蒋中正文物档案，第002-080200-00497-107号档案。

与俞大维油滑的商人手腕，中国军队自行采购用来拖炮的牵引车，炮架变形的相关争议就会无休无止了。然而，"皮兴"牵引车是莱茵金属公司出面签的合同，莱茵金属有责任让重炮适应Sd.Kfz.6的机动能力。所以，炮架变形的责任归属非常明确，解决问题只需要一两句话而已：

"后由厂方修改了设计，把有问题的部件更换新件，再作试验，没有发现新的问题，才算最后定型，开始大批生产。"

于是，牵引车与"莱茵"重炮的成功配套，让中国第一支摩托化炮兵顺利地组建，炮10团的摩托化机动纵列成为中国炮兵的骄傲，也激发出炮兵跨越骡马阻碍继续发展的雄心壮志。在1937年11月底的一个深夜，俞大维署长亲自到江阴要塞试射新装成的要塞炮，曾在德国莱茵金属工厂验收"莱茵"重炮的王国章也同车前往。当时正是淞沪会战全线撤退的紧张时刻，南京一带的军队为了避免空袭，只能在入夜之后调动。在深夜乘车急驰于京（南京）杭（杭州）国道的王国章，偶遇正由前线撤退的炮10团车队。王国章在三十年后回起这感人的一幕，仍是激动不已：

"在1937年11月20日前后，我随兵工署长俞大维去江阴试射新安装的要塞炮时，从南京出发，半夜在京杭公路上和炮十团的炮队相遇，牵引车拖着重炮，车灯射出耀眼的光柱，车队浩浩荡荡，络绎不绝，往南京方向驶去，场面极为壮观……"

门板桥上的摩托化

"莱茵"重炮连炮带车一组要价高达大

洋87万元，[①]炮10团的全团装备价格估计在大洋2000万元以上，是震憾全国的建军投资。然而，这笔惊人的投资是完全值得的。"莱茵"重炮与sFH18在抗战期间战功彪炳。但是，对炮兵而言，"莱茵"重炮的真正划时代贡献，是让中国军队大踏步地进入了摩托化时代。

当时的军语分类不细，一般称摩托化为"机械化"。在"莱茵"重炮装备之后，中国炮兵开口闭口都是"机械化"。当然，没有汽车工业与加油站，摩托化炮兵在中国举步维艰，中国军队不可能立即全面建立"机械化"炮兵。然而，摩托化的观念，却已不再是外文书刊的新鲜名词。而是，构建抗日军力的基本常识，光是这一点，就值得2000万大洋！

就拿道路而言，在2000万大洋的摩托化经验刺激下，道路建设成为国防事业。资源委员会在1937年1月制定的《国防公路初步改进计划》显示，无论是当时负责全国公路网建设的全国经济委员会，或是负责秘密备战的资源委员会，就已经以150毫米重炮的机动纵列作为道路桥梁的承重标准，尤其是最脆弱的桥梁：

"永远军用公路分为甲乙丙三等。甲等路担任繁重连续不断军事运输……关于桥梁载重之规定，甲等路全线（不分桥梁性质）采用十五公吨车辆。且为顾及坦克车行驶状态起见，将车辆分布距离相当缩短，俾甲等军用公路可通行十五公吨之坦克车及现有最重炮车（十五厘米口径炮车用十一.六公吨牵引车牵引），或较此类略重之其它炮车。乙，丙等路线全线采用十公吨车辆，其重量分布

---

① 见裴学度《国民党南京炮兵学校始末》，《鞍山文史资料选辑第一辑》。

1. 今天陈列于展览馆的"莱茵"重炮

2. 准备进入行列状态的 sFH18。

3. sFH18 的机动纵列。

▲ "莱茵"重炮和 sFH18 这两种重炮改写了中国公路的建造标准。

情形与甲等略同,俾乙,丙等军用公路均能荷载现有最大炮车及十公吨之坦克车……"[①]

Sd.Kfz.6 的空车全重不到 9 吨。但是,桥梁承重是要严格以满载重量计算的。11.6 公吨的总重量,可能是 Sd.Kfz.6 满载一班炮兵另加 30 发炮弹之后的总重量。能以 11.6 公吨作为桥梁承重标准,摩托化抗战就有希望!

在高层的督促下,国内的筑路工程师知道马路要修到什么程度才算具备战备功能。南京国民政府在"黄金建国"期间大修铁路、公路,同时也养成了一群熟练的施工人员。于是,抗战时无论是积极的后方修路或者消极的前线破路,都是游刃有余的。因为,大家都知道摩托化是怎么一回事,都知道公路、桥梁要破坏到什么程度,才能让日军的重炮兵联队无法机动。也知道军用临时道路要修到什么程度,才能让摩托化炮兵的十轮大卡车通行无阻。

其实,道路本身改造起来的问题不大。由十轮大卡车拖曳的"莱茵"重炮机动纵列的总重量虽然在 10 吨以上。但是,土路拓宽一点、整平一点、夯实一点,10 吨机动纵列就能勉强通行。摩托化炮兵机动的最大道路障碍事实上是承重力不足的桥梁。信不信由你,在抗战的时候,中国军队两个摩托化炮兵团机动力已经能跨越桥梁的障碍。而让十吨重炮机动纵列过河的秘诀,就是在家家户户都有的家具 -- 门板。

[①] 见《国防公路初步改进计划》,《中华民国史档案资料汇编第五辑 第一编(九)》。

老式的门板就是长条形的木板，规格一致，在紧急修造工事道路时是最方便的材料。于是，聪明的工程师想到利用门板来改进传统木桥、拱桥的承重能力。在抗战时担任炮2团第2营营长的董浩曾亲眼见证了摩托化炮兵的门板改良桥：

"当时江西的公路有一特殊现象，所有桥梁均系横铺木板。板与板间留空隙约十厘米以上（可能为节省材料），再以宽约四十厘米长板，铺设为汽车两轮间宽似轨道形。"[1]

门板改良桥所垫的门板不止一层。垫了多层的临时应急轨道桥可以分散重量，让"莱茵"重炮的10吨汽车纵列能勉强通过。但是，传统的骡马炮兵却被门板桥给整惨了。因为，厚实的门板之间留了十厘米宽的空隙，汽车轮胎通过虽然没有问题，但是骡马却会一蹄踏空，马蹄受伤的骡马是骡马炮兵的恶梦，要帮惊恐的骡马把马蹄拔出来，更是炮兵胆识的考验。急如星火的强行军往往就在骡马的悲嘶声中停顿下来。然而，在寸土必争的赣北战场，桥梁的门板改造却又非常彻底。苦不堪言的骡马炮兵只好分配一部分官兵当"先头拆门队"，先行侦察道路。遇有门板改造桥时，赶紧到附近人家再多拆几条门板，将桥上的空隙填齐。当然，强行军中的炮兵顾不上归还或赔偿问题。于是，炮兵过境时凡有桥梁之处，家家户户的门板都遭到了全面洗劫，民怨沸腾。操作俄造76.2毫米野炮的董浩营长回忆道：

"为免马蹄受伤，不影响行军速度，故每连必需抽集六至八人，在部队先头，强行

借用路旁民宅门板（旧式门板），将桥梁轨道间隙铺盖，以便炮马顺利通过。但因人员有限，未能将门板一一归还，以致路旁居民怨声载道。至今回忆及此，既感有扰民之憾，更叹当初辟筑道路设计者缺乏战时考虑。"

董浩带的骡马炮兵，对摩托化炮兵自然是咬牙切齿的。但是，对炮10团的摩托化炮兵而言，骡马炮兵的斥骂只是过眼一瞬。因为，骡马炮兵一天只能行进35公里，摩托化炮兵一天能轻松跑上140公里。两支炮兵狭路相逢，骡马炮兵刚开口要骂娘，摩托化炮兵已经将扬长而去了，将骡马炮兵远远抛在后头。董营长酸溜溜地回忆道："我野炮兵每日行程仅能35公里……重炮每日行程规定限140公里。每日比我们晚出发，早休息，人员毫不疲劳。车辆轻松地行驶一天，骡马需辛苦地行走四天……"

在国民政府为抗战积蓄军力之时，摩托化炮兵虽然还处在初试阶段，但是摩托化的辎重兵已经开始在全军陆续实施了。在长城抗战时，后方辎重兵的运力只有骡马大车队，但在抗战爆发时，国产"中圆"牌两吨半柴油卡车与美国进口的"道奇"卡车已经整日在后方的军事运输线上呼啸疾驰了。有了大量操作汽车的经验，中国军队就懂得了如何保养、如何修车、如何布署汽油桶屯积所充当野战加油站……

于是，摩托化炮兵成为中国炮兵的建军方略。如果有充裕的筹建时间，中国炮兵也许将与辎重兵一样，华丽变身为摩托化炮兵，抗日战场将大不相同！

---

[1] 见董浩《抗战炮兵歼敌记》，《中外杂志》。

第五节 将摩托化进行到底
——国造 75 毫米野炮与 100 毫米轻榴弹炮

瑞士的"克"式野炮还春术

完成了摩托化的理念建设之后，下一步就是设计新式野炮了。

▲ 中央军校的汉造"克"式野炮。这个野外教练场大概是一片初春尚未灌水的稻田。旱了一个冬天的田地虽然结实，但即使只是操作最基本的人力挽曳与转向，身强体壮的军校学生显然也很感吃力。在确定无法提升汉造"克"式野炮的机动力之后，汉造"克"式野炮正式结束了生产线，中国军队仍然没有可以量产的制式野炮！

在 1934 年，中国军队的火炮自制计划遭遇严重的挫折。原本可以当成山炮与野炮使用的"卜福斯"山炮出现了机动力问题，中国军队必须另寻出路，重新寻找山炮与野炮。山炮的找寻之路迅速触礁。因为，全欧洲只有不起眼的"施耐德"山炮适合中国的机动力状况。但是，中国军队在抗战军兴之前并没有注意到这种在欧洲没有量产的冷门山炮。所以，新式山炮的寻求只能暂时搁置。然而，在新式野炮的寻求之路上，却意外燃起了最旺盛的斗志。

要自制野炮，首当其冲的第一大问题，仍然是二十年无解的合金钢。比民国还老的"克鲁伯 1903 年"式 75 毫米野战炮已经是碳素钢的极品，要升级国内的现役野炮，必须要有能冶炼合金钢的炼钢厂。然而在 1933 年，一个来自瑞士的消息给中国军队带来了一丝希望。

瑞士当时的现役野炮也是老态龙钟的"1903年"式，但是瑞士人直接改装了"1903年"式的原炮，将射程提高到11公里，而且射角大幅度增加，又改用变装药，使弹道出现榴弹炮的弯曲式选择，甚至可以如同山炮一般卸解机动。于是，原本应该报废的野炮枯木逢春，而且成了最新式的"万能炮"，真是不可思议。

当时，日本人虽然也提升了源自"1903年"式的"三八"式野炮，但是"改造三八"式野炮是重新设计生产的新炮，原来的"三八"式旧炮只能报废。对拥有不少汉造"克"式野炮与"三八"式野炮的中国军队而言，瑞士提升野炮的方法不必另外生产新炮，还可以继续利用现有的碳钢产能，在经济效益上非常有吸引力。虽然，火炮的炮管有使用寿限问题。但是，打了二十年内战的中国一向缺少炮弹，中国军队的"三八"式野炮与汉造"克"式野炮虽然饱经沧桑。但是，潜藏在身管深处的真正炮龄可是年青得很！

瑞士人的升级方法很实际，只改炮弹、装药与炮架，不动最昂贵的身管。炮校出版的《炮兵杂志》有专文介绍：

"其七.五分公口径野炮，系1903年由克鲁伯厂购得，似嫌老旧。但现已将其一切机件，重行改装，其效能殊较他国所有之同种火炮为优越。前此仅能使用一种装药，今则可使用三种分离装药，故此项火炮使用性能，因以增大。盖其弹道弯曲，不特可以消灭死角，与得在遮蔽物后方放列，并可以减少炮身损耗。此外并采用雪茄烟式长形弹，用第四号装药发射，其最大射程可达十一公里，有03年火射程之二倍。如遇复杂地形或山地，且可分解搬运。其新炮架，因系支柱式炮架之故，业已增加五十厘米高度，同时射角与高低射界均行增大。并废除旧式表尺，换用环形新表尺。"①

蒋介石对"克"式野炮的还春之术非常有兴趣。1933年8月，他兴致勃勃地指示军政部政务次长陈仪买一、两具新式炮架回国试验：

"军政部陈次长：闻卜福斯炮厂有新出克式之炮架可以增进距离，如果可用，可先定购一二架试验之。"②

然而，蒋介石搞错了卖家。"1903年"式的还春之术是瑞士人的专利，找克鲁伯是没有用处的。在这二十年间，克鲁伯的75-77毫米野炮从FK96、FK96 n.A.进步到FK16，早就把"1903年"式送进博物馆了。要买"1903年"式的回春大法，只能向瑞士人买。然而，就在1934年4月，日本外务省由情报长官天羽英二出面，两次发表"天羽声明"，宣称日本与中国有"特殊关系"，强烈反对欧美各国帮助中国对抗日本。于是，瑞士之类不敢招惹日本的国家，纷纷对中国的军火订单敬而远之。只有国际关系一向不怕硬碰硬的德国与意大利仍然大大方方地继续与中国做军火生意。

大约在瑞士传来开发出"克"式野炮回春大法的同一时刻，早已在1921年停产汉造"克"式野炮的汉阳兵工厂停止生产仿造"大正六年"式的汉造"十年"式山炮，购买材料重新启动汉造"克"式野炮的生产线。汉阳炮厂的生产线每月只能制造一门"克"式

① 见孙子仁译《瑞士炮兵的新阵容》，《炮兵杂志 第四期》。
② 中国台北国史馆藏，蒋中正文物档案，第002-010200-00091-015号档案。

野炮，用意显然是在重新熟悉已经荒废十余年的制造工艺。然而，在回春大法确定采购无望之后，兵工署也放弃了改良"克"式野炮的构想。1935年，汉阳兵工厂用完了预购的原材料后，汉造29倍口径"克"式野炮悄然停产，一代名炮自此退出历史舞台。

在1934年间，兵工署先后经历"卜福斯"山炮的碰壁与汉造"克"式野炮性能升级的失利。然而，俞大维反而燃起了熊熊的斗志。既然对外采购找不到合适的火炮，中国炮兵的唯一出路，就是国炮国造，自己设计出新一代的山野炮！

向沈阳兵工厂致敬

在1935年，兵工署展开雄心勃勃的火炮自制计划。主持设计大业的技术司将国产火炮方向定位在两个方向：75毫米野炮与100毫米轻榴弹炮。

兵工署的选择是出人意料的。从北洋到德式建军初期，中国自制火炮的第一步都是

▲ 北京军博陈列的奉造"十四年"式77毫米野炮。兵工署自1935年起全力推动的75毫米野炮与100毫米轻榴弹炮以奉造"十四年"式为蓝本重新设计，却没有留下任何照片史料。只能以奉造"十四年"式野炮的照片想象其英姿。

轻便的山炮，俞大维却从注定会出现机动力问题的沉重野炮与轻榴弹炮着手，不免有不切实际之嫌。然而，从技术层面来看，兵工署的方向却是最便捷的路线。因为就在中国本土，75毫米野炮与100毫米轻榴弹炮的设计有现成的实样与技术团队！

在"九一八"之后，沈阳兵工厂沦入日寇之手，不甘降服的技术人员纷纷南下转投中央政府，这些由张作霖重金培养起来的技术人员不但素质高，经验足，而且都见识过东北军火生产的大场面，是中国第一流的军工人才。所以，迅速被兵工署吸收。在原沈阳兵工厂人员中，最著名的则是在陈仪下台之后接任署长的洪中。洪署长原本是沈阳兵工厂的火药厂厂长，在"九一八"南下之后出任兵工署副署长，半年之后就因缘际会地跃升为署长。

虽然，沈阳兵工厂是穷兵黩武的内战丑史，但是在中国兵工界，沈阳兵工厂却是众人仰望的"卡美洛宫殿"，曾经见证过沈阳兵工厂传奇的东北技术人员，则是中国兵工界的"圆桌武士"。在圆桌武士们南下投靠兵工署之后，沈阳兵工厂的辉煌盛史不再是遥远的传说，于是，卡美洛的圣火在南京重新燃起，圆桌武士们迫切地期待再次踏上追寻国炮国造的圣杯之旅！

对俞大维而言，沈阳兵工厂的技术人员是无价之宝。因为，这些圆桌武士们的第二语言也是德语。沈阳城大东边门外的"卡美洛宫殿"虽然只是一个组装工厂。但是，组装生产线上跑的是百禄（Böhler）的经典名炮。奉

▲ 在兵工署南京八卦洲试炮厂的俞大维将军。这张著名的照片拍摄于 1934 年，不久之后，俞署长决定排除现成的德国系列山野榴炮，自力推动由奉造"十四年"式改良而成的野炮与轻榴弹炮作为中国野战炮兵的制式火炮。

造"十四年"式 77 毫米 30 倍野炮来源自传奇般的"百禄"M.18。而且，口径原是 83.5 毫米的 M.18 在沈阳浴火重生时曾经由百禄原厂工程师主持重新开发，缩小口径与重量。而使用 M.18 炮架的奉造"十四年"式 21 倍 100 毫米轻榴弹炮更是重新设计的新产品。所以，东北干部们虽然没有真正见识过"百禄"M.18 野炮与榴弹炮的炮件生产。但是，他们也曾经参与过两种火炮的开发，见识过百禄半成品的组装工序，熟悉百禄的料件规格与验收标准，甚至曾经到百禄原厂实地考察监造。

于是，奉造"十四年"式 77 野炮与 100 轻榴弹炮成为兵工署开发新式火炮的捷径，这条捷径在工业上叫作"来样开发"。

例如，客户想把原本在甲厂生产的订单转给乙厂，但客户手上不会有甲厂视为业务机密的技术资料（开发资料、生产制程、原材料件的物性表、牌号与供货商资料等），只能将甲厂的产品、性能参数与验收规格提供给乙厂。乙厂依据原产品逆向开发出同样的成品或改良版，这就是来样开发。

当时，兵工署握有来自东北军的 77 毫米野炮与 100 毫米轻榴弹炮实样，还有曾在沈阳兵工厂见证辉煌历史的技术人员，也就有了来样开发的能力。于是，俞大维拍板敲定兵工署的国产火炮第一炮，就是对奉造"十四年"式 77 毫米野炮与 100 毫米轻榴弹炮进行来样开发，结合德式建军初期吸取的"卜福斯"经验，研制出新一代的野炮与轻榴弹炮。

1934 年，兵工署的编制全面扩大，主管新式兵器开发的技术司简直成为了在南京的沈阳兵工厂同仁"旅京俱乐部"。技术司开发业务的龙头是设计处，设计处之下负责火炮开发业务的单位是炮兵器材料科与弹道科，弹道科又分为光学、弹药与弹道三组。来自沈阳的技术人员曾经见识过百禄原厂的各种半成品与机床，也熟悉野炮与轻榴弹炮通用的 M.18 炮架。所以，他们是炮兵器材科的不二人选。而在负责实际开发工作的弹道科三个科室之中，东北技术人员则在改口径时见识过"百禄"炮弹的弹药设计，要对奉造"十四年"式野炮与轻榴弹炮进行来样开发，就都要倚重这几个部门里的东北技术人员丰富的经验了。

于是，东北技术人员涌入设计处的相关部门。设计处的处长江杓原为沈阳兵工厂的枪厂主任。炮兵器材料科的科长庄权原为沈阳兵工厂枪厂步枪部主任，当年在奉造火炮开发阶段是沈阳厂的工程师，曾经到奥地利实地考察过百禄原厂。他的技正陆君和也是沈阳兵工厂的老人，曾任炮厂计划科科长。弹道科弹药组的主任丁天雄虽不是东北老人，但是他麾下却有两位资深的东北老人赵学颜与冯朱棣当技正。赵学颜原是沈阳兵工厂的机械厂科长，冯朱棣则是东北兵工厂技师。

这些东北干部不但曾经在沈阳共事，也都是留学德国的前后同学。江杓、陆君和与赵学颜还都是毕业于柏林高等工业学校的校友，而庄权则毕业于德国名校德勒斯登大学。他们谈起技术时，都是讲德文的。

在得到东北技术人员组成的坚强后盾之后，俞大维再接再励，继续收罗了众多国内第一流的顶尖设计师，来从事东北技术人员在十年前无法接触的领域。炮弹与弹道设计交给同样讲德文的资深火药专家、弹道科科长兼弹药组主任丁天雄。因为，丁科长是火药专家，而弹道方面还需再增加技术能力。所以，俞大维成立了弹道组，聘请刚从德军兵工学院弹道科毕业的膛外弹道专家汪源出任主任。

另一个东北技术人员没有经验的领域是光学器材。俞大维不但要造炮，更有自制炮队镜、方向盘的雄心。当时由德国进口的光学器材是无法在国内修理的，即使是最基本的 6×13 军用望远镜，一旦毁损，就得大费周章运回德国的蔡司原厂修理，非常不经济，而实际装备到作战部队里的光学器材却又最容易损毁。当时在南京编训的教导总队就深受光学器材损毁之苦，让兵工署惊觉自行成立光学器材厂的重要性：

"最近教导总队所用光学器材，经本署派员检视，发现因本京湿度过高，致水份侵入器材内部，竟有模糊不能透视者。迳据该队派员来部，请予修理，但以本部尚无光学器材修理厂，致检验修理均无从着手。目前唯一办法，只得将是项器材送往德国修理。其修理费用及往返运费，均属不贷，所需款项，仍需由本部拨发。时间财力，两不经济。似不如自行筹设一小规模之光学器材修理厂，训练人才，第一年即可着手修理简单光学器材，以后逐年进步……"

因此，筹建光学厂也是火炮自主研发至关重要的一步。[1]俞大维大手笔地聘请两位名

---

① 见《兵工署为陈述修械费准备费开支办法复军政部呈文稿》，《中国近代兵器工业档案史料第三辑》；《中国机械工业的拓荒者王守竞》。

校的物理系主任担任光学器材自制任务。对于光学玻璃磨制有深入研究的北京大学物理系主任王守竞屈就光学组主任，曾任中央大学物理系主任的光学专家方光圻担任光学组技正。在俞署长的努力下，兵工署军用光学器材工厂在1936年9月开始筹备，此后光学器材的维修不需再运回德国原厂，中国军队在抗战时也将装备起自制的"中正"式6×30望远镜。

当然，光是闭门造车是不行的。于是，兵工署雇用了奥地利陆军工程师哈德曼。原本为沈阳兵工厂服务的哈德曼正是开发两款奉造"百禄"火炮的设计师。同时，另外聘请的四位奥籍人员裴夏（Edmund Pechal），客兰菲许纳（N. Kleinferchner），毛毅奇（Karl Moisi）与鲁格（Anton Lugert）也都是东北兵工厂的老人。

1935年7月，在兵工署完成新式野炮与轻榴弹炮设计的初步验证后，雄心勃勃地推出三种自制火炮的初步方案。包括100毫米19.3倍口径轻榴弹炮、75毫米36倍口径野炮与83.5毫米35倍口径野炮。这三种新式火炮的性能诸元与两种奉造原炮都有相当差距，83.5毫米更是M.18的原口径，显然是全面重新检讨的修改版。

虽然兵工署没有制造样炮，只能在实验室里验证理论，但是初步方案的技术诸元数值显示兵工署的验证非常细腻。不但炮口初速与射程等都测出精确的数值，兵工署的弹道专家们还精密计算出炮口活力（Muzzle energy）与炮弹活力（Bullet Kinetic Energy）。这说明兵工署的初步验证必然已经有非常详细的弹道与弹着点估测模型，从火炮与炮弹的结构性能到影响弹道的各种大气因素都已经有全面的考虑，[①]已然是膛外弹道学的理论精品。当时没有计算机，要作出如此规模的运算，光是写满公式的资料就足以堆满半间实验室了。

这三种由科技专家设计出来的火炮，都以当时最先进的火炮为指标。100毫米轻榴弹炮的设计要赶上"施耐德"的105毫米轻榴弹炮，75毫米与83.5毫米野炮要赶上"施耐德"与"博福斯"的75毫米野炮。

以破坏力取胜的轻榴弹炮来说，炮口初速越低、弹道越弯曲，破坏力越大。兵工署的新式100毫米野战轻榴弹炮的炮口初速最低是400米/秒，而"施耐德"105毫米轻榴弹炮则是435米/秒。象征新式轻榴弹炮破坏力指标的弹着点活力是63.5米/吨，"施耐德"则是52.9米/吨。新式轻榴弹炮最大射程是9970米，也迎头赶上与"施耐德"10000米，真是非常惊人的设计。

以射程取胜的野炮也不遑多让。国产75毫米野炮的最大射程达到14300米，力压"博福斯"野炮的14000米，直追"施耐德"野炮的14500米。而比较重视破坏力的83.5毫米野炮最大射程则略降到13100米。但是，象征破坏力的弹着点活力则大幅提升到51.8米/吨。相比之下，"施耐德"野炮是39.2米/吨，"博福斯"是25.5米/吨，新式75野炮则是34.8米/吨。

简而言之，三种新式火炮的性能，都能全面赶上当时领先全球的施耐德公司产品。然而，兵工署争强好胜的设计却成为致命缺

[①] 见《100毫米口径野战轻榴弹炮性能比较表》与《各种型式野炮性能比较表》，《中国近代兵器工业档案史料第三辑》。

陷。因为，三种新式火炮的性能表上理想数值虽然好看，但是重量也因此不堪入目。100毫米轻榴弹炮的战斗全重是1400公斤，行列全重2000公斤。75毫米与83.5毫米野炮的战斗全重1350公斤，行列全重则分别是1800公斤与2050公斤，全部超过了中国骡马的能力。

依据技术司的民国三十三年（即1944年）度工作报告，技术司其实已经注意到本土骡马挽力的问题，对新式火炮的重量充满信心：

"师用野战暨轻榴弹炮，本司已将前东北兵工厂造炮工程师奥人哈德曼聘请来京，开始设计新式野炮，预计十个月左右，可将设计完成。野炮采用七.五口径，弹重约八公斤，射程可达一万四千三百米。放列全重仅一千三百五十公斤。比较欧洲名厂所造同等新炮，可轻二百五十公斤。其原因因我国道路不多，师用火炮，仍需用骡马挽曳，无需采用复杂之轴簧也。在同样炮架上用十厘米榴弹炮管，弹重约十六公斤，射程可达一万米左右，放列全重，仅增至一千四百公斤，亦较欧洲名厂所造者为轻。对于上列两种火炮，目前急待筹备制造。如利用汉阳炮厂，约需款三百万元左右，可将该厂整理就绪。每日八小时工作，月可产炮六门……" [1]

但是，设计师们还是高估了中国骡马的力量。于是，在兵工署与各机关共同商讨新式火炮的制式讨论会上，重量问题一锤子打翻了兵工署精心设计的策划方案。炮兵军官指出，三骈六马的骡马机动纵列，行列全重的上限是1600公斤，超过限度就拖不动！

1600公斤实在是太强人所难了！火炮机动时的行列全重与火炮本身的战斗全重差别在炮车、挽具与携行炮弹，三者所增加的重量一般在500公斤上下。即使配用最轻的炮车，炮车里不另外随带炮弹，火炮本身的战斗全重也必须压在1100公斤左右。且不说100毫米轻榴弹炮了，75毫米的野炮也很难压到1100公斤。

现存档案显示兵工署曾又一次提出了新的75毫米野炮与105毫米野炮设计方案，但是新方案是匆促中拼凑出来的，性能诸元只有大概数值。但是，不久新方案就再次遭到否决。因为，新方案的75毫米野炮战斗全重达到1500公斤，行列全重2100公斤。105毫米轻榴弹炮的战斗全重1600公斤，行列全重2200公斤，老炮兵只会拿来当笑话看。

于是，兵工署只好向现实低头，提出第三次设计方案。75毫米野炮的射程降到12000米，但战斗全重减到1250公斤，行列全重减到1600公斤。105毫米轻榴弹炮的最大射程降到9500米，放列全重减到1350公斤，行列全重减到1700公斤。换言之，不但两种火炮本身的重量要压到不可思议之轻，就连炮车也要压到奇迹般的350公斤，才能完成任务！

第三次方案总算获得了与会代表们的认可。然而，兵工署代表却在制式审查意见书上讲起气话。要造出功能象话的新式的野炮与轻榴弹炮，只能增加重量，不增加重量，就没有新式的火炮！

"野炮为师之主要火炮，欧战前之射程均七八千米之中，放列全重约在一吨左右。欧战中射程已逐渐增加至一万米，现在已增

至一万四千米左右，其重量亦渐增加至一吨半左右。就其趋势而言，野炮射程务求远大，始合作战用途。一〇.五轻榴弹炮发展情形亦相同。本署参考各国火炮最近进步情形，于审查时对于七.五野炮及一〇.五轻榴弹炮重要诸元有前项之提议，惟当时出席各机关代表，以为我国马匹质素太弱，火炮不宜过重，射程不妨稍为减少，俾增加其运动性能。当时决定为六马挽曳量为1600公斤……射程为重量所限制，比欧洲新式同样火炮约短二千余米，是否适合于将来作战用途，有待战术家之详细考虑。惟当时各机关代表认为适当，可供上级机关之参考，本署自未便另再建议……"①

气话归气话，兵工署群情激愤的设计师们很快就冷静了下来。既然，本国骡马不给力，兵工署就有负责造出更轻的火炮。炮兵器材料科科长庄权在兵工署方案被否决的1935年7月再次提出制造计划书，深刻检讨兵工署脱离机动力现实的问题，并提出改进炮弹可能是一条可行的路子：

"根据欧战后所得野战炮之经验，对于上项火炮之要求可分三大项：1.射程需大；2.威力需猛；3.方向射界需大。一般对于火炮之设计，于射程及方向射界均具有相当之注意，而于威力方面则迄少兼顾及之。通常皆以增高初速使射程远大，用开脚式炮架使射程扩大者，属于后者，可云妥善。而属于前者似有未当。盖初速增加，后退部份之退座力亦增加，炮架全体构造亦需加强，而炮之重量亦随之增。放列全重遂达一千五百公斤至一千六百公斤左右，行列全重几达两吨，

运动性能因而减小，操作因而困难，而于炮弹威力则无所增加。此种设计殊非完善，弹道学上已有明显之昭示。吾人似不应徒事初速之增加，而实应注意于炮弹切面负重之关系。明乎此则，前述火炮上三大条件可以兼顾无遗。本署设计中之野炮及轻榴弹炮即以此点为根据……"②

庄权的计划虽然充满诚意，却仍然不符合机动力的现实状况。庄权提案的75毫米野炮战斗全重达到1450公斤，105毫米轻榴弹炮战斗全重1400公斤，仍然超过本地骡马的能力。降低火炮重量的唯一方法，就是使用铝合金之类的轻重量材料制造不需要抵消后坐力的火炮配件。然而，在20世纪30年代，铝合金与合金钢都是中国军队无法取得的稀有材料。而且铝合金很贵，即使是对铝合金非常有经验的德国人，也因为价格问题放弃由材料着手改善火炮重量的方案。把行列全重定在1600公斤的75毫米野炮及105毫米轻榴弹炮，恐怕欧洲名厂都不敢接单。

然而，就在火炮重量再次走入骡马机动力的无解循环之时，当时刚完成样炮验收的"莱茵"重榴弹炮却给兵工署的专家们点明了出路：摩托化！

逐梦匈牙利

1936年4月，兵工署成立炮兵技术研究处，专责开发新式野炮与轻榴弹炮，由庄权出任处长。庄处长很快确定改良机动力的新方向：摩托化。

摩托化是解决骡马机动力问题的不二法宝。既然重榴弹炮已经跨出摩托化的第一步，

---

① 见《兵工署对75毫米野炮及105毫米榴弹炮制式审查意见书》，《中国近代兵器工业档案史料第三辑》。
② 见《75毫米野炮100毫米轻榴弹炮设计与制造计划书》，《中国近代兵器工业档案史料第三辑》。

野炮与轻榴弹炮也可以放开对摩托化的恐惧，大胆跳出困扰骡马机动力的无解循环。要进入摩托化，炮架成为改进关键。新式的炮架维持奉造"十四年"式野炮与轻榴弹炮共享的传统，只要更换炮管，就可以切换功能。但真正的挑战，则是将炮架改进成具备避震功能的摩托化炮架。

方向虽然正确。但是，炮兵技术处的开发工作却受到意想不到的阻挠。庄权的开发团队原本在南京吉昌里工作。但是，当时中国还没有合金钢厂，材料配件需要从德国订购。所以，进度非常缓慢。更糟糕的是，庄权的主要技术顾问哈德曼出了问题。

哈德曼虽然是东北兵工厂与百禄合作造炮时期的主要设计师。但是，声名却不好，曾在东北兵工厂任军需的沈振荣回忆道：

"（东北兵工厂）炮厂技师哈德曼设计的七生的七野炮射程按设计要求应达一万米，而东北炮兵指挥部在营试射时只达到八千五百米。哈借口炮弹厂日籍工程师松井常三郎没有按照规定弹型制造，又说当时严冬气温过低，射程难期准确，推诿责任。后来经技术人员调查研究和从兵器常识推断始找到其中原因。七生的七野炮原系奥国第一次大战时的武器，它的射程为一万米，初速为五百米。（哈德曼将）膛压加到三千二百气压，显已改变了原来的设计。火炮射程的远近，初速是一个决定因素，哈德曼竟将膛压加高缩小初速，膛压加大遂达不到标准射程。他轻视厂中无人懂得，只要打响就行。"[1]

在南京工作时期，哈德曼显然没有改善工作态度。于是，哈德曼的设计出了大问题。

依据庄权在 1939 年 8 月的报告，哈德曼设计的野炮与轻榴弹炮"经试造后不堪使用"，原因包括炮弹太重、弹道不佳、炮管不能配合炮架、材料用料昂贵以及设计图样没有考虑公差等等。最可笑的是，哈德曼居然没有按照德国工业标准 DIN（Deutsches Institut für Normung）设计零件规格！

百禄虽然是奥地利工厂，但是炮兵技术处的机床与材料全部由德国进口，怎能不按照 DIN 设计零件呢？

哈德曼事件是致命的一击。因为，哈德曼浪费了最宝贵的时间。要验证哈德曼的设计，必须从德国进口料件制造样炮，一个配件从生产到运抵南京，也许就要耗费半年。所以，哈德曼设计直到抗战爆发之后才被证实不堪使用。两年的关键岁月，就这么平白浪费了。

然而，新炮还是要设计！1938 年 2 月，俞大维决定让庄权率领设计团队出国，直接到易于取得原料的欧洲继续设计新式火炮。[2] 庄权解雇了大部分外国雇员，改以吕则仁、孟继炎、陈喜棠、苏知检与王泽隆等五位本国青年技术人员担任设计工作，洋雇员只留下负责设计的哈德曼与裴夏。

要出国找个欧洲工厂设计新炮，首选自然是百禄原厂。但是，奥地利在 1938 年 3 月被德国吞并，而希特勒正在缩减中德军事合作以免激怒日本。所以，俞大维只能另选合作工厂。于是，俞署长联络了素昧平生的匈牙利王国。匈牙利虽然曾是奥匈帝国的一部分。但是，奥匈帝国的军火大厂斯科达与百禄都不在匈牙利，庄权团队只能到匈

---

① 见沈振荣《东三省兵工厂》，《辽宁文史资料第八辑》。
② 见《庄权给驻汉办事处设计组训令稿》，《中国近代兵器工业档案史料第三辑》。

▲ 吕则仁将军。庄权带到匈牙利的设计团队以本国青年技术员为主，其中的吕则仁将在30年之后成为中国台湾地区兵工界的大家长。

牙利的皇家铁路机械工厂（Magyar Királyi Államvasutak Gépgyára，简称 MÁVAG）继续设计。MÁVAG 的主要产品虽然是蒸汽机车，但也是匈牙利主要的军火工厂，在第二次世界大战期间曾量产过"博福斯"高射炮，是中国军队在欧洲最后的选择。

庄权所挑选的技术员虽然年青，但全都是第一流的机械人才，其中成就最高的吕则仁在三十年之后出掌兵工署。所以，新炮设计非常顺畅。1939 年 8 月 28 日，庄权向俞大维署报告新炮设计终于成功，样炮正在制造之中：

"本届设计以两炮炮架通用为原则。因同一炮架军队使用与工厂制造均感方便。炮架则采取机械化式，使能耐受高速度之行驶。并先行从榴弹炮着手。此盖因技术上各种关系有不得不然者。此项工作于本年二月间开始，至七月初完成，计共五阅月。所有炮管部份，摇架部份，炮架部份，均参照最近一般新炮条件慎审研究而确定者。此次完成榴弹炮图计件号（Position）736，件数 2111，

业已发交匈厂制造……①

然而，在样炮终于问世之时，资源委员会却已经被迫放弃湘潭中央钢铁厂的建厂计划，炮兵技术处也没有接到在德国订购的机床。没有合金钢与机床，新式野炮与轻榴弹炮就不可能在国内量产了。所以，花费四年时间开发成功的 75 毫米野炮与 100 毫米轻榴弹炮也只存在于 2111 份设计图之中了。

但即使是设计图，在那风云诡谲的战争年代也是饱历风霜。匈牙利在 1939 年 4 月承认伪满洲国后，国民政府立即与匈牙利断交。所以，庄权的开发小组处境非常尴尬。庄权在 1939 年报告中说明他将图纸复制成两套，交给中国驻瑞士大使馆代寄，希望能通过外交途径从欧洲寄回兵工署，但此后就不再有后续的档案可供追查了。曾经被寄予厚望的新式 75 毫米野炮与 100 毫米轻榴弹炮自此消失于历史的尘埃之中，连正式型号都没有定下来。

虽然，新式 75 毫米野炮与 100 毫米轻榴弹炮今日已经难以考证，但历史考据并没有走到死角。依据中国火炮设计专家陈笏回忆，炮兵技术处的设计图最终还是成功寄回国内，至今仍存放于中国台湾地区。②依据庄权的家人回忆，庄权甚至成功地将样炮带回了国内！③

也许有朝一日，相关档案会解禁公诸于世，让后人有幸一睹两种在匈牙利设计成功的传奇火炮。在解禁之日到来之前，就让我们借由档案间的只言片语，品味那八十年前国人自制火炮的艰辛历程吧！

---

① 见《庄权关于100毫米榴弹炮及75毫米野炮设计经过报告》，《中国近代兵器工业档案史料第三辑》。
② 见《霹雳神火：中华民国火炮传奇》。
③ 见庄镛义《庄巽行事迹简述》，《常州文史资料第七辑》。

第六节 炮兵技术处

1936 年 4 月成立的炮兵技术处不止是新式火炮设计小组，更是规模宏大的火炮工厂。炮技处的设厂计划原本是扩建汉阳兵工厂的炮厂，原预算只有法币 298 万 6000 元。但蒋介石批示重新建立新工厂，①使中国军队能拥有完善的火炮工业。同时，以中德易货贷款兴办的湘潭中央钢铁厂也正在洽谈签约，克鲁伯公司将提供价值法币 7800 万元的整套炼钢厂设备，使中国迈入合金钢时代。在 20 世纪初合金钢革命之后，三十年无解的新式火炮自制计划迎来了灿烂的曙光。

钢铁厂与新式炮厂的总价在法币一亿元以上，对一个年国防总预算不到法币 3 亿元的国家来说非常恐怖。蒋介石在 1936 年时估计对日抗战将在 1941 年爆发，只有在 1936 年以最大决心马上投资建厂，中国军队在全面抗战爆发之时才有新式火炮可用。

然而，抗战爆发时间比蒋介石的估计早了五年。在 1937 年 7 月抗战军兴时，蒋介石订购的钢铁厂与炮厂机床几乎全部还在克鲁伯等德国工厂里赶工。沉重的机床只能以海运与铁路运输方式交货，不可能装车走公路。在抗战军兴后两年之内，中国沿海与主要铁路线连接的各大海港全部沦陷，机床不可能在中国本地交货。于是在中德军事合作结束之前已经交货的机床几乎全部转运缅甸，搁置在仰光港口的仓库里，1936 年的巨大投资成为最悲剧的浪费。

炮兵技术处在抗战爆发后分别迁到重庆与湘西。迁到湘西的人员器材组成三个修炮厂，迁到重庆的主力则重整厂房机床，成立第 10 兵工厂。在 1941 年，第 10 兵工厂集中大后方火炮工业人力、物力之精华，奋力挣回了火炮工厂的地位。但重新起步的火炮工厂只能制造 60 毫米迫击炮、60 迫击炮炮弹、20 毫米与 37 毫米小炮炮弹与信号弹等。

如果预估正确，对日抗战 1941 年才爆发，那中国的火炮工业将是什么面貌呢？虽然历史不能假设，但笔者忍不住要多说两句。因为炮兵技术处的建厂计划实在是太超前了！

炮兵技术处的建厂规划，来自当时雄心勃勃的炮兵建设规划理想。炮技处的主要目标是生产师属炮兵的火炮。传统的师属炮兵火炮包括 75 毫米山炮、75 毫米野炮与 105 毫米轻榴弹炮。但"卜福斯"山炮的惨烈失利后，中国军队已对山炮彻底失去了信心。所以陆军整理处在 1936 年提出的《整理炮兵计划草案》毅然地将山炮排除在炮兵建设范围之外。依照 1936 年炮兵建设理想，抗日战场上的师属炮兵团将只装备 75 毫米野炮与 105 毫米轻榴弹炮。如有可能，再把 150 毫米重榴弹炮也一起加入炮兵团：

"欧战前各国师属炮兵多采用平射二曲射一之比例，现各国平射曲火炮之数量略相

---

① 中国台北国史馆藏，蒋中正文物档案，第 002-080200-00418-122 号档案。

等，我国素乏曲射炮，备有旧式火炮之部队似宜以采用平射二曲射一为妥。如建设新式炮兵，则平射曲射同量并用。于军属之炮兵，则平射炮占绝对多数。我国建立师属之炮兵十五团，仍以采用七厘米五加农炮，十厘米五轻榴弹炮为适当。如师部再配属重炮兵，则以十厘米左右加农炮及十五厘米重榴弹炮为宜。至于军属炮兵，各国多采用十厘米五至十五厘米五之加农炮，属于军团之炮兵，除采用七厘米五，十厘米五，一五厘米五加农炮外，尚有二二厘米之四炮及加农炮。按照我国交通之情形，经济之状况，第一步仅可采用十五厘米以下之加农炮，控制于军部以上之司令部以备应用。"[1]

排除山炮后，第二个暂不考虑的炮种是150毫米重榴弹炮。重榴弹炮的工艺太超前，即使再有五年时间准备，也难以建厂自制。兵工署早在1934年就从莱茵金属公司买到了火炮与炮弹的仿造权。但技术司在民国二十三年度（即1934年）工作报告中指出，150毫米重榴弹炮的自行生产诚非易事，技术司只能优先开发150毫米榴弹的产能。所以在炮兵技术处的开发计划中，只有75毫米野炮与105毫米轻榴弹炮，而没有75毫米山炮与150毫米重榴弹炮。

炮兵技术处真正计划量产的火炮，只有75毫米野炮与100毫米轻榴弹炮。这就是为什么俞大维一定要把两种火炮设计出来的原因，即使花费巨资也在所不惜！

至于两种沉重火炮的摩托化机

动力，也有解决之道。同样在1935年，国民政府抄捷径建立起了自己的汽车工业。

1935年3月，国民政府由铁道部政务次长曾养甫主持，与梅赛德斯-奔驰公司合资在上海成立了中国汽车制造公司。[2]国民政府出资，奔驰公司出技术与配件，在上海的组装工厂装配"中圆牌"2.5吨柴油卡车，首批装配100辆。即便是抗战爆发打断了中国进一步雄心勃勃的合资计划。但战争的需求仍然激起"中圆牌"卡车的惊人产量，抗战爆发之后，中国汽车的组装厂改设于九龙，1939年9月停产之前，"中圆"牌卡车装配数量达2000余辆，是滇缅公路的主要运力。

"中圆"牌两吨半卡车使用55匹马力的"奔驰"OM59四冲程柴油发动机，性能与日军的"九四"式自动货车不相上下。但日本车与奔驰不是一个档次的东西，"九四"式怎能与源自奔驰的"中圆"牌比美呢！

"中圆"牌毕竟是来料加工的组装产品，不符合国防工业自主的原则。于是资源委员

▲ 国民政府与奔驰合作生产的中圆牌卡车。虽然只是来料组装，但是两岸大部分上得了档次的汽车公司都是由中外合资来华建立组装厂做起的。2000余辆中圆牌卡车成为抗战时期的重要运力，中国军队的第一个辎重兵汽车团辎汽1团就是靠中圆牌起家的，但是留下的照片着实不多。

① 中国台北国史馆藏，陈诚文物档案，第008000000675A号档案。
② 中国台北国史馆藏，蒋中正文物档案，第002-080200-00469-190号档案。

会在抗战军兴前购入了一个美国汽车工厂，自行设计成功"资源"牌四吨载重车，制成样车4辆，这个汽车工厂被列为中央机器厂第五厂。但第五厂方案1937年才谈定，抗战同样打断了第五厂机器设备的交货之路。

有了"中圆"牌与"资源"牌卡车，75毫米野炮与105毫米轻榴弹炮的机动力就不再是纸上谈兵。抗战时期的中国军队是修路与土法修车的行家，如果第10兵工厂能从容成立，发挥产能，抗战必然是完全不同的面貌。

抗战如果拖延到1941年才开始，中国炮兵的契机也许还不止于炮兵技术处。

塞克特将军来华服务的功绩，并不尽止于推动德式建军的努力。塞克特在回国之后，成功牵起中国军队与德国国防军的合作之线，这才是他对中国最大的贡献。在塞克特将军的引荐下，德国政府在1936年夏派遣了日后升任元帅的赖谢瑙上将（Walter von Reichenau）来华访问，提出中德全面军事合作方案，建议中德结盟，并由德军直接派现役将领来中国，为中国军队训练40个德械步兵师。蒋介石并没有接受中德结盟的构想，却对德军现役将领直接来华协助编练40个师的提议非常感兴趣。[1]

要建立德式化的40个步兵师，炮兵技术处的惨淡经营就成为最初投资，中国炮兵的未来不可限量。

中国军队摩托化炮兵纵横战场的场景，只存在于八十年前的理想编制计划之中。抗战打断了中德军事合作的进程，也打断了中国军队的火炮自产计划与汽车工业。于是中国成为第二次世界大战中唯一不能自产火炮与汽车的主要参战国家。但老炮兵以拼凑起来火炮痛击日寇。抗战时期的炮兵战史可圈可点，精彩万分！

为什么炮兵能克服物质的局限？老炮兵会得意洋洋地告诉你。因为，我们有汤山炮兵学校！

▲《良友画报》在1940年的专辑中刊载的辎重兵汽车部队。照片中的卡车是"福特"G917T型三吨卡车。福特在二次大战爆发前亲德，所以在科隆设有福特工厂生产G917T与G997T三吨卡车，是德军的重要运力。中国军队有决心大量取得德国生产的"福特"卡车，也有决心量产中圆牌奔驰卡车，若非抗战于1937年爆发，使中央钢铁厂与炮兵技术处来不及建成，中国炮兵必将有可观的战力！

① 见《关德懋先生访问记录》。

第八章

汤山炮兵学校
——昂贵的模拟抗日战场

在"九一八"事变爆发的半个月之后，蒋介石确定炮兵干部召训新计划。他要成立专门学校，不但要专注训练炮兵的下级尉官干部，还要推而广之，召训中国军队各系统部队的中、上级炮兵干部，学习新式炮兵的战略战术。宏伟的建校计划因1931年底的蒋介石下野与"一二八淞沪"战役的混乱而中断，但在淞沪停战之后又迅速推动起来。这所学校就是国中国炮兵最辉煌新篇章——汤山炮兵学校。

第一节
嚣张的"炮兵学校专款"

蒋介石建立炮兵学校的宗旨，是要由德国军事顾问来全面改造中国的炮兵，这在中国军队中尚属头一回。所以，遭到留日派的强烈抵制。但是，蒋介石却不为所动。在1932年10月2日，蒋介石在日记中说明了自己依靠德式教育经营炮校的决心。他对留日派的抵制很不高兴。于是，他下定全面改造的决心。如果，炮兵学校的留日派校长与训练总监部的留日派炮兵监不能配合，他就把留日派调开，直接用德国军事顾问来管理炮兵学校：

"炮兵训练之成败，为国军生死存亡所关，所主持者，无精神、不负责、并不能与德顾问合作，则必无成效。炮兵非如航空一样的彻底改造，必无效果。如周斌、张修敬能负责，不调亦可。中意另委德顾问为副校长或教育长及旅教练官，以资改造。"

从袁世凯到蒋介石，使用洋顾问的最根本原则，就是顾问只是"顾而问之"的客卿，不能担任掌握权力的实职。但蒋介石却差点让德国顾问到炮校担任掌握实权的教育长，足见德式教学在炮兵学校的份量。

然而，德国军事顾问不可能真正负责炮校的管理。因为，炮校经手的费用实在是太巨大了。蒋介石一定要用自己能完全信任的亲信来领导炮兵学校。

炮校的经费有多惊人呢？1934年1月，炮兵学校校长周斌向蒋介石详细呈报炮兵学校自1931年12月成立至1933年年底两年之间的经费收支状况。炮兵学校的经费分为"建筑费"与"经常费"两项。在1933年年底时，炮校建筑费实收大洋768万2449.46元，支出大洋310万4170.48元；经常费则是每月大洋37104.1元，在1933年年底时实收大洋59万2491.2元。扣除利息，两年之内炮校的实收经费已经高达827万大洋！

"本校建筑费经常费收支状况说明：（一）建筑费：收入部份：二十一年五月份以前，由军政部拨付洋叁拾柒万元，六月份起，由财政部直接拨付。除二十一年六、九两月未拨外，截至二十二年十二月止，按月拨洋肆拾万元，连同存款利息，总计收入洋柒百陆拾捌万贰仟肆百肆拾玖元肆角陆分；支出部份：支出各款均系呈奉军政部核定后，始行开支。截至二十二年十二月底止，共支洋叁百壹拾万零肆仟壹百柒拾元肆角捌分。除支，现存洋肆百伍拾柒万捌仟贰百池拾壹元玖角捌分……经常费，收入部份：二十一年六月份以前，各月经常开支均系按照实支数目，由筹备费拨付。自六月份起呈奉军政部核定，月给校本部经常费贰万陆仟元，二十一年十月份，增加练习队经费叁仟肆百元。自十一

月份起，练习队经费加为每月捌仟陆百陆拾伍元。二十二年七、八两月，每月增加练习队马干费五百陆拾伍元，自九月份起，校本部及练习队经费每月增加为叁万柒仟壹百零肆元壹角，截至二十二年十二月底止，总共由军政部领到经费伍拾玖万贰仟肆百玖拾壹元贰角。"[1]

在20世纪30年代，一个配备二旅六团的乙种师一个月的经费（人员薪饷与服装、柴炭、医药、蹄铁、擦洗及办公等各杂费。）是大洋23万6000元，若是按"国难薪"全数发放的中央军计算，大约是20万元左右，而若是按包干制再打折的杂牌部队来说，有可能降至10万元以下，甚至还有4万大洋一个月将就过活的三流杂牌师。换言之，炮校这笔巨款可以足足养活中央军的两到三个师，如果用来养活包干制的杂牌部队，那就可以养活起近十万大军了！

1932年长江发生水灾，1933年则又是遇到没良心的美国人以白银收购政策狂收中国视为货币的现洋，毫无怜惜地将全球大萧条转嫁到中国。所以，国民政府在这两年的财政状况非常困窘。当时的年度军费大约是2亿9000万元左右，为了避免再打一次中原大战，中国军队无法顺利裁军。所以，军费大都消耗在人员维持费用上。军政部以"国难薪"的名义将官兵薪饷打七折发饷，虽然省了一大笔开支，但是金额奇大的人员维持经费依然使中国军队很难拨出闲钱投资于军队建设。在这个全军哭穷的年代，相当于全军军费1.4%的炮校经费实在引人注目。

炮校经费当时称为"炮兵学校专款"。

---

① 中国台北国史馆藏，蒋中正文物档案，第002-080102-00116-003号档案。

这笔巨款的课目隐藏在南昌行营的"剿共"经费之中，由财政部直接拨付到南昌行营。因为，拨款由财政部长孔祥熙直接向蒋介石负责。所以，炮校专款总是全额发放，在全部国民革命军部队都要面临无饷可发的年代，炮校财报却动辄就是 400 万大洋的结余，真是太嚣张了！

于是，炮校的"嚣张专款"引起全军各部的眼红，稍有本领的单位争相谋取挪用这笔巨款。但有最高统帅的亲自把持，这笔炮校专款始终是稳如泰山，不泄一文。蒋介石在 1933 年 9 月 24 日给军政部政务次长陈仪的手谕说明了炮校专款的特殊分量：

"陈次长，炮兵学校经费以后不得移用。"①

蒋介石的手谕镇住了各方垂涎欲滴的魔手，但当时处处缺钱的军需署还是绞尽脑汁地觊觎着这笔钱。1935 年 8 月 4 日，军需署署长周骏彦终于忍不住了，他直接向蒋介石打报告哭穷，希望能把炮校专款结余经费提出来使用："急，成都委员长蒋钧鉴，诚密……职署收支不敷，各方催款万急，请饬财部迅将垫付服装费及剿匪费提前照拨，各情谅呈钧鉴，未奉明示，惶急万状。日来应付计穷，索款加急。拟恳在财部未将服装费及剿匪费照拨以前，拟请在炮兵学校专款移拨三百万元，以济急需，可否之处，伏乞迅赐电示……"②

周署长是蒋介石的老师，交非泛泛，他的要求分量非同一般。然而，蒋介石却展现他不计一切保住炮校专款的坚定决心。最高统帅马上为周署长筹措经费，而且直接"预拨"给军需署，堵住了老师的嘴巴："南京军需署周署长，江一财电悉……服装费叁百万元及八月份剿匪经费已电孔部长于本月初全部预拨军需署济急，希径向接洽为盼。中正。"

炮校专款之所以引起各方惦记，是因为这笔巨款的主要用途并不是用来买武器发薪饷，而只是大兴土木的建筑费。汤山炮校的建筑费是每月 40 万大洋，建筑设施由德国顾问基尔柏上尉（Gilbert）负责设计，而基尔柏是直接对蒋介石负责的，对炮校建筑工程的建议可以直接越过总顾问佛采尔向蒋介石报告，③而蒋介石也完全尊重基尔柏的意见。

蒋介石建设炮兵学校的雄心是很清楚的，他要按照欧洲列强的标准，建立一个真正现代化的炮兵学校。而基尔柏上尉也不负重望，他以德国佑登堡炮兵学校（Jüterbog Artillerieschule）为指标，毫无保留地把炮校设计成远东第一的炮兵学校。中国炮兵中不乏留学欧美炮校的海归军官，这些见多识广的海归军官们一致同意，与欧美各国炮兵学校建筑相比，只有世界第一的法国枫丹白露炮兵学校（L'école d'artillerie de Fontainebleau），可与汤山炮兵学校相媲美。④一位炮校教官骄傲地回忆道：

"新校址在南京城东汤山作厂（离南京 30 公里），营房为二层楼建筑，有宿舍、教室、专用的战术教室、射击教室、理化实验室、礼堂、食堂、理发室、休息室等。在南下坡处建有练习队，侦测队驻札的营房及训练用的操场，营房西半部有占地三十至四十平方公里的实弹射击场，场内有目标区、观测塔、

① 中国台北国史馆藏，蒋中正文物档案，第002-010200-00094-027号档案。
② 中国台北国史馆藏，蒋中正文物档案，第002-080200-00242-070号档案。
③ 中国台北国史馆藏，蒋中正文物档案，第002-080102-00075-003号档案。
④ 见裴学庶《国民党南京炮兵学校始末》，《鞍山文史资料选辑第一辑》。

警戒球等设施，建筑比较宏伟完善。当时外国参观者，也称之为远东第一的炮兵学府。"[①]

如果只是建几个教室，不至于花到一个月40万大洋。炮校建筑真正费钱之处，其实是占地30-40平方公里的射击场。规模如此惊人的射击场，光是土地征购就是一大笔钱。

为什么要斥资建立如此巨大的射击场呢？因为这不仅仅是一个普通的光秃秃射击场，还是一个观测设施齐全的模拟仿真抗日战场！

虽然，现今汤山炮兵学校的旧址已是中国人民解放军南京汤山炮兵学院，是一般人无法进入的军事禁区。但是，面积却暴露了当年汤山射击场的抗日玄机。当时，日军一个师团的防御正面是3-4公里左右，而中国炮兵的"卜福斯"山炮最大有效射程是9公里，4×9=36。所以，抗日战争的炮兵沙场，大约恰恰是30-40平方公里。所以，笔者推测在1933-1934年间建筑完成的汤山炮校射击场，是一个按当时预测的抗日战场构建的宏伟仿真沙场。

利用百度地图，笔者将汤山作厂一带地形细细观察了一遍。射击场的形状与笔者的推测大致相符，而且射击场里的地形很复杂，有田野、山地与河流，是个炮兵野外训练的绝好去处。不要说炮兵连的野外拉练，就是来个师的对抗演习，都是绰绰有余的。

模拟战场是德国人的训练秘诀。若是在德国，汤山射击场的设施是必备的基础建设。当时中国军界广泛流传着一个故事。德军在第一次世界大战前为了计划攻取比利时的列日要塞，居然造了一座与列日要塞的实体一模一样的仿真城堡用来演习，这个例子曾使当年中国军队中不少有识之士向往不已。然而，财源拮据的中国不比德国，要造出如此巨大的模拟战场，在当时真是惊天动地的巨大投资！

征地经费虽然惊人，但炮校真正昂贵的建设投资是观测塔与观测掩蔽部。炮兵作战首重弹着点观测，只有在射击落点区设立能完整观测弹着点的观测掩蔽部，在炮兵火炮阵地建立模拟间接射击高地观测所的观测塔，才能切实验证新式炮兵的抗日潜力。所以，射击场花钱特别吓人。因巨大的模拟抗战沙

▲ 炮兵学校射击场的观测掩蔽部。左起为上校译述王洽南，总顾问佛采尔与其副官克鲁马赫上尉。

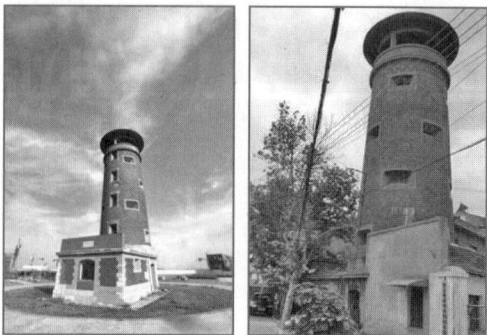

▲ 炮兵学校射击场的观测塔。原图来自报纸与标示有"汤山旅游"的宣传照。

---

① 见牛维民《国民党南京炮兵学校始末（补遗）》，《鞍山文史资料选辑第六辑》。

场建设花钱像泼水一样，周斌校长必须在炮校年度报告里向蒋介石详细说明炮校射击场的工程进度：

1、第一部之第1至第3观测塔三座A至G，观测掩蔽部七座，均已完工

2、基尔柏顾问建议第二部之第四第五观测塔二座，H、I、K、L、M、O、P、Q、R、N观测掩蔽部十座，已奉部核准，正在设计中。

3、甲乙两段马路全线约长三十三里有奇，业已竣工。另有延长之路及支路正在呈部审核中。

4、马路两旁植树一万六千余株，业于上年栽植完毕。

5、射击场管理处房舍及弹药库等工程业已开标，并与包商订立合同，不日开工。

6、通信材料已购运到京，正请部验收。

虽然，炮校的财务支出本本有帐，清晰可查，但是一个月40万大洋的建筑费实在是太巨大了，即使蒋介石也要心疼不已。但是，为了让德国军事顾问能发挥模拟战场的专长，这笔钱又是非投资不可的。所以，40万大洋月月拨足，工程建设由军委会办公厅主任朱培德上将亲自督导，蒋介石本人也亲自注意炮校的建筑报告，仔细检查有无问题。只是蒋介石是军人而非商人，他既不懂招标工作的奥妙，也没有官僚般的耐心。所以，他对

炮校中规中矩的招标形式非常不满，有一次他看到炮校登报招标掩蔽部工程，气得从南昌行营急电南京，对朱主任大发一顿脾气：

"朱主任勋鉴，炮兵学校建筑掩蔽部，又在登报招标，此为陆军最大之耻辱，屡戒不悛，何耶？此种工程，为军队不能自作宁可指定几专家保办，照时价许其几何之利益，为其不照此限，而雇价超此以上，应以舞弊贪污论罪。如其公适，则凡陆军重要建筑物，皆归其包办，此法比较简单……"①

蒋介石的意思是要朱主任选定几家厂商，统包炮校工程，只要以军法震慑，做不好就枪毙，即可确保外包工程的质量了。登报招标固然是政府官员最安全稳妥的作法，但也难免要经历黑心商人争抢炮校建筑大饼的黑手，迫在眉睫的炮校工程可经不起流标、绑标、围标之类的拖延了！

在蒋介石的亲自督促下，炮兵学校的建设卓有成效，但就在炮兵学校逐渐站稳脚跟之时，蒋介石却对炮校校长周斌的不满与日俱增。日本陆军大学毕业的周斌适合办教育，在讲堂上口若悬河是个人才。但他却没有军人开天辟地的勇气和豪气。最糟糕的是，留日派的周斌总是暗地里悄悄消极抵制德国军事顾问！这样的校长怎能激发"卜福斯"的潜力呢！

---

① 中国台北国史馆藏，蒋中正文物档案，第002-010200-00127-060号档案。

第二节 干炮兵就要学打炮！

炮兵学校创立于南京城区的丁家桥，在周斌任校长时期迁入南京马标营区。炮校在马标时期的主要工作是办学员队。学员队从全国各系统炮兵中筛选120名尉级军官到炮校深造。炮校第4期普通班（即学员队）毕业的张锡龄回忆道：

"当时，炮校的教学主体是学员队。1931年开始举办第一期。学员队的学员由炮兵部队保送，条件是具有高中文化水平，曾在军事校毕业的初级军官。入学前要经过炮校的考试。学员队学制1年。所学的课程有战术、兵器、射击、观测、通讯、马术、气象、空中照片判读等。补习课主要是数学、物理和化学。"①

表面上看，炮校学员队的教育内容一定会与中央军校炮科的教程重迭。除了新鲜的气象与空中判读科目之外，其它教程中央军校炮科也会教，何必专门再办一个炮兵学校呢？

然而，真正到学员队受训的军官，一定会大开眼界，尤其是非黄埔系的军官。

炮校战术教育与一般军校的炮科生教育不同之处，在于炮校是一所讲实际的学校。各种学校的其实问题都是一样的，在学校辛苦学到的只是理论，与社会需求严重脱节。所以，外文系毕业的无法用英文对话，机械系毕业的不会操作机床，财会系毕业的不会作帐，成为社会上见怪不怪的常态。军校也一样，老教官半辈子躲在学校里吃粉笔灰，不知道部队实际作战是什么样子，教出来的军校学生就不会打仗。

怎么样的炮兵，才算是会打仗的炮兵呢？答案所有炮兵都知道。你随便去问一个炮兵，哪怕是刚入伍的新兵，他都会毫不迟疑地告诉你："炮兵作战的唯一手段是射击。"

所以，佛采尔到中国服务之初，最看不惯的地方就是中国军队不重视实弹射击。中国军队是靠白刃战起家的，步兵省子弹，营区连个象话的靶场都没有。以射击为唯一战斗方式的炮兵就更离谱了。炮兵只在课堂上学理论，却不上射击场实际打炮。炮兵连只要有大炮就算数，连炮队镜都没有，算什么炮兵呢？

"据躬历各种情节中悉，单独炮兵部队，成年无实弹射击。其原因不外并未选择射击演习等之适宜地点耳。兹再声述，目前中国陆军所有炮械虽非新式，然尚可用以应战，一部为德国克鲁伯厂，一部为日本，一部为中国各兵工厂之出品。惟每缺少射击必要之贵重器材，如瞄准仪器，剪形望远镜及器材。此项器材亟需购办，非此则火炮不能用以参战。"②

---

① 见张锡龄《陆军炮兵学校概况》，《贵州文史资料选辑第廿八辑》。
② 见《德总顾问佛采尔建议书》，《中德外交秘档》。

▲ 炮校风情照。

　　所以，完全采用德国战术教学的炮兵学校学员队，最大的亮点就是射击教育！德国顾问说，炮兵就要学打炮。炮兵的教室在野外，学射击指挥、学观测、学测地、学通信、学打炮。那些坐在教室里写解析几何公式分析方向交会法的好学生，考试虽然很厉害，但将来只能回学校当个继续"误人子弟"的老师，不够资格上战场干炮兵！

　　所以，德国军事顾问的德式炮兵教学，就是到野外去学打炮。事实证明德国军事顾问的教学法大获成功，炮兵学校成为德国军事顾问尽情发挥实力的教育重地。然而，周斌校长却对德国军事顾问的教法不以为然，甚至进行棉里藏针的抵制。

　　周斌是典型的留日老教官，他讲课头头是道，却轻视野外训练，对德国顾问也有成见。在周斌时代，炮校教程明显倾向学术，压低野外演习的次数。①周斌时代的炮校练习队甚

①见《陆军炮兵学校四周年大事纪略》，《炮兵杂志 第四期》。本节主要参考该文，以下不逐一标注以节省篇幅。

至长期处于缺编状态。炮校练习队有山炮连、野炮连与重炮连各一个。周斌时代，只有山炮连是满编的，野炮连与重炮连都是徒有框架没有火炮的空壳。

更严重的问题是教材。周斌坚定采用训练总部颁发的日文翻译版炮兵操典与炮兵射击教范。学生虽在野外上的是德式教育的术科课程，但在教室里的基础课程时却是读着日式风格的教材，脑中的混乱可想而知。

不说别的，就以最基本的射击口令来说，又臭又长的日文口令与简捷的德式口令完全不同。德式口令是战场上实战经验的总结，所以力求简化。即使是外行人，一听也能大致听懂。例如，我现在要打一个左前方独立家屋旁的目标，德式口令简单流畅，喊起来像唱歌一样：

"三号装药；榴弹；瞬发信管；第一炮发射；瞄准点，左前方独立家屋；方向2450；4800，高低正4；待令放一发。"

装药、弹种、引信、射击炮、瞄准点、方向、距离、高低角、射击弹数。重点明确，言简意赅，外行也听得懂。

但若是由日军炮兵打这个目标，口令就是又臭又长了。日军炮兵毕竟实战经验有限，偏于理论。所以，日军的口令既不合逻辑也不流畅。而且，加了太多不必要的玩意儿，即使是老炮兵，如果没有读过日式操典，听起来也是一头雾水：

"照准点，左前方独立家屋；方向2450；榴弹；瞬发引信；高低百二（正4）；引信提高0；4800（增加400）；远方距离130，向三方向右转二，三发，十秒。"

这个杂七杂八的口令之所以长，是因为加入了夹差量与引信秒时修正量，高低还要加报一个让人一头雾水的刻划值。至于什么"远方距离"，大概是指日本《炮兵射击教范》第269条所谈的快速取得夹差修正量。"效力射间连续同方位之修正，通常为前次修正量之两倍迅速取出夹差。"

也许日军认为先预报个"向三方向右转二"，有助于增加求取夹差的速度吧。[2]

一个炮校学员队的学生，在野外拉练时听的是如同唱歌般顺畅的德式口令，讲堂上翻开照日文原文翻译的《炮兵操典》，却是杂七杂八、又臭又长的日式口令。他必然要掷书而叹："我到底要喊哪种口令？"

炮兵学校来自佛采尔的倡议。在佛采尔提交离职报告时，他不无得意地将训练打炮的炮兵学校列为他在华服务期间的一大成就。然而，他对留日派的抵制也是心有余悸的。在语重心长的离职报告中，佛采尔忧心地指出炮校的德式教学可能会随着德国顾问的离去而变味：

"炮兵学校为训练炮兵官长射击之标准，极重要者为全般炮兵有良好的射击教官。此项人才业经德籍顾问在炮校培成若干，惟需循现有途径继续进行，仍按规定之德国教育方式，不轻予更改。深恐炮校自基尔柏顾问卸职后无人继任，复有一种潜势倾向日本方法，使学者脑筋纷乱而莫知所从。且亟需继续聘前所建议经验充足德国军官，使在炮校继续授课，庶免有始无终。

炮兵……惟在野外作种种演习，益以实弹射击，方能维持新式地位。炮兵学校方面，

---

① 见《炮兵操典（第一部野战炮兵）问答集》。

宜成立观测营，教授新式观测。屡经德顾问建议，深望不久即可实现。炮校迁至汤山附近之军队演习场，实足促进以后之发展。"

炮兵学校不仅只是一所学校，更是德式新炮兵的训练大本营，不能容许一个固步自封的顽固留日派拖累炮兵建设的速度！在长城抗战一触即发的 1932 年 9 月，蒋介石曾经认真考虑调陆军大学校长杨杰担任炮兵学校校长"兼练新炮团"。但是，杨杰也是个眼高手低的留日书本派，并非炮兵建设的合适之选，蒋介石只能继续寻找更适合的人选。

在中国德式炮兵建设中，蒋介石环顾麾下炮兵众将，对德式教学心悦诚服的年青一辈资历尚浅，资深的炮兵将领却都大多是顽固的留日派，居然没有一位合适的人选能接下建设炮兵的重任。所以，蒋介石只好将就着让周斌继续管理炮兵学校。

就在蒋介石苦于无人可选，接掌炮校的时候，"卜福斯"已欣然来华。"女武神"的无限魅力立即征服了全校师生，周校长的抵制小伎俩被扫到一边。于是，炮校的人事纷争暂停争执，大步进入冠冕堂皇的德式教学新纪元。

第三节 卜福斯与炮兵学校

炮兵学校在建校之初的火炮装备并不趁手。建设炮兵的关键——山炮还是"大正六年"式，缺编的野炮与重炮则是汉造"克"式野炮与日本的"四年"式重榴弹炮。炮校学员队第一期毕业的裴学度，原毕业于东北讲武堂第九期炮科，见惯了东北军的炮兵群，他对炮校的第一印象真是坏透了。炮校用来教学生的烂炮，哪比得上我们东北军炮兵！

"学校所用大炮都非常陈旧，精度很差。有德国克鲁伯野炮、日本三八式野炮、日本大正六年山炮……此外有日制十五厘米榴弹炮，伴随步兵行动的八一、八二迫击炮。这些炮的射程都不超过八千米，在运动中全靠骡马拖曳或驮载。平时战时全是骡马化。可是一九二九年我在东北讲武堂学习时，曾操作奉天兵工厂一九二五年制造的七厘米七的一四野炮，射程一万二千米。

张作霖多年经营的奉天兵工厂的产品，性能超过那些进口的外国武器，可当时都不予调用。"[1]

野炮与榴弹炮差一点无所谓，山炮才是中国军队建设的重点，但是在"卜福斯"山炮还没来华之前，炮校只能将就使用现成的老炮。其实炮校练习队的"大正六年"式还算是好炮了，要知道，当时中央军校炮兵队还在用沪造的"克"式山炮教学生呢！[2]

▲ 第19路军总指挥蒋光鼐视察所部的沪造"克"式山炮。图中的沪造山炮已经装上调大架的瞄准棍，但是瞄准手显然没有定好射向射距，所以他在一堆高级长官面前动手调整起三点一线的老式表尺，发射手与方向手也趋前帮忙，甚至连蒋总指挥都被惊动而作势要上前指点。因为在德式教练之前，中国军队各部炮兵资源紧缺，炮弹不多，为了节省炮弹，很少有实弹射击教练的机会。即使在各个军官学校，出身日本士官与保定的教官们也大多重视学科而不重野外拉练的术科，所以打起仗来经常会出现类似的尴尬场面。

---

[1] 见裴学度《国民党南京炮兵学校始末》，《鞍山文史资料选辑第一辑》。
[2] 见《最新炮兵野外实施笔记》。

所以,蒋介石要急着买"卜福斯"。没有"卜福斯",炮兵学校怎能放手练德式打炮法呢?

第一批"卜福斯"山炮大约在 1932 年 9 月至次年 2 月之间陆续抵华。首先接收的两个单位就是炮兵学校与两个独立炮兵团。在三个月之后,"卜福斯"又交付 12 门山炮,依据陈仪在 1933 年 5 月 5 日的报告,三个炮兵连被分别拨给炮兵学校、中央军校与炮兵团干部训练班。炮兵学校练习队得到了足足两个战炮连的"卜福斯",足够让学员队的 120 位学员尽情打炮了:

"南昌委员长蒋,艳酉机电奉悉,河密,查运此之山炮拾贰门即系卜福斯式,已饬炮兵学校妥为接收,并遵照宥申机核准办法分发军校炮校各四门,余四门备作训练炮兵团

▲ 翩然来华的"卜福斯"山炮是德式炮兵教练的重要一步,在得到"卜福斯"之后,炮校终于有炮让德国顾问进行野外训练了。

干部之用,谨复。职陈仪微盈械印。"[1]

在"卜福斯"到位之后,炮兵学校终于能扬眉吐气了,真正成为了德式炮兵教学基地。德国顾问也可以施展一身的本领,认真地教出真正能打仗的中国炮兵下级军官了。据张锡龄回忆,那时炮兵学校的德国顾问人数不多。所以,德国军事顾问一般只对中国教官上课,让中国教官再去传授德式教练。但只要是学员队上射击场做野外训练,德国顾问就一定跟队,还要亲自讲评:

"德国顾问在抗战前除在校官班直接讲授营,团战术外,一般不对学员队上课,只对教官和研究员讲课。但遇学员队的射击演习或战斗演习,则必临场参观,且参加讲评等。德国顾问讲课,一般评价他们认真负责,讲得比较详尽。"

放着舒适安逸的教室不呆,跟着学员不辞辛苦的野外拉练,德国军事顾问实在是太敬业了!当时的老师大都是好逸恶劳的,他们喜欢在教室讲台上体面风光地喷口水,对于会弄脏皮鞋的实地操作则是敬而远之。德国顾问是蒋介石跨洋重金聘请来的洋老师,架子理应比谁都高。但这些洋老师却厌弃教室,把课堂上威风八面的传道授业解惑扔给了中国教官,三天两头换上马靴参加泥泞里推炮野外拉练!

要知道,当年中国的卫生条件是很差的,跟着骡马纵列野外训练是非常辛苦的。野外只有被骡马踏成泥泞的小路,而且一路泥泞中都是骡马拉的粪便。遇到野外宿营,还有骡马带来的满地跳蚤。想到那一路泥泞与马粪,一般人都是唯恐避之不及的。但是,德

▲ 军校九期炮兵队野山炮准备／战斗射击演习日课预定表。原表来自《中央陆军军官学校史稿》。在"卜福斯"山炮翩然来华之后，不止炮兵学校积极进行野外拉练，中央校的德国顾问也把学生拉到炮校做野外训练。首先获益的是军校九期的炮科学生，附表显示这次野外课程在炮兵学校的射击场实施，其中的远隔观测第一法、第二法与第三法是德式教练时代的专有名词。

国军事顾问却从不缺课，哪去找如此敬业的老师呀！

　　野外拉练每堂必到还不是最稀罕的，德国顾问的敬业精神具体表现在他们的教学方法上。德国军事顾问的教学方法是最激情的交互式教学法。德式教育的考题没有标准答案。德国顾问出个想定（假设的战斗状况），如何应战的判断决心处置则由野外训练的同学们自行发挥。操练完毕之后，德国顾问会拿出自己写的方案给同学们传阅，并且逐一点评每位同学们写的答卷。然而，德国顾问并不是一言堂，他们不但点评同学们的考卷，也鼓励同学质疑他们自己写的方案。既然是质疑，就不需要客气，在旷野中席地而坐的同学们要以驳倒老师的气概狠狠攻击德国军事顾问的方案。而德国顾问也绝不会端起不容质疑的师尊臭架子，他们反而要鼓励同学们独立思考，谁能把德国顾问的方案驳倒，谁就是本次野外教学考试的第一名。

　　于是，德国顾问的教学方式大获学生们的欢迎。无论是陆军大学、中央军校、炮兵学校或者其它军校，所有的德式教育，都是最热烈的议题！

　　最看扁炮校的裴学度大概是当时炮校的第一"酸葡萄"了。他满脑子东北炮兵的光荣历史，对炮校处处看不顺眼。即使是炮校的骄傲"卜福斯"山炮，裴学度也要嗤之以鼻，讲些"卜福式山炮虽然是新进口的，也只是重量较轻，运动性能稍好而已，别无其它优点"之类的怪话。但是，这位看炮校最不顺眼的"酸葡萄"提起德国顾问的教育方法时，字里行间只有满满的钦佩：

　　"炮校学员班的学制为一年，术科的训练时间占一半以上，主要是熟悉各兵种火炮操作，和观测通信器材的使用技术，最后进行炮兵排、连、营、团教练，然后再进行学科项目的学习。炮兵基本战术学完后，进行实战演习，选择句容县地形合适的环境，作现地战术训练两周，炮兵测地作业一周，野外宿营三周。山上作业，结合实际教学。学员按照教官下达的情况和要求条件，作出文字及草图答案。教官一一评论答案后，在学员的答案处置中，可以看出决心及兵力部署是否合乎实际和战术原则。最后教官发表自己的原案。教官的原案是按敌情、地形、任务、结合战术原则，经长期研究后写成。但在学员中也不乏水平较高之人，往往引起辩论。在辩论中进行炮兵战术研究。现地战术实施完了，即进行两个月的全年教育大讲评……"

这才是教育！如此平等互动的交互式教学。在当时，一般的老师是绝对做不到的。因为，德国军事顾问的大胆教学法等于把自己放到枪林弹雨之中，他本身的作战动作与战术素养必须无懈可及，才能在一场场大辩论中让刁钻的学生们服气。如果本领稍差一点的顾问，就会在考题辩论中被学生驳倒。一个时常被学生驳倒的老师，饭碗就端不稳了。所以，德国顾问的辞退比率还挺高的。许多曾经在德式建军期间上过课的老军官，最得意的经历就是把教官轰下台。曾在中央军校军官教育连接受德国军事顾问直接教学的黄通就曾经历过轰走德国顾问的盛事：

"这个顾问讲的课，稍微涉及军事性的地方，翻译官就翻不出来。翻译官翻出来的话，我们明明晓得错了，但是不知道原文怎么。这样上了两三次课以后，我们对翻译官就很不客气了，认为他翻得不对。翻译官心里也很着急，他认为他没有错，他是照原文翻译，怎么学生不满意呢？一定是顾问讲的不对，因此两人就在黑板前面吵起来了。他们一吵

起来，就有同学起哄：'走啦，不要上课了！'于是我们就走了，只剩顾问和翻译官。后来上面晓得这件事，认为顾问太差，所以把他辞退了。"①

在德国军事顾问首开被哄下课案例之后，南京的各种军校成为教官们眼中的龙潭虎穴。一般学校只有老师让学生不及格的。信不信由你，当时，南京各个军校最流行的反到是学生让老师不及格。教官们也有心理准备，如果教官遭到学生当堂不客气的驳倒，往往是一鞠躬，道声："惭愧"退出教室，下回就不敢来上课了。

在德式教学法大行其道的陆军大学。因为，学生唾弃教官之风太盛，教官的"战损率"实在太高。陆大校长杨杰不得不亲自出面为教官们讲情。留日派的杨校长说，大家对始作俑者的德国顾问是不需要客气的。但是，对本国的教官务必留一手。"免得打倒太多，无处聘请。"②

教育界的朋友们听闻如此学风，必然要摇头大叹：师道不古！"学生造反，就让他不及格留级退学，哪有老师自己检讨的道理！"但是在军校，"学生造反"却是打胜仗的致胜法宝。一般的学校老师没真本事，误人子弟的结果大不了就是学生在社会上从头学起。但是，军校学生毕业下部队是要带兵打仗的，如果老师误人子弟，付出的代价就是鲜血和生命了。而且，不只是这个学生一个人的鲜血和生命，而是一排、一连忠勇官兵的鲜血和生命！军官教育可决不容教官误人子弟呀！

"卜福斯"山炮建立了德国顾问在炮校

---

① 见《黄通先生访问记录》。
② 见章培《陆军大学的教育情况》，《文史资料存稿选编》。

的"江湖地位"。炮校学员队与野战炮兵观测军官班的学员大多被调到新成立的"卜福斯"山炮团任职，炮校的教官们也得苦练"卜福斯"与德式战术，争取到新炮兵团担任团、营长的机会。即使不想到新炮兵团，要在炮校的教职岗位上混得开，"卜福斯"也是评估标准。于是，炮校中地位最崇高的研究委员，也要绕着"卜福斯"打转儿。

1932年4月到炮校当研究委员的蔡忠笏是曾就任师长的少将将军，与炮校的教育长平起平坐，周斌见了他也要客气三分。但他回忆起炮校，脑子里只有"卜福斯"与德国军事顾问，完全没有周校长。因为，在炮校要出头，只有苦学"卜福斯"！

"我再到南京炮兵学校，初任研究委员。那时新从德国购到108门卜福司山炮，便每日跟德国顾问研究操法、射击、观测、通信等战术。到秋天，改任炮校主任教官，1933年5月又调任炮兵团干部训练班主任……"①

炮兵学校与德式炮兵的浓浓情谊是说不完的。没有德式教学，就没有炮校传奇；而没有炮兵学校，也不会有德式炮兵。就拿德式炮兵的两大骄傲"卜福斯"山炮与"莱茵"重炮来说，这两门传奇之炮刚到中国的时候，都是连射表都还没有编全的新生雏炮。但是，炮校的射击场将他们揽入温暖的怀抱。在炮校射击场上，"卜福斯"与"莱茵"重炮练成了战炮连，编成了射表，培养出了中国炮兵的自信。②有了炮兵学校，"卜福斯"与"莱茵"重炮才能成为至今传颂不绝的战史奇迹。而志得意满的"卜福斯"与"莱茵"重炮也回过头来，让德式教学成为炮校教程中不可撼动的主流。

在巩固了德式教学的地位之后，炮校改革的下一步就是更换留日派的校长了。只是中央军的炮兵人才实在太少，蒋介石找了足足两年，才找到了接任校长之职的完美人选。

---

① 见蔡忠笏《我的坎坷一生》，《东阳文史资料选辑第十一辑》。
② 炮校于1934年编印《二十倍七厘米五山炮射表》，1936年编印《三十二倍十五厘米重野战榴弹炮射表》。今日均失传。

第四节　中国炮兵第一人

1934 年 7 月 16 日，军委会北平分会委员邹作华调任炮兵学校校长，开启了德式炮兵建设的全盛时期。

邹作华堪称抗战之前中国炮兵的第一名将。他原本只是皖系边防军的营长，在直皖战争中缴炮投降，却得到了张作霖的知遇之恩，平步青云，在六年内由营长、团长、旅长一路升任炮兵军军长，统率东北全军炮兵，达到军阀混战年期炮兵军官登峰造极的地位。邹作华是中国第一位以使用炮兵群打仗的炮兵指挥官，他的实战指挥经历可谓全国第一，在训练上也是名震全国的高手。在东北军整军经武之时，邹作华的炮 4 团被公认为东北军的冠军，气压少帅张学良亲自统率并拥有无限资源的东北模范新军"镇威"军步 2 旅，成为东北军的练兵典范。

邹作华虽然是日本士官学校毕业的炮科军官，但是作风非常洋气。他喜欢跳舞、打网球和泡酒吧，军人仪表潇洒轩昂，简直是年青人的偶像。当时的东北军青年军官，纷纷以学他的走路姿势为时尚。[1]当然，仪表与洋派作风只是表面，邹作华的名声主要来自训练和作战。邹作华是一位渴求新知的炮兵指挥官，而且即知即行。在全中国的炮兵还在靠三点一线打仗的年代，他的炮 4 团独步炮兵作战理念就已领先众人。首先就是率先采用了间接射击与遮蔽阵地的新式战法。为了让炮兵有信心从看不见目标的遮蔽阵地打炮，邹团长别出心裁地在炮靶下绑上活羊，射击成果以打死多少只羊评分，一场野外射击训练热闹打完之后，就将各连打死的羊分给各连作为加餐。吃着带弹片的涮羊肉，炮兵就能跨越看不见目标的心理障碍，相信了利用遮蔽阵地间接射击的巨大威力。[2]

▲ 邹作华将军担任炮兵学校教育长时留影，邹将军在 1934 年 8 月出任炮兵学校校长，叙阶少将。1935 年 4 月蒋介石亲兼各军校校长，邹将军改任炮兵学校少将教育长。1936 年 4 月任官陆军中将。所以这张照片应该是在 1936 年拍摄的。这个年代正是炮兵学校的顶峰岁月。

---

① 见梁任宏《东北炮兵概述及邹作华轶闻》，《辽宁文史资料选辑第廿五辑》。
② 见黄永安《岳公一生事业为建设中国炮兵为职志纪实》，《邹岳楼将军八十回顾》。

1. "雄壮威武军人典型"。

2. "将军抚视爱马良将名驹若有所悟"。

▲ 邹作华是一位潇洒自负的名将，图为邹将军在炮校留影，均见邹作华将军在八十大寿时的纪念册《邹岳楼将军八十回顾》。

然而，张学良却最讨厌邹作华。少帅张学良也是个自负潇洒的风流纨绔，绝不能容忍部属崇拜他人。所以，他掌权之后立即把邹作华调到兴安大草原开荒，邹作华则留恋于歌舞场中，自此远离东北军。在1934年，

邹作华挂名军委会北平分会委员，也是个只领钱的闲差。

蒋介石早在1932年就想重用邹作华。他曾召见邹作华长谈，却因张学良大力反对而作罢。到了1934年，德国总顾问换成塞克特，150毫米重榴弹炮采购计划定案在即，炮校开始召训校级干部，汤山的新校区即将建设完成，炮兵组建已经到了不容庸才领导的关头。于是，蒋介石决心大胆起用邹作华，负起德式炮兵的建军重任。在起用之前，蒋介石给张少帅留面子，去电征询对邹作华的意见，暗示张学良摒弃前嫌出面保荐，但张学良的回电却毫不客气地将邹作华一损到底：

"艳电敬悉，关于邹作华之为人，本有办事能力，亦有相当胆量及见识，昔任旅团长时，有相当成绩。惟性情狡诈，不重视道德，迩年以来，过于骄狂，目空一切，野心勃勃，常试握兵权。顾其学识能力有可用处，惟其品格性情，需时时注意之。"[1]

虽然，张学良讲得如此难听，但蒋介石心意已决。他不但任命邹作华出任炮兵学校校长，而且还授予全权。按照当时常理，要让一个东北系统的将领当校长，至少得派个

---

[1] 中国台北国史馆藏，蒋中正文物档案，第002-080200-00436-025号档案。

来自中央军的教育长, 多少有些牵制和监督。但是, 在邹作华走马上任之后, 炮校教育长立即换成了东北军的赵以宽。1935 年, 蒋介石自兼炮兵学校校长, 邹作华改任教育长, 他的教育处长是跟他在东北军一起练兵的老搭档金镜清, 练习队队长是东北炮兵的后起之秀金镇, 炮校的三大巨头, 清一色的是东北好汉!

在一个派系分明的年代, 蒋介石用人不疑的气魄是非常惊人的。但是, 即便蒋介石再有气魄, 对邹作华仍然还是会有最后一丝疑虑的。

生活洋气的邹作华非常讲排场和享受, 他住在繁华的南京市区, 上下班要专车接送。上有所好, 下必甚焉。汤山炮校学员一周要有半周的野外拉练, 但仪表绝不能含糊。因为, 讲究军容的邹作华最重视"三光", 他要求学生们将头发梳光、胡子刮光、皮鞋擦光。所以, 炮校学员是南京最光彩照人的一群绅士。到了假日, 其它军校学员生剃光头的、理平头的满街跑, 独有炮校学员顶着一头 slick and shiny 的西装油头, 帅气十足地到化妆用品店里买发油。

让讲究"三光"的邹作华经手炮校专款, 蒋介石再有气魄也得起疑。而邹作华则是个绝顶聪明的人, 他居然以要钱的妙计, 轻易化解了蒋介石的疑虑。1935 年 7 月 1 日, 到任将满一年的邹作华突然没头没脑地向军委会办公厅主任朱培德打个报告要钱, 他没讲理由, 只写了三句话:

"职因急需, 拟恳惠赐洋壹万元为祷。呈主任。"①

1 万大洋是不得了的数字。邹作华是少将, "国难薪"一个月是大洋 160 元。一开口就要朱主任送他五年零两个月的薪饷, 真是太不象话了。朱培德显然很不高兴。于是, 他批示把邹作华的要钱报告转呈蒋介石。承办的官员还算厚道, 在电呈蒋介石的报告里多加了几句话, 让要钱的语气缓和了一些:

"武昌委员长行营转呈校长蒋钧鉴, 柄密: 职因急用, 需款甚亟, 拟恳惠赐洋壹万元以济急需, 至深感祷。职邹作华叩, 东印。"

三天之后, 蒋介石的批示来了。委员长的回答让朱主任当场傻眼。他居然完全不追问理由, 直接电令军需署马上发 1 万大洋给邹作华。

"南京军需署周署长……希即发洋壹万元交炮兵学校邹校长作华具领, 中正。"

这才是高人过高招! 邹作华缺钱用的时候会打报告要钱, 而且一要就是一万大洋巨款, 他何必去贪污炮校专款? 其实贪污也是一笔辛苦的买卖, 邹校长如果要贪污, 让部属一层层苛扣工程款项拿回扣, 一层层部属就会跟着一层层抽份子。一路苛扣分摊下来, 几十万的工程能落入邹校长腰包的恐怕也没有 1 万大洋。所以, 蒋介石并没有追问邹校长为何要钱。他想了足足三天, 自然会领悟出这是邹校长变相自清的妙计。

邹校长花钱是绝不手软的, 他大力扩建炮校, 增办召训班次, 购买观通设备, 都是要花大钱的。而且, 邹校长大小钱都花。他在大处花大钱固然是不计代价, 务求炮兵建设的尽善尽美, 小处的小钱也要花个痛快。于是, 炮校的营舍有暖气、著名的特种野外

---

① 中国台北国史馆藏, 蒋中正文物档案, 第002-080200-00235-015号档案。

立体沙盘会在操作时自动冒出烟雾模拟弹着点、学员一个月伙食费高达大洋12元，比下士的"国难薪"月饷还要多一块大洋。新办起来的印刷所也不再以模糊的油印为满足，邹校长斥资购买能套色的铅字印刷机，不但能印黑白讲义，可能还能印彩色的……邹校长花起钱来是没有省钱意识的。只要他觉得有意思的玩意儿，绝对不省钱！

在邹校长的巨大支出报告中，最让军需署摇头的一项，应该是炮校的兵器陈列室。这个兵器陈列室是中国第一个武器博物馆。邹校长曾寄居北平两年，对金朝中都城防重镇昌平县（今北京市昌平区）的炮兵遗迹印象深刻。他到任的第一年，就运用私交从昌平县运来金代古炮百余尊与明代古炮六尊，向阎锡山与大沽造船所要了一批武器，再加上当时江宁要塞废弃的五门古董要塞炮与兵工署拨来的一批废弃枪炮，成立了炮校"兵器陈列室"。虽然，华北的古董大都是邹校长利用私人关系要来的，但光是运费就是一笔不得了的费用。在全军发"国难薪"的财政困难时期，有这闲情逸致自掏运费办博物馆，大概也只有邹作华一人吧！

于是，邹作华将巨额的炮校专款花得一干二净。依照1935年年底的财务报告，在邹校长走马上任的1934年7月，前任的周斌校长留下大洋693万4569元9角9分的结余。在1934年7月至1935年12月21日的一年半之间，财政部又拨给炮校283万3250元6角9分，总计大洋976万7820元6角8分。然而，邹校长在这一年半之间，居然花了大洋1101万9055元2角9分，收支相抵，他

还透支了大洋125万1234元6角1分。[①]

好大的手笔！

蒋介石并没有制止邹校长的大手笔。邹校长要什么款子他都批准，以免耽搁德式炮兵的建军大业。但蒋介石也要稍稍挫一下邹作华的锐气。邹作华在东北军原本是挂上将军衔的。在1931年邹作华首次晋谒蒋介石之时，就被铨叙为中将加上将衔待遇。但是，在1933年长城抗战失利时，位居闲职的邹作华却打报告呈请自贬为上校，这大概是他赋闲无聊的气话。然而，在一年后邹作华被宣布为炮校校长之时，负责审核人事的朱培德就为难了，不得不专电向蒋介石请示：

"急，牯岭委员长蒋……据军政部呈，以炮兵学校校长阶级按照编制规定应为少（中）将，邹作华应叙何级请核示。到会查该员上年虽有案准以上将待遇，但最近该员……曾有电请贬上校，而炮校编制又系少中将适用，为慎重名器，成就其志，以为各校倡起见，叙为少将，应属相宜。惟究竟叙为少将或中将之处，敬候示遵。"

按照常理，至少得把中将军衔还给邹作华吧。但是，蒋介石却批示要成全其志，只叙少将！当时的军饷是按军阶发放的。上将衔"国难薪"是240元，少将衔"国难薪"160元，一差就是80元。但是，80块大洋还是小事，原本邹作华与何应钦、朱培德平起平坐，见面称兄道弟握手寒暄。降为少将之后，开个会见谁都得鞠躬敬礼，真是情何至极。

但邹作华却不以为然，他欣然换上金板一角星的少将领章，到炮校欣然就职。对一个热爱炮兵的老炮兵而言，军衔只是表面过

---

① 中国台北国史馆藏，蒋中正文物档案，第002-080102-00116-003号档案。

▲ 军委会办公厅主任朱培德上将（右）巡视炮兵学校时与邹校长合影。

场，能与火炮朝夕相处，才是人生的真正乐事。

邹作华虽然也是从日本士官学校毕业的，但他是在实战中历练出来的炮兵指挥官。邹作华从下级干部干起，既懂战斗，也懂战术，与中央军里周斌、杨杰与张修敬等靠嘴皮子起家的留日派炮兵权威完全不同。所以，他完全明白德国军事顾问强调野外拉练的原因，深知野外训练才是练习新炮兵的必胜之途。于是，在上任之后，邹校长一转炮校风气，鼓励学生走出教室，在野外拉练中磨练战技。

邹校长不仅鼓励学员野外拉练，他本人也是以身作则，绝不错过野外拉练的训练良机。他虽然贵为校长，但是"经常一骑一从，亲临操场野外督导教练演习，如为现地战术

或战斗演习，虽大雨滂沱或寒风凛冽之夜，亦必亲临督导。尝言操场即战场，天候地形愈为不利，愈有出奇制胜之机会。学员生领悟及此，莫不感佩。"[1]

紫金山下北风怒嚎的冬夜是很冷的。八十年前可没有全球变暖，12月已经是大雪过膝了。在寒冬深夜野外拉练，学生们自然是苦不堪言的。但是，日本人不会只挑春暖花开的季节打仗。所以，大雪天的深夜也得到野外实行夜间训练。在这士气低弥的时刻，一校之长居然扎上小皮带，穿上棉大衣，迎着刺骨的寒风骑上马，与同学们一起迈向大雪覆盖的射击场，这是何等感人的一幕！

要知道，炮兵学校的校舍是当时全东亚

---

[1] 见《邹作华先生事略》，《国史馆现藏民国人物传记史料汇编 第一辑》。

地区首屈一指的，不但通电，而且装有供暖的暖气！大冷天的寒夜里躲在校长官邸里吹暖风多舒服，哪个校长会出来与同学一起野外奔波，就地宿营受罪？所以，曾经在炮校受训的学员，谈起邹校长来，一定是心服口服，绝对没有一句闲话。

到了射击场，邹校长也绝不含糊。他本人与德国顾问一样，是一位在学生面前不会丢脸的"过硬"教官。他有丰富的实战经验，战术指挥素养深厚，战法则滚瓜烂熟。德国顾问的炮兵群遮蔽阵地，他在南口大战就玩过了。所以，德式炮兵战术的最新学术一点就通。即使是单炮射击战术训练，邹校长也是强中之强，最新式的火炮摸一下就能上手。

在1938年选派炮校中、少尉班接受教育的单静安对邹作华的过硬功夫有过亲身经历。有回邹作华巡视尉官班跳炮操，一时兴起，自己上炮当瞄准手，要学生下口令。他的动作居然是干净利落，一步到位：

"有一次出炮操，课目是卜福斯山炮瞄准训练。教练正进行中教育长翩然莅临，手里拿着一支短短的马鞭。教官随即发'立正'口令。敬礼后，接着报告课目与进度。教育长指示要大家继续操作，我看到教育长神采奕奕的，将鞭子交给身后的侍从官，并一直走向我的身边—当时我正操练第二炮的瞄准手。教育长对我说：'你起来。'当我起身离座，教育长乃坐在我的位置上，看一看随即将瞄准镜及表尺分划归零。又转过头来对我说：'你下口令。'我呆了一下，但很快的恢复镇定，知道教育长要以身示范，乃大声的喊：'瞄准点，右前方独立树，方向一千三百，（距离）四千五百，高低正五。'口令尾音尚未截止，突然听见教育长一声'好'，同时一只右手举起，然后离开炮位叫教官实施检查。"

邹作华的速度真是太惊人了。作为一个瞄准手，他听闻"瞄准点，右前方独立树"时，要站起来看清树的方向。在坐回原位后，第一个动作是装定方向分划，瞄准手要旋转两个方向分划转螺，方向本分划以百米为单位，方向辅助分划以十米为单位。单静安同学很客气，取了个1300的整数，只要转本分划，如果是1310，就要加转辅助分划；第二个动作是装定表尺。要打4500米，瞄准手要先把表尺游标移到二号装药表尺，再转表尺转轮装定表尺；第三个动作是装定高低角，要调高低正5，瞄准手的左手要将高低分划转螺向左不多不少旋转5小格，右手则转动高低角转轮把高低水平器泡居中。所以，邹作华一共要转5个转螺，定一个水平汽泡。如此复杂的动作，一般人最少也要一分钟，但邹作华居然在口令未喊完就已经全部完成，真是神人了！

教育长动作如此之神速，难免让同学们起疑。于是，邹作华下令教官检查。在教官检查完毕之后，还让各班推选一位同学来检查，确认教育长的动作有没有错误：

"教官把瞄准线，方向分划，高低分划及水平气泡逐一看过，无言敬礼而退。接着教育长要每炮派一位同学来参观，见所有操作正确无误。大家对教育长能以如此崇高的官阶，尚能对小动作如此熟练，无不从内心加以叹服。"

邹作华在午餐时会轮流找学生们会餐。单静安抑制不住好奇心，借会餐之机大胆追问邹作华装定分划的方法，邹作华则顺势给同学们上了一课。他的速度是用心练出来的。炮兵要练到不必看分划就能调整好各种分划：

"有一次我问道：'您如何能那样快速而准备的装定分划？'教育长笑一笑说：'噢！

装定方向分划是用大拇指和食指去捻，表尺分划是用手掌去擦，每个人手指与手掌都有自己的一定之长度。当分划归零以后，用自己手掌手指的定点去捻和擦。先由千而百，再进为五十、十、五．如此反复演练，有三、五周的时间，一定有成。将来你们到部队去当连排长时，应先将自己练好，然后再教士兵。'后来我在炮十七团当连长时，就遵照以上的指示去做。虽然在没有星光的夜晚，也能操作纯熟，毫无差误。"[1]

炮操技术只是老炮兵的小窍门，实弹射击才能见真功夫。尤其，在射表还没修改好的新炮试射中。炮校流传着一则邹校长的英雄事迹。话说，有一次蒋介石临时通知要来视察德国新交货的150毫米重榴弹炮，而此时的150毫米重炮交货不久，在德国编制的射表刚开始与中国气候磨合，新炮表尚未完全修改完成，射击还没把握。但是，蒋介石却要看实弹射击。德国军事顾问只好勉强上阵。但150重炮却在蒋介石面前闹起脾气，居然连续四、五发炮弹都找不到弹着点。

"不见弹"是炮兵的最大耻辱！当时，法肯豪森总顾问与一群德国顾问面面相觑，不知所措，但邹校长却冷静地看出问题所在。他亲自下场指示修正量。并且，恭请蒋介石注意前方半壁山左角处。当炮声再次响起时，果然半壁山左角处轰隆一声，烟尘大起，正中目标！

有了真正懂炮兵爱炮兵的校长，炮兵学校的各项建设就能飞速发展起来。于是，中国德式炮兵开始了辉煌的全新时代！

---

[1] 见单静安《抗战期间身受邹将军教育之回忆》，《邹岳楼将军八十回顾》。

第五节 德式炮兵的全盛时代

邹作华在上任之际，立即看出炮兵学校的问题症结。他发现周斌时代的炮兵学校是一所"懒惰"的学校。周斌崇尚学术，不喜欢辛苦的野外训练，炮校教官们也各个擅长在课堂上玩粉笔，却将野外训练的苦差事扔给德国顾问。一所不爱野外实训的军校，怎能练出成效呢？

在邹作华接任时的炮校练习队，无声地反应出周斌校长的懒惰。练习队编制山炮、野炮、重炮各一连，专供学员出操野训之用。然而，练习队却只有德国顾问亲自指导的"卜福斯"山炮连是满编的，野炮连与重炮连的火炮几乎完全缺编！

其次，炮校的训练进度慢得吓人。周斌领导炮校两年半，真正认真训练的班队只有两期学员队与一期野战炮兵观测军官班。一个耗资千万的军校，一年只练成120个军官，实在是太懒惰了，无怪乎蒋介石提起炮校就摇头。

"本校学制……仅有学员队一队，每期规定召集学员一百廿员，修学期间为十个月。一年之中，仅能毕业一次，故每年人才之造就，至多不能超过一百廿员。且以十个月之期间，修习科目达十余种之多，博而不精，殊非设

▲ 射击中的汉造"克"式野炮。炮身正向后座，剩下制退筒。在邹作华校长的积极领导下，炮校勤练野训，实弹射击非常火热，打坏了火炮也不足惜，校长会特案向军政部领炮再打！

▲ 邹作华将军亲自指导野外教练。有如此勤奋骑马视察野训的校长，炮校的教官就会争相率领学生到射击场野训。

立专校之本旨。"①

于是，邹作华一上任，第一个巨大变革就是率领炮校动起来。他在上任后的第二个月呈请拨炮，将没有炮的练习队野炮连与重炮连充实起来。于是，军政部从中国军队唯一的重炮团炮 8 团调来三门 150 毫米重榴弹炮，另拨发四门"克"式野炮，让炮校能尽情地做野外训练。

在练习连迅速充实起来之后，下一步是要改掉教官的懒病。邹校长下令炮校的每个班队每周都要做两、三次野训，并且亲自选择十余位研究委员与教官编成教练组，专门负责野外训练，而他自己就兼任教练组的主任教官！

当年的军校也有周日休假。每周上课六天。野外教练一次就是一整日，大清早出发，傍晚回校擦炮擦枪。每周打两到三天野训，炮校学员的心就会完全放在在野外拉练上，课堂上听课反而成为过场。

学生如此，教官亦然。炮校的教官们必然会争取机会调到负责野外教练的教练组。因为，炮校不止一个班队，每个班队都要做两、三天野训，坚持亲自跟队的邹校长几乎每天都在射击场。一个炮校的教官如果不到教练组做野训，就等于自绝于校长。这样的教官恐怕下个学期就接不到聘书了。

汤山炮校射击场虽然面积非常巨大，绕一圈要走上一整天。但是，管理效率却非常高。为了充分利用射击场的复杂地形，射击场铺设有完善的全场永久通讯网，还设有 3 个观

---

① 见《陆军炮兵学校四周年大事纪略》，《炮兵杂志 第四期》。

▲ 野外训练中的汉造"克"式野炮。

测塔与 30 个射弹掩蔽部，让教官可以随心所欲地在复杂地形中挑选作战阵地与射击目标区。教官将野训的学员们带到预定位置之后，只要摇个电话通知场部一声，场部就会清空射击场，升起警戒气球。警戒气球升起十分钟之后就可以开始射击了，一分钟都不需多耽搁。

于是，汤山炮校的射击场天天响起热火朝天的隆隆炮声。刚领到的"克"式野炮经不起如此卖力的野外操练，第一年就炸膛一门。教育部门都是很官僚的，搞坏教具会带来无休无止的写报告工作。但是，邹校长却无动于衷，他一脚踢开没完没了的报告编写工作，仗着高最统帅对自己的器重，专门向军政部呈请立即换发一门"克"式野炮，拉上射击场接着狂打苦练！

在燃起野训的火热校风之后，邹校长的下一步大改革便是修改学制。邹校长指出，炮兵学校不该只是一所每年训练 100 多个精英干部的学校。炮校要大张旗鼓地走向全军，大量调训各部炮兵军官来校受训，要让炮校

的德式教学迅速推广到全体炮兵！ 1934 年底，邹作华向训练总监部提出炮兵学校的新编制计划。他要大手笔地开办中少尉训练班、上尉训练班与校官召集班等三个速成训练班。中、少尉训练班与上尉训练班每年召训两次，每次召训 60 人，一年要练出 120 名中、少尉与 120 名上尉。校官召集班每年要召训三次，每次 20 至 25 人。

以当时中国炮兵的实际规模而言，这个训练计划是非常庞大的。当时，一个战炮连的基本军官编制包括上尉连长、中尉连附、中尉排长、少尉排长、少尉观测员与少尉弹药队队长各 1 名。弹药队长只管运弹药的小驴队，不需要调训。所以，一个连需要调训的人员是 1 名上尉与 4 名中少尉。一个团有 6 到 9 个连。以 9 个连计算，是 9 名上尉与 54 名中、少尉。炮兵营部有中尉观测员与中尉测量员，团部有上尉军械员与中尉观测员。所以，一个三营制的炮兵团，需要调训的人员大概是上尉 10 名与中、少尉 61 名。

中央军有八个独立炮兵团，其中炮 1 团、

▲ 代参谋总长朱培德上将与数名高级将领巡视炮校。右起，训练总监唐生智上将，代参谋总长朱培德上将，炮校教育长邹作华少将，江宁要塞司令钱卓伦少将，宪兵司令谷正伦中将，训练副监张华辅中将。时间约在 1935 年。注意邹作华将军别树一格的军帽。

炮 2 团、炮 3 团与炮 5 团是新成立的"卜福斯"炮兵团，炮 4 团是中央军校的教导团，人员已经非常整齐。所以，独立炮兵团只有三团的人员要调训。即上尉 30 人与中、少尉 183 人。换言之，按照邹作华的计划，他一年之内就能把所有八个独立炮兵团还没有接受炮校德式教育熏陶的下级干部一网打尽，全部用德式教育进行改造！

在中央军之外，东北军有六个炮兵团（炮 11 团、炮 12 团、炮 15 团、炮 16 团、炮 17 团、炮 18 团。）。晋军有十个团，阎锡山只会派少量干部来汤山窥探中央军虚实，不会全面放干部来南京受训。所以，只有东北军炮兵的军官能全面调训。以此类推，一年到一年

半也可以全部练成。于是，在两年之内，所有由军政部直辖的炮兵团，军官干部就能焕然一新。

然而，实际状况还要更快。因为，炮兵学校不可能全面调训。一个连能有一个在炮校中、少尉训练班受训的中尉连附，回到连队就是种子，整个连的教学就能改造成德式教练。一个营能有一个上尉连长受过炮兵学校的熏陶，回来就能办干训班军士队，整个营就能提升到德式水平。所以，当时的实际状况，时常是一个炮兵营只调两、三员优秀尉官当种子，回营之后则成为部队自训的种子教官。

于是，邹校长有了时间，就能兼顾上全

▲ 在邹作华出长炮校之后，炮校以客为尊的招待所也成为野外演习的帐篷。图为何应钦上将视察炮校野外演习时留影。左起：冯玉祥，何应钦，邹教育长。左前为刘安祺，左前二为黄杰。各将领都是一袭防风大氅或风衣，可以想象这是隆冬时节。朔风凛冽，让两位一级上将骑马赴野地看操，这就是炮校的待客之道！

▲ 视察炮校野外演习中的何应钦。前右为何应钦，前左为邹作华。

▲ 1936 年蒋介石视察炮兵学校时步行前往野外教练地点。蒋介石左方为何应钦，后方为唐生智。邹将军在右方趋前指示。

军其他各个师属炮兵营的尉官训练了。当时有炮兵营的师不多。若以 100 个师炮兵营计算，每个营调两、三员尉官送训，三百员种子尉官只要一年就能训练成功！于是，邹校长的两种尉官短训班，在抗战前夕已经让炮兵面貌一新。依据邹作华在 1937 年 1 月的报告，炮校当时已经将所有直属于军政部的独立炮兵部队干部训练了一遍，30 个整理师的炮兵军官也已于 1936 年底训练完成。[①]

在抗战爆发之后，炮校尉官班的训练规模大幅度扩展，一次就调训 500 名尉官入校训练。在周斌时代每年只招 120 名尉官的学员队也飞速扩充，学员队自第四期起改称"炮校普通班"，在抗战前夕开训的第五期普通班，全队学员多达 530 余人。但是，炮校学员队的宿舍是按照学员 120 人兴建的，为了解决 530 位学员的住宿，炮校将汤山地区所有能租的房屋被租赁一空，却仍然无法容纳所有学员。于是，邹教育长不得不专门致电向蒋介石再要经费扩建学员宿舍。[②]

练好了尉官，下一步就是团长，团附与营长等校级军官了。

校级军官的战术教育是炮校的重头戏，但是，周斌时代的校官教育却几乎是一片空白。周斌时代先后办过召训上尉的射击研究班与召训校官的战术研究班各一期，但成效

① 中国台北国史馆藏，蒋中正文物档案，第002-080200-00479-068号档案。
② 中国台北国史馆藏，蒋中正文物档案，第002-080200-00480-116号档案。

显然不好。所以，佛采尔在辞职报告中，特别呼吁要把炮校的德式训练扩大到中级军官干部身上：

"中国官长，大半不熟悉由遮蔽阵地之射击。即对新敌人唯一之射击方法。故建议令炮兵部队长官由连长至团长轮流入炮兵学校训练班，学期三月，逐渐补习炮兵官长技能。但此种训练班必需由熟悉间接射击之德籍顾问指导方有实用。汤山新建之炮兵学校，今春如能竣工，即可开办此种训练班。"

于是，邹作华大张旗鼓地办起校官召集班来，这个班次把整个炮兵中、上级干部的水平一举提高，为中国炮兵打开了局面。当时在炮校学员队受训的蓝守青回忆道，原本炮兵的中、上级军官风气实在太差，即使练好了下级军官，影响也很有限。但是，校官召训班一举扭转了全军炮兵的风气，"各级主官的学术水平提高，部队研究之风兴起"：

"在北伐时收编的炮兵，虽然他们过去经过较长时间的训练，对一般射击不成问题，但技术水平并不高。比较繁杂一些的间接瞄准，就有很多人不会……过去炮兵部队是独立单位，部队主管多半精力消耗在经理事务方面和应酬方面。1930年的炮四团团部在汉口希昌里，而部队驻在硚口南洋兄弟烟草公司，当时的团长鲁宗敬几个月不见部队，营长们除值星到驻地外，平时在公馆打牌过日子，甚至连长也可以个把星期不归营。有些比较负责的团长想了一些奇怪的办法来解决这个问题。例如炮六团纪毓鲁，他在前方是把麻将摆在团部里，使营长们经常在一起，有事在牌桌上解决。在这种敷敷衍塞责的风

气中，炮校毕业回部队的学员最初起不到什么作用……以后由于炮校加办召集班，迫得他们非学通不可。这一来各炮兵部队的团、营、连长一反过去做官恶劣习气，兢兢业业地进行研究和学习。这一来不独喊出"赋与射向把炮口朝自己"的口令的离奇笑话没有了，连战术处理也提高到当场批判……"[1]

校官召训班的另一大奇效是在战术思想上消除了炮兵的地域之见。当时的炮兵系出多源，有中央军、东北军、晋军与老西北军等各种派系，而邹作华却是一个能跨越派系的校长。于是，炮校顺利召训到各系统的中、上级干部，也统一了各派系的战术思想。蓝守青回忆道：

"各炮兵单位的团，营长以及基层干部，可说都共进过炮校之门。从此不独部队内上下通气，部队间亦有人事交流…统一了炮兵军官的战术思想，提高了他们的指挥能力和技术水平。"

于是，流派各异的炮兵也可以编成炮兵群一起打仗。蓝守青就亲身经历过三个不同派系炮兵携手同心打仗的奇迹。

▲ 《良友画报》中的东北军炮兵军官。蒋介石任命邹作华出长炮校，打破了地域派系的局限，东北军炮兵自此与中央军炮兵融合，进而推行全军，传为佳话。

---

[1] 见蓝守青《我所知道的炮兵学校》，《文史资料存稿选编》。

在武汉会战的蕲春战役，三个派系不同的炮兵营在漕河镇占领阵地组成一个炮兵群应战，这三个营分别来自炮5团、炮6团与炮18团。炮5团是中央炮兵精锐的"卜福斯"山炮，炮6团是旧式"三八"式75毫米野炮，炮18团则是东北军的奉造150毫米重榴弹炮，正好是山、野、重炮组合的炮兵群。但是，这三种火炮的射程却恰好违背了"山炮在前，野重炮殿后"的部署常识。时任炮5团第1营营长的蓝守青是三位营长中资历最浅的，他向炮兵群的指挥官纪毓鲁建议不要按着惯例部署。纪毓鲁是保定三期炮科毕业的老炮兵，资历比蓝守青要深15年，可谓是前辈中的前辈，原本会把蓝守青的建议当笑话看。但是，纪指挥官进过炮校，知道各种火炮的性能，也读过蓝守青所学的德式炮兵群战术。于是，他采纳了蓝守青的建议，在漕河镇部署出经典的炮兵群阵地：

"他接受炮一旅五团蓝守青营长的建议，'按射大小来配置'，将炮十八团雷梦熊营的苏式榴弹炮摆在前面，炮六团冯营的野炮置当中，而以炮五团蓝营的卜福斯炮殿后，使狭小正面配置多门火炮，发挥炽盛火力。当时能彼此合作完成任务，未尝不是炮校学习时打下的基础。"

在抗战爆发前，中国的炮兵军官大多已经接受了炮兵学校的陶冶，中、上级军官干部积极钻研战术，下级干部苦练战斗技能。对炮兵而言，那真是个辉煌的年代！

然而，邹校长还有更惊人的万丈雄心。炮兵地面的观测与测地有局限，他就开办了空中侦测训练班，派东北航校毕业的元老聂恒裕当飞机队队长。军政部拨不出飞机，他向有私人飞机的聂恒裕商量借用，又向蒋介石直接打报告，从航空工厂要来刚修好的"容克"机第707号，风风光光地训练出中国历史上第一批炮兵空中观测干部；日本有炮工学校，让炮科军官能深造炮兵战术与造炮工艺，邹作华也不示弱，豪气冲天地办起了炮校高等科！

中国军队的飞机有限，无法成立炮兵观测航空队。所以，空中观测班只办了一期。炮校高等科则需要学术积累。因此，在抗战爆发之后就停办了，只办了两期。但是蕴藏在这些宏伟构想中的胸怀与气魄，正是德式炮兵能迅速成功的关键。在1937年上阵的中国炮兵，已不再是长城抗战中的"吴下阿蒙"。而是，战技精湛的德式劲旅了！

第六节
失落的炮兵学校
——密位对数表的秘密

虽然，炮兵学校的德式建军伟业在八十年前达到了辉煌的顶峰。但是，笔者在八十年后追查起炮校的相关史料，却是出奇地难找。整个炮兵的德式建设壮举几乎成为炮兵史上失落的一页。只有档案间的残篇剩简，无声地印证着炮校德式建军的辉煌篇章，让人大惑不解。

邹作华时代德式炮兵的建设盛举，之所以成为中国炮兵史上失落的一环，其实还是留日派在作祟。炮校的第一"酸葡萄"裴学度在冷嘲热讽之余无心解开了这个谜底："当时的教材均系临时编印的讲义，其系统性尚不如东北讲武堂的教材。"

炮校为什么要用临时编印的讲义上课呢？因为，训练总监部编教材的各兵监都是留日派，编炮兵操典与射击教范的炮兵监更是留日派中最顽固的基本教义派。所以，炮兵的德式教材从来没有被训练总监部承认。真正由训练总监部明令颁布的《野战炮兵操典草案》，是由日文原版翻译改编之作。而炮兵的战术准则，更是两位日本陆军大学教官名著的直接翻译版。

德国顾问的炮兵建设重视野训，课堂上的课本之争，不是德国顾问关注的重点。而且，中国军队的留德军官太少，负责编译德式教材的军委会顾问事务处译述科只能请到年近六旬的老军官翻译，效率很低，只能优先翻译《德译联合兵种之指挥与战斗》与《二五操典》等关键教材。于是，诸如中央军校、军洛分校、骑兵学校、陆军大学与炮兵学校等全面采用德式教育的军校，纷纷自己编印讲义上课。这些匆促编印的讲义质量自然粗糙。于是，各军校的优秀学生们自力更生，将同学们的课程笔记汇集整理，请德国军事顾问过目之后编辑成书，校方则出面介绍出版社。例如，专门出版军事书籍的南京军用图书社与北平武学书局，中央党部办的拔提书店以及上海常出军事学术书籍的共和书局，都经常出版这种笔记类的教材。

影响所及，有些教官也不避嫌疑大胆加入纷争，与学生们一起反抗训练总监部的垄断霸权。

这些学生自己编的课本，堪称当时军事教材中的"反抗军"。反抗军们一律骄傲地打出"德式"两个字。诸如《德式野外实施笔记》、《德式班排连战斗动作问答详解》、《最新德式步兵操场教练大全》、《最新德式操场野外详细实施笔记》、《最新德式步兵野外战斗动作详解》、《德式机关枪对空瞄准具使用方法》、《最新德式战斗指挥之参考》、《最新德式战斗班夜间基本班夜间战斗班教练指导计划》、《德式高等应用战术》、《德

▲ 1936 年蒋介石巡视炮校时以炮队镜视察炮兵学校野外演习。

式通信勤务》、《德式基本教练之实施》、《最新德式小加农炮教练实志》、《德式野战筑城之研究》、《德式通信器材使用及操法》、《德式骑兵野外演习笔记》，以及经典传世之作《中央军校最新德式学术科笔记汇编》与《将校袖珍》……

这些骄傲地打上"德式"两字的教材，才是当时最风靡的军事教材。不待老师课堂指定，学生们就会自动自发地掏腰包去购买。然而，没有经过训练总监部明令颁发的教材，流传数量不可能比得上政府发行的官方教材。所以，在八十年之后，这些教材大多只剩书名，具体的内容已经难以考察了。然而，真金不怕火炼，有些笔记型教材因为销量太好，居然在十年之后还有翻印的新版问世！例如，详解德式炮兵战斗教学的《最新德式炮兵讲授录》是 1934 年由南京拔提书店印刷发行的。

但是，在抗战胜利之后，北平的武学书局竟然又在 1947 年翻印了新版。显然在当年一片美式炮兵声中，十年前德国顾问的教导仍然是老炮兵心中念念不忘的宝藏！

炮兵学校没有负责编书的编译处，教官们忙着野训，只有依靠热心学生熬夜整理出来的笔记作为德式教学的参考书。所以，炮校早期的经典教材都是同学自动编写的。来自炮兵学校与中央军校的笔记型教材，是笔者认识德式炮兵的无限宝藏。包括《最新德式炮射击学详解》《最新德式炮射击学详解》、《野战炮兵操典实施法》、《野战炮兵观测实施法》、《炮兵战术》以及集德国顾问战斗教学大全的《最新德式炮兵讲授录》。

邹作华非常重视炮校学生自立更生的作品，他甚至有雄心把这些笔记型教材升格为新式炮兵的制式范本。然而，他搞不定视德式教学如同仇敌的训练总监部，只好另辟蹊径，改走间接路线。

当时，德式各校经常以长官名人的题字增加笔记型教材的地位。例如，中央军校八期炮科学生所编写的经典之作《最新德式炮兵讲授录》，不但有中央军校教育长张治中

▲ 德式炮兵的"反抗军"。军校八期炮科学生柏园的笔记型著作《最新德式炮兵讲授录》请到中国军队中的书法名家钱大钧上将题写书名。

▲ 1936年蒋介石巡视炮校，乘车赴射击场视察野外演习时召邹将军同车。

等人的题词，还请到擅长书法的保定行营主任钱大钧上将题写书名。于是，邹作华灵机一动。在1936年5月11日，他居然向蒋介石打报告，呈请最高统帅亲自为炮校最新自行出版的《新炮兵射击讲授录》题字，"以增声价"：

"本校现出版新炮兵射击讲授录一书，拟请钧座题字，以增声价。敬乞赐准。"①

这本书应该是炮兵学校教官于厚之的名著《新炮兵射击讲授录》。于厚之是德国炮兵学校毕业的高材生，他的著作分量惊人。然而，这本名著今日已经不见踪影。侍从室在邹作华报告上的签注意见是"拟准"，但没有实物证据，我们也无从确证蒋介石是否曾亲赐题名。然而，邹作华报告中浓烈的"反抗军"精神，却让后人读来不能不为之动容。

于是，邹作华时代的炮兵学校开始全面编写自己的教材，炮校在1935至1936年开始出版自己的德式《兵器学教程》、《炮兵射击学》、《通信学》与《炮兵战斗教练》。

再加上原本已经印制发行的各种笔记著作，炮校的射、测、观、通、炮教学全部有自己的德式教材！

然而，训练总监部却无动于衷，反而以自己的编书力量翻译同样是学生笔记型著作的日文书籍，与各学校自发的笔记"反抗军"打起擂台。训练总监部在1934年荒唐地发行了直接翻译日文原版的《炮兵操典问答集》，

① 中国台北国史馆藏，蒋中正文物档案，第002-080200-00470-131号档案。

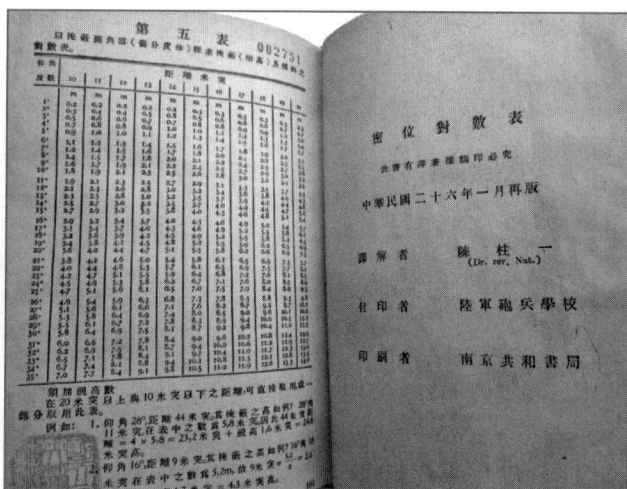

▲ 抗战老兵：典藏于中央图书馆的《密位对数表》。破损的索引卷标说明这是一本饱经战争沧桑的老兵。

就是留日派的经典反击之作。

《炮兵操典问答集》非常肤浅，是日本炮兵大尉内山雄二郎的作品。内山雄二郎在炮兵史上没没无闻，他的地位来自他官拜陆军大将的父亲内山小二郎。这位官二代的作品完全没有深度可言，大概是他在士官学校上课的笔记。但是，内山大尉的父亲影响力实在太大。所以，能在日本的军事学术书籍出版重地成武堂出版。也许是因为这本书篇幅较短，翻译容易，又是日军的笔记型教材。所以，被炮兵监里急于与各校学生打擂台的偷懒留日派编译官们选中而翻译成中文的吧。

《炮兵操典问答集》的内容实在太贫乏了，即使有训练总监部的护佑，流传量显然也拉不起来。所以，中译版今天已经无从一见。笔者只能由日文原版，对这本炮兵监用来与"反抗军"对决的"武器"中一探究竟。

在炮兵学校自行印发的著作中，大约在1936年刊发的《密位对数表》却深深震撼了笔者。这本对数表是德文原版的译本，由炮兵学校交给南京共和书局印制发行。而且，销量显然不错，几经再版。因为，流通数量很大，传世的机会也就多了。所以，在今天的中国台北中央图书馆里就藏有一本。

我们在前文谈过，"测地"是日军炮兵的强项。在长城抗战期间，日军就靠着精湛的测地技术，全面压制了中国炮兵。所以，在长城抗战结束后，德国军事顾问决心加强中国炮兵的测地技能。今天的炮兵战技将"观测"与"测地"分开成两门学科，但当时的德式教练则视测地为观测法的一部分。所以，一部德式《野战炮兵观测实施法》，几乎通篇讲测地。在炮校时代，中国军队的测地技术飞速提升。例如，蒋介石最器重的炮兵名将彭孟缉，就是德国顾问练出来的著名测地教官。

老炮兵都知道，射、测、观、通、炮五大战术技能中，测量队是炮兵射击的真正重心。如果测地有误，后面的射、观、通、炮就不必谈了。而测地也是最困难的技能。因为，地图测得的射击诸元是以角度值呈现的。而且，还是一般人不熟悉的6400密位圆周率，不是通行的360度圆周率。所以，测量员是靠三角函数吃饭的，测地根本就是数学

▲ 中央军校十周年阅兵式里的汉造"克"式野炮机动纵列。在邹作华将军出掌炮兵之前，表面光鲜的炮兵外强中干；但在邹作华将军的勤训苦练之后，炮兵成为一支自信强悍的精兵，已经有上战场与日寇一搏的自信与能力！

▲ 1936年蒋介石赴炮校视察"莱茵"三十二倍十五厘米重榴弹炮。照片左方胸前挂望远镜的将领是俞大维，俞署长右方是总顾问法肯豪森。这张图片也可以清晰观察到"莱茵"重炮的炮尾部。邹将军可能在这次视察时亲自瞄准试射"莱茵"重炮。

▲ 战斗中的"卜福斯"山炮。这张来自《良友画报》的照片代表炮校的训练成效。

题，测量队甚至必须编制计算员专门玩三角函数！

于是，《密位对数表》应运而生。各个密位相应的 sin、cos、tg（即 tan）、ctg（即 cot）三角函数值一索即得，测量队才能迅速求取射击诸元。所以，《密位对数表》是测地的至尊秘籍。测量官兵一定人手一本。

在中央图书馆的《密位对数表》是 1937 年 1 月再版的，距离抗战爆发只有六个月。以时间推断，必然是打过日寇的老兵。这本书原本的拥有者显然是位经常以图上作业求取射击诸元的测量员，而且他必定经常翻阅。所以，书本侧页用来在战场上快速翻书的索引卷标都已经被翻烂了。

这本对数表的老搭档，也许是"卜福斯"山炮，也许是三十二倍 150 毫米重榴弹炮。离开了战场，饱历战伤的密位对数表静静地搁在图书馆不起眼的架子上布满灰尘。依据原书所附的借阅卡，这本放在中央图书馆数十年的老书从来没有被借阅过，它甚至被归错了类，成为一本科学技术类书籍，没有人认得他是货真价实的"抗日老兵"。

《密位对数表》是要上战场的。所以，印刷一定要清晰。而且油墨要用最不易受环境影响掉色的品种，最好掉到水里捞起来还能用。所以，历经八十年的风霜，虽然纸张已发脆泛黄。但是，墨色却依然遒劲鲜明，完全没有一丝脱落掉色的痕迹。

看着密密麻麻的数值，笔者肃然起敬。在这些数值中，老炮兵能够读出德式炮兵建设的辛酸血泪，有大喊"抗日"誓师出征的慷慨豪情，更还有老辈炮兵为国牺牲的满腔热血。

八十年之后，这本"抗日老兵"仍然为着已经逝去的忠勇战友无声呐喊，仍然为了已经被遗忘的抗日壮举而振臂疾呼！

第九章

让炮兵飞起来！
——抗战炮兵的全胜之策

1936 年，由陈诚主持的陆军整理处全面整理野战炮兵的火炮装备。当时国民革命军全军火炮保有量为 567 门，种类纷杂、良莠不一，甚至还有不少袁世凯在小站练兵时使用的"格鲁森"57 毫米架退炮。陆军整理处将老旧破损的火炮淘汰了 110 门，剩下来的 457 门各式火炮，另加上半独立的晋军炮兵拥有的 348 门山野炮，就是中国野战炮兵在抗战爆发时的全部本钱。①

陈诚很想迅速扩建新炮兵。当时野战炮兵的建军目标是在每个整理师建立一个师属炮兵团，初期 30 个整理师，就要 30 个炮兵团。当时中国军队已经编成 15 个独立炮兵团，虽然炮种不一。但是，陈诚假设 15 个炮兵团未来都可以改编为师属炮兵团。所以，只要再加上已经成立的 15 个新炮兵团，就能完成 30 个师属炮兵团的建军任务。在 1936 年时，兵工署正热火朝天的积极设计新式 75 毫米野炮与 100 毫米轻榴弹炮。所以，未来师属炮兵的火炮取得，在理论上不再是问题。然而，经费却是一大挑战。于是，陈诚拨起算盘，算出整建新炮兵团的惊人预算：

"每一连新式七五野炮或十厘米左右轻榴弹炮，附带子弹五千发，加以必要之观测通信测量器材，约为五十万元。以每年三团计之，共需一千三百五十万元。至于十厘米至十五厘米之加农炮，平均每连约需一百二十万元，倘能筹得巨款，设厂自制，当较便易也。"

中国军队军费一向紧缺，在中德军事合作挥金如土之际，筹措野战炮兵重新整建的千万经费尤其困难。但是，陈诚是一位积极的将领，他总是主动为上司分忧，而不是一鼓脑地将难题往上推。于是，他想出用铁甲车队做生意赚钱的怪招。陈诚指出，在炮兵中有一个默默无闻的铁道炮队司令部，共有 17 辆火车头。这些蒸气机车平时摆着也没用，干脆抽出 10 辆给各铁路管理局代为经营。据

---

① 中国台北国史馆藏，陈诚文物档案，第008000000675A号档案。

陈诚估计，一辆机车只要调度适当，一个月可以收入法币10万元，10辆机车就是100万元，一年就是1200万元。用这1200万元建立师属炮兵团，再挪用一点炮兵学校的专款建立重炮兵，就能在蒋介石预计抗战开始的1941年之前建立15个新炮兵团，外加20个连的150毫米重炮兵。如果，蒋介石允许将所有17辆火车头全部投入营运，在这五年之间还能顺便把铁甲车队整个翻新。

陈诚的生意经并不高明。他是个军人，谈生意没有毛利与净利的观念，更不知营业成本与损耗折旧为何物。铁道部在1937年5月手握机车1272辆，[1]如果一辆机车跑一年就能净赚120万元，铁道部一年就可以净收入法币15亿2640万元，国民政府民国二十六年度（即1937年）的总支出是法币15亿1129万余元，光靠铁道部收入就可以打平所有支出了，何必再扩大税负发行公债呢？

所以，野战炮兵扩建的症结，追根究底还是在一个"钱"字作怪。如果，蒋介石能一口气拿出6750万元，就是克鲁伯与莱茵金属的钻石级VIP客户，建立15个炮兵团所需的540门各式火炮肯定能以不可思议的迅速交货。中国军队的火炮数量能翻一倍，15个新炮兵团可以立即成军，抗战就不会那么辛苦了。

当然这是梦话。所以，在抗战爆发之时，野战炮兵只能靠现有的400多门炮来打仗。

然而，打仗不单是物质问题。兵在精不在多，一支训练有素的炮兵能够以寡击众。但是，日军炮兵也不是傻子，要在抗日战场以寡敌众，炮兵得要有秘密武器。

炮兵究竟能靠什么秘密武器以寡敌众呢？这正是邹作华将军在抗战前夕日夜苦思的问题……

---

[1] 见金士宣《铁路与抗战及建设》。

第一节
不切实际的空中观测

在1937年的德式新炮兵已经练成测地的本领，成为一支能以三角交会法打仗的劲旅，战斗技能堪与日军相提并论。但是，邹教育长并不满足，他不止要练出一支能与日军炮兵齐头并进的炮兵，更要练出一支能全面压倒敌人的全胜炮兵！于是教育长望着"射、测、观、通、炮"五个大字，陷入沉思……

1937年，德式新炮兵的射击指挥、通信与炮操都已经达到理想境界，很难再有突破。于是，邹教育长把注意力集中在测地与观测上。新式炮兵已经把方向盘练得炉火纯青，三角交会法与导线法的测地技能也在德国军事顾问的加强训练下突飞猛进。但是，中国军队的测地与观测，都停留在平面阶段。依赖地面观测所的目视。德式炮兵的老本行方向盘观测是最直接的，观测员看不到目标与弹着点，就没有办法赋予射向修改弹着点。靠密位对数表打仗的测量员也一样。测量员要用三角测量测地，眼前的经纬仪也必须能直接觇视到射击目标（或者至少能觇视到用来推算射击目标的参照物），才能利用在自己阵线里已经精密测量好的基线进行阵地测地与前线测地，求取炮目距离、炮目方向角与炮目高低角。

所以，观测与测地两大关键技能，都必须在观测所的测量员能够目视观测的距离之内。如果，射击目标身处复杂的山地中一座大山的反斜面阵地，什么参照物都看不到，观测员就束手无策了，测量员也只能抱着密位对数表发呆了。即使火炮阵地里是射程15公里的"莱茵"重榴弹炮，也没有用武之地。

要想打到山后头反斜面阵地的目标，发挥"莱茵"重炮的弯曲弹道与远射程威力，只能化平面观测为立体观测。换言之，要让炮兵飞起来！

邹作华在1934年7月上任之时，就有让炮兵飞起来的雄心。让炮兵飞起来，最简单的方式自然是利用观测机进行空中观测。于是，邹作华迫不及待地在1934年年底成立了空中侦测训练班，招选六位学员，由德国军事顾问葛立茨上尉亲自教学空中观测、空中照相与无线电收发报。[①]

观测员在空中观测目标与弹着点，以无线电迅速回报地面炮兵修改射击诸元，是观测立体化的不二之选；空中照相则可以让测量员按照航拍照片，跨越视界的极限轻松绘制最精确的坐标图。只要大山成为地图上的等高线圈圈，测量员在自己阵线里精密测好

---

① 见裴学度《国民党南京炮兵学校始末》，《鞍山文史资料选辑第一辑》。

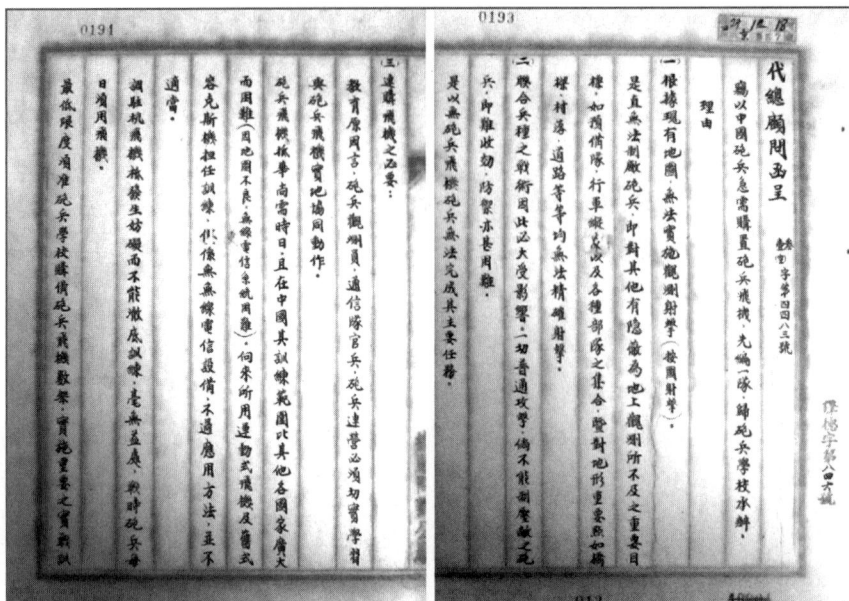

▲ 法肯豪森总顾问于1935年12月16日建议于炮兵学校成立飞机队的报告。图为台北国史馆典藏档案原件。

距离、方向、高低的基线，就能幻化成无远弗届的三角形，超越任何阻隔视线的山峰茂林，将大三角形的顶点分毫不差地定位在射击目标之上。

只要在炮兵学校受过训的，就尝过炮兵飞起来的甜头。因为，炮兵学校射击场所使用的坐标图，就是由空中拍摄求得的最细密坐标图。然而，全国两万五千分之一地图的全面航拍绘制需要时间，只有建立能由空中侦察战场的观测机队，才能掌握测地的优势。

可是，邹教育长很快就放弃了建立炮兵观测机队的构想。炮兵观测机的用途是观察战场。所以，速度要求低速而非高速，能够飞到接近失速的最慢速度飞行，才是观测机飞行员引以为荣的战绩。低速飞机在战场上是很难自保的。所以，炮兵观测机的部署前提是全面的空中优势，而中国空军的力量显然还不足以取得压倒性的空中优势。

如果没有空中优势，炮兵观测机一升空，就是敌军最好的靶子。所以，邹教育长从来没有提出购买速度可以低到接近失速的传奇观测机 Fi-156。而德式炮兵也只能继续依靠方向盘在地面打仗。

要如何在纯粹的地面炮战中取得全胜？

邹作华放下在当时有些不切实际的空中观测，改由炮战的本质出发，进行哲学家一般的哲理深思。哲学家喜欢问："我们从何处而来，我们是什么，我们往何处去"。深邃的哲理让邹教育长茅塞顿开。教育长沉吟道："我们是炮兵，我们为打日寇而来，而我们唯一还没想通之处，是炮兵要从什么目标开始打起！"

第二节 炮兵杀手声光测

一炮秒杀!

邹教育长也许读过《训练操法详晰图说》,他猛然想起遥远的直接射击年代炮兵耳熟能详的炮战本质:炮战首先是炮兵之间的决斗!

问:敌之何队亟宜击毁无遗?

答:炮队。因炮击最远最猛,我不伤彼,彼必伤我,势不两立,故宜击毁无遗。

中国炮兵的致胜之策,是优先击毁日军的炮兵。只要能消灭日军的炮兵,中国炮兵毫无忌惮地消灭任何想打的日军目标。所以,炮战的致胜之道,就是建立炮兵杀手,在炮战的第一时间优先消灭日军炮兵,这就是中国炮兵能主宰战场的决胜武器!

怎样才能迅速消灭日军的炮兵呢?答案近在眼前——侦测营。

炮兵侦测营包括三个基本连队:测量连、声测连与光测连。测量连的任务是进行基础测地,把侦测功夫的基础扎稳。而声测连与光测连,就是侦测营在扎稳基础之后,向日军炮兵挥出的拳头,这个即准又狠且强劲的拳头叫作"声光测"(Flash Spotting and Sound Ranging)。光测连观察敌方炮兵的火光或烟雾,锁定敌炮兵方位。声测连按照火炮射击与炮弹落地的时间推断方向与距离。所以,声光测是炮兵中专职的炮兵杀手。

然而,炮兵杀手是非常昂贵的。声测与光测都必须编成建制巨大的连队,才能发挥炮兵杀手的效用。因为,炮兵杀手的任务是两军炮兵之间的决斗。所以,声光测求取的

射击诸元必须完全精确,使参加决斗的火炮能不做试射,直接以最精确突然的急袭效力射一炮秒杀!若是射击诸元有误,一炮打偏,就换成日军来秒杀泄露踪迹的中国军队火炮阵地了。所以,声光测的射击诸元不容有误。

声测与光测的实地操作,其实都是平面三角测量的数学题。若想三角测量的结果精确无误,基点自然越多越好。两个观测所一条基线画三角形求出的三角点可能有误,但用六个观测所三条基线画出三个三角形,总能算中一个吧!所以,声测与光测都要编制成连,才能确保测量结果的完全精确。当然,要画出三条基线,负责基础测地的测量员也要将编制扩大成连。打起仗来摆出一排观测所,日军炮兵除非不开炮,一旦开炮,他们的炮兵阵地肯定是无处遁形了!

德国军事顾问早在1932年就在炮校大力提倡声光测,炮校也按照德国顾问的要求买进一批设备,但是周斌校长却毫无兴致。但是,

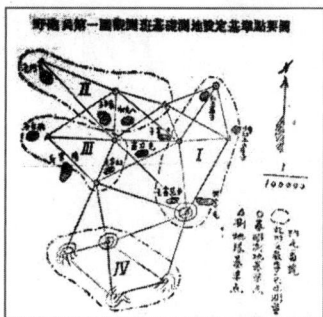

▲《最新德式炮兵讲授录》中的"野炮兵第一团观测班基础测地设定基准点要图"。

邹作华在走马上任时，却马上看出炮兵杀手的无限潜力。于是，他大手笔地成立了营级规模的炮校侦测队，以德国炮兵学校毕业回国的徐尚章上校出任队长，迅速编成光测连、声测连、测量连、气象台与制图排齐全的完整侦测营。

然而，侦测营是很贵的，测量连的最佳装备是十分昂贵的"蔡司"经纬仪，但这个问题是可以克服的，用钢卷尺慢慢测量基线也可完成。光测连要观察敌方炮口火光，视界宽阔的炮队镜是不二之选，可"蔡司"炮队镜一具也要两千大洋，三连九个光测排，要编成光测连非两万大洋不行。而光测连还算是便宜的，因为，声测连的听音机那可是个天价的玩意儿。人耳的听觉有误差，有角度限制。所以，听炮声要使用更昂贵的听音机。专业的听音机是为了高射炮打飞机开发的，非常精确，可以判定音源角度与距离。[1] 听音

▲ 听音机。声光测是邹作华将军苦思冥想而得的炮战致胜武器，听音机则是声光测的关键装备。

机的唯一缺点是气象条件会造成误差。所以，要声测连还要有气象台，将战斗时的风速与湿度考虑在射击诸元之中。于是，声测便成为侦测营中最复杂而昂贵的投资了。

邹教育长是不怕花钱的！他在1935年盛夏迷上了声测。于是，找法肯豪森总顾问介绍人才。法肯豪森介绍了德军现役上尉范炳克，邹作华毫不迟疑，专门提交报告呈请雇用范炳克担任声测顾问。[2] 两个月之后，邹教育长斥资购买声测连使用的"计算器"，[3] 并附带采购指挥车一辆。这个"计算器"应该就是听音机。

邹教育长本人是留日士官生，日文流利，经常阅读日方最新的炮兵学术著作。他发现日军虽然测地功力深厚，但是声光测本领还在起步阶段。所以，邹作华对声光测非常热心。邹作华只雇用范炳克上尉一年，显然他的声测教练试验是以一年为期的。在一年半的学习后，邹教育长豁然开朗，声光测就是他梦寐以求的秘密武器。即使中国炮兵还在用"大正六年"式山炮，但只要掌握声光测，"大

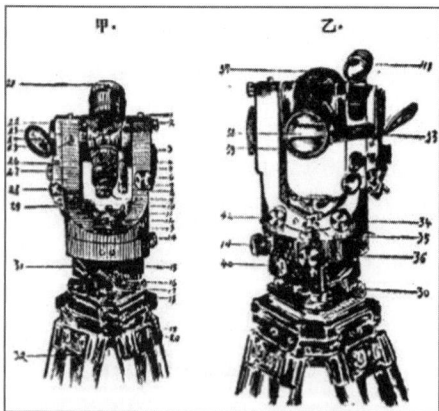

▲《最新德式炮兵讲授录》中的经纬仪手绘图。经纬仪为测地利器。在德国顾问的精心操劳之下，炮兵已经掌握测地技能，熟悉经纬仪与钢卷尺，不再是长城抗战时没有测量员编制的吴下阿蒙。

---

① 见贝赛特著，贺其炽译《军队之耳—听音机》，《炮兵杂志 第五期》。
② 中国台北国史馆藏，蒋中正文物档案，第002-080200-00242-007号档案。
③ 见《陆军炮兵学校四周年大事纪略》，《炮兵杂志 第四期》。

▲ 日军《观测通信学生生地测地及标定演习记事》中的"基准点及方向基线配置计划要图"。勤于野训的炮兵军官最重要的野外课程，就是设定基准点精测基线进行三角交会的测地技术。由当时中日两军留下来的教材判断，双方的测地实力已经不相上下。要压倒日寇，中国炮兵必须有致胜的武器。

正六年"式山炮就能够在中日炮兵决战中全胜秒杀日本炮兵，造成炮战中压倒性的优势！

1937 年 3 月 28 日，邹作华向蒋介石提出长篇报告，力陈建立侦测队的重要性。邹作华指出，建立侦测部队是炮兵的全胜之策，"敌方于侦测学术，尚未达于完善之域。今吾国采择先进强国之新锐，积极建设训练，最短期内，必能迎头超过之。"

然而，邹作华的远见卓识还不仅如此。他不但要建立声光测当炮兵杀手，还要让炮兵杀手飞起来！

飞行的炮兵杀手

炮兵在第一次世界大战之前，就已经开始利用气球担任空中观测任务。日本人早在日俄战争时，就使用大崎气球制造所的"山田"式气球配合炮兵作战，在抗战初期，气球仍然是日军炮兵的观测利器。中国虽然早在清末新军年代就曾购买"山田"气球编成气球队，但是中国军队没有空中优势，气球升起就是靶子。所以，炮兵没有人会谈气球。然而，邹作华却别出心裁。他发现气球有辅助声光测侦测营猎杀日军炮兵的惊人潜力，也找出中国军队操作气球的安全之道：

当时日军还没有夜间战斗机，气球在白天升起是靶子。但是，黑夜却是气球作战的完美战场！

邹作华设想的气球是在夜间升起的轻型系留气球。轻型系留气球有系留索，不会在不辨五指的黑夜里乱飘，黑夜中的敌人也看不到摸黑升起的无声气球。邹教育长还要为气球挂上电缆，与地面指挥所通有线电话，通信联络完全不发出声音亮光。在日军开发出夜间战斗机之前，邹作华的轻便系留气球

教导总队炮兵营编制表

职别		官佐		士兵		马匹		备注
炮兵营营本部编制表								
		阶级	员额	阶级	名额	乘马	驮兽	
营长		中（少）校	一			1		
营附		上尉	一			1		
副官		中尉	一			1		
书记		中尉	一					
军需		上尉	一					
军械员		中尉	一					
观测员		中（少）尉	一			1		
军医		上尉	一					
兽医		中（上）尉	一					
司药		少尉	一					
兽医司药		少尉	一					
修械員		同中尉	一					技术人员薪饷可加高
文书军士				上士	二			
军需军士				上士	一			
军械军士				上士	一			
观测军士				上士	一	1		
司号军士				中士	一	1		
传达班	班长			下士	一	1		
	传达兵			上等兵	十	4		
看护军士				中士	一			
看护兵				上等兵	二			
兽医军士				下士	一			
兽医兵				一等兵	二			
炊事兵				上等兵	一			
				一等兵	四			
饲养军士				中（下）士	一			
饲养兵				上等兵	一			
				二等兵	四			
鞍工				中士	一			
靴工				中士	一			
联络班	联络员	中尉	一			1		
	观测士兵			上士	一	1		
				上等兵	一	1		
	传达兵			上等兵	二	2		
测量班	测量员	中尉	一			1		
	助理员	少尉	二			2		
	测量军士			中士	二			
				下士	二			
	测量兵			上等兵	三			
	传达兵			上等兵	二	2		
	驭兵			一等兵	二		2	
合计			一六		五一	21	2	
附计	一、营以三连及通信排编成之。 二、营之辎重战时应行扩大，辎重长由军需兼充。 三、战时应添设军需、军医、兽医、书记，军械员、修械员、饲养军士、看护军士、兽医军士之乘马九匹、预备马三匹、并添设炮兵上（一）等兵四，驭兵上（一）等兵八，驭马八。							

职别		官佐		士兵		马匹		备注
		阶级	员额	阶级	名额	乘马	驮兽	
排长		中尉	一			1	/	
排部	特务长	准尉	一					
	修械员	同准尉	一					技术人员薪饷可加高
	排附			上士	一	1		
	文书军士			上士	一			
	军需军士			中士	一			
	器材军士			中士	一			
	司号兵			上等兵	一			
	传达兵			上等兵	一	3		
				一等兵	二			
	看护兵			一等兵	三			
	炊事兵			一等兵	四			
	饲养兵			二等兵	一			
	掌工			同中士	一			
	鞍工			同中士	一			
总机班	班长			中士	一			
	通信兵			上等兵	四			
	驭兵			一等兵	三		3	
电话班	班长			中士	三	6		每班班长一人、通信兵四、驭兵三
				下士	三			
	通信兵			上等兵	一二			
				一等兵	一二			
	驭兵			上等兵	三		18	
				一等兵	六			
				二等兵	九			
全排合计			三		七三	11	21	

▲ 让炮兵杀手飞起来！图为法军的系留气球场上升空中的系留气球，刊登于《军事杂志》。

是非常安全的。

在晚上升起气球做什么呢？邹作华指出，气球可以为炮兵搜集气象资料，也可以观测日军的阵地。战斗时的灯火管制只有前线才会认真执行，后方交通线会有开灯行驶的车队，集结区会有升火造饭的部队，乃至前线拿着手电筒巡逻于交通壕间的士兵，在空中都是一览无余的。在夜间我们乘坐先进的航班凭窗眺望，即使是山间道路的路灯，在1万米高空都能清楚看到，何况是离地不到1千米的气球呢。

然而，夜间观测只是气球的副业。邹作华真正赋予气球的使命，是架上炮队镜，让光测连升空观察日军炮兵夜间射击时的炮口闪光。在黑夜的空中观察闪光，想看走眼都很困难。于是，炮兵24小时都可以找上日军的火炮阵地决斗，而且到了晚上夜战起来，还能越打越准确！

有了气球，侦测营只要在白天将基础测地做好，到了晚上听气球上观测员用电话报来的坐标，将坐标画上透明板，向已经测好的坐标图上一放，日军炮兵的火炮阵地位置就一览无遗了。日军炮兵唯一的生路，就是老老实实地夹起尾巴不开炮！

邹作华的全胜之策在1937年3月设计完成，他在3月间先后向蒋介石上呈两份报告，

炮兵营山炮连编制表

职别		官佐		士兵		马匹		备注
		阶级	员额	阶级	名额	乘马	驮兽	
连长		上尉(少校)	一			1		
连部	观测员	少尉	一			1		
	特务长	准尉	一			1		
	文书军士			上士	一			战时随大行李行进
	观测军士			上士	一	3		带剪型镜一，方向盘二
				中士	二			
	司号兵			上等兵	二	2		
	通信士兵			下士	一	4		带轻线电之乘骑
				上等兵	三			
	传达兵			上等兵	五	5		供分班行进时牵马及传令之用，内三名兼服勤务
通信班	通信员	准(少)尉	一			1		
	通信士兵			中士	二	2		带重线电之通信，分二班，每班军士一，此项列入亦应受炮兵之训练
				上等兵	八			
	驭兵			上等兵	一		8	内四匹系通信分班驮载之用，四匹系驮观测图上射击信号等器材及预备电线之用
				一等兵	二			
				二等兵	五			
计算班	计算员	少(中)尉	一			1		管理图上射击器材，计算图上射击与天候影响之修正
	测量兵			上等兵	二			
	驭兵			一等兵	一		1	
战炮队 (二排四门)	连附	中(上)尉	一			1		平时督率训练，战时率领炮连前进
	排长	中(少)尉	二			2		
	炮长			上士	二	4		
				中士	二			
	炮兵			上等兵	八			每炮二名
				一等兵	一六			每炮四名
				二等兵	一六			每炮四名
	驭兵			上等兵	八		40	每排四名
				一等兵	一六			每排八名
				二等兵	一六			每排八名
	传达兵			上等兵	三	3		
				一等兵	二			
第一弹药队 (二班)	队长	少尉	一			1		
	班长			中士	一	2		
				下士	一			
	弹药兵			上等兵	四			
				一等兵	八			
				二等兵	八			
	驭兵			上等兵	四		20	每班二名
				一等兵	八			每班四名
				二等兵	八			每班四名
	传达兵			上等兵	一	1		
战斗辎重	辎重长	准尉	一					小行李长
	军械军士			上(中)士	一			修理炮及其它武器
	掌工			同上(中)士	三			
	铁工			同上(中)士	三			
	看护军士			上(中)士	一			
	看护兵			上等兵	二			
	兽医军士			上(中)士	一			
	鞍工			同上(中)士	三			
	靴工			同上(中)士	二			
给养辎重与行李辎重	饲养军士			上(中)士	一			负马匹管理或饲养之责
	炊事长			下士	一			
	炊事兵			上等兵	二			
				一等兵	七			
				二等兵	七			
	车工			同上(中)士	一			
合计			十		二0三	35	69	增预备马匹、乘四、驮十

附计：

一、全连以新式山炮四门编成。

二、战斗辎重中之驭兵一六、驮马一六及辎重长、军械军士、掌工、看护军士、兽医军士、饲养军士暨战炮队传达兵二之乘马均俟战时始设置。

三、给养行李辎重，战时始按特种规定编成之内，计含有三分之一全部给养与马干，炮与军械修理所鞍具补充品与修理器具，靴工、车工器具弹药及手用武器，通信预备器材，士兵及马匹预备被服及军官行李及表册文书器具与军需器具等平时所应成立者如表所列。

四、战斗辎重之驭兵、上等兵一、一等兵五、二等兵十与驮载炮上补充件预备品工作器具、修械器具、掌工器具、军兽医材料、瓦斯防御、土工宿营等器具野灶及三分之一全部给养与马干之驮兽，均俟战时始设置之。

五、战时增加第二弹药队，其编制与第一弹药队同，但队长以准尉充之。

工兵连编制表								
职别		官佐		士兵		马匹		备注
		阶级	员额	阶级	名额	乘马	驮兽	
连长		少校	一			1		
连部	军需	中尉	一					
	特务长	准（少）尉	一					
	技副	同少（中）尉	一					技术人员薪饷可加高
	文书军士			上士	一			
	军需军士			上士	一			
	军械军士			上士	一			
	器材军士			上士	一			
	传达军士			下士	二			
	司号兵			上等兵	一			
	传达兵			上等兵	六			
	看护兵			上等兵	四			
	饲养兵			二等兵	一			
	炊事兵			上等兵	一			
				一等兵	四			
				二等兵	三			
	枪工			同上士	一			
	铁工			同中士	一			
	木工			同中士	一			
	鞍工			同中士	一			
	靴工			同中士	一			
各排（共三班）	排长	中尉	三					
	排附			上士	三			
	班长			中士	九			每班一名
	副班长			下士	九			每班一名
	工兵			上等兵	二七			每班三名
				一等兵	三六			每班四名
				二等兵	四五			每班五名
	司号兵			上等兵	三			每排一名
	传达兵			一等兵	九			
	驭兵			上等兵	三		18	
				一等兵	一五			
器材库	管理员	准尉	一			1		
	司库军士			上士	一			
				下士	二			
	司库兵			上等兵	六			
				一等兵	六			
全连合计			八		二〇七	2	18	

★ 见中国台北国史馆藏，《国民政府》档案，第 001-012071-0280 号档案。

详细说明炮兵杀手的设计，报告原件都收录在中国台北国史馆的档案中。虽然，邹作华的卓见因为抗战的匆促爆发而没能实现。但是，他的确已经找到了炮兵致胜的关键，堪称中国炮兵史上骄人的一笔。如果，抗战能再晚几年，炮兵战场必然是大不相同！

第三节 寻找侦测队

1937年5月13日至15日，炮兵学校在句容举办炮联合演习。参演部队包括使用"莱茵"150毫米重榴弹炮的炮10团、使用"卜福斯"山炮的炮1旅与教导总队。[1]在这场联合演习之后，炮兵的下一步就是全力编练声光测的炮兵杀手。只要把侦测队全面装备起来，不管野战炮兵未来将使用何种火炮，都能力压日寇！

然而就在两个月后，对日抗战骤然爆发。炮校全面编训侦测队的计划戛然而止。炮校侦测队在淞沪会战爆发的一周之后出战，配合炮10团支援有"血肉磨坊"之称的罗店防线。侦测队部署在嘉定第二塘，距离罗店主战场约10公里，是"莱茵"重榴弹炮发挥精确火力的重要保证，[2]于是"莱茵"重炮得以在罗店的血肉磨坊里，大磨侵略者的血肉。

淞沪会战也是侦测队唯一的实战。在淞沪撤退时，侦测队悉数撤回，并随炮校转进到贵州都匀。到达都匀后，前线炮兵的惨烈伤亡使炮校必须急训大量补充干部，训练压力大增，无法分心整建精心设计的炮兵杀手，编练侦测队所需的听音机与炮队镜也迟迟不能自制。于是，炮校侦测队成为整个中国部队中独一无二的侦测营。曾于1940年任职侦测队声测连辖下排长的冯国真回忆道，这个使用"音源标定，利用双曲线法制图测定"的声测连，"全国只有这一个连"！[3]

邹校长的建军远见已经只剩下档案间的吉光片羽，倾诉着邹作华将军的宏图伟略。

冬季笔者踏着霏霏细雨，到国史馆浏览档案，邹作华将军的两份报告翩然入目，七十八年前侍从室正楷书写的工整报告让笔者热血沸腾。中国军队没有八幡制铁所与大阪炮兵工厂，单凭火炮是不可能在炮兵决斗中取胜的。但邹作华在火炮较量之外另辟蹊径的建议，却是可行的炮兵全胜之道！

七十八年前批阅报告的蒋介石显然非常兴奋，虽然侦测营十分昂贵，但蒋介石却全面批准了邹作华的建议，并且指示军政部立即开始筹集资金建立侦测队。兴奋之余，他的批示甚至出现上下颠倒的错笔。

笔者完全理解蒋介石微微失态的兴奋。中国炮兵三十年的抗日之梦，终于在这两份报告间展露出了曙光。作为一个曾经亲历三十年风霜的老炮兵，蒋介石必然在这两份报告中看到了抗战胜利的希望。他在提笔批示时心中的兴奋之情，也只有曾经亲历过那个抗日大时代的老炮兵才能体会。

中国台北国史馆的档案是不能复印的。为了缅怀抗日新炮兵的建军伟业，笔者以最恭敬的诚意，将邹作华的两份报告全文抄录于下，作为本书的总结。

---

① 中国台北国史馆藏，蒋中正文物档案，第002-080200-00482-058号档案。
② 见王显庆《我参加上海抗战的回忆》，《邻水文史资料选辑第一辑》。
③ 见冯国真《回顾我到滇西抗日的历程》，《大理州文史资料第五辑》。

|尾 声|

这是外国人掉的炮吗？

如果我们只从表面的火炮沿革，回顾抗战军兴之前德式野战炮兵的建军历史，一定会大失所望。从"九一八"开始，短短六年间的炮兵建设几乎交了一张白卷。原本中国军队寄重望于"卜福斯"，但"卜福斯"却在骡马机动力上彻底失败，无法作为上线量产的制式火炮；于是兵工署索性放弃骡马，雄心万丈地一步迈入摩托化，研发汽车牵引的 75 毫米野炮与 100 毫米轻榴弹炮。但是，两种肩负重任的制式火炮却没能赶在抗战爆发前开发成功，最终只存于档案之间；中国军队重金购买 150 毫米"莱茵"重榴弹炮。但是，火炮重工业却赶不上"莱茵"重炮的脚步，连炮弹都造不出来。于是，抗战前野战炮兵的火炮自制工程成绩挂零。在抗战爆发时，中国军队居然没有任何一种可以上线生产的火炮，炮兵部队只好随遇而安，有什么炮打什么炮。

以造炮原料而言，三十年无解的钢铁厂也是半途而废。蒋介石虽然以最大的决心投

资相当于全军年预算 25% 的惊人资金筹建中央钢铁厂，要一步迈入合金钢时代。然而，在抗战爆发之时，中央钢铁厂的机床器材还没开始交货。于是，抗战时期只有几个小炉子能炼出合金钢。这点合金钢连填补步、机枪生产线都不够，更不用奢谈制造火炮了。

于是，中国的兵工厂成为第二次世界大战期间参战主要国家中最穷酸的兵工厂。在抗战时期的三个火炮工厂（第 10 兵工厂、第 50 兵工厂与第 52 兵工厂）之中，只有源于澒江兵工厂的第 50 兵工厂真正有能力造炮。但是，第 50 兵工厂空有机床，却没有原料。书空咄咄的第 50 厂为了多少有点贡献，居然搜索全军的军械库，翻出一批报废存库的 150 毫米重迫击炮炮管，以废物利用的艰苦奋斗精神化废料为神奇，翻修出 100 多门新式 153 毫米重迫击炮。[①]这批重迫击炮大受炮兵欢迎，被极度缺炮的中国军队编成了六个独立炮兵团，当成战略武器使用。

单从表面上看，战前的德式炮兵建设真

---

① 见王国章《解放前我所接触过有关炮兵兵器的几件事》，《鞍山文史资料选辑第一辑》。

是竹篮打水，一场空梦。

然而，真正懂炮兵爱炮兵的老炮兵在谈起战前德式炮兵建设时，一定会肃然起敬。如果你胆敢说德式炮兵根本没有用，老炮兵一定会拍案而起，说你讲外行话。他会大声告诉你，没有德式炮兵，炮兵就打不了抗战八年。

如果你还有疑惑，还在嘀咕，老炮兵会点起一根烟，对你喷口烟圈："听过岳麓山炮战吗？"

在1942年第三次长沙会战期间的岳麓山炮战，堪称德式炮兵建设成果的精彩总结。在长沙南郊的岳麓山是俯瞰城区的制高点，

▲ 在岳麓山建功的董浩，他是德式教学的成功典范。

▲ 岳麓山炮战的著名宣传照。第九战区炮兵指挥官王若卿将军与 sFH18 重炮合影。

当时中国军队以第10军固守的长沙城为诱饵，吸引日军主力猬集城下，外线主力进行反包围。而部署在岳麓山脚的炮兵则是第10军守城的有力支撑。为了发挥炮兵战斗力，第九战区炮兵指挥官王若卿将军亲自坐镇岳麓山观测所指挥。然而，中国军队的火炮实在是太少了。当时在岳麓山脚下，只有炮2团第2营营部与1个野炮连（俄造"1902年"式76.2毫米野炮），另外配属炮1团第9连（两门"卜福斯"山炮）与炮14团第4连（150毫米 sFH18 重榴弹炮两门），总计只有山、野、榴炮八门。然而，由八门杂七杂八火炮组成的一个小小炮兵群，却在岳麓山下创造了战史奇迹。[①]

岳麓山炮战的真正主角不是山脚下的八

---

① 见董浩《抗战炮兵歼敌记》，《中外杂志》。

门炮, 而是山顶上的观测所。岳麓山顶有炮2团第2营的营部, 营部只要有测量员, 就能打出德国顾问引以为豪的炮战。第2营营长董浩是军校十期炮科生, 由标准的德式教练严训而成的军官, 麾下的各级官兵绝大多数进过炮兵学校, 八门炮就能创造奇迹。

董营长接令协助守备长沙城之后, 备战的第一步就是德国军事顾问苦心教练的测地: "第九战区长官部判断敌军将第三次进犯长沙, 遂令我炮兵积极备战。我炮二团二营即刻展开备战行动, 开始进行测地, 将长沙效区及城内可资为标的之地物, 详为测量, 制成标点图。测地为当时炮兵射击准备最主要工作。有精确测地, 炮兵射击始能应付裕如。"

有了详细的坐标图, 岳麓山下的小小炮兵群就是战场的主宰! 日军于1941年元月1日以两个联队重叠配备, 由长沙东南郊攻城。岳麓山炮兵群火力全开, 让日寇见识到德式炮兵的威力:

"我炮兵以密集火力连续射击三十分钟, 使日军死伤惨重, 攻势受挫。司令长官薛岳将军当即犒赏我炮兵数万元(数目已记不清), 予以奖励。"

岳麓山炮兵群的牛刀小试叫作"阻止射击"。所谓的阻止射击, 就是在敌军进攻部队的冲锋路上以最迅速且密集的弹雨造成一道火墙: "为阻止敌方步兵冲锋, 在我前线之前地, 布置浓密连亘之火力。此种射击, 务需利用最大射击速度及短促之射击时间。"但是, 董营长的俄造76.2毫米野炮是日俄战争之前的M1902式老古董, 高龄四十年的古董老爷炮无法快速射击, 董营长事先用浸湿的厚棉絮将炮身包裹起来降温, 但仍然在阻止射击中炸膛一门。

岳麓山炮兵群虽然只剩七门炮。然而, 董营长并不胆怯。岳麓山炮兵群的再一次炮击, 居然创造了战史的奇闻。在视界距离之外, 炮弹居然像赶羊一样把无法直接观测的日本兵赶成一堆, 集中火力予以歼灭性地打击!

"友军步兵情报, 湘雅医院有敌军联队司令部干部会会议, 遂令我重炮兵施以猛轰。可能由于用测地标点图, 及二万五千分之一比例地图, 相当精确, 致对湘雅医院之射击, 有如沙盘表演般, 先向其前后门施以封锁射击。其实即炮兵射击术语: 夹差射击。使敌麕集在院内, 再施以歼灭射击。"

按严格意义来说, 用夹差把日本人赶在一起实属巧合。但如果要是炮兵技术不够精湛精湛, 夹差过大, 也不会出现"赶羊"的效果。这个战例生动证明了炮2营能够在三发之内取出夹差实行效力射, 而且夹差的距离不会超过25米。如果夹差距离太大, 湘雅医院里的日军必然会四散逃逸, 而不会鬼使神

▲ 迈向抗日战场的炮兵! 来自《良友画报》的照片。

差地被两发炮弹逼着向中间靠拢，形同被赶羊一般地成为一团儿。

炮兵的神一般技能让当地老百姓叹为观止！长沙打了三次大会战，长沙城的难民与老百姓都是看惯大战的毒舌裁判。长沙土语称打炮为"掉炮"。因为，中国炮兵的表现优秀地得不可思议，民间盛传这是"外国人掉的炮"。当时，中央社著名记者罗谷荪带了一个战地摄影团在长沙拍摄中国军队的作战实况，战后中央社在长沙城举办照片展览，特别展出了董营长与炮2营官兵的合照，下书"这是外国人吗？"一排大字，以正视听。

中国炮兵没有外国人，但是由德式教练磨练出来的德式炮兵，哪怕打得是日俄战争之前的古董老炮，打起炮来硬要比外国人更厉害！

在老百姓拍手叫好之余，日本人对德式炮兵也是心服口服。董营长的岳麓山炮兵群在第三次长沙会战中发了财。因为，司令长官薛岳上将是一位豪迈的将领，出手赏钱是绝对不含糊的。但是在仗打完之后，长官部又没头没脑地再发了一大笔奖金。董营长被闹得一头雾水，向长官部上司打听赏钱原因。长官们笑道，这是日军俘虏送的礼金！

"因据日军俘虏供称：'你们岳麓山的炮兵太厉害了。我们官兵听到你们的炮兵一发射，我们就吓得心胆俱裂，就想找地洞钻，说起来你们的炮兵又快又猛，太凶了。'司令长官看到此供词后，高兴极了，遂再次颁发奖金，用以奖励。"

来自敌人的评价是最精确的。中国德式炮兵威武！

受篇幅所限，本书只写到抗战爆发前的德式炮兵整建。抗战爆发之后壮烈辉煌的炮兵战史，只能留待续篇再谈。在续篇的故事里，我们将看到没有制式火炮的野战炮兵，以有什么炮打什么仗的刻苦精神，将德式教练的杰出战技酣畅淋漓的痛快发挥。于是，抗战的炮兵战史成为各国火炮的竞技场。峰回路转，柳暗花明，让人惊叹命运之奇，居然能如此弄人！

首先，登场的是传奇般的德国炮，我们将看到使用"卜福斯"与"莱茵"重炮的野战炮兵超越机动力局限大显神威。但是，德国炮很快就打光了炮弹，中国军队只能另寻他途。而德式教练已经为中国炮兵扎稳马步。无论接哪一国的炮，都能游刃有余。

于是，在中德合作中断之时，沉重登场的苏联火炮也打出了辉煌战绩。重量沉重的苏式火炮完全不适合中国战场，而且都是陈旧的淘汰老货，中国炮兵仍然能靠着苏联炮打出岳麓山一般的赫赫战功，却也无奈地进入最艰苦的黑暗年代。而就在这绝望时刻，幸运之神却对中国炮兵辗转露出笑意，一种被苏联视为废铁的波兰战利品在最后一次军售中被大方地塞给中国，这种高龄的法式野炮居然成为中国炮兵的天成佳偶。在此同时，另一种法国山炮的表现让中国炮兵惊艳不已，在战前为了骡马机动力踌躇多年的兵工署赫然发现原来法国人早就已经造出最适合中国国内骡马机动力的火炮！

然而，迟来的法国炮无法全面改善中国炮兵的困境，炮兵只能继续艰苦作战。在感叹声中，欧洲大战爆发，在《租借法案》的美国军援中，轻便的美国山炮将完全克服中国炮兵的机动力局限，成为老炮兵终生不作他想的挚爱……

附录 1.
邹作华教育长报请筹建炮兵侦测队报告
1937 年 3 月 28 日

（中国台北国史馆藏，蒋中正文物档案，第 002-080200-00480-104 号档案）

谨将侦测队之重要性，与亟需建设情形，以及请将本校现有之侦测队全部装备完成各缘由，分条陈述如下：

一、侦测队之重要

近代科学发达，炮兵在战场上之使命与地位愈加重要，故炮兵为排除天候地形及人为之诸种困难，能使发扬最大之威力，则非借助侦测队之特种技术不可也。盖侦测队之测量连，能迅速完成基础测地，音测连只需闻敌炮声，即可精确测定敌炮位置。光测连利用敌炮之火光或爆烟，测定其确实方位，气象班能作地面高空之测候报告，以供声测之侦察修正。据德国军事专家实验之估计，炮兵苟无侦测队之协助，则只能发扬其效能百分之廿耳。尤以远战之重炮兵为然。

二、吾国需建设侦测队之急切

吾国炮兵在数量与质量，均认为有相当力量。惜侦测队未能致同等之力量，不克近代化。预想御侮救亡战，敌炮兵较我优势，惟有求编制装备之健全，及炮兵技能之高明耳。敌方于侦测学术，尚未达于完善之域。

今吾国采择先进强国之新锐，积极建设训练，最短期内，必能迎头超过之，实刻不容缓之急务也。

三、侦测队应统一训练

侦测队之业务，类多精细。平时教育训练必需有绵密周到。又侦测各连台内部之业务训练上，备极复杂困难，是以日本对于此项技术人员之干部，则由专门之技术本部养成之。而德国则于训练总监部特设侦测队监督处，吾国似亦有仿效之必要也。

四、制式器材之选定与自给之准备

吾国各种新式器材，均购自各国。张冠李戴，当难期其合用。故侦测队之器材，应购买德国及法国侦测队制式器材之全部各一批，实验比较其适用者，以为吾国制式器材，从事仿造，以图自给。政府遴派专门兵工技术人员，前往各国研习，以徐图自给。

（**蒋介石批示：电军政部对炮校侦察队及其器材应限下半年度预算成立并选定制式器材之法如下。**）

五、炮校现有侦测队之改善。

（1）陆军炮兵侦测营编制各表，已奉核定。惟现有之侦测队编制装备，则系民国廿一年德顾问比利慈所建议，当时谨求能试验及研究侦测之学术技能而已。此极简陋之编制装备，不但战时不能遂行其任务，即平时训练亦感莫大之困难，故亟应改用新编制装备。

（2）炮校现有侦测队之器材，除声测连已具有主要器材之大部，其余测量光测两连及气象台，均系就校部仅有观测器材之一小部，勉强使用。故亟应将本校曾于上年呈请军政部购置之全部器材，补充完备，使教育得以迅速进步，乃能作育多量之侦测技术人员。

六、购置器材之意见

查侦测队呈请向德国购置之侦测队全部器材，年余仍未购妥。似可由政府委托德国国防部代办。同时派遣专门技术人员及使用人员前往点验，既可免洋商之中饱，复可免劣品冒滥。更可藉以研习各种器材之使用法，诚一举数得也。

（**蒋介石批示：电军政部照办。**）

以上各节，理合陈请钧察

（**蒋介石批示：复：甚是，当照办。已令军政部照办，并着与军政部速商办。**）

附录 2.
邹作华报请筹建炮兵学校气球队报告
1937 年 3 月 25 日

（中国台北国史馆藏，蒋中正文物档案，第 002-080200-00480-116 号档案）

窃维军用轻便系留汽球，为现代军事上不可缺少之品，对于炮兵，其需要更切。虽闻德国有废用汽球之说，但查德国军队指挥一书，仍载有关于轻便系留气球之使用法。而我国从无此项人材与器材，故不能不于此加以培养。至于气球需用之理由：

一、为炮兵测量天候气象。

二、夜间一切观测失效时，惟有气球升高后，可作绝好之观测所。此并非用以观测射弹，乃用以观测敌阵地情况，及山背深处敌曲射火焰。而为光测连能力所不能及者。

三、在运动战时期，一切情报机关尚未布置完竣，而急需侦察敌阵地状况时，则惟有利用气球，可以达到要求。

或以为旋翼机可代气球，殊不知气球有其自身之特性，绝非飞机所可代用。

一、气球可测气象，旋翼机则甚不便。

二、气球在夜间可随时随地上升，旋翼机则必受地形及天候之限制。

三、气球上升后无声，旋翼机有声。

四、气球可安置有线电话，与地上连络密切。

五、气球上人员安定。

至若顾虑现时我国制空权之不甚发达问题，但在夜间使用气球，则无大关系。是以对于此项特种需要之气球，自不可不及时建设，以利军事。为此申叙理由，恳俯准本校建设汽球队。至气球队编制及所需经费，俟拟定另行呈核，可否乞示。

（蒋介石批示：**此可照办，应列入今年预算案内。**）

附录 3.
蒋介石演说：《建立新炮兵之要道》
（节略）

1935 年 12 月 22 日，对炮兵学校第三期学员队，第二期校官班毕业及第二期空中侦测班开学典礼训词

今天我们校官班和学员队毕业以及空中侦测班开学，举行迁入新校以后第一回开学和毕业典礼。大家要想到：我们国家自前清编练新军以来，因为从前未曾创办炮兵的专门学校，以致炮兵未能建立起来。在各兵种要算炮兵最少进步！因此使整个国军，不能和外国并驾齐驱。直到现在，虽然国家万分艰危，政府却要竭尽力量来创办这个学校。教育长和各位官长，也竭尽所能来训练各学员，使一般学员能到学校来安然求学，并且得到今天这样的成就，这实在不是一件容易的事。你们受了政府和一般官长如此苦心孤诣的培植和教导，格外要明白自己对于国家所负的责任是如何的重大！从今天毕业以后，大家应该如何奋发立志，做成一个真正的革命军人，建立新的炮兵，尽到挽救国家复兴民族的革命使命！

现在我们要救国家，当然各兵种都很重要，都要改良充实，使能各尽其职，但是最主要而且最有效的莫过于炮兵！所以救国的责任，完全要我们炮兵，尤其是我们炮兵的干部担负起来！可是现在我们炮兵一切战具器材和知识技术都不如外国，各种战具和器材，也要从外国买来。因此，件件都不能和外国比拟。有很多事情，人家一个月可以办成，我们因为缺乏器材和知识技能不够的关系，往往办到半年一年还不能完成。例如人家要制造一门新式的大炮非常容易，关于炮的使用－技术上要精练熟习，也极容易。我们要制造一门新式的炮，就非常困难，甚至不可能，技术的练习还要请教外国人。在这种器材缺乏，知识落后的情形下，我们的炮兵又如何能建立起来呢？如果炮兵还不能赶紧建立起来，国家的前途，再有甚么保障呢？大家要晓得：今后我们整个军队的成败，和国家的兴亡，可以说就是看炮兵能否建立与发展；而炮兵之能否建立与发展，又完全看我们今天毕业和将来毕业的一般炮兵官长学员能否尽到责任，发挥效能。因为炮兵在战斗中是全军的中心，可说整个战局之成败利钝，完全操之于我们炮兵之手！各位官长学员自毕业以后，无论带一连或一营甚至一团人，或做司令部的参谋长，都负了训练和指挥至少一百人以上来作战的重大责任。虽然一切战具和器材缺乏，我们一时没有办法能够补充完备，来从物质上制胜敌人，但是我们平时如果能够训练得法，战时指挥有方，运用得当，一定可以增进部下的战斗能力，便能一以当十，一以当百。凭我们非常的精

神，精娴的技能与巧妙的战术来制服优势的敌人！无论战局如何危急，只要我们炮兵能发扬威力，竭力挽救，全军精神必然为之一振，便可转危为安，转败为胜。反之，如果我们平时训练不得法，战时指挥无方，运用失当，就要牵动全局，害了友军，甚至使全军覆没，国家灭亡！所以我们要救国家，所忧并不在一切武器和物质的缺乏，而在我们训练指挥和运用之不得法！如果我们训练指挥和运用得法，虽然一切物质上不如人家，也一定可以战胜敌人，复兴国家！

为达上述目的起见，我们必需以"自强不息"的精神，努力研究学术，增进技能，改良武器，同时要充份利用已有的一切战具和器材，教导一般部下加紧练习，务使发挥各人固有的聪明才力，获得技术上最大的进步。到了作战的时候，自然能尽量发挥我们炮兵的能力，来补我们物质之不足！

除此以外，还有更紧要的一点，就是要修养我们军人的道德，发挥军人的革命精神。现在我们军队不能和外国军队并驾齐驱，尽到救国的责任，也并不是完全因我们武器不如他们。他们有七生五的炮，我们也有七生五的炮。他们有炮弹，我们也有炮弹。他们的一切器材，我们也差不多都有。他们所有的学问技术，我们也有。就是许多器材不完备，我们也还可以购办。学问技术缺乏，我们还可以求得。惟有我们临到和敌人作战的时候，能不能涵养"忠孝仁爱信义和平"的道德与发扬军人为国牺牲的精神，这才是最后决定胜败最重要的一个条件。如果我们在作战之前，没有一点自信和勇气，总觉得我们一切器材和技术能力，远不及敌人，敌人一切都比我们厉害，我们没有法子可以取胜，若是预先为此存了这种怕敌人怕牺牲的败北心理，还没有开战，精神上先就被敌人屈服。那末，到了作战的时候，决然再不能发扬战斗的精神，和敌人死战。结果当然失败，国家因此也就要灭亡了。所以我们除非愿意做亡国奴，决不好存这个败北的心理。要知道：敌人是一个人，我们也是一个人；敌人有聪明才力，我们也有聪明才力。甚至我们的聪明才力还要比敌人高。如果我们大家能尽量发挥出来，敌人所有的学术技能，我们一定很容易学到。敌人的武器，我们也很容易造得出。即使物质和技术上赶不上敌人，我们如能奋发有为，充份发扬我们固有的道德和革命军人的精神，至少也可以和敌人对抗，不为敌人所败！因为作战制胜最重要的条件是在精神，不在物质。一切武器，一定要靠使用武器的军人有精，才能发挥效用。如果军人没有精神，一到战场，就胆战心惊，魂不附体，那末任他怎样武器精巧，器材完备，也毫无作用！无论古今中外，一切革命的势力之所以能消灭反革命的势力，一切被侵略国之所以能战胜侵略国，没有不是因为他有特殊的精神，高尚的道德，在"精神胜物质"一个原则之下成功的。所以我们要深刻的认识，我们要突破一切危难，制胜任何敌人，而完成革命，复兴国家。第一是要修养军人道德，发扬革命的精神。尤其是我们一切科学落后物质缺乏的国家，更应如此！总要坚决的自信！有了革命的大无畏精神，必无往而不利，无战而不胜！天地间根本就没有甚么敌人可怕！无论怎样强大的敌人，我们都不怕！

参考文献

《上海文史资料选辑第四八辑》 中国人民政协上海市委员会文史资料工作委员会 1984 年 11 月

《上海文史资料选辑第五六辑》中国人民政协上海市委员会文史资料工作委员会 1986 年

《吉林文史资料选辑第四辑》中国人民政协吉林省委员会文史资料工作委员会 1983 年

《辽宁文史资料选辑第八辑》中国人民政协辽宁省委员会文史资料工作委员会 1984 年

《辽宁文史资料选辑第廿五辑》中国人民政协辽宁省委员会文史资料工作委员会 1988 年

《广东文史资料第卅七辑》中国人民政协广东省委员会文史资料工作委员会 1982 年

《浙江文史资料选辑第四五辑》中国人民政协浙江省委员会文史资料工作委员会 1989 年

《湖南文史资料选辑第廿二辑》中国人民政协浙江省委员会文史资料工作委员会 1986 年 6 月

《江苏文史资料选辑第五辑》中国人民政协江苏省委员会文史资料工作委员会 1980 年

《贵州文史资料选辑第廿八辑》中国人民政协贵州省委员会文史资料工作委员会 1980 年

《沈阳文史资料第十五辑》中国人民政协沈阳市委员会文史资料工作委员会 1988 年

《广州文史资料第十五辑》中国人民政协广州市委员会文史资料工作委员会 1965 年 10 月

《淮南文史资料第八辑》中国人民政协淮南市委员会文史资料工作委员会 1987 年 11 月

《九江文史资料选辑第二辑》中国人民政协九江市委员会文史资料工作委员会 1985 年

《浑河文史资料第二辑》中国人民政协沈阳市浑河区委员会文史资料工作委员会 1987 年

《鞍山文史资料选辑第一辑》中国人民政协鞍山市委员会文史资料工作委员会 1986 年 8 月

《鞍山文史资料选辑第六辑》中国人民政协鞍山市委员会文史资料工作委员会 1987 年 2 月

《贵阳文史资料选辑第十四辑》中国人民政协贵阳市委员会文史资料工作委员会 1984 年

《东阳文史资料选辑第十一辑》 中国人民政协东阳县委员会文史资料工作委员会 1992 年 11 月

《常州文史资料第七辑》中国人民政协常州市委员会文史资料工作委员会 1987 年 12 月

《响水文史资料第一辑》中国人民政协响水县委员会文史资料工作委员会 1985 年 10 月

《邻水文史资料选辑第一辑》中国人民政协邻水县委员会文史资料工作委员会

《白云文史资料第三辑》中国人民政协广州市白云区委员会文史资料工作委员会 1988 年 5 月

《大理州文史资料第五辑》中国人民政协大理州委员会文史资料工作委员会 1985 年

《纪念抗战胜利五十周年文史资料专辑》中国人民政协贵阳市委员会文史资料工作委员会 1995 年 7 月

《文史资料选第一九辑》中国人民政协全国委员会文史资料研究委员会 1961 年 9 月

《文史资料选辑第廿五辑》中国人民政协全国委员会文史资料研究委员会 1981 年

《文史资料选辑第五三辑》中国人民政协全国委员会文史资料研究委员会 1981 年

《文史资料选辑第一一〇辑》中国人民政协全国委员会文史资料研究委员会 1987 年

《文史资料存稿选编》中国人民政协全国委员会文史资料研究委员会 2002 年

《中华民国史档案资料汇编第五辑：第二编》 中国第二历史档案馆编 南京 凤凰出版社 1994 年

《中国近代兵器工业档案史料》中国近代兵器工业档案史料编委会编 北京 兵器工业出版社 1993 年

《中国近代兵器工业—清末至民国的兵器工业》中国近代兵器工业编审委员会编 北京 国防工业出版社 1998 年 4 月

《野战火炮简编》北京 总后方勤务部军械部编印 1951 年 11 月

《中国养马史》谢成侠著 北京 科学出版社 1959 年 4 月

《我的戎马生涯 郑洞国回忆录》郑洞国著 北京 团结出版社 1992 年 1 月

《中原大战内幕》 山西文史资料编辑部编 太原 山西人民出版社 1994 年

《中德外交秘档 1927 — 1947》中国第二历史档案馆编 桂林 广西师范大学出版社 1994 年 10 月

《北洋陆军史料》张侠等编 天津 天津人民出版社 1987 年

《德国克鲁伯与中国的近代化》乔伟等著 天津 天津古籍出版社 2001 年 9 月

《中国机械工业的拓荒者王守竞》余少川著 昆明 云南大学出版社 1999 年 6 月

《野战筑城教范草案》训练总监部编 南京市 军用图书社 1930 年 7 月

《炮兵新式间接瞄准法图表解》张龙文编 南京市 军用图书社 1935 年

《兵器学之参考》 锺光琳译 南京市 军用图书社 1932 年

《最新德式炮兵讲授录》柏园编 南京市 拔提书店 1934 年

《炮弹识别》兵工署编 南京市 兵工署编印 1947 年 4 月

《最新炮兵野外实施笔记》中央陆军军官学校编 南京市 中央陆军军官学校 1946 年 11 月

《民国十七年改订兵器学教程》训练总监部编 南京市 训练总监部编印 1928 年

《密位对数表》陈柱一译 南京市 南京共和书局 1937 年 1 月

《最新德式炮兵射击学详解》 中央陆军军官学校编 北平市 武学印书馆 1946 年

《野战炮兵观测实施法》中央陆军军官学校编 北平市 武学印书馆 1947 年

《野战炮兵操典实施法》李超凡著 北平市 武学印书馆

《钢铁之研究》梁宗鼎著 沈阳市 作新印刷局 1922 年 8 月

《军械制造》李待琛著 上海市 商务印书馆 1933 年 12 月

《铁路与抗战及建设》金士宣著 上海市 商务印书馆 1947 年

《壮志千秋 陆军第五十八军抗日战史》黄声远著 上海市 汉文正楷印书局印 1948 年 1 月

《兵器制式议》周绍金著 汉口市 江汉印书馆 1931 年 10 月

《克鲁伯七生的半十四倍口径长过山管退快炮一千九百十年式说略》 德商信义洋行礼和洋行编

《部队演习之审判》 李肃著

《炮兵教练实纪》 十八军干部补习所编印

《后方勤务之研究》 赵桂森著 南京市 联勤学校教官训练班印 1947 年

《英国桑德斯陆军学校概况》王可襄等著 南京市 训练总监部编印 1936 年

《炮兵战术》陆军大学编印 南京市 军用图书社 1935 年 6 月

《将校袖珍》戴慕真等编 南京市 军用图书社 1935 年

《炮兵战术讲授录 原则之部》畑勇三郎、宝藏寺久雄合著 南京市 训练总监部军学编译处译印 1936 年 3 月

《中国兵工制造业发展史》王国强著 台北市 黎明文化事业股份有限公司 1987 年 11 月

《八十虚度回忆》俞济时著 台北市 史政编译局 1983 年 12 月

《德国驻华军事顾问团工作纪要》黄庆秋著 台北市 史政编译局 1969 年

《国军炮兵口述历史》陈鸿猷编 台北市 史政编译室 2003 年

《七十回忆》朱文伯著 台北市 民主潮社 1973 年

《张学良进关秘录》 刘心皇编 台北市 传记文学出版社 1990 年 6 月

《张岳公闲话往事》张羣口述、陈香梅笔记 台北市 传记文学出版社 1978 年

《朱家骅先生年谱》 胡颂平著 台北市 传记文学出版社 1985 年 9 月

《四海同心话黄埔》 锺汉波著 台北市 麦田出版社 1999 年 3 月

《棉湖大捷五十周年纪念特刊》台北市 棉湖大捷五十周年纪念筹备会编印 1975 年

《霹雳神火：中华民国火炮传奇》陈筇著 台北市 云皓出版社 2001 年

《丛书集成 应用科学类》新文丰公司编 台北市 新文丰公司 1989 年

《江南制造局记》魏允恭编 台北县 文海出版社翻印 1969 年

《北洋公牍类纂续编》甘厚慈辑 台北县 文海出版社翻印 1999 年

《训练操法详晰图说》袁世凯编 台北县 文海出版社翻印 1966 年

《新建陆军兵略录存》袁世凯编 台北县 文海出版社翻印 1960 年

《俞大维先生纪念专辑：国士风范智者行谊》台北市 纪念专辑编辑委员会编印 2003 年

《血战余生》张晴光著 台北市 台湾商务印书馆 1988 年 10 月

《弹雨余生录》张赣萍著 台北市 龙文出版社 1993 年

《中国现代军事史》刘馥著、梅寅生译 台北市 东大图书股份有限公司 1986 年 4 月

《一位令人感念的将军：苏绍文》洪惠冠总编 新竹市 新竹市立文化中心出版 1998 年

《孙连仲先生年谱长编》刘凤翰著 台北县 1993 年

《陆军兵器手册》兵工署编 台北市 1953 年 8 月

《新建陆军》刘凤翰著 台北市 1965 年 5 月

《海军人物访问纪录 第一辑》张力等访问 台北市 1998 年 9 月

《黄通先生访问记录》陆宝千访问 台北市 1992 年 6 月

《石觉先生访问记录》陈存恭等访问 台北市 1986 年 2 月

《关德懋先生访问记录》沈云龙等访问 台北市 1997 年 6 月

《造化游戏四十年 雷颖回忆录》雷颖著 台北市 1999 年 6 月

《革命文献 第十二辑》罗家伦主编 台北市 1956 年 3 月

《中央陆军军官学校航空班杨鸿鼎将军口述历史》刘永尚 编 台北市 2003 年

《国史馆现藏民国人物传记史料汇编 第一辑》台北县 1988 年 6 月

《陆军行政纪要》台北县 文海出版社翻印 1971 年

《邹岳楼将军八十回顾》台南县 1973 年

《国民参考兵器大观》长谷川正道著 东京市 宝文馆 1934 年

《炮兵战闘原则の研究 战闘纲要炮兵操典》かお生著 东京市 成武堂 1929 年 7 月

《炮兵操典（第一部野战炮兵）问答集》内山雄二郎著 东京市 成武堂 1930 年 4 月

《兵器生产基本教程第 14 卷（发动机二）》日本陆军兵器学校编 东京市 军事工业新闻出版局 1944 年 6 月

《野战炮兵射击教范草案》日本陆军省检阅 东京市 武扬堂书店 1920 年 9 月

《独国野战炮兵射击教范》日本野战炮兵监部译 东京市 川流堂 1908 年 10 月

《续日本马政史》钏路市 神翁显彰会编印 1963 年

《三一式山炮取扱上之参考》千叶市 陆军步兵学校将校集会所编印 1938 年 7 月

Japanese Field Artillery By U.S. Military Intelligence Division, War Department Washington 1944

Command or Control: Command, Training and Tactics in the British and German Armies, 1888-1918 by Dr Martin Samuels & Martin Samuels, 1996

The German 1918 Offensives: A Case Study in The Operational Level of War by David T. Zabecki New York: Routledge, 2006

Defeat into Victory

反败为胜：斯利姆元帅印缅地区对日作战回忆录（1942—1945）

姆威廉·约瑟夫·斯利姆（William Joseph Slim）著

○ 探秘英军视角下的中国远征军
○ 印缅抗战经典著作，首推中译本，余戈、萨苏作序推荐
○ 斯利姆被赞誉为"不仅是一个专业的士兵，也是一个专业的作家"

1942年3月，日军占领仰光，盟军节节败退。斯利姆抵达缅甸时，面对的便是如此灾难性的开局。他率领着打垮的英军，进行了一场鲜为人知的、如噩梦般的大撤退，一直从缅甸撤到印度。糟糕的环境、残酷的敌人、低落的士气，局势对盟军非常不利！

逆境之中，斯利姆头脑清醒，在几乎没有任何欧洲支援的情况下，恢复了军队的战斗力和士气，并联合中国远征军与美国军队发起绝地反击。从若开到英帕尔，从伊洛瓦底江到密铁拉，再到夺取仰光，一系列精彩的反攻战无不彰显了他超凡的指挥才能，以及英、中、美、缅、印五国人民联手抗日的不屈精神和顽强意志。

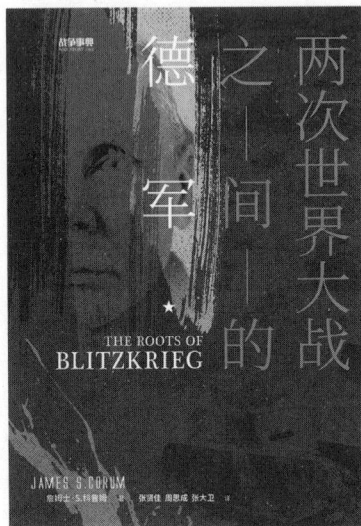

The Roots of Blitzkrieg

两次世界大战之间的德军

詹姆士·S. 科鲁姆（James S. Corum）著

○ 塞克特集团如何突破《凡尔赛和约》的封锁？
○ 魏玛共和国如何重建、改革、发展国防军？
○ 第三帝国军事崛起的坚实基础从何而来？

作者以魏玛国防军总司令汉斯·冯·塞克特领导的时代为重心，描述了一战后德国在战略战术、武器研发、编制、训练中为本国未来战争打下坚实基础的关键性变革。除此之外，一批富有远见的德军军官也在此过程中发挥了重要作用，如装甲战术家恩斯特·沃尔克海姆和空中战术家赫尔穆特·威尔伯格。最后，得益于这些实干家和他们付出的努力，魏玛国防军重获新生，并由此发展出了在后来辉煌一时的"闪击战"理论。

The Fast Carriers

航母崛起：争夺海空霸权

克拉克·G. 雷诺兹（Clark G.Reynolds）著

○ 美国海军学院资助研究项目，海军参谋人员的重要参考书
○ 一个波澜壮阔的腹黑故事，一部战列舰没落、航空兵崛起的太平洋战争史
○ 笑看"航母派"外驱东瀛强虏、暴揍联合舰队，内斗"战列舰派"、勇夺海军大印

这是一部美国航母部队的发展史、一部海军航空兵的抗争史、一部飞行海军视角下的太平洋战争史。本书以太平洋上的一场场海空大战、航母对决为线索，把美国快速航母部队的一点一滴串连起来，讲述了一段扣人心弦的故事：对外，他们狠揍日本海军，终于把舰队开到敌人家门口，打赢了这场押上国运的大仗；对内，他们把"战列舰派"按在地上摩擦，不仅驱使昔日的"海上霸主"给航母当小弟，而且在海军领导层实现了整体夺权。